Schönig

„Der Raum als dritter Pädagoge“?

Wolfgang Schönig

„Der Raum als dritter Pädagoge“?

Von einer Leerformel zu den pädagogischen Grundlagen für die Erneuerung von Schulräumen

Verlag Julius Klinkhardt
Bad Heilbrunn • 2024

Dieser Titel wurde in das Programm des Verlages mittels eines Peer-Review-Verfahrens aufgenommen. Für weitere Informationen siehe www.klinkhardt.de.

Bibliografische Information der Deutschen Nationalbibliothek:
Die Deutsche Nationalbibliothek verzeichnet diese Publikation in der Deutschen Nationalbibliografie; detaillierte bibliografische Daten sind im Internet abrufbar über http://dnb.d-nb.de.

Covermotiv: tegning © Eva Kobberrød.
Satz: Kay Fretwurst, Spreeau.

Druck und Bindung: AZ Druck und Datentechnik, Kempten.
Printed in Germany 2024.
Gedruckt auf chlorfrei gebleichtem alterungsbeständigem Papier.

ISBN 978-3-7815-6104-5 digital

ISBN 978-3-7815-2649-5 print

Inhalt

Teil II
Modellvorstellungen zum erziehenden Schulraum und deren Konsequenzen für die inklusive Schulentwicklung

Vorwort

Dieses Buch wendet sich an Personen, die direkt oder indirekt in Projekte des Neubaus, Umbaus oder der Sanierung von Schulgebäuden einbezogen sind – Lehrer und Lehrerinnen, Schulleitungen, Fachleute der Schulverwaltung, Personen in den Bauämtern der Sachaufwandsträger, Architekten und Architektinnen sowie wissenschaftlich tätige Pädagoginnen und Pädagogen. Es schließt an Themen im Kontext der Schulqualitätsforschung an, die der Verfasser seit 1984 in Theorie und Praxis verfolgt hat. Zu nennen sind vor allem die Entwicklungsbedingungen der einzelnen Schule, die Organisationsberatung in Schulen, die Bildungsreform und die Inklusion. Hinzugekommen ist mit der Hinwendung der Erziehungswissenschaft zu den Fragen nach der Lern- und Bildungsqualität von Räumen, dem „spatial turn", die Suche nach den Merkmalen von bildungsförderlichen Räumen in Schulen. Schulräume sollen den jungen Menschen optimale Bedingungen für Lernen, Bildung, Entwicklung und Wohlbefinden, kurzum: für ein gedeihliches Aufwachsen in der inklusiven Schule bereitstellen.

Angestoßen wurde die Auseinandersetzung mit der Qualität der Schulräume durch die in der Schulpädagogik recht salopp verwendete Formulierung vom Raum als dem „dritten Pädagogen". Ihren Ursprung hat diese pädagogische Formel in einem Konzept der Elementarpädagogik, das in den späten 1960er Jahren im zwischen Modena und Bologna gelegenen Städtchen Reggio Emilia erprobt wurde. Es trägt seither die Bezeichnung „Reggio-Pädagogik". Die große Bedeutung, die die Reggio-Pädagogik dem Raum für die Erziehung der Kinder zuspricht, kommt in jener Formulierung zum Ausdruck, der Raum sei „der dritte Pädagoge" (nach den beiden Erzieherinnen für eine Gruppe von etwa 30 Kindern).

Von dieser Formulierung wird (nicht nur) im schulpädagogischen Diskurs eifrig Gebrauch gemacht, um die erzieherische Kraft von ideal gestalteten Schulräumen zu betonen. Es wird zwar allenthalben gefordert, Schulen sollten ihren architektonischen Gestaltungsspielraum besser nutzen, und auch an praktischen Beispielen mangelt es nicht. Aber es ist offen, was es inhaltlich bedeutet, wenn von der Erziehung durch den Raum die Rede ist. Deshalb spricht der Buchtitel von einer Leerformel. Wie kommen also beide, Erziehung und Schulraum, zusammen? An diesem Punkt setzen die Überlegungen des Buches an. Es wird ein heuristisches Modell vorgestellt, das den Zusammenhang von unterschiedlichen schulischen Raum- und Gebäudetypen einerseits und erzieherischen Wirkungen andererseits theoretisch begründet und nachvollziehbar erklärt. Dazu werden immer wieder Beispiele herangezogen und Einblicke in die Schulpraxis, auch in die Bauberatungspraxis, vorgestellt, ohne dass der Anspruch auf Wissenschaftlichkeit vernachlässigt würde.

Der Buchtext wäre ohne die Zusammenarbeit mit einigen Schulen und dem regen Austausch mit Architekten nicht zustande gekommen. Ich danke vor allem jenen Schulen, in denen jeweils eine mehrjährige Begleitung der Schulentwicklung stattgefunden hat: dem Kollegium der Grund- und Mittelschule Thalmässing, geleitet von Ottmar Misoph; dem Kollegium des Albrecht Ernst Gymnasiums Oettingen unter wechselnder Leitung von Claudia Langer, Günther Schmalisch und Christian Heinz; dem Kollegium der Erzbischöflichen Pater-Rupert-Mayer-Volksschule Pullach, geleitet von Barbara Reif. Danksagen möchte ich auch jenen Architekten und weiteren Baufachleuten, mit denen ich über Jahre hinweg im Gespräch war oder enger kooperiert habe: Wolfgang Obel, obel architekten GmbH, Donauwörth; Markus Würmseher, ehemals obel architekten GmbH; Werner Beck, Architekturbüro Beck Hauk Denzinger, Neuburg a. d. Donau; Željko Marin, Architekturbüro Marin GmbH, Basel; Karin Doberer und ihr Team der Pädagogischen Baubegleitung, Inhaberin der Firma LernLandSchaft, Röckingen. Darüber hinaus sei all jenen Personen gedankt, die mit Fotos zum Buch beigetragen haben. Schließlich möchte ich jenem Mitarbeiter und jenen Mitarbeiterinnen danken, die mir mit Anregungen, Moderation von Beratungsprozessen in Schulen und deren Aufarbeitung zur Seite gestanden haben: Christina Schmidtlein-Mauderer, Hildegard Schmidt und John Andreas Fuchs. Nicht zu übersehen ist das Bild auf dem Bucheinband. Das Gemälde mit dem Titel „tegning" („Zeichnung") stammt von der dänischen Künstlerin Eva Kobberrød. Ich danke ihr für diese Bereicherung des Buches.

Eichstätt und Schwäbisch Hall im Februar 2024
Wolfgang Schönig

1 Einleitende Überlegungen

Wer sich heute mit der inzwischen überbordenden Fachliteratur zum Schulraum als Lern-, Lebens- und Aufenthaltsort befasst, stößt unweigerlich auf die Formulierung, der Raum sei „der dritte Pädagoge". Die Formulierung ist wie ein roter Faden, der sich durch die Raumdiskussion, Fachbücher und Zeitschriftenbeiträge zieht. So wird beispielsweise von dem bekannten Bildungsjournalisten Reinhard Kahl dem Buchtext von Michael Baum und Oliver G. Hamm (2010) das Thema des „Dritten Pädagogen" als Leitmotiv vorangestellt. Kahl zitiert die Schlüsselperson der Reggio-Pädagogik, den 1994 verstorbenen Loris Malaguzzi (ohne Quellenangabe), der Lehrer sei der erste Pädagoge, die Mitschüler der zweite und der Raum der dritte. Offenbar ist diese Lesart vom Raum als dem dritten Pädagogen über Schweden zu uns gelangt und inzwischen über die Kontinente verbreitet worden, was am Beispiel Australiens ablesbar ist (Miller 2019). Bemerkenswert ist indes, wie *selbstverständlich* diese pädagogische Formel allenthalben verwendet wird, ohne sie *inhaltlich* zu füllen. Wenn aber dem (Schul)Raum eine bildende und erzieherische Kraft zugesprochen wird, dann stellt sich die Frage nach der inhaltlichen Ausarbeitung eines entsprechenden Erziehungsverständnisses: Wie kann der Schulraum erziehen?

Eine Vorstellung von dem Gemeinten gewinnt man, wenn man die reichhaltig gestalteten Bildbände zum Zusammenhang von Schulbau und Lernen betrachtet, so etwa die Veröffentlichungen von Josef Watschinger und Josef Kühebacher (2007), von Wolfgang Schönig und Christina Schmidtlein-Mauderer (2015) oder die internationalen Einblicke in die gebauten Bildungslandschaften von Prue Chiles (2015) und Mark Dudek ([3]2015). Hier wird an zahlreichen Beispielen für Schulneubauten, für die Restaurierung und Modernisierung von Bestandsgebäuden und eben auch für die Neugestaltung der Innenräume sichtbar gemacht, dass es sich um *Gegenentwürfe* zur konventionellen, linear gebauten Riegel- bzw. Flurschule handelt. Die Schule: abgebildet als ein ästhetisch ansprechender und architektonisch vielseitiger Ort für junge Menschen, der zum Lernen einlädt und an dem das Aufwachsen eine subjektiv bedeutsame Erfahrung wird. Die Schule soll als ‚gebaute Pädagogik' die *Identitätsentwicklung* der Heranwachsenden voll umfänglich fördern und zu einem „Kraftort des neuen Lernens" werden (Watschinger & Kühebacher 2007, Einleitung, 12). Wo sich die Schule für den jungen Menschen und seine Bildungsanstrengungen öffnet, muss sich auch ihre Architektur öffnen. Durch ein pluriformes Raumangebot sollen alle Daseinsvollzüge des Heranwachsenden im Kontext von Lernen und Bildung eine konstruktive Antwort finden.

Maßgebend für dieses Anliegen ist die Erkenntnis, dass die dynamische moderne Gesellschaft eine Schule benötigt, die auf die *raschen gesellschaftlichen Veränderungen* reagiert, ja, sie mit ihren pädagogischen Programmen sogar antizipiert. Wie die zukünftige Welt aussehen wird, entzieht sich jeder soliden Prognose. Aber wir kennen eine Reihe von Entwicklungsindikatoren, die uns mahnen, jetzt Entscheidungen für eine bessere Schule von morgen zu treffen. Mit ihrer scharfsinnigen Analyse gesellschaftlichen Wandels haben der norwegische Schulforscher Per Dalin und der Kanadier Val Rust (1997) zehn Indikatoren identifiziert. Sie bezeichnen sie als „Revolutionen", d.h. „langfristig (d.h. auch in der überschaubaren Zukunft) wirksame, die Gesellschaft verändernde Grundströmungen von hoher Durchschlagskraft" (Dalin & Rust 1997, 21). Die Forscher äußern nachvollziehbare Zweifel daran, dass die Schule als Institution überleben kann, wenn sie sich nicht radikal ändert. Bereits heute müssten Schulen vorausschauend auf die nächsten Schülergenerationen gebaut werden. Selbstredend, dass diese neue Institution Schule nicht bloß auf die von internationalen Schulleistungsvergleichen vorwiegend verlangten fachlichen Kompetenzen zielt, sondern auf Kompetenzen, die eine friedvolle, solidarische, demokratische, klimafreundliche und gerechte Gesellschaft benötigt. Dafür muss die Schule anders gebaut werden.

Wie weit wir auf diesem Weg zu einer *Einheit aus Architektur und Schulkultur* schon vorangeschritten sind, lässt sich schwer ermitteln. Zwar erzeugen die ‚Eyecatcher' in den genannten Bänden den Eindruck einer rasch sich erneuernden Schullandschaft, tatsächlich geht der Umbau der Schule aber nur langsam voran. Die Corona-Pandemie hat uns durch die Berichterstattung vor allem der Fernsehsender einen tiefen Einblick in die Klassenzimmer deutscher Schulen gewährt. Von wenigen Ausnahmen abgesehen zeigt(e) sich immer wieder dasselbe Bild: *karge Klassenzimmer*, aneinandergereiht an *tristen Fluren*; in den Lernräumen hintereinander gestaffelte *Tischreihen* mit der Blickrichtung nach vorn zur Lehrkraft – „serielle Pädagogik" (Rittelmeyer) in *öden Schulräumen*.

Dieses Buch geht der Frage nach, wie eine Schule architektonisch beschaffen sein sollte, die dem Anspruch, durch die Wirkungen ihres Raums einen erzieherischen Beitrag zum Aufwachsen junger Menschen zu leisten, genügen kann. Wenn es denn stimmt, dass der Raum der „dritte Pädagoge" ist, dann muss sich zweierlei darlegen lassen. Zum einen benötigt man Vorstellungen davon, welche Schulräume auf welche Weise in jungen Menschen *positive Spuren* hinterlassen. Zum anderen braucht es einen *tragfähigen Begriff von Erziehung*, der das Gebäude als ‚pädagogische Architektur' stützt, wenn das Reden vom „dritten Pädagogen" nicht erziehungstheoretisch leer bleiben soll.

Dazu wird die folgende Systematik erarbeitet. Das Buch ist in zwei große Teile gegliedert. *Teil I* (Kap. 2 bis 6) legt den aktuellen Diskussionsstand zur Wirkung von Räumen und die Propagierung eines „erziehenden Raums" dar. Die vornehmlich empirische Forschung wird daraufhin geprüft, inwieweit sich ein Zusammenhang zwischen der Raumqualität einerseits und dem Wohlbefinden und der Schulleistung andererseits nachweisen lässt. Wenn von einem „erziehenden Raum" oder dem Raum als „drittem Erzieher" gesprochen wird, setzt dies eigentlich einen Begriff von

Erziehung voraus. Im Diskurs fehlt aber ein explizierter Erziehungsbegriff. Deshalb wird ein *funktionaler Erziehungsbegriff* erarbeitet, der ein Konzept des „erziehenden Schulraums“ zu tragen vermag. Damit sind die Grundlagen und die Brücke für den *Teil II* (Kap. 7 bis 9) des Buches geschaffen. Dort wird ein antinomisches Modell des „erziehenden Schulraums“ konzipiert, in dem zehn pädagogischen Dimensionen nachgegangen wird, die paarweise geordnet werden. Sie weisen für die praktische Schulpädagogik theoretisch fundiert aus, wie sich „erziehende Räume“ konzeptionell fassen lassen. Deren Bedeutung für die inklusive Schulentwicklung wird geklärt. So gesehen besteht das Buch aus einem primär theoretisch begründenden und einem konzeptionellen, praxisbezogenen Teil.
Der erste Schritt im *Teil I* gilt dem Konzept der Reggio-Pädagogik mit dem Fokus auf das Grundverständnis vom Lern- und Lebensraum. Zwar gibt es auch heute zahlreiche Initiativen, mit denen die Reggio-Pädagogik im Vorschulalter fruchtbar gemacht wird, so sind bspw. Schwerpunkte in Berlin und Hamburg zu finden. Um aber zu klären, woher die Formulierung vom Raum als „drittem Pädagogen“ stammt, ist es sinnvoll, zum historische Konzept zurückzugehen (Kap. 2). Dieser Exkurs leitet zum Thema der Bedeutung des Raums für das Leben und Erleben des Menschen über. Die theoretischen Grundlinien zum Raumbegriff, zur Wirkungsanalyse von Räumen und der Diskussionsstand zur Raumtheorie werden vorgestellt (Kap. 3). Dieser *raumtheoretische Grundriss* erlaubt es, die Erkenntnisse zum Raum auf die Schulpädagogik und die der Schule zugewandten Architektur zu beziehen. Dafür sieht das Kapitel 4 drei Schritte vor. Zunächst werden die gestiegenen Lern- und Bildungsansprüche an die Institution Schule vor dem Hintergrund der *gesellschaftlichen Modernisierung*, aber auch der staatlichen Reformen im Schulwesen beleuchtet (Kap. 4.1). Mit dem zweiten Arbeitsschritt wird ein *praxeologischer Weg* beschritten. Es wird gezeigt, wie sich der architektonische Umbau im Schulwesen im Zusammenschluss von Menschen und im Engagement von Organisationen widerspiegelt. Hier wird auch das für die Praxis so leidige Thema der *Schulbauvorschriften und -richtlinien* behandelt (Kap. 4.2). Inwieweit das Zusammenspiel von wissenschaftlicher Pädagogik, Architektur und Betroffenen gelingt, wird in Kapitel 4.3 erläutert. Die Sicht auf den Denkwandel bei Schulbehörden und Schulträgern wird dabei berücksichtigt. Damit sind die Informationen bereitgestellt, um stärker in die Ergebnisse der *empirischen Forschung* einzudringen (Kap. 5). Die Trennung von Kapitel 4 ist durchaus künstlich. Aber sie ist gewollt, weil dieser deutliche Schnitt zu einem besseren Verständnis der verschiedenen Systemebenen – Praxis- gegenüber Forschungsebene – beitragen könnte. Die Forschungsergebnisse werden nach zwei Gesichtspunkten voneinander unterschieden. Zum einen wird gezeigt, welchen Beitrag die empirische Forschung zum Verstehen des Zusammenhangs von *Wohlbefinden* und Schulraumparametern leistet (Kap. 5.1). Zum anderen wird dem Zweifel nachgegangen, das Wohlbefinden in der Schule ließe sich womöglich durch eine

schülersensible Architektur und Schulraumgestaltung positiv beeinflussen, die *Leistung* hingegen eher nicht (Kap. 5.2).
Im Kapitel 6 wird der Erziehungsbegriff geprüft, denn er generiert die Grundfrage nach der Erziehung durch „den dritten Pädagogen", nämlich den Raum. Dieser Teil steht zentral, d. h. in der Mitte des Buches, weil er, systematisch gesehen, eine Gelenkfunktion zwischen den analytischen Bestrebungen bis einschließlich Kapitel 5 und dem dann folgenden *Teil II* des Buches ab Kapitel 7 hat, von wo ab der Text konstruktiv im Sinne der Erarbeitung von *Modellvorstellungen* verfasst ist. Es wird ein bipolares bzw. antinomisches Modell entworfen, das mit *fünf Begriffspaaren* arbeitet. Von Antinomien wird deshalb gesprochen, weil es sich um scheinbare Gegensätze handelt, um Begriffe, die zwar in Spannung zueinanderstehen, gleichwohl aufeinander angewiesen sind. Es handelt sich um Aktivität und Bewegung vs. Ruhe und Entspannung (Kap. 7.1); Beisammensein vs. sich zurückziehen und für sich sein (Kap. 7.2); Individuelles Lernen und Spielen vs. kollektives Lernen und Spielen (Kap. 7.3); Lernen mit digitalen Medien vs. Natur erfahren und sich gesund ernähren (Kap. 7.4); Arbeiten vs. Feiern (Kap. 7.5). Es wird herausgearbeitet, inwieweit diese pädagogischen Dimensionen des Lernens und Lebens ein Gegenüber in der Qualität von Schulräumen – innen wie außen – finden müssen. Kapitel 8 wendet sich der *inklusiven Pädagogik* zu. Spätestens seitdem die UN-Behindertenrechtskonvention (UN-BRK) eine inklusive Pädagogik auch in unseren Schulen verlangt, wird kontrovers diskutiert, inwieweit die Schule *besondere* Räume für Menschen mit Handicaps vorhalten müsste oder wahre Inklusion mit ein und demselben Raumangebot für alle Lernenden *gleichermaßen* auskommen kann. Dazu bedarf es auch einiger Hinweise zum Inklusionsbegriff und -verständnis. Schließlich wird thematisiert, dass Schulräume nur dann ihr volles Potenzial entfalten können, wenn es eine *Korrespondenz* zwischen dem Raum und den Akteuren, also ihren Einstellungen und Handlungsformen gibt (Kap. 9). Es ist zu erwarten, dass *Einstellungen* zum Raumangebot dann positiv geleitet werden können, wenn die Akteure in den Prozess der (Um)Bau*planung* einbezogen werden (Kap. 9.1). Letztlich ist die Einstimmung auf neue Schulräume und die reformierten pädagogischen Praktiken aber keine Angelegenheit von einzelnen Personen. Sie bedarf vielmehr der langfristigen, systematischen und gemeinsamen Arbeit des gesamten Kollegiums an der *Organisationskultur* der eigenen Schule – *Schulentwicklung* (Kap. 9.2). Mit einem Ausblick (Kap. 10) werden Folgerungen aus den gesamten Überlegungen vorgestellt und einige Leitgedanken für den Schulraum der Zukunft zur Diskussion gestellt.

Teil I
Raum, Erziehung, „erziehender Raum" – kontroverse Diskurslinien, Forschungsstand und theoretische Eckpunkte eines Konzepts

2 „Der Raum als dritter Pädagoge" – konzeptionelle Überlegungen zum inflationären Gebrauch eines Schlüsselbegriffs der Reggio-Pädagogik

Zunächst stellt sich die Frage, warum die Protagonisten einer Schulbaureform zwar einerseits auf Versatzstücke der Reggio-Pädagogik zurückgreifen, andererseits das Potenzial dieses Ansatzes nicht ausloten. Dies mag an sprachlichen Zugangsschwierigkeiten liegen, denn die wesentlichen Schriften sind in Italienisch verfasst. Es mag auch sein, dass der pädagogische Ansatz wegen seiner Konzentration auf das *Vorschulalter* von der Institution Schule zu weit entfernt zu sein scheint. Mir geht es im Folgenden nicht um die Kennzeichnung der Reggio-Pädagogik im Ganzen, sondern um das *pädagogische Prinzip*, den Raum als „dritten Pädagogen" (im Original: „Erzieherin") zu betrachten. Ähnlich wie bei Paolo Freire ist die Idee der *Befreiung* des Menschen zu sich selbst für das Konzept grundlegend. Verständlicher wird dies vor dem Hintergrund der Befreiung des zwischen Modena und Bologna gelegenen Städtchens Reggio Emilia von Faschismus und der Besatzungsmacht im Zweiten Weltkrieg durch eine eigene Widerstandsbewegung. Das Motiv der Befreiung von äußerem Druck stärkte das Motiv der inneren Freiheit zur *Selbstverwirklichung* und führte über Jahrzehnte zu einer starken Gemeinwesenorientierung insbesondere der kommunalen Politik (Göhlich 2001). Vor diesem Hintergrund wurde jede Form der ‚Gleichschaltung' vor allem der Kinder obsolet. In den Kindertagesstätten wurde deshalb das pädagogische Ziel verfolgt, die *innere Autonomie des Kindes* durch Respekt, Hilfe, Nähe und Fürsorglichkeit zu stärken. „Die hundert Sprachen der Kinder", d. h. die zahlreichen Formen des Selbstausdrucks des Kindes, sind im Konzept die Basis für das genaue Hinsehen auf die Entwicklung des Individuums: Das Kind ist *reich* an Mitteilungsbedürfnissen, lebt aus und in *Beziehungen* und ist *Forscher* in der eigenen Welt. Es entwickelt seine Identität durch die aktive Auseinandersetzung mit seiner Umgebung (Stenger 2001).

Einen authentischen Eindruck von der Praxis der ursprünglichen Reggio-Pädagogik gewinnt man durch die Lektüre des nach wie vor lesenswerten Berichts, den Michael Göhlich ([2]1988) verfasst hat. 1982 besuchte Göhlich zwei von damals etwa 30 Kindertagesstätten in kommunaler Trägerschaft von Reggio Emilia, die scuole dell‘ infancia (SCI) „XXV Aprile“ und die SCI „Pablo Neruda“, beide für die 3-6jährigen Kinder. Aus seiner Beschreibung geht deutlich hervor, wie die freie Aktivität, die erzieherische Unterstützung und die räumlich-materialen Arrangements konstruktiv zusammenwirken. Auffallend ist die *Zonierung* des jeweiligen Gebäudes. Die Besucher werden durch weiträumige Eingangsbereiche empfangen. Miniatelier, Kalenderecke, Verkleidungsecke, Leseecke, Wohnküche usw. bilden funktionale Einheiten, die den Tätigkeits- und Aufenthaltsbedürfnissen der Kinder entgegenkommen. Sie lassen Aktivität ebenso zu wie Ruhe, sich verstecken und Rückzug. Die Ausstattung der Räume mit Tüchern, Baldachinen, Leinendecken, Pflanzen, Kartons, Kisten, Kästen und Regalen sowie vielfältigen *Materialien für Spiel und Lernen* sorgen im Einklang mit der *Farbgebung*, dem Tageslicht und der *angenehmen Akustik* für eine behagliche Atmosphäre. Es wird viel Wert auf weiches Material für die Innenausstattung gelegt, um lange Nachhallzeiten, Lärm und eine ‚harte Akustik‘ zu verhindern. Die Sanitäranlagen sind nicht bloß für Toilettengänge bestimmt, sondern bieten Gelegenheit für das Spiel an Waschrinnen.

Von besonderer Bedeutung sind die zahlreichen Spiegel, die im Gebäude in kindgerechter Höhe, vor allem aber im Sanitärbereich verteilt sind: „Spiegel neben den Toiletten, über dem Wickeltisch, als Kacheln oder so groß, dass sie ihren ganzen Körper betrachten können, befriedigen die Neugier der Kinder, regen zu immer neuen Spielen an und fordern zum Verweilen auf.“ (Beek 2001, 198) Auf diese Weise begegnet das Kind sich selbst auf der Suche nach der eigenen Persönlichkeit.

Eigentlich sind die Einrichtungen der Reggio-Pädagogik Werkstätten, in denen die Kinder einen Zugang zur Dingwelt finden. „Die Gegenstände und die Objekte sind wichtige und aktive Gesprächspartner des Kindes“, so heißt es bei Carla Rinaldi, und „wir können von einem Dialog zwischen Kind und Objekten und einem Lernen durch sie sprechen“ (Rinaldi 1984, 217, zitiert nach Dreier 1993, 30, 31). Das Kind wird im Konzept der Reggio-Pädagogik als *aktiv*, *neugierig* und *forschend* charakterisiert, ein Reichtum, den es zu schützen und für seine Entwicklung zu nutzen gilt. Das materialreiche räumliche Ambiente ist analog so beschaffen, dass es *stimulierend* und *auffordernd* wirkt, um dem Forschergeist des Kindes freie Bahn zu geben. Loris Malaguzzi hält fest: „Ein unsicheres Kind kann nicht forschen. Ein sicheres Kind hingegen ist reich – so wie alle Kinder eigentlich reich sind –, denn es hat Neugier und Vorstellungskraft.“ (Malaguzzi 1990, o. Seitenangabe, zitiert nach Dreier 1993, 48).

In diesem Zusammenhang hat die Rede vom Raum als dem dritten Pädagogen ihren ‚Sitz im Leben'. Der Raum bietet Kindern sowie Erzieherinnen und Erziehern eine *bedürfnisorientierte Struktur für das Leben und Lernen in Beziehungen*. Jeder Gruppe von 30 Kindern sind zwei Erzieher bzw. Erzieherinnen zugeteilt. Mit Bezug auf Claudio Gandolfi hält Göhlich zusammenfassend fest: „Der Raum ist zwar der dritte Erzieher, aber *die ersten beiden* sind eben die der 30-Kinder-Gruppe zugeteilten Erzieher/innen." (Göhlich [3]1988, 70; Hervorhebung des Verfassers) Und er fährt fort: „Ihre Kompetenz [...] muß sich permanent weiterentwickeln, damit der Reichtum der Räumlichkeiten genutzt wird, der durch gemeinsame Arbeit und Überlegungen entstanden ist und entsteht." (ebd.)

Diese wenigen Hinweise zur Reggio-Pädagogik bieten wichtige Anknüpfungspunkte für das Überdenken des Umgangs mit unseren Schulräumen. Zu nennen sind: *die Befriedigung aktueller Aufenthaltsbedürfnisse im Raum*, die funktionale Gliederung des Gebäudes und die *Zonierung einzelner Räume*, die reichhaltige Ausstattung mit *anregendem Material*, die *Farbgebung*, *Lichtführung* und *Akustik* und schließlich die Verwendung von *Naturmaterialien* für die Raumausstattung. Durch die Öffnung des Raums in diesen verschiedenen Dimensionen stellt er dem Menschen Möglichkeiten der *Selbstbegegnung* und *personalen Entfaltung* bereit. Es steht aber auch die Frage im Raum, wie viel von dieser Orientierung am Menschlichen in eine vom engen Leistungsbegriff geprägten Schule transferiert werden kann. Unübersehbar ist auch Göhlichs Fingerzeig, „daß die Räumlichkeiten allein noch keine neue Pädagogik ausmachen" (ebd.). Mit anderen Worten machen raumpädagogische Veränderungen nur dort Sinn, wo die ihr inhärenten Werte von einer *gemeinsamen professionellen Haltung* des jeweiligen Kollegiums getragen werden. Hier schließt sich Kreis von Raumentwicklung, Unterrichtsentwicklung, Teamentwicklung und Organisationsentwicklung. Sie zusammen machen Schulentwicklung aus, von der noch die Rede sein wird (s. Kap. 9.2).

3 Stufen der Theorieentwicklung – zum gegenwärtigen Stand des Diskurses über Bildungsräume in der Bundesrepublik Deutschland

Seit nunmehr etwa 15 Jahren ist in der Erziehungswissenschaft ein Diskurs zu beobachten, der einerseits vor dem Hintergrund der vermehrten Mobilität des Menschen im Prozess der gesellschaftlichen Modernisierung dessen Verhältnis zu einem sich dynamisierenden Raum *theoretisch* zu bestimmen versucht. Dies betrifft selbstredend auch die Konstellationen, die sich zwischen Lernenden, Lehrenden und Bildungsräumen ergeben bzw., historisch betrachtet, ergeben haben. Andererseits ziehen sich Linien durch den Diskurs, die eher von *pragmatischen* Erwägungen geprägt sind. Im Vordergrund steht dabei die Frage, wie viel architektonischer Gestaltungsspielraum der Schule gewährt werden kann, wenn der Reformbedarf gegenüber sich dramatisch veränderten Rahmenbedingungen der praktischen Pädagogik – zunehmende Heterogenität der Schülerschaft und Inklusion, Diversifizierung der Erfahrungshintergründe und des Weltverstehens der Lernenden, Werterelativierung in Gesellschaft und Elternhäusern, internationale Ganztagsschulbewegung, veränderte Steuerungsphilosophie des Staates, sich lockernde Bauverordnungen usw. – befriedigt werden soll. Seit Anfang der 1990er Jahre hat es immer wieder einzelne Buchbeiträge gegeben, die der interessierten Fachöffentlichkeit mustergültige Beispiele für gelungenen Schulbau buchstäblich vor Augen gestellt haben. Zu nennen sind das frühe Werk des Architekten Walter Kroner mit dem Titel „Architektur für Kinder“ (1994), Annette Dreiers u. a. „Grundschulen planen, bauen und neu gestalten“ (1999), die neuere Südtiroler Veröffentlichung von Josef Watschinger und Josef Kühebacher „Schularchitektur und neue Lernkultur“ (2007), Christian Rittelmeyers „Schulbauten positiv gestalten“ (1994) und Mark Dudeks internationaler Band „Entwurfsatlas Schulen und Kindergärten“ ([3]2015; erste Aufl. 2007). Die Veröffentlichungen zeigen ein weites Spektrum von bescheidenen räumlichen Anpassungen in Schulräumen bis hin zu spektakulären Schulneubauten. Von einem Durchbruch zu einer systematischen Auseinandersetzung mit dem Schulraum kann aber erst seit Ende 2000er Jahre gesprochen werden. Als einen wesentlichen Beitrag zum fachlichen Diskurs muss man den von Jeanette Böhme herausgegebenen Sammelband „Schularchitektur im interdisziplinären Diskurs“ (Böhme 2009a) ansehen. Er markiert den Weg zu einem neuen Raumdenken, der noch heute beschritten wird. Jeanette Böhme hielt fest: „Jedoch ist der Raum keineswegs eine explizite zentrale Kategorie erziehungswissenschaftlicher Forschungsaktivitäten und Theoriebildung, er wird eher implizit in Diskursen mitgeführt […]." (Böhme 2009b, 13). Und weiter: „Denn schließlich liegt eine empirisch fundierte Theoriebildung zur Bedeutung des Schul- und Bildungsraums nur ansatzweise vor." (ebd., 16) Aber mit dem „spatial turn", der Hinwendung zum Raumthema, den Böhme konstatiert, wird eine *Zeitenwende des Schulraumdiskurses* ausgerufen. Betrachtet man, welche Arbeit seit dem Erscheinen von Böhmes Publikation geleistet worden ist, dann lässt sich nachvollziehen, dass die „Raumvergessenheit der Erziehungswissenschaft" (ebd., 16) ein Ende gefunden zu haben scheint. Wenn Daniel Blömer (2010) für die Raumkonzepte der bildungspolitisch angefachten Gesamtschulentwicklung in den 1960er und 1970er Jahren feststellen konnte, dass es sich eher um eine vorübergehende Konjunktur gehandelt hat, lässt sich für den heutigen Diskurs der Theoriebildung sagen, dass wir es mit einem *durchschlagenden Trend* zu tun haben. Im Folgenden werden in einem Überblick die Ankerpunkte der Theoriebildung für Raum und Schulraum markiert.

Will man aus der *Geschichte des Schulraums* lernen, ist man bei Michael Göhlichs historischen Betrachtungen gut aufgehoben (Göhlich 1993, 2009, 2013). Von der Frühen Neuzeit über die Aufklärung, die Industrialisierung und Militarisierung, die Reformpädagogik, die sog. neue Reformpädagogik im 20. Jh. bis ins 21. Jh. zeichnet Göhlich nach, wie dem Raum in diesen Jahrhunderten eine pädagogische Funktion zugesprochen wurde, wenn auch konzeptionell uneinheitlich. Er klärt darüber auf, dass die heutigen Forderungen nach der *Öffnung des Unterrichts*, nach *Gruppenarbeit*, *innerer Differenzierung*, *Dezentrierung des Raums* und selbstständigem Lernen keineswegs neu sind, sondern „Konzeption und Einsatz des Raums als Teil pädagogischer Praxis eine lange Tradition hat" (Göhlich 2009, 489) und die modernen didaktisch-konzeptionellen Ideen bereits seit Erasmus von Rotterdam (1469–1536) im schulischen Lernen, und das heißt auch: in der schulischen Erziehung, eine Rolle gespielt haben. Lange vor der Reggio-Pädagogik, die das pädagogische Prinzip des Raums als dem dritten Erzieher *populär* gemacht hat, ist der Raum als *Lernunterstützer* und „nonpersonaler Erzieher" (Göhlich 2013, 25) konzipiert worden. Soweit ich sehe, ist Göhlich mit der Herausarbeitung dieses Themas der einzige Erziehungswissenschaftler, der die beiden Themen Raum und Erziehung im wissenschaftlichen Diskurs explizit zusammenbringt. Er vermerkt kritisch, dass die Funktion der Steuerung von Verhalten und Lernen zusehends von Pädagogen auf die räumlichen Arrangements übertragen wurde. Selbsttätigkeit, Selbstkontrolle, Selbststeuerung und Selbstdisziplinierung sind Eigenschaften, die den Lernenden durch die Beschaffenheit der Lernmaterialien und deren Organisation im Raum abverlangt werden – der Raum mit seiner Ausstattung *führt*. Man denke dabei z. B. an das Lernmaterial der Montessori-Pädagogik. Das könnte man machttheoretisch (s. u.), aber auch professionstheoretisch als De-Professionalisierung der Lehrkräfte diskutieren.

Auch jenseits der linearen historischen Betrachtung knüpft der fachliche Diskurs verschiedentlich an ältere Schriften an, die die Verwobenheit des Menschen mit dem Raum herausstellen: Für den Menschen ist der Raum ein *Medium des Lebens*. Der

Tübinger Geisteswissenschaftliche Pädagoge Otto Friedrich Bollnow (1903–1991) prägte in diesem Zusammenhang den Begriff des „erlebten Raumes“: „Nicht gemeint ist damit der nur vorgestellte, imaginäre Raum, der eine vom Menschen losgelöste Wirklichkeit bezeichnet, sondern der Raum, wie er für den Menschen da ist, und in eins damit [...] das menschliche Verhältnis zu diesem Raum; denn beides ist voneinander gar nicht trennbar“ (Bollnow 1963/2004, 18). Agnes Pfrang (2018) knüpft mit einem *leibtheoretischen Ansatz*, den sie für die Grundschulpädagogik fruchtbar macht, an Bollnow an, geht seinen lebenspraktisch vorgestellten Beziehungen des Menschen zum Raum nach und stellt resümierend fest, dass Bollnow die wechselseitigen Beziehungen zwischen Raum und Mensch vernachlässigt, wie er sich auch zu Räumen mit pädagogischer Zielstellung nicht geäußert hat (Pfrang 2018, 28ff.). Deshalb führt sie die gedankliche Linie zu Karlfried von Dürckheim (1896–1988) weiter, der auf die Ambivalenz des Raums aufmerksam macht. Es ist gleichsam der Schritt von Bollnows „erlebtem Raum“ zum „gelebten Raum“ bei von Dürkheim. Bei von Dürkheim heißt es: „Der gelebte Raum ist für das Selbst Medium der leibhaftigen Verwirklichung, Gegenform oder Verbreiterung, Bedroher oder Bewahrer, Durchgang oder Bleibe, Fremde oder Heimat, Material, Erfüllungsort und Entfaltungsmöglichkeit, Widerstand und Grenze, Organ und Gegenspieler dieses Selbstes in seiner augenblicklichen Seins- und Lebenswirklichkeit.“ (von Dürckheim 1932, 389). Bei von Dürckheim wird die Widersprüchlichkeit und Spannung des Raums als *Widerfahrnis* des Menschen einerseits und als *Ermöglichungsraum* für dessen Einflussnahme gesehen. Der Raum hat durch Struktur, Farbe, Akustik usw. eine Eigenqualität, die zwar durch den Menschen verändert werden kann, die aber zunächst auf ihn wirkt, Stimmungen erzeugt. Pfrang geht es u. a. um diese prä-reflexive Dimension des Raums, weil sie leiblich[1] spürbar ist. Über die Leibempfindungen und die *affektiven Tönungen des Erlebens* sieht sie einen Zugangsweg zur „atmosphärischen Macht“ des Raums. Im Klassenzimmer der Grundschule bilden die Leibempfindungen des Kindes die Raumqualitäten ihrer Umgebung gleichsam ab. Dies ist für Pfrang das Einfallstor für empirische Untersuchungen zur Raumerfahrung als eine basale Kategorie des Lernens.

Pfrangs Überlegungen korrespondieren deutlich mit Christian Rittelmeyers Aisthesis-Ansatz (Rittelmeyer 2014a). Mit Rückgriff auf *phänomenologisch-philosophische* Konzepte analysiert Rittelmeyer die sinnliche Erfahrungsfähigkeit des Menschen. Grundlegend für seine Erforschung der Wirkkräfte von Schulräumen ist seine Auffassung, dass unsere *Vorstellungen*, unsere *Leistungsfähigkeit* und unsere *Gesundheit*

1 Agnes Pfrang setzt sich dabei über die traditionelle Unterscheidung zwischen Körper und Leib hinweg, dergemäß der Körper einerseits als die nach außen gerichtete Seite des Menschen erscheint und entsprechend distanziert betrachtet werden kann, während der Leib die seelischen Zustände, das ‚Innere‘ des Menschen meint. In ihrem Verständnis ist der Leib das Insgesamt der inkorporierten Erfahrungen, die im Körper spürbar sind und Zugangsmöglichkeiten zur Stiftung von Sinnstrukturen bereitstellen (ebd., 42ff.).

durch die Wirkungen des Raums und die Art, wie wir uns in ihm bewegen, bestimmt werden. Der Raum und eben auch der Schulraum haben eine eigene „Rhetorik" und eine „Anmutungsqualität", die sich im Körper durch „empathische Resonanzen" widerspiegeln (ebd.). Für Rittelmeyer ist wesentlich, dass nicht etwa einzelne Sinne angesprochen werden, sondern dass es sich bei der Raumwahrnehmung immer um das *synästhetische Zusammenwirken verschiedener Sinne* handelt (vgl. Liechthi 2000). So kann z. B. die Farbe eines Klassenzimmers optisch wahrgenommen werden und zugleich ein Gefühl der Kälte erzeugen sowie den Muskel- oder Herztonus beeinflussen. Davon wird später noch ausführlicher die Rede sein (vgl. Kap. 7.1). Rittelmeyer greift u. a. auf eigene empirische Studien zurück, mit denen die Wirkungen der *Semiotik des Schulbaus* auf Schüler und Schülerinnen untersucht werden (vgl. Kap. 6).

Hirnphysiologisch gesehen werden die Eindrücke vom Raum durch unsere verschiedenen Sinne nicht etwa separat kodiert im Sinne eines Hörraums, Tastraums oder Sehraums, sondern sie werden vom Hirn *intermodal gespeichert* (vgl. Ritz-Schulte 2014). Ontogenetisch betrachtet kommt der taktil-kinästhetischen Sinneserfahrung dabei eine besondere Bedeutung zu. Für das kleine Kind ist das Tasten und sich Bewegen im ‚Hör'- und ‚Sehraum' die wesentliche Basis für die Entwicklung von *Raumgefühl* und für ein *sicheres Raumkonzept*. In der taktil-kinästhetischen Aktivität des Kindes eröffnet sich ihm ein sensomotorischer Raum. Die Wahrnehmungen von Zeit-Raum-Relationen, von Bewegungsunterschieden und Ereignissen im Raum werden zu einem *inneren Vorstellungsbild vom Raum* verdichtet. Die Leiberfahrungen verschaffen ihm einen Zugang zur Welt (vgl. Liechthi, 2000, 226 ff.). Demnach kann man die Mensch-Raum-Beziehung als eine anthropologische Konstante verstehen, die gleichwohl intersubjektiv unterschiedlich zur Geltung kommt, je nachdem welche persönlichen Raumkonzepte Menschen entwickeln. Dies wiederum hängt davon ab, welche Raumerfahrungen der Einzelne in seiner Lebensgeschichte gemacht hat. Raumdimensionen werden von verschiedenen Personen auf unterschiedliche Weise subjektiv wahrgenommen, sodass ihnen keine einheitliche Qualität zugesprochen werden kann. Das macht eine *objektive Beschreibung* von Raumwirkungen unmöglich und stellt die Raumwirkungsforschung vor große Herausforderungen (Rittelmeyer 2014b, 63ff.).

Die Begegnung mit dem Raum ist ein weitgehend *unbewusster Erlebnisvorgang*, mit dem das Subjekt eine innere Raumordnung bzw. einen ‚phänomenalen Raum' bildet. Die kognitionspsychologische und neuropsychologische Forschung macht darauf aufmerksam, dass der erfahrene Raum im Gehirn eben *nicht als objektiver Raum bzw. nicht mathematisch exakt repräsentiert* wird, sondern in einer neuen Qualität erscheint. Zu diesem Phänomen ist ein sprachlicher Zugang durch den Betroffenen nur schwer möglich. Die Sprache folgt auch ontogenetisch gesehen der leibhaftigen Erfahrung im Raum. Die Bildung von Symbolen wie Sprache oder Zahlen schließt sich an die Bewegung im Raum an. Vereinfachend gesagt gelangt der Mensch von

der Bewegung (des Greifens) zum Begreifen und zum Begriff. Der Begriff erscheint somit als eine Abstraktion der vielfältigen leibhaften Veränderungen, die das Subjekt in seinen räumlichen Bezügen erfahren hat. Die Räume, in denen wir leben, erziehen und beeinflussen uns, „Räume bilden“ – um an den Buchtitel von Gerald Becker, Johannes Bilstein und Eckart Liebau (1997) anzuschließen – und werden aber auch gebildet. Hier klingt die Doppelgesichtigkeit des Raums, wie sie bei von Dürckheim aufscheint, wieder an. Menschen sind Räumen nicht einfach ausgeliefert, sie sind durch ihr Verhalten, insbesondere durch ihre Bewegungen, auch ‚Baumeister‘ des Raums bzw. Akteure im Raum. Laura Kajetzke beschreibt das Phänomen mit der Spannung zwischen „Sesshaftigkeit“ und Bewegung und verwendet den Neologismus der „Mobitektur“ (Kajetzke 2010, 430ff.). Sie hält fest: „Mit veränderten architektonischen Gegebenheiten wandeln sich auch die Bewegungsabläufe der Akteure und infolgedessen auch ihre Handlungsoptionen – was die Bewegungsfrage zu einer Machtfrage macht. […] Raum entsteht somit erst durch Bewegungen. Akteure platzieren sich und Objekte, sie nehmen Raumdefinitionen vor.“ (ebd.) Vor dem Hintergrund, dass schulische Räume für das Lernen geöffnet werden, so etwa durch die Strukturverschiebungen von isolierten Klassenzimmern zu offenen „Lernlandschaften“[2], ist von besonderer Brisanz, wie viel Autonomie den Akteuren zugesprochen werden kann oder, umgekehrt, welchen *normativen Setzungen und Zwängen durch den Raum* sie unterliegen. Des Weiteren ist zu bedenken, dass Anforderungen, die der strukturierte Raum, z. B. das Klassenzimmer, an Disziplin, Ordnung, „Sesshaftigkeit“ usw. stellt, von den Schülern und Schülerinnen unterlaufen werden, indem sie die in den Raum eingeschriebenen Intentionen durch gegenläufige Handlungen konterkarieren (vgl. Breidenstein 2004). Diese Überlegungen führen zu *machttheoretischen* Erklärungsansätzen, die die Abhängigkeit der Akteure von bestimmten Raumparametern betonen und denen auch Kajetzke zuzuzählen ist.
Markus Rieger-Ladich und Norbert Ricken (2009) legen dar, wie die materiale Ordnung des Schulraums Spielräume für soziale Interaktionsmuster eröffnet oder verschließt, wobei die Chancen, aus dem Raum für sich selbst Kapital zu schlagen, ungleich verteilt sind. Dies betrifft das Verhältnis zwischen Lehrkräften und Lernenden ebenso wie das der Lernenden untereinander. Mit Blick auf das konventionelle Klassenzimmer ist eine Raumordnung erkennbar, mit der sich *Fremdbestimmung* der Schüler und Schülerinnen präzise steuern lässt. Die frontale Sitzordnung folgt der Machtlogik, dass Sitzordnung, Sichtbarkeit aller Lernenden gleichzeitig und Hörbarkeit der gesprochenen Worte jederzeit die Kontrolle über das soziale Geschehen erlauben können muss. Die asymmetrische Verteilung der Bewegungsoptionen ist durch die *Beweglichkeit der Lehrperson* im Klassenzimmer und die *Immobilität der Lernenden* an ihren Arbeitsplätzen auch optisch für jedermann *sichtbar festge-*

2 Die Konzeption der „Lernlandschaft“ bzw. „offenen Lernlandschaft“ wird unter 4.2 vorgestellt und von den Konzepten „Klassenraum plus“ und „Cluster“ abgegrenzt.

legt. Damit wird zugleich das Machtgefälle zwischen den Vertretern der Institution Schule und den Mitgliedern der Schulklasse *symbolisch* zum Ausdruck gebracht. Die Autoren wenden sich kritisch gegen Rittelmeyers Position, die einen Gegenentwurf zur von Kontrolle, Disziplin und Hygiene geprägten Flurschule favorisiere, der freilich „den trügerischen Glauben an einen idealen pädagogischen Raum" nähre (ebd., 189). Damit würde eine falsche Polarität aufgebaut. Die architektonische Öffnung von Schulräumen für Eigentätigkeit, Selbstständigkeit und Machtfreiheit, wie von Rittelmeyer propagiert, sei irreführend, weil *auch im Offenen Unterricht Machtstrukturen* etabliert seien. Angelehnt an historische Studien von Michael Göhlich (1993) halten Sie ihm entgegen, dass auch im dezentral organisierten Lernraum disziplinierende Effekte herrschten, indem „die Sichtbarmachung der Einzelnen intensiviert" werde (ebd.). Die Disziplinierung werde hier durch die geschickte Steuerung der Prozesse zu einer *Verinnerlichung* der vormals äußerlich sichtbaren Ordnungsstrukturen zur Selbstregulation führen. Auch Lara Kajetzke und Jessica Wilde widersprechen der Vorstellung, dass Mobilität im dezentral organisierten Klassenraum grundsätzlich positiv und „Sesshaftigkeit" negativ zu bewerten seien. Sie machen ihre Überlegungen am „flexiblen Klassenzimmer" (s. Kap. 7.1.1, 110ff.) fest und greifen auf die Akteur-Netzwerk-Theorie von Bruno Latour (so etwa Latour 2006) zurück, um die neuen Machtabhängigkeiten im Klassenraum durch die Einführung anderer Artefakte (hier: bewegliche Dreieckstische und Stühle, an Schienen geführte kleine Tafeln statt der dreiteiligen Klapptafel) zu kennzeichnen. Sie sehen das *Mobiliar als technisches Artefakt*, mit dem eine pädagogische Technik und damit eine „Handlungsprogrammierung" etabliert werde (Kajetzke & Wilde 2013, 171). Das Handlungsprogramm sei dem Mobiliar *eingeschrieben* und führe die Lernenden zur *Übernahme der gewünschten Selbstregulationsziele* im Sinne eines freieren Lernens – ein Paradoxon. Dadurch sei aber Ausübung von Macht nicht etwa aufgehoben, sondern in sublimer Form in die Artefakte hineingelegt: „Die bisher zum Großteil vom Lehrer oder der Lehrerin getragene Vermittlungsaufgabe wird dabei buchstäblich an eine ganze Serie neuer Hybrid-Akteure delegiert und somit auf diese verteilt." (ebd., 173). Vor dem Hintergrund der Aufgabe, Heranwachsende in einer modernen Schule zu beheimaten, ist auch der kritische Hinweis zu bedenken, dass ein Klassenzimmer, dessen Konstellationen durch das Umstellen des Mobiliars oft verändert werden, den Lernenden keinen verlässlichen persönlichen Raum zugestehe (ebd., 177).

Damit korrespondierend sei auf die *ethnographisch* fundierten konzeptionellen Überlegungen von Georg Breidenstein (2004) hingewiesen. Sie öffnen gewissermaßen den Weg zu einem ‚Zwischenraum', d.h. zu einer Dimension, die zwischen dem materialen Raum und dem pädagogischen Raum der Schule liegt. In Anlehnung an die *Raumsoziologie* von Martina Löw (2001) spricht Breidenstein vom „relationalen Raum". Mit dem Begriff wird der *Doppelcharakter des Raums* angesprochen, nämlich, dass er nicht nur als Bedingung des Handels verstanden werden kann, sondern auch als dessen *Produkt*. Räumliche Verhältnisse werden durch die Akteure *erzeugt*. Die Arbeit von Martina Löw muss als grundlegend für das Raumverstehen angesehen werden, was sich darin zeigt, dass sie allenthalben im Fachdiskurs aufgegriffen wird. Gemäß Löw ist der Raum nicht bloß ein *Container*, ein Behältnis, in dem sich soziales Geschehen bloß ereignet, sondern er wird durch die Interaktionspartner einer Art Metamorphose unterzogen. Systemtheoretisch gesprochen bilden Mensch und Raum ein neues System, indem sie als ‚Elemente‘ interagieren. Das soziale Handeln selbst ist, so Löw, raumbildend. Mit dieser Position wird der mathematischen Vorstellung von einem *euklidischen Raum*, der, ohne sich zu verändern, Menschen einfach nur aufnimmt, beherbergt, ‚beinhaltet‘, widersprochen. Der Raumbegriff Löws steht für die subjektive Wahrnehmung des Einzelnen und sein Handeln im Raum, also eine Relation, die einen anderen sozialen Raum hervorbringt. Dieser „relationale Raum“ entsteht durch zwei Konstituenten. Löw spricht „Spacing“ und von „Syntheseleistung“. Spacing meint das Positionieren im Raum, das Bauen, Konstruieren und Errichten. Die Syntheseleistung ist das Zusammenfügen von Gütern und Menschen zu Räumen mittels „Wahrnehmungs-, Vorstellungs-, oder Erinnerungsprozesse“ (Löw 2001, 159). Die Wahrnehmung erfolgt nach Löw durch das Körperempfinden und die gleichzeitige soziale Ausstrahlung auf andere. Die Sitzkonstellation im Klassenzimmer mag als Beispiel dienen. Die Platzierung im Raum wird von der betreffenden Person und von anderen als Mitteilung über seine soziale Position, die (mangelnde) Wertschätzung durch die Lehrkraft, seine Leistungsfähigkeit usw. decodiert und löst entsprechende Körperempfindungen aus.

Breidenstein erweitert diesen Denkansatz für seine empirische Studie, indem er die vom Subjekt erwartete Wahrnehmung durch andere mit einbezieht: „Die Teilnehmer richten ihre eigene Positionierung, ihre Darstellungen und Aktivitäten an der antizipierten Wahrnehmung durch andere aus – [...] und an den antizipierten Grenzen der Wahrnehmung anderer.“ (Breidenstein 2004, 91) Dies gibt ihm die Grundlage für die Erfassung von *vorreflexiven Interaktionsmustern durch Platzierungsprozesse im Raum*. Allerdings sieht er, dass im Unterrichtsgeschehen „eine Vielzahl einander überlagernder, sich durchdringender und überschneidender Räumlichkeiten“ vorhanden ist (ebd., 88). Deshalb gliedert er den Raum aus analytischen Gründen in drei Wahrnehmungsebenen. Es handelt sich um den „visuellen Raum“, in dem es um das Sehen und Gesehenwerden geht; um den „akustischen Raum“, der das Hören und Gehörtwerden betrifft; um den „haptischen Raum“, der Auskunft gibt über das Anfassen und Angefasstwerden. Mit diesem heuristischen Konzept vermag Breidenstein gewissermaßen auf die ‚Hinterbühne‘ des Raums zu schauen, der die kontraintentionalen Effekte im Schülerverhalten offenlegt, in eine

Art ‚Gegenraum', der durch das ‚untergründige Verhalten' der Schüler und Schülerinnen erzeugt wird.[3] Darauf wird noch zurückzukommen sein (s. Kap. 6.1). Zusammenfassend lässt sich feststellen, dass der Fachdiskurs von vielschichtigen und wertvollen Denkanstößen sowie theoretischen Fortschritten geprägt ist. Die einzelnen Diskursstränge liegen allerdings erwartungsgemäß auf theoretisch unterschiedlichen Zugangswegen. Die disparaten Ansätze bieten brauchbare Ecksteine für eine Theorie des Schulraums, sind aber noch ein gutes Stück von ihr entfernt. Zudem zielen die meisten Texte auf eine allgemeine Raumtheorie, nur wenige fokussieren den Schulraum. So mögen die scharfsinnigen Beiträge aus machttheoretischer Perspektive den Schulraum bis hin zum Klassenzimmer zwar kritisch beleuchten, es bleibt aber offen, welche Konsequenzen aus den Analysen für die *Gestaltung* des Schulraums gezogen werden sollten. Einigkeit besteht indessen darin, dass der Schulraum kein Behältnis für Schülermassen – ein Container – ist, sondern ein *sozial, kulturell und psychologisch hochsensibles Phänomen*, das von den Akteuren in der Schule selbst hervorgebracht wird. Aber es gibt noch keine einhellige und theoretisch plausible Antwort auf die Frage, wie schulische Lern- und Aufenthaltsräume beschaffen sein müssen, *damit* sich Lernen, Leistung und Bildung ereignen können, die Schule für die Heranwachsenden subjektiv bedeutsam sein und als ein Ort des Lebens eine Bereicherung anstatt eines hingenommenen oder unterlaufenen Zwangs sein kann.

3 Aufschlussreich dazu ist die DVD, die am Zentrum für Schulforschung und Lehrerbildung der Universität Halle-Wittenberg entstanden ist: Mohn, Elisabeth & Amann, Klaus: Lernkörper. Kameraethnographische Studien zum Schülerjob. IWF 2006.

4 Schularchitektur, Lernräume und Bildung – fachöffentliche Kritik, Diskussion, Reform und Entwicklungsimpulse

Nachdem Auskunft über die Theorieentwicklung zu Bildungsräumen gegeben wurde, wird dieses Kapitel ein wenig Licht auf die Ebene der Praxisentwicklung im Zusammenhang mit der Sanierung und dem Neubau von Schulen werfen. Zunächst ist zu zeigen, wo die Antriebsquellen für das Bewusstsein eines notwendigen neuen Verstehens von Raumqualität im Schulbau liegen. Herausgestellt wird der *durchgreifende gesellschaftliche Wandel*, der zu Transition und Transformation der Schule führt. Er zeigt sich auch auf der Ebene veränderter staatlicher Steuerung und Bildungsfinanzierung sowie der ganztägigen Bildung und Betreuung (Kap. 4.1). Veränderungen im Schulbau geschehen trotz allen Veränderungsdrucks nicht von allein. Vielmehr brauchen sie Protagonisten, die sich der Sache der ‚gebauten Pädagogik' annehmen. Da mag es viele einzelne Personen geben, die sich für ein Umdenken im Schulbau einsetzen. Entscheidend ist indessen, dass es einflussreiche Personengruppen, Organisationen und Netzwerke gibt, die erfolgreiche Initiativen auf den Weg bringen. Drei solche Initiativen in Deutschland, Österreich und Italien werden vorgestellt (Kap. 4.2). Das neue Schulraumdenken geht an erster Stelle von der Pädagogik, der Erziehungswissenschaft und der Praxis aus. Die eigentlichen Handlungsträger im Schulbau sind jedoch die Architekten, die mit ‚maßgeschneiderten' Entwürfen auf die neuen pädagogischen Anforderungen reagieren sollten. Aber es ist zu prüfen, inwieweit das *Zusammenspiel* zwischen Pädagogik und Architektur gelingt (Kap. 4.3).

4.1 Erhöhte Bildungsansprüche, Strukturwandel und die Erwartungen an veränderte ‚Lernarchitekturen'

In welcher Ausgangssituation befindet sich die Schule heute, wenn von einem wiedererwachten Interesse am Schulraum gesprochen werden kann. Was sind die Antriebskräfte für die Forderung, den Schulraum als Gegenstand der Schulreform zu begreifen? Heute wissen wir: Noch nie in der Geschichte des staatlichen Schulwesens sind die Veränderungen der Schule so rasch und tiefgreifend bis in die Systemstrukturen hinein erfolgt wie in der Gegenwart. Die entscheidenden Antriebskräfte liegen allerdings weniger in der Pädagogik – auch wenn sie sich das seit der Reformpädagogik gerne so gewünscht hat – als vielmehr in durchgreifendem gesellschaftlichem, bildungspolitischem und ökonomischem Wandel. Die Schule steht an einem Scheideweg. Es vollzieht sich die *Transition* von einer ‚Belehrungsanstalt' zu einem sich öffnenden teilautonomen Bildungsraum, die schrittweise auch die einzelnen *Schulen als lernökologische Räume* erfasst. Dies wird in drei Schritten verdeutlicht. Zunächst wird dargelegt, inwieweit die grundstürzenden Prozesse der gesellschaftlichen Modernisierung den Gestaltwandel der Schule auf internationaler Ebene forcieren (1). Die letzten drei bis vier Dekaden staatlicher Schulreform lassen erkennen, welche Reformimpulse durch die veränderten gesellschaftlichen Kontextbedingungen der Schulpraxis geweckt worden sind. Am Wechsel der staatlichen Steuerungsphilosophie von der Input-Steuerung zur Output-Steuerung kann der aus der Not geborene Widerstreit zwischen pädagogischen Ambitionen und direktiven Steuerungsinstrumenten abgelesen werden (2). Besonders herausgehoben wird die Umstellung der Halbtagsschule auf eine Bildungseinrichtung mit ganztägiger Betreuung, weil die Konsequenzen für das Raumprogramm der jeweiligen Schule erheblich sind (3).

4.1.1 Schule im Sog gesellschaftlicher Modernisierung

Im Jahr 1997 erschien das erwähnte bemerkenswerte Buch des norwegischen Schulforschers Per Dalin (1936–2010)[4], das er unter Beteiligung des Kanadiers Val Rust verfasst hatte: „Schule auf dem Weg in das 21. Jahrhundert". Die Publikation ist in Deutschland wenig rezipiert worden. Vermutlich ist dieser Umstand darauf zurückzuführen, dass Dalins Ausführungen zu einer guten Schule der Zukunft manchem Leser zu visionär, vielleicht sogar zu spekulativ erschienen sein mögen. In der Tat sah Dalin unter bestimmten Voraussetzungen eine neue Schule am Horizont der zivilisierten Welt erscheinen gemäß seiner Grundüberzeugung: Die Zukunft, die wir uns wünschen, können wir nur bekommen, wenn wir eine *Vision* von ihr haben. Dalin lag nicht an ein paar Retuschen am gegenwärtigen Schulsystem, sondern an Überlegungen, wie eine Schule in etwa dreißig Jahren ausschauen müsste. Tatsächlich sind seine Überlegungen alles andere als spekulativ. Die ‚neue Schule' sah er auf der Basis einer scharfen Analyse der „die Gesellschaft verändernde[n] Grundströmungen von hoher Durchschlagskraft" (Dalin 1997, 21). Er spricht von „Revolutionen" bzw. von Entwicklungsindikatoren, auf die die Schule Antworten finden muss, wenn sie ihre Bedeutung als Bildungsinstitution behalten will. Mit „Revolution" meinte er „eine *durchgreifende Veränderung* der Wahrnehmung, Reflexion und Erklärung der Wirklichkeit, ferner eine Veränderung von Haltungen, Machtverhältnissen und Strukturen, die für die Gesellschaft der Zukunft von entscheidender Bedeutung sind" (ebd., 56; Hervorhebung im Original). Nicht sämtliche Revolutionen können im Rahmen meiner Arbeit besprochen werden, aber ich werde mich auf einzelne von ihnen beziehen (die Leserinnen und Leser seien auf die Seiten 56 bis 94 in Dalins Buch aufmerksam gemacht). Selbstverständlich konnte Dalin nicht die Corona-Epide-

4 Per Dalin war Mitgründer und Direktor der Organisation International Movement Towards Educational Change und Forschungsdirektor des Centre for Educational Research and Innovation der OECD sowie Professor an der Universität Oslo. In Nordrhein-Westfalen hatte er Ende der 1980er Jahre gemeinsam mit Hans-Günter Rolff ein fundiertes Konzept für die Organisationsentwicklung an Schulen realisiert (Dalin & Rolff 1990) sowie dort die Lehrer- und Schulleiterfortbildung nachhaltig reformiert.

mie, den Überfall Russlands auf die Ukraine, die steigende Zahl rechts-nationaler Regierungen, (radikal-)ökologische Bewegungen wie „Fridays for future“, „Letzte Generation“ oder die rasante Digitalisierung vorhersagen, aber seine Zeitdiagnosen und Prognosen können, rückblickend auf das letzte Vierteljahrhundert, nur als weitsichtig bezeichnet werden.
Dalin sah die *ökologische Krise* als den Zusammenhang zwischen dem kapitalistischen Wirtschaftssystem, der Ausbeutung ärmerer Länder und dem *drohenden ökologischen Kollaps*. Abholzung der Regenwälder, Verlust von ökologisch wertvollem Mutterboden und die Produktion von Emissionen würden es wahrscheinlich machen, dass die Durchschnittstemperatur weltweit um 4,5° C ansteigen würde, was das Abschmelzen der Gletscher und der Polkappen und ein „Ansteigen des Meeresspiegels um zwei bis drei Meter“ (ebd., 88) sowie eine Verschiebung der Klimazonen und Anbaubedingungen nach sich zöge. Ein fortgesetztes industrielles Wachstum sei nicht mehr möglich, weil es die Erde nicht mehr verkraften könne. Und:

> „Weil die Natur Grenzen setzt und weil die Zivilisation mit so enormen wirtschaftlichen und sozialen Ungleichheiten nicht mehr überleben kann, muß ein neuer Kurs gefunden werden, auf den alle Länder sich einigen können. Wir stehen an der Schwelle einer neuen, ökologisch sensiblen Weltordnung.“ (ebd.)

Jedem informierten Bürger ist das heute geläufig und wir sehen nach einer Reihe von Weltklimagipfeln, wie anstrengend diese Einigungsprozesse und der Zwang zur Selbstbeschränkung für manche Nationen sind. Der Schule kommt für die Kursänderung eine *Schlüsselposition* zu, denn sie ist außer der Familie der einflussreichste Ort der Sozialisation. Sie hat dafür zu sorgen, dass die Heranwachsenden dazu angehalten werden, *in Harmonie mit der Natur* zu leben und für eine Welt im ökologischen Gleichgewicht einzutreten. Aber was hat das mit dem Raum zu tun? Es liegt auf der Hand, dass weder das symbolisch-abstrakte Lernen noch die Vermittlung von Information via Instruktion in hermetischen Klassenzimmern einen nennenswerten Einfluss auf die gewünschten Einstellungsänderungen gegenüber der Ressource Natur haben. Das Kapitel 7.4.2 handelt vielmehr davon, dass es für ein konstruktives Lernen im ökologischen Kontext essentiell ist, dass die Natur im Raum der Schule *erfahren* werden kann. Das Schulgebäude selbst muss ‚grün‘ werden, *authentische Begegnungen* mit der Natur ermöglichen und dadurch Lernanreize schaffen, die die Schüler und Schülerinnen emotional berühren. Pflanzen und Brunnen im Schulhaus, Anlagen für die Energieerzeugung und Wärmerückgewinnung, curricular abgesicherte Schulgärten, Totholzhaufen für Kleinlebewesen, Teiche und Tierhaltung – das sind aufzählend einige Beispiele für das, ‚was geht‘ und was die jungen Menschen als Lernende in unmittelbaren Kontakt mit der Natur bringt. Der Respekt, der ihnen der Schulraum als Naturraum im Kleinen abverlangt, ist die Währung, mit der sie den Ökosystemen im Großen begegnen sollen.

Des Weiteren beschreibt Dalin zwei „Revolutionen“, die im unmittelbaren Zusammenhang zu betrachten sind, *„die Bevölkerungsrevolution“* und *„die globalisierende und regionalisierende Revolution“*. Unter „Bevölkerungsrevolution“ ist die explosionsartige Vermehrung der Weltbevölkerung in unterschiedlichem Ausmaß bei den entwickelten Ländern und den ökonomisch, kulturell und technologisch wenig entwickelten Ländern, den sogenannten Entwicklungsländern, zu sehen. Es hatte Tausende Jahre gebraucht, bis die Bevölkerung auf unserem Globus Anfang des 19. Jh. eine Milliarde Menschen erreicht hatte. Danach erfolgte das Bevölkerungswachstum sprunghaft, sodass im Jahr 1950 drei Milliarden und im Jahr 2000 sechs Milliarden Menschen – eine Verdoppelung innerhalb von fünfzig Jahren – auf der Erde lebten. Ende 2022 hat die Gesamtbevölkerung die Zahl von acht Milliarden Menschen[5] erstmals überschritten. Allerdings ist der Bevölkerungsanteil der ‚Entwicklungsländer‘ etwa fünfmal höher als der der ‚entwickelten Länder‘, was den Kontrast zwischen Arm und Reich sowie das Problem der *ungerechten Güterverteilung* massiv verschärft hat. Der Kampf um die knappen Güter in manchen Regionen der Erde, Dürrekatastrophen und Überschwemmungen, Hunger, geopolitische Konflikte, kriegerische Auseinandersetzungen und Vertreibung haben zu globalen Wanderungsbewegungen unerhörten Ausmaßes geführt. Flüchtlingsströme aus Afghanistan, Irak, Syrien und weiteren Ländern und seit 2022 auch aus der Ukraine sind nur ‚die Spitze des Eisbergs‘. Mit der globalen Migration geht zudem eine Vermischung von Ethnien und Nationen einher. Nimmt man die Mobilität zwischen europäischen Ländern hinzu, dann wird verständlich, dass Metropolen wie bspw. München einen Migrationsanteil von über 40 % an der Wohnbevölkerung haben.

Das Phänomen einer wachsenden Migration ist folgenreich für die deutschen Schulen und stellt sie vor immense Herausforderungen. Was der Migrationshintergrund von Schülern und Schülerinnen[6] bedeutet, kann man erahnen, wenn man einige Zahlen zur Situation in der Bundesrepublik anschaut. Zunächst: Laut Bildungsberichterstattung für die BRD hatte im Jahr 2020 ein Viertel der Bevölkerung einen Migrationshintergrund, wobei zu unterscheiden ist, ob diese Personen Zuwanderungserfahrungen

---

5 https://countrymeters.info/de/World [aufgerufen am 19.12.2022].

6 Die Zahlen zum Migrationshintergrund sind grundsätzlich mit besonderer Vorsicht zu betrachten, weil die Berechnungsgrundlagen nicht einheitlich sind. Im Allgemeinen wird von einem Migrationshintergrund gesprochen, wenn eine Person *keine deutsche Staatsangehörigkeit* hat oder *im Ausland geboren* wurde oder die in der Familie gesprochene *Sprache hauptsächlich nicht Deutsch* ist. Immer wieder dient aber lediglich das Kriterium der *Staatsangehörigkeit* für die Statistiken, so etwa bei Übertritten und Schulabschlüssen in Bildungsberichten verschiedener Bundesländer. In diesem Fall wird auch mit dem Begriff des Ausländers gearbeitet, so etwa das Bayerische Landesamt für Statistik. Häufig werden auch die konfliktbelasteten Daten des Mikrozensus und des Zensus herangezogen. Wichtig, weil für die Einschätzung von Risikolagen bedeutsam, ist die Unterscheidung, ob junge Menschen eigene Migrationserfahrungen haben oder ohne eigene Migrationserfahrung sind, wie sie im Bildungsbericht 2022 vorgenommen wird (vgl. Autor:innengruppe Bildungsberichterstattung 2022, 55ff.). Die Zahlen geben also insgesamt lediglich Näherungswerte an und man tut gut daran, die jeweilige Erhebungsgrundlage aufzudecken.

haben bzw. im Ausland geboren wurden oder nicht (Autor:innengruppe Bildungsbericht 2022, 55ff.). In Deutschland leben 34,5 Mio. unter dreißigjährige Menschen. Davon haben 37 % (9 Mio.) einen Migrationshintergrund. Etwa ein Drittel von ihnen ist im Ausland geboren (ebd., 57). Für die Schule aussagekräftiger sind Zahlen zu den 750.000 10-Jährigen in Deutschland. Wiederum ein Drittel von ihnen, 280.000 hat eine Migrationsgeschichte. Bei den unter 6-Jährigen sind es gar 40 %. Von ihnen haben 11 % Zuwanderungserfahrungen gemacht. Für die Sekundarstufen ist die Altersgruppe der unter 21-Jährigen insofern interessant, als sich ein Großteil dieser Alterskohorte im Schulwesen befindet. Fünf Mio. bzw. 32 % von ihnen haben einen Migrationshintergrund (Maaz & Dumont 2019, 316).

Bildlich gesehen wandern diese Personengruppen durch das Bildungssystem wie das Kaninchen durch die Schlange, wobei die Wege und die mit ihnen verbundenen schulartspezifischen Bildungsungleichheiten in den stark gegliederten Schulsystemen besonders augenfällig werden. Ich ziehe das Beispiel des Freistaates Bayern heran, der konsequent an der gegliederten Sekundarstufe im Anschluss an die vierjährige Grundschule und an der Mittelschule als eigenständiger Schulart (ehemals Hauptschule) festhält. Das Bayerische Landesamt für Statistik weist für das Schuljahr 2012/13 26.000 Schülerinnen und Schüler an *Grundschulen* aus, die als Ausländer gezählt wurden. Im Schuljahr 2021/22 waren es 58.765 Kinder.[7] Dies entspricht einer Zunahme von 125 %[8]. Beim Übertritt von der Grundschule in die weiterführenden Schularten erfolgt der Anstieg der Zahlen für Ausländer im selben Zeitraum jedoch sehr ungleich. In der *Realschule* wächst der Ausländeranteil um 39,1 %, im *Gymnasium* um 29,1 %, in der *Mittelschule* jedoch um 58,7 % und in den *Förderschulen* gar um 95,5 %. Letzteres wirft ein bezeichnendes Licht auf die Inklusionsdebatte. Liest man ergänzend den Bildungsbericht Bayern 2015 (ein jüngerer Bericht liegt nicht vor), dann erhärtet sich der Eindruck, dass die Mittelschule ein ‚Auffangbecken‘ für Schüler und Schülerinnen mit Migrationshintergrund[9] ist, denn 51,0 % wechselten im Jahr 2013 von der Grundschule in die Mittelschule (Staatsinstitut 2015, Tab. D2/c, 221). 56,3 % der Schüler und Schülerinnen mit Migrationshintergrund besuchten die achte Jahrgangsstufe der Mittelschule, gegenüber 18,3 % der Realschule, 17,8 % des Gymnasiums, 2,9 % der Wirtschaftsschule und 4,2 % der Förderschule (ebd., Tab. D2/b, 219).

Sämtliche Studien, die sich mit dem Problem der *Bildungsungleichheit* befassen, legen unisono dar, dass die Gruppe der Schüler und Schülerinnen mit Migrations-

7 https://www.statistik.bayern.de/mam/produkte/veroffentlichungen/statistische_berichte/b0200c_202100.pdf [aufgerufen am 19.12.2022].

8 Diese Prozentangabe wie auch die folgenden aufgrund eigener Berechnungen.

9 Hier wird unterschieden zwischen Personen ohne Migrationshintergrund, Personen, die einen im Ausland geborenen Elternteil haben, und Personen, deren beide Elternteile im Ausland geboren wurden. Bei der letztgenannten Gruppe wird wiederum der Unterschied gemacht, ob die betreffende Person selbst im Ausland oder in Deutschland geboren wurde.

hintergrund besonderen Risiken der Bildungsbenachteiligung ausgesetzt ist und sie ein erhebliches Mehr an Förderung benötigen. Sie haben in allen Schularten höhere Wiederholerquoten als andere sowie eine geringere Chance auf die Hochschulzugangsberechtigung und den erfolgreichen Hochschulabschluss. Ihre Chance, im Schulsystem abgestuft zu werden, ist höher als bei Schülern und Schülerinnen ohne Migrationshintergrund. Die Wahrscheinlichkeit, keinen Schulabschluss zu erlangen, liegt für sie in Bayern bei 8,7 % gegenüber 2,2 % bei Schülern ohne Migrationshintergrund (ebd., Tab. D2/c, 219). Zusammenfassend lässt sich festhalten, dass für einen Großteil junger Menschen mit Migrationshintergrund die *Bildungsbiografie von Brüchen und institutioneller Kränkung geprägt* ist.

Einen dramatischen Niederschlag findet die Problematik im IQB-Bildungstrend für die Grundschule (Stanat & Schipolowki u. a. 2022). Er zeigt zum dritten Mal empirisch fundiert auf, wie es um die Kompetenzen von deutschen Viertklässlern primär in Lesen, Zuhören, Orthografie (Deutsch) und Mathematik bestellt ist. Im Lesen verfehlten 19 %, im Zuhören 18 %, in der Rechtschreibung 30 % und in Mathematik 22 % der Schüler und Schülerinnen die *Mindeststandards*. Dazu ist allerdings dreierlei anzumerken. Erstens sind die schlechten Ergebnisse nicht allein dem Migrationshintergrund der Schüler und Schülerinnen geschuldet, aber die Kompetenzeinbußen bei diesen Kindern sind besonders ausgeprägt. Zweitens mag die Corona-Krise einen deutlichen Anteil an den Minderleistungen haben. Dem widerspricht aber der Befund, dass es bereits seit der ersten Studie im Jahr 2011 einen Abwärtstrend bei den Kompetenzen gibt. Drittens ist anzusprechen, dass den Tests die nationalen *Regelstandards* der KMK zugrunde gelegt worden sind, die sehr wohl von einem Großteil der Schüler und Schülerinnen erfüllt oder übererfüllt werden. Aber die Differenzierung zwischen *Regelstandards* und *Mindeststandards*[10] macht die *Kompetenzspreizung* umso deutlicher. Die Befunde haben rasch dazu geführt, dass die Ständige Wissenschaftliche Kommission der Kultusministerkonferenz (SWK), bestehend aus 16 Wissenschaftlern und Wissenschaftlerinnen, einen umfassenden Plan mit 19 Empfehlungen für die Reform der Grundschule vorgelegt hat (SWK 2022).[11] Unter anderem stellt sie das Thema der *Einrichtung von Mindeststandards* wieder in den Raum mit dem Ziel, den engen Zusammenhang zwischen

10 Mit dem Beschluss der KMK vom 04.12.2003 wurden *bundesweit* auf der Ebene einzelner Fächer *Bildungsstandards* eingeführt, deren Erreichen regelmäßig auf verschiedenen Jahrgangsstufen mittels *Vergleichsarbeiten* überprüft wird. Als *Regelstandards* sind sie *durchschnittsorientiert* und *selektionsorientiert*. Ihre Logik besteht – wie bei der sozialen Bezugsnorm der Leistungsbeurteilung – darin, von durchschnittlichen Kompetenzen auszugehen, um eine Kompetenzhierarchie in Lerngruppen erkennen und Selektionsentscheidungen treffen zu können. Damit hatte sich die KMK gegen den Gutachtenvorschlag von Eckart Klieme (vgl. Klieme 2003) gestellt, *Mindeststandards* zu etablieren. Mit ihnen hätte gemäß Klieme definiert werden sollen, welche Kompetenzen Lernende *mindestens* erreichen sollten.

11 https://www.kmk.org/fileadmin/Dateien/pdf/KMK/SWK/2022/SWK-2022-Gutachten_Grundschule.pdf [aufgerufen am 29.11.2022].

sozialen und herkunftsbedingten Disparitäten einerseits und (Minder)Leistungen andererseits abzuschwächen – die Suche nach *Bildungsgerechtigkeit* ist wieder einmal im Gange. Zudem weist die Kommission deutlich darauf hin, dass Maßnahmen zur Stärkung der *sozial-emotionaler Kompetenz* ergriffen werden müssen, weil sie eine wichtige *Voraussetzung für gesellschaftliche Teilhabe* ist (ebd., 75ff.). Denn sie sieht das Problem, dass ein nicht zu vernachlässigender Teil der Kinder psychisch auffällig ist, mit emotionalen Belastungen nicht konstruktiv umgehen kann und eine soziale Belastung für andere Kinder bedeutet (ebd., 12ff.).
Schultheoretisch interessant ist in diesem Zusammenhang ein kurzes Verweilen bei Helmut Fends struktur-funktionaler Schultheorie. Anfang der 1980er Jahre hatte Fend seine erste „Theorie der Schule“ vorgelegt. Er unterschied drei wesentliche Funktionen der Schule, die, so Fend, im Dienste der *Reproduktion* der Gesellschaft stehen bzw. zu stehen haben: die *Qualifikationsfunktion* (Beschäftigungssystem/ Beruf), die *Selektionsfunktion* (Sozialstruktur), die *Integrations- bzw. Legitimationsfunktion* (politisches System) (Fend 1981, 15ff). 25 Jahre später ordnet Fend in seiner „Neue Theorie der Schule“ die Funktionen neu und gibt der Selektionsfunktion einen neuen Namen; aus ihr wird die *Allokationsfunktion* (Fend 2006). Bemerkenswert ist nun, dass er der Trias der Funktionen eine vierte Funktion, die *Enkulturationsfunktion*, hinzufügt und sie in den Grafiken sogar an die erste Stelle stellt. Die Schule, so Fend, habe dafür zu sorgen, „dass heranwachsende Menschen in ihrer Kultur keine Fremden bleiben, dass sie in ihr ‚zu Hause‘ sind. Der aufgetürmte Schatz von in Symbolsystemen festgehaltenem Wissen, von Fähigkeiten und von Kulturprodukten ist auf *Resubjektivierung*, auf die Entschlüsselung und die Verlebendigung in der neuen Generation angewiesen“ (ebd., 48). Fend sieht das Problem, dass diese ‚Beheimatung‘ in der Kultur der deutschen Schule vor allem dort zu einem Kraftakt wird, wo der Anteil der ‚Migrantenkinder‘ – wie gezeigt – besonders hoch ist. Auch wenn man dem Bildungssoziologen Fend bildungstheoretisches Denken weitgehend absprechen muss, so ist doch sein Versuch nicht zu übersehen, näher an den Menschen hinter den Strukturen heranzurücken. Er stellt nun den vier Reproduktionsfunktionen spiegelbildlich vier *„individuelle Funktionen“* gegenüber (ebd., 48ff.). Sie bleiben zwar inhaltlich leer, aber Fend bedenkt stärker als bisher, was diese schulischen Funktionen für die Herstellung der *Handlungsfähigkeit der Subjekte* bedeuten. Damit rückt er die Autonomie der Person im Denken und Handeln, seine selbstständige berufliche Lebensführung, seine eigenen Lernanstrengungen (Leistung) zum Zwecke der Planung von persönlicher Bildungs- und Berufsbiografie sowie die Begegnung des Einzelnen mit der Kultur des Gemeinwesens (soziale Bindung, Verantwortungsübernahme) in den Horizont der Aufmerksamkeit. Dass Fend eine andere Gestalt von Schule, die sich dem Heranwachsenden zuwendet, im Sinn hat, ist unverkennbar. Aber, wie geht das: schulisches Lernen und Beheimaten zugleich?
An dieser Stelle schließt sich der Kreis zwischen Migration, Minderleistung und Schulraum. Aber die beschriebene Migration ist nur eine Facette der durchgrei-

fenden gesellschaftlichen Veränderungen, die im pädagogischen und soziologischen Diskurs der BRD seit den 1970er Jahren mit Etiketten wie Pluralisierung der Lebensformen, Veränderte Kindheit und Individualisierung der Lebenslagen belegt worden sind (zusammenfassend Fölling-Albers 2011). Bei Dalin (1997) werden sie als „Die Revolution gesellschaftlicher Verhältnisse“ begrifflich gefasst. Einige Zahlen zu dieser „Revolution“ seien genannt, um die Konsequenzen für die pädagogischen Verhältnisse zu umreißen.

Eindrücklich sind die *Transformationen familialer Lebenswelten*, bei Dalin thematisiert als *„globalisierende und regionalisierende Revolution“*. Zwar wird in der Öffentlichkeit das bürgerliche Ideal des verheirateten Paars mit leiblichen Kindern immer noch hochgehalten, tatsächlich hat diese Lebensform in der Realität aber deutlich abgenommen (Nave-Herz [7]2019). Entgegen diesem ‚Normalitätsmuster‘ hat die Zahl der Ein-Eltern-Familien und der nichtehelichen Lebensgemeinschaften mit Kindern in den letzten gut vier Jahrzehnten beständig zugenommen. Einerseits ist festzustellen: „Bei den Familien mit minderjährigen Kindern leben 2020 in fast drei Vierteln (71 %) der Fälle die Eltern als Ehepaar zusammen.“ (Autor:innengruppe Bildungsberichterstattung 2022, 45) Andererseits ist mehr als jede 6. Familie eine Alleinerziehende Familie (ebd.). In der Regel sind Trennung der Ehepartner oder Ehescheidung die Ursache. 66 % aller Ehen in Deutschland werden nicht durch Scheidung beendet. Das bedeutet im Umkehrschluss, dass jede dritte Ehe geschieden ist (Nave-Herz [7]2019, 133ff.). Dass für Alleinerziehende *prekäre Lebenslagen* entstehen können, aus denen besondere Risikokonstellationen für Kinder entstehen, liegt auf der Hand. Dies ist vor allem dort der Fall, wo Alleinerziehende Haushalte unter finanziellen Belastungen zu leiden haben: Jedes 10. Kind lebt in einem Haushalt ohne erwerbstätigen Elternteil, und zwischen 2010 und 2020 ist der Anteil der *durch Armut gefährdeten Kinder*[12] von 18 % auf 20 % gestiegen (Autor:innengruppe Bildungsberichterstattung 2022, 47). Es ist empirisch belegt, dass die Folgen für das Aufwachsen der Kinder dramatisch sein können (nicht müssen). Zu nennen sind Misstrauen gegenüber Erwachsenen, Angst verlassen zu werden, Minderleistungen, eingeschränktes Selbstwertgefühl, Wut, Aggression (vorwiegend bei Jungen) und manche Formen der Trauer (Nave-Herz [7]2019). Es ist eine Alltagserfahrung, dass deren Erziehungsberechtigte häufig eine neue Beziehung eingehen und der neue Partner bzw. die neue Partnerin ebenfalls Kinder in das neue Beziehungsar-

12 Die Armutsgefährdung wird mithilfe einer Skala der OECD und dem „Äquivalenzeinkommen“ ermittelt. Dabei handelt es sich um eine Rechengröße, die das Haushaltsnettoeinkommen aller Haushaltsmitglieder berücksichtigt, wobei Kinder unter 14 Jahre und über 14 Jahre gewichtet werden. Die Armutsgefährdungsgrenze wird unterhalb 60 % des mittlernen Äquivalenzeinkommens (Bundesschnitt) erreicht.
Von Armut im wirtschaftsstatistischen Sinne wird dann gesprochen, wenn das Nettoeinkommen eines Haushalts unterhalb von 60 % des mittleren Bevölkerungseinkommens liegt und dadurch der Erwerb lebensnotweniger Ressourcen nicht mehr möglich ist.

rangement einbringt. Pädagogisch gesehen ist eine solche „Patchwork-Familie“ eine besondere Herausforderung, weil sie allen Beteiligten ein emotional tiefreichendes Beziehungsarrangement und vor allem den Erwachsenen den sensiblen und konstruktiven Umgang mit Verunsicherung abverlangt.

Zum Normalitätsentwurf von Familie zählt auch (immer noch), dass die Versorgung von Kleinkindern und die Erwerbstätigkeit von Müttern nicht zusammenpassen. Aber die hohe Erwerbstätigkeit von Müttern reflektiert ein gewandeltes Rollenverständnis der Frau, demgemäß der binäre Code zahlreicher gesellschaftlicher Bereiche überholt ist. Das alte Rollenmuster, das Frauen auf die „Drei K“ (Kirche, Küche, Kinder) festlegt, ist endgültig obsolet und die typischen Geschlechtsrollen entgrenzen sich zusehends bzw. verschwimmen (Knab 2008). Frauen suchen nach Wegen und Formen der Selbstverwirklichung, mit denen sich Familie, Beruf und Freizeit verbinden lassen.

Die berufliche Situation der Mütter, ausgedrückt in Zahlen, macht etwas davon sichtbar. So waren in der BRD im Jahr 2020 74 % der Mütter mit mindestens einem Kind unter 18 Jahren erwerbstätig, davon etwa zwei Drittel in Teilzeit (Autor:innengruppe Bildungsberichterstattung 2022, 43). Dieser Befund macht einen Kausalzusammenhang mit der geringen Geburtenquote wahrscheinlich. War die Geburtenquote zwischen 2012 und 2016 leicht steigend, so fiel sie danach ab. Im Jahr 2020 entfielen im Mittel 1,53 Geburten auf Frauen im „gebärfähigen Alter“ (zwischen 15 und 49 Jahren) (ebd., 33; vgl. dort auch die Kohortenvergleiche, 34). In Deutschland waren zwischen 2010 und 2020 relativ stabil knapp 40 % der Paarfamilien Ein-Kind-Familien, gegenüber 32 % bzw. 34 % Zwei-Kind-Familien. In 9 % bzw. 11 % der Paarfamilien waren drei und mehr Kinder vorhanden (ebd., 46). Den Gesamttrend der veränderten familialen Lebenswelten bringt Maria Fölling-Albers auf die Formel, dass die Familienformen pluraler, die Familiengröße homogener geworden ist (Fölling-Albers 2001, 19).

Nun soll der bis in die 1980er Jahre propagierten „Problem“- oder „Verlustkindheit“ nicht das Wort geredet und die positiven Entwicklungsmöglichkeiten der „veränderten Kindheit“ nicht ignoriert werden. Es sollte aber auch nicht überspielt werden, dass die Möglichkeiten des sozialen Lernens in der Familie in dem Maße schrumpfen, wie sie kleiner wird. Zwar wachsen insbesondere Einzelkindern hinsichtlich ihrer Selbstständigkeitsentwicklung weite Freiräume in der Familie zu, ihnen wird aber auch vergleichsweise mehr *egozentrisches Verhalten* nachgesagt (ebd.). Das Aushandeln von sozialen Rollen, das Erlernen fairen Streitens und der Hilfsbereitschaft, das Entwickeln von Kooperationsvermögen und Gemeinsinn, der Erwerb von Mitgefühl und Solidaritätsfähigkeit usw. – das alles sind Entwicklungsaufgaben, die vermehrt der Schule angetragen werden.

Es wäre interessant, genauer zu differenzieren, welchen Anteil an der Gesamtentwicklung deutschstämmige Familien und Familien mit Migrationshintergrund haben. Vermutlich würde dies allerdings nichts am generellen Befund ändern, dass die soziale Zusammensetzung der Schulklassen im Sekundarschulwesen (s. o.) – mit Unterschieden zwischen einzelnen Schularten – in vielerlei Hinsicht *heterogener* geworden ist.

Dies trifft vor allem auf die Grundschule zu. Dort begegnen sich Kinder mit diversen Lebenslagen, Erfahrungshintergründen, Entwicklungs- und Lernständen, ökonomischem und kulturellem Kapital des Elternhauses (Bourdieu) usw. *als Fremde*. Und: Sie alle kommen als *unterschiedlich Erzogene* in die Schule; die Pluralisierung der Familienformen wird seit Jahrzehnten begleitet von einer *Pluralisierung des gesellschaftlichen Wertehintergrundes*. Ein einheitlicher Kanon aus Werten, Normen und Regeln, der die Erziehung verlässlich tragen könnte, ist längst ‚verdampft' (wenn es ihn denn je gegeben hat). Unter diesen Bedingungen ist schulisches Lernen im umfassenden Sinne erheblich erschwert (s. o.) und die Forderungen der Erziehungswissenschaft, die *wachsende Heterogenität* mit der *Differenzierung des Unterrichts* zu beantworten, sind Legion (exemplarisch Klafki [6]2007).

Auch wenn dieser Weckruf in zahlreichen Schulen gehört wird und zu *adaptiven Unterrichtskonzepten* und zur Schulentwicklung führt, zerschellt der hohe Anspruch der Anpassung der Lernaufgaben an die individuellen Lernvoraussetzung der Lernenden immer noch an einem rigiden System der Ziffernbeurteilung und – wie gezeigt – an durchschnittsorientierten Bildungsstandards. Dabei geht es nicht einmal ausschließlich um das fachliche Lernen, sondern um die *individuelle Förderung* des Heranwachsenden hinsichtlich aller vor ihm liegenden Entwicklungsaufgaben – die Hauptaufgabe einer jeden Pädagogik. Generell gilt die *Individualisierung* als die Hochform der unterrichtlichen Differenzierung (Meyer 2004) und bisweilen als „Universalkonzept für einen angemessenen Umgang mit Vielfalt" (Helmke 2013, 34). Jedoch: Vor einer Selbstüberschätzung und -überforderung der Lehrkräfte wird eindringlich gewarnt. So machen Thorsten Bohl, Britta Kohler und Diemut Kucharz darauf aufmerksam, dass erfolgreiche Individualisierung „regelmäßige diagnostische Maßnahmen und daraufhin abgestimmte Lernangebote" zur Voraussetzung hat (Bohl & Kohler & Kucharz 2013, 286), und der Entwicklungspsychologe Andreas Helmke führt eine ausgeklügelte Sequenz von pädagogischen Maßnahmen für erfolgreiche Individualisierung an: „Festlegung von Zielen – Diagnose der Lernvoraussetzungen – Bereitstellung passender Lernangebote – individuelle Förderpläne – individuelle Begleitung während des Lernens – Überprüfung der individuellen Ergebnisse." (Helmke 2013, 35). Und er fragt kritisch nach, ob Individualisierung „unter den *derzeit herrschenden Bedingungen* der Schulpraxis wirklich möglich ist oder ob nicht Skepsis angebracht ist" (ebd.; Hervorhebung durch den Verfasser).

Mit den „derzeit herrschenden Bedingungen" ist der Dollpunkt jeglicher Unterrichtsreform angesprochen. Die Öffnung des Unterrichts für Verfahren wie Freie Arbeit, Arbeit nach dem Wochenplan, Stationenlernen, Projektarbeit usw. erhöht die Komplexität im Zusammenspiel sämtlicher Planungsparameter, angefangen bei der Lehrkraft über die Medien/das Material, die Inhalte, die Methoden bis hin zum *Raum*. Wenn in Wissenschaft und Schulpraxis Einigkeit darin besteht, dass die Diversität in Schulklassen zu einer *anderen Lernarchitektur* im Sinne der passgenauen *methodischen Variabilität* führen sollte, dann müssen die neu zu schaffen-

den Lernkulturen eine Entsprechung im Raum finden. Genau genommen muss der *Raum ein Strukturelement der neuen Lernkultur* sein, weil das Lernen und Leben durch ihn getragen wird. Aber im Schulalltag ist dieses Kriterium nur in seltenen Fällen erfüllt, wie die Kritik am althergebrachten Klassenzimmer zeigt (vgl. Kap. 5). Der *spatial turn*, der in Kapitel 3 charakterisiert wurde, ist in den deutschen Schulen noch nicht angekommen. Die lineare Anordnung von Tisch- und Stuhlreihen, die als Mittel zur Belehrung als einheitlich gedachter Schulklassen vorgesehen war (und noch ist), konterkariert das Ziel der Unterstützung individuellen Lernens aufs schärfste. Wenn in geöffneten Lehr-Lernsettings Schüler und Schülerinnen allein, zu zweit oder in kleinen Gruppen mit unterschiedlichen Lerntempi an verschiedenen Gegenständen mit unterschiedlichen Medien und Materialien und mit differenten Schwierigkeitsgraden lernen sollen, dann muss der Raum dafür *Vorkehrungen* treffen. Er muss dann so zoniert bzw. gegliedert sein, dass *verschiedene Aktivitäten gleichzeitig* stattfinden können. Offenkundig ist, dass dafür ein einzelner Raum nur eng begrenzte Möglichkeiten bietet, es sei denn, er ist zu einer großflächigen ‚Lernlandschaft‘ erweitert, in der unterschiedliche Funktionen erfüllt werden können – das zurückgezogene Lernen Einzelner, die Partnerarbeit, das kooperative Arbeiten in der kleinen Gruppe, das lehrergesteuerte Lernen in der Lerngruppe, das Arbeiten am Bildschirm usw. Darüber hinaus ist zu bedenken, dass differenzierte Lernarrangements eine Fülle von Büchern, Lernmaterialien, Spielen, (digitalen) Medien, Ordnern, Lernheftern, Arbeitsblättern, Registraturen usw. verlangen. Das alles will im Sinne eines übersichtlichen Systems und nutzerfreundlich *untergebracht* sein und stellt spezifische *Anforderungen an das Mobiliar*. Welche Raumkonstellationen und -ausstattungen in Frage kommen und wie Lernräume *akustisch* beschaffen und *belichtet* werden sollten, wird noch im Detail zu zeigen sein (vgl. Kap. 5, 7 und 8).
Nun darf „die Verschiedenheit der Köpfe“ (Herbart) nicht zu einer überzogenen Individualisierung führen, wie dies mit den Reformschüben in der Grundschule der 1980er Jahre vielerorts geschehen ist. Denn zur Herstellung von Lernfähigkeit gehört unabdingbar, dass außer der individuellen Lernförderung die *sozialen Fähigkeiten* entwickelt und kultiviert werden. In Räumen, die die Lernenden vereinzeln, ist das nicht möglich. Es braucht auch einladend gestaltete Räume, die die jungen Menschen zusammenführen, Räume für den informellen Austausch und die zwanglose Begegnung, das Arbeiten im Projekt, das gemeinsame Feiern und Spielen sowie das systematische kooperative Lernen. Das Kapitel 7 wird diesen Hinweisen nachgehen.

4.1.2 Kontextverschiebungen: Reformimpulse der letzten vier Dekaden und ihre Widersprüche

Mit den ‚neuen‘ Schülergenerationen ist die Schule anstrengender, widersprüchlicher und spannungsreicher geworden. Sie „macht nicht mehr glücklich müde“, wie Doris Knab es pointierend formuliert (Knab 1995, 6). Sie steht seit etwa vier bis fünf Jahrzehnten vor stets anwachsenden pädagogischen Aufgabenbergen durch erhöhten Betreuungsbedarf der Heranwachsenden, Diversität der Schülerschaft, Verhaltensprobleme, Digitalisierung, didaktische Modernisierung und Inklusion. Seit den 1980er Jahren fällt auf, dass Schulen darauf reagieren und *individuelle Arbeits- und Schulkonzepte* erproben, um der Situation Herr zu werden. Dadurch hatte sich auch der Aufmerksamkeitsfokus der Schulforschung verschoben. Galt ihr Interesse vormals der Entwicklung des *Makrosystems* (Schulstrukturen, Verwaltungsreform), des Schulsystems im Ganzen, so wurde nunmehr den Entwicklungsbedingungen der *einzelnen Schule* für gut zwanzig Jahre große Neugier zuteil. Es erfolgte ein Paradigmenwechsel von der ‚Makropolitik' zur ‚Mikropolitik' der Schule. Den Ausschlag dazu hatte die populäre Londoner Studie von Michael Rutter, Barbara Maughan, Peter Mortimore und Janet Ouston von 1979 gegeben, die 1980 in deutscher Sprache mit dem Titel „Fünfzehntausend Stunden. Schule und ihre Auswirkungen auf Kinder" gegeben (Rutter & Maughan & Mortimore & Ouston 1980). Die Forschergruppe hatte an englischen Schulen herausgefunden, dass die Unterschiede zwischen einzelnen Schulen größer sein können als System- bzw. Schulartunterschiede, auch wenn die organisatorischen Bedingungen für die Schularten rigide sind. Das bedeutet konkret, dass Schulen verschiedener Schularten sich in ihrer pädagogischen Praxis ähnlicher sein könne als Schulen derselben Schulart. Rutter u. a. machten dafür den „Geist", das „Ethos" bzw. die „Kultur" der jeweiligen Schule verantwortlich (vgl. dazu Kap. 9). Damit war die Frage nach den inneren Bedingungen der Schulqualität durch die Entwicklung der Einzelschule aufgeworfen. Vor allem Hans-Günter Rolff (1991) und Helmut Fend (1987) popularisierten die veränderte Sicht auf die Schule. Fend prägte den Topos von der „Schule als pädagogische[r] Handlungseinheit" und stellte heraus, dass das jeweilige Lehrerkollegium der Motor der individuellen Schulentwicklung ist und über „Modalitäten der gemeinschaftlichen Aufgabenbewältigung angesichts vorgegebener Ziele und Ressourcen" verfügt (Fend 1987, 18). Der Blick wurde frei auf die *bemerkenswerte Eigendynamik*, die sich (nicht nur) im bundesdeutschen Schulwesen ergeben hatte. Die oben beschriebene Pluralisierung, wachsende Heterogenität der Schülerschaft und ‚Individualisierung' findet sich spiegelbildlich in unseren Schullandschaften wieder. Sie sind vielfältig, pluriform und ‚bunt' geworden.

Was mancher reformbeseelte Schulforscher als bunt blühende Gärten der Schulerneuerung gesehen haben mag, ist dem Staat als dem Veranstalter von Schule freilich zum Problem geworden, denn es ist keineswegs verbürgt, dass mit der teilautonomen Entwicklung der Einzelschulen eine *Qualitätssteigerung* verbunden ist. Im Gegenteil – Schulen haben sich auf einem einheitlichen Entwicklungskorridor keineswegs in ein und dieselbe Richtung bewegt, sondern auseinanderentwickelt. Grundsätzlich sieht sich der Staat in der Pflicht, eine *durchgängige* und *möglichst hohe Schulqualität* sicherzustellen. Angesichts der unüberschaubar gewordenen Schulkonzepte war dies aber nicht mehr gewährleistet. Drohende Finanz- und Wirtschaftskrise sowie demografischer Wandel am Ende 1990er Jahr waren deutli-

che Signale, dem *Zusammenhang von Wirtschaftswachstum und Schulqualität* mehr Beachtung zu schenken und dem Schulwesen eine Rosskur zu verordnen. Bis dahin hatte der Staat kein Interesse daran gezeigt, die Qualität der schulischen Bildungsergebnisse *empirisch* zu überprüfen. Er vertraute auf die in ruhigen Zeiten bewährten Steuerungsinstrumente der *Input-Kontrolle* bzw. *Regelsteuerung*, nämlich Lehrpläne, Verwaltungsvorschriften, Erlasse, Rechtsvorschriften und auf ein selektives Ziffernnotensystem. Aber diese Vorab-Regulierungen haben sich für eine großräumige und gleichmäßige Qualitätssteigerung im Schulwesen und gegenüber *Schulen in turbulenten Umgebungen* als weitgehend untauglich erwiesen. Das Schulwesen schien ‚unregierbar‘ geworden zu sein.
Anfangs der 2000er Jahre wechselte der Staat deshalb zu einer anderen Steuerungsphilosophie. Zum ersten Mal in der Geschichte des deutschen Schulwesens wird *die Überprüfungsdimension mit der Entwicklungsdimension systematisch verknüpft*. Der Weg aus der Steuerungskrise wird nun (auch international) mit Hilfe der *Outputorientierung* bzw. *Zielsteuerung* gesucht. TIMSS I-III (die fast schon vergessenen Third International Mathematics and Science Studies) und PISA (Programme for International Student Assessment) sind die Synonyma für die neue Steuerungsphilosophie des Staates geworden.
Wenn ich es recht sehe, dann handelt es sich im Wesentlichen um drei *miteinander verzahnte* und auf verschiedenen Ebenen des Schulwesens (Makro-, Meso- und Exosystem) angesiedelte Steuerungsstrategien:

- der Qualitätsvergleich auf *internationaler* Ebene (PISA, PIRLS/IGLU, DESI) und auf der Ebene der Bundesländer (so etwa MARKUS, LAU,)
- die *Evaluation* auf der Ebene der *einzelnen Schule* und
- die *nationalen*, an Kompetenzen ausgerichteten *Bildungsstandards* und deren Überprüfung durch *Vergleichsarbeiten* in bestimmten Jahrgangsstufen sämtlicher Schularten (ohne Förderschulen).

Es täuscht sich also, wer da denkt, der neue Steuerungsgeist sei einer pädagogischen Wunderflasche entsprungen. Dies könnte man meinen, wenn man den Begriff Bildungsstandard hört, der mit dem Kompetenzbegriff eng verschwistert ist. Allein schon dieser Begriff, so sagt es Alois Regenbrecht in Anlehnung an Heike Schmoll, sei eine „sprachliche Missgeburt nach PISA“, eine Art Etikettenschwindel (Regenbrecht 2005). Er gehört zum Handwerkszeug neoliberaler *Reformrhetorik*, mit der die tatsächlichen Steuerungsziele verschleiert werden sollen. Bereits in der ersten PISA-Veröffentlichung (Baumert u. a. 2001) wird unmissverständlich klargemacht, worum es tatsächlich geht: Mit PISA ist ein *internationaler Bildungswettbewerb* entfacht worden, der dazu führen soll, dass sich Europa zu einem *weltweit konkurrenzfähigen Wirtschaftsraum* entwickelt! Die Outputsteuerung ist also ein *funktionalistisches Konzept*, das auf die *rasche* Anpassung der Schulsysteme an den Bedarf des Arbeitsmarktes abgestellt ist: „Die Botschaft der Vergleiche lautet, bessere Resultate sind nicht nur möglich, sondern werden auch als ökonomisch lebensnotwendig gedeutet." (Künzli 2011, 17) Innovation, Beschleunigung des Lernens, Kompression der Inhalte und Stärkung der *Qualifikationsfunktion* der Schule für den Arbeitsmarkt werfen die Frage auf, wie sie ihren Erziehungs- und Bildungsauftrag künftig einlösen will.

Es ist gut zu erkennen, dass sich die Blickrichtung insbesondere der empirischen Forschung nach einer Phase der Wachheit gegenüber den Entwicklungsbedingungen der Einzelschule nun wieder zum Gesamtsystem verschoben hat. Es sind zahlreiche Qualitätsagenturen auf Länderebene eingerichtet worden, die das Schulwesen *unentwegt vermessen* und die *nicht mehr überschaubare Datenberge* produzieren. In kurzen Abständen gehen immer neue Nachrichten über den Zustand unseres Bildungswesens über den Ticker. Noch nie in der Geschichte der Schule waren wir so gut darüber informiert, wie es der Schule geht. Diese neue Transparenz mag man gutheißen oder verurteilen. Sie bietet jedenfalls die Chance, *evidenzbasierte Daten* für die Gestaltung der Einzelschule zu prüfen und zu nutzen.

Irritierend bleibt allerdings die *Widersprüchlichkeit* zwischen den immensen *pädagogischen* Anforderungen an die Schule einerseits und dem *technokratischen* Steuerungsoptimismus hinsichtlich der Generierung von ‚Humankapital' für den Arbeitsmarkt andererseits. Offenbar fordert die anvisierte Leistungssteigerung des Schulsystems im Ganzen von der Pädagogik Opfer, denn die Inklusion – hier in einem weiten Sinne verstanden – findet nach wie vor in einem *exklusiven Kontext* statt. Abzulesen ist dies z. B. an der Selektivität der *kompetenzbasierten* nationalen Bildungsstandards. Geprüft werden soll das, was sich im Laufe der *Lerngeschichte* des Einzelnen an Lernerträgen angesammelt hat (Kumulativität). Kompetenz kennzeichnet also eine *subjektorientierte Disposition*, die an den Gelenkstellen des Schulsystems, also primär am Ende der Schulzeit in einer bestimmten Schulart überprüft werden sollte. Tatsächlich kommt aber nach wie vor die Ziffernbeurteilung zum Zuge. Die Chance, zu einer mehr *verbal beschreibenden Leistungsbeurteilung* und zu einer Entlastung von Heranwachsenden mit Lernproblemen zu kommen, wird dadurch verspielt. Als Regelstandards sind Bildungsstandards – wie auf S. 31 gezeigt – durchschnittsorientiert und selektionsorientiert. Damit steht von vornherein fest, dass es *Bildungsgewinner* und *Bildungsverlierer* geben muss. Klar zu sehen ist dieser Effekt an der relativ konstant hohen Zahl von Schulabgängern ohne Schulabschluss. Er lag 2012 bei 6 %, stiegt bis zum Jahr 2019 auf 6,9 %, um 2020 auf 5,9 % zu sinken (Autor:innengruppe Bildungsbericht 2022,). Betroffen sind primär Heranwachsende mit Migrationshintergrund und aus sozial schwachen Bildungsmilieus. Es werden also *Gerechtigkeitsprobleme* und Probleme der Bildungsungleichheit aufgeworfen, die sowohl der Reformlogik als auch einer marktliberalen Gesellschaft immanent sind. Mittels Kompetenzen und Bildungsstandards soll ein Jeder die *Disposition* erwerben, „sich unter schwierigen, wechselhaften Bedingungen immer wieder neu zu ‚organisieren'. Der Kompetenzbegriff ist also eng verschwistert mit dem Selbstorganisations-Konzept“. (Pongratz 2010, 104) Der Heranwachsende hat durch die Schule eine lebenslange *Anpassungsfähigkeit an instabile Lebenslagen* und *schwankende Anforderungen des Arbeitsmarktes* zu vollziehen – will er nicht ins gesellschaftliche Abseits abgleiten. Er soll rastlos lernen, ohne an ein Ende zu gelangen: „In Kompetenzsteigerungsgesellschaften sind Früchte erwünscht, die immer weiterreifen.“ (Reichenbach 2010, 5) Gegenüber all jenen Schülern und Schülerinnen, die in PISA-Tests zu den etwa 20 % Minderleistern auf der und unter der niedrigsten Kompetenzstufe zählen, klingt eine solche Erwartung zynisch.

Widersprüchlich erscheint ebenso die Situation der Inklusion. Einerseits sollen Schüler und Schülerinnen mit sonderpädagogischem Förderbedarf gemeinsam mit anderen ohne diesen Status lernen, aber die seit der UN-BRK im Jahr 2006 geforderte Inklusion und trotz der Ratifizierung des völkerrechtlichen Vertrags durch die Bundesregierung im Jahr 2008 kommt sie nur *schleppend* voran. Sie verläuft in den Bundesländern höchst uneinheitlich und insgesamt halbherzig, sodass Kritiker von einem Lippenbekenntnis sprechen (zusammenfassend Schönig 2020), Uwe Becker sogar von einer „Inklusionslüge“ (Becker 2015). Denn es gelingt nicht, annähernd zwei Dritteln der Schüler und Schülerinnen mit sonderpädagogischem Förderbedarf (67,8 % im Jahr 2019) einen Schulabschluss zu vermitteln (Hollenbach-Biele & Klemm 2020, 18). Belastbare Zahlen zur Aufnahme einer Berufsausbildung liegen nicht vor. Nicole Hollenbach-Biele und Klaus Klemm beziehen sich jedoch auf Studien, die angeben, dass nur ca. 16 % der ehemaligen Förderschüler eine reguläre Berufsausbildung beginnen (ebd.). Trotz steigenden Inklusionsanteile ist die *Zahl der Förderschulen stabil* geblieben, sodass nach wie vor ein Schulsystem mit Doppelstrukturen vorhanden ist. Dabei ist die Förderquote in den letzten Jahren gestiegen. Sie lag im Schuljahr 2020/21 bei 7,7 % (Autor:innengruppe Bildungsberichterstattung 2022, 64).

Bedenklich sind auch die Entwicklungen im Sektor der Digitalisierung (ausführlich unter Kap. 7.4.1). Auf der einen Seite sollen *alle* Schulen in den Genuss der Gelder aus dem zweiten Digitalpakt kommen, um Schülern und Schülerinnen ein effektives Lernen und einen verantwortungsvollen Umgang mit digitalen Medien zu ermöglichen, aber die Ausstattung der Schulen mit Hardware und *funktionaler Raumausstattung* erfolgt nur zögerlich. Selbst in Zeiten der Corona-Pandemie, die digitales Lernen zwingend gemacht hat, stagnierte die Digitalisierung der Schulen sogar in der Phase des zweiten Lockdowns, und die erforderlichen Lehrkompetenzen für den Distanzunterricht haben sich die Lehrkräfte weitgehend autodidaktisch angeeignet (Autor:innengruppe Bildungsberichterstattung 2022, 123ff.).

Ein wesentlicher Grund für die hinkende Digitalisierung ist im zögerlichen Abrufen der Fördergelder zu sehen. Von den 6,5 Mrd. Euro sind bis Ende 2022 nicht einmal eine Mrd. Euro abgerufen worden. Offenbar ist das Antragswesen derart bürokratisch überfrachtet, dass Schulen große Mühe mit der Beantragung der Mittel haben. Eine Schieflage ist zudem dadurch entstanden, dass die Gelder *zwischen den Schularten bislang ungleich verteilt* worden sind. Jene Schulen mit gut ausgestatteter Verwaltung, insbesondere Gymnasien, haben sich mit dem Akquirieren der Mittel leichter getan als andere (vgl. Bundesministerium für Bildung und Forschung 2022). Eine ungewollte Folge ist die Verschärfung der Chancenungleichheit und der Hierarchisierung zwischen den Schulen.

Als Zwischenfazit kann festgehalten werden, dass die *Outputsteuerung* zunächst für eine stärkere Deregulierung und Autonomisierung der Schulen sorgt. Sie erhalten mehr Handlungsspielräume und Befugnisse. Allerdings sind sie durch ein Regelungsnetz aus Bildungsstandards, Tests und Kontrollen stärker rechenschaftspflichtig gemacht worden. Der zugestandene Gewinn an Autonomie wird gewissermaßen teilweise wieder ‚einkassiert'. Für die Pädagogik ist dies wohl ein Pyrrhussieg, weil die neuen Steuerungsverfahren eine hinreichende Förderung vor allem jener Schüler und Schülerinnen kaum erlauben, die es mit dem Lernen schwer haben, gesundheitlich oder persönlich belastet sind, aus ‚bildungsfernen' Elternhäusern stammen oder einen Migrationshintergrund mitbringen. Unter den genannten Vorzeichen kommt die Schule diesen jungen Menschen pädagogisch nicht nahe genug. Sie benötigt vielmehr adäquate Mittel, um sich *attraktiv und subjektiv bedeutsam* zu machen. Bevor sie Leistung verlangt, muss sie die Lernfähigkeit und -bereitschaft vieler junger Menschen erst herstellen. Dies gelingt am besten in einem *Ambiente*, das ihnen *Wertschätzung, Respekt und Wohl-Wollen* signalisiert. Schulräume – das wird zu belegen sein – können einen erheblichen Teil dazu beitragen, auch wenn sie das Grundproblem eines strukturell „mißratenen Fortschritts" (Andreas Flitner) nicht lösen können.

Nun geht es aber nicht darum, die neuen Steuerungsinstrumente pauschal zu verdammen und deren Chancen für die Pädagogik zu ignorieren. Ich greife aus der oben angesprochenen Trias die Evaluation heraus und lege dar, ob der Raum in gängigen Verfahren der *Fremdevaluation* als ein Qualitätskriterium für das Lernen angesehen wird.

Das Wort Evaluation kommt aus dem Lateinischen ‚valere' (wörtlich: ‚stark sein') und meint im Allgemeinen die Ermittlung eines Wertes oder die Bewertung eines Sachverhalts. In einem weiten Sinn versteht man unter Evaluation im Schulwesen die Bewertung der Voraussetzungen, Folgen und Ergebnisse von Bildungsanstrengungen. Zu unterscheiden sind zwei Grundformen der Evaluation, die *interne* und *externe Evaluation*. Interne Evaluation oder *Selbstevaluation* bedeutet, dass die Verantwortung für die Gestaltung und Durchführung einer Evaluation in der einzelnen Schule liegt und von Personen durchgeführt wird, die in der Schule arbeiten. Im Bild gesprochen werden in der jeweiligen Schule Spiegel aufgestellt, in denen sie sich betrachtet, um mehr über sich selbst herauszufinden. Dies setzt den kompetenten Umgang mit den Evaluationsinstrumenten voraus. Die Kenntnis der eigenen Schule kann einen raschen Zugang zu den Zielen und Gegenständen der Evaluation ermöglichen. Manchmal hat der Spiegel aber auch blinde Flecken. Tabus dürfen nicht berührt werden, und man sieht nur das, was man in der Kulturgeschichte der Schule zu sehen gelernt hat.

In diesem Punkt scheint es die *Fremdevaluation* leichter zu haben. Sie wird von Experten durchgeführt, die nicht in der Schule arbeiten und deshalb auch nicht in die Konfliktstrukturen des Kollegiums eingewoben sind: staatliche Kommissionen, Wissenschaftler, Lehrerfortbildner, Schulleiter und Lehrer anderer Schulen. Die Schwierigkeit der Fremdevaluation liegt wiederum darin, dass erst eine Vertrauensbasis geschaffen werden und den Evaluatoren ein Zugang zu den schuleigenen *kulturellen Codes* gewährt werden muss. Erst dann ist eine Verständigung über die Ziele, Bereiche, Verfahren und Instrumente der Evaluation möglich. Das Vertrauensverhältnis hängt davon ab, wie die gesammelten Informationen verwendet werden sollen. Sollen sie ausschließlich der Entwicklung der Schule oder vielleicht dem Qualitätsvergleich mit anderen Schulen durch die Schulverwaltung dienen? Ist der erste Fall gegeben, steht Evaluation im Kontext der *Organisationsberatung* der einzelnen Schule und erfüllt die Aufgabe der kritischen Aufklärung bzw. Selbstaufklärung. Die externe Evaluation hat dann eher den Charakter einer von außen begleiteten Selbsterforschung.

Diese Überlegungen machen eine Unterscheidung zwischen der *Optimierungsfunktion* und der *Legitimationsfunktion* sinnvoll. Eine strikte Trennung beider ist kaum möglich, aber die eine oder andere Funktion wird im Vordergrund stehen. So ist es bei der Optimierung das vorrangige Interesse zu prüfen, ob die in der Schulpraxis vorfindlichen Praktiken und Ressourcen in einem sinnvollen Verhältnis zu den definierten Arbeitszielen stehen. Die Analyse und Bewertung dieses Verhältnisses soll Entscheidungen über die *systematische Verbesserung der Praxis* herbeiführen (Schulentwicklung). Es versteht sich von selbst, dass dies eine wichtige kollektive Aufgabe insbesondere der schulischen Akteure an ihrem Arbeitsplatz ist. Insofern liegt die *Optimierungsfunktion* dicht bei der skizzierten Selbstevaluation im Sinne der *Beratung*.

Natürlich hat auch der Staat als Veranstalter institutionalisierter Schulbildung ein genuines Interesse daran, dass das Lehren, Lernen und Leben in der Schule optimal verlaufen. Aber als Instanz, die zu verantworten hat, dass bestimmte Standards schulischer Bildung erreicht werden, ist der Staat gegenüber den unterschiedlichen Interessengruppen der Gesellschaft rechenschaftspflichtig[13]. Er muss die Inhalte, Prinzipien und Standards der schulischen Arbeit überwachen und *legitimieren*, d. h. nachweisen, dass sie für die *Reproduktion* von Wirtschaft, Kultur und Gesellschaft vernünftig und zweckmäßig sind. In diesem Sinne hat die Schulevaluation in erster Linie eine *Legitimationsfunktion* zu erfüllen. Der Staat stellt also – um im Bild zu bleiben – eigene Spiegel auf, die ihm die Situation seiner Schulen reflektieren, und zwar *flächendeckend*.

13 Im Grundgesetz der Bundesrepublik Deutschland heißt es in Artikel 7 Abs. 1: „Das gesamte Schulwesen steht unter der Aufsicht des Staates." Damit verpflichtet sich der Staat, ein Höchstmaß an qualitätsreicher Bildung für alle Heranwachsenden vorzuhalten bzw. Bildungsungleichheit soweit möglich zu unterbinden. Angesichts internationaler Bildungsmaßstäbe, die sich im Zuge der Globalisierung herauskristallisieren, ist dieser rechtsstaatliche Grundsatz jedoch immer schwerer zu realisieren.

Seit Anfang der 2000er Jahre sind zunächst in Hessen und Nordrhein-Westfalen staatliche Evaluationskommissionen eingerichtet worden, nach und nach gefolgt von allen anderen Bundesländern. Deren *Schulinspektionen* zielten darauf, durch zyklisch wiederkehrende Schulbesuche und ein *differenziertes Untersuchungsdesign* ein Bild von der jeweiligen Schule zu gewinnen, Entwicklungsimpulse zu setzen und Daten für ein nationales *Bildungsmonitoring* (Bildungsberichterstattung) zu gewinnen. Die wiederkehrende Inspektion hat(te) zur Aufgabe, die Umsetzung der Verbesserungsvorschläge zu überprüfen (Beispiele für die Abläufe und die ersten Kriterienkataloge finden sich bei Schönig 2007). Dadurch sollte Schule ‚besser' werden.

Aus erziehungswissenschaftlicher Sicht wurde jedoch früh bezweifelt, ob Pädagogik und verordnete externe Evaluation überhaupt zueinander passen (Schönig & Baltruschat & Klenk 2010). Kritisiert wurde, dass externe, staatlich angeordnete Evaluation ein *vorgängiges* Verständnis von Schule habe und dieses mit dem Deckmantel einer Reformsemantik und des modernen Governance-Vokabulars kaschiert werde (Koch 2010). Die Normen der ‚institutionellen Zurichtung der Schule' seien der externen Evaluation immanent. Sie seien gleichbedeutend mit Vorentscheidungen, so sagt es Koch, die „schulprägenden Charakter" haben: „Durch die Evaluation wird Schule nicht nur bewertet, sondern gemacht […]." (Koch 2010, 45) So transparent die Steuerungsabsicht im Sinne der neuen Output-Philosophie inzwischen auch sein mag, so ist deren Erfolg umstritten. Denn es sind Eingriffe in die Schulorganisation, die Schulfinanzierung, die Aus- und -fortbildung von Lehrerinnen und Lehrer usw. erforderlich, wenn die im großen Stil praktizierten Evaluationen überhaupt fruchten sollen. Heute erkennt man, was Franz E. Weinert uns ins Stammbuch geschrieben hatte, nämlich dass die Erwartungen an die rasche Leistungsanhebung in unseren Schulen unrealistisch sind. Zum einen sind Schulleistungen

> „das kumulative Ergebnis langfristiger Lernprozesse; das Leistungsniveau hängt stärker von den bereits erworbenen Vorkenntnissen als vom aktuellen Unterrichtsgeschehen ab. Der Unterricht besteht nicht aus einzelnen Lektionen, die man kurzfristig verändern, vielleicht sogar besser gestalten kann, sondern ist ein Geschehen, das durch die Atmosphäre im Klassenzimmer, durch stabile Erziehungs-, Lehr- und Interaktionsstile und schließlich durch die pädagogischen Kompetenzen der Lehrer maßgeblich determiniert wird. Die pädagogische Kompetenz von Lehrkräften ist das Ergebnis eines zeitaufwändigen Expertiseerwerbs" (Weinert 2001, 361f).

Zum anderen darf man vor diesem Hintergrund und angesichts der stabilen Lehrroutinen

> „nur dann eine substantielle Veränderung des Unterrichts, des Lernens und Leistens erwarten, wenn ganze Bündel von pädagogischen und didaktischen Maßnahmen zugleich ergriffen werden" (ebd., 362).

Neben den immensen Kosten ist dies womöglich der Grund dafür, dass Schulinspektionen in einigen Bundesländern abgeschafft, ausgesetzt oder gründlich modifiziert worden sind. Seit Mitte der 2010er Jahre scheint sich ein Trend durchzusetzen, eine ‚scharfe' externe Evaluation zurückzunehmen, die Selbstevaluation zu stärken und den Schulen Evaluationssoftware und Materialien für die Selbstanalyse in Evaluationsportalen zur Verfügung zu stellen.[14] Dadurch wird der *Optimierungsfunktion* ein stärkeres Gewicht verliehen und die einzelne Schule wird von den Behörden deutlicher aus deren Binnenperspektive wahrgenommen. Das Geschwisterpaar Selbstevaluation und Schulentwicklung gehen leichter Hand in Hand und die Schulen werden aufgefordert, sich selbst und den Behörden Aufschluss über ihren eigenen Entwicklungsstatus zu geben.

Wie aber kann Evaluation die ‚Produktionsbedingungen' der Schulen überhaupt erfassen und dabei das Raumthema berücksichtigen? Wenn es die moderne Schule anders als bis in die 1970er Jahre hinein mit einer, wie gezeigt, different sozialisierten Schülerschaft zu tun hat, die Leitlinien familialer Erziehung und Betreuung einen drastischen Wandel erfahren haben, die Digitalisierung des Lernens voranschreitet und die Integrations- und Inklusionsaufgaben aufgrund der zunehmenden Heterogenität der Schülerschaft enorm sind, dann steht sie in noch nie dagewesenem Umfang vor der Aufgabe, die Heranwachsenden überhaupt erst zu *erreichen*. In Gebäuden, die emotional aversiv besetzt sind, die junge Menschen nicht beheimaten und die nicht die räumlichen Grundlagen für ein proaktives, expansives und praktisches Lernen schaffen, ist das nicht zu erreichen. Es tritt hinzu, dass inzwischen auch die rechtlichen Voraussetzungen für die ganztägige Betreuung geschaffen worden sind. (Wegen der hervorstechenden Bedeutung dieses Themas wird ihm das folgende Unterkapitel 4.1.3 gewidmet.) Wenn also Evaluation auf diesen grundstürzenden Wandel eingehen soll, dann müsste sie auch *die räumlichen Gegebenheiten* in den Schulen prüfen. Ob das von einem Evaluationssystem geleistet werden kann, wird am folgenden authentischen Beispiel diskutiert.

Ich beziehe mich auf das System der Fremdevaluation im Freistaat Bayern. Der Qualitätsrahmen, der einer jeden Evaluation zugrunde gelegt wird, ist unterteilt in die vier Qualitätsbereiche „Rahmenbedingungen“, „Prozessqualitäten Schule“, „Prozessqualitäten Unterricht und Erziehung“ sowie „Ergebnisse schulischer Arbeit“. Diese Bereiche werden auf 14 Dimensionen und knapp 40 Qualitätskriterien heruntergebrochen. Abgesehen von den „Rahmenbedingungen“ sind die anderen Bereiche mit fünfstufigen Ratingskalen und Zeilen für Empfehlungen versehen. Dieses Schema ist seit der Einführung der bayerischen Evaluation im Jahr 2003 immer wieder modifiziert worden. Das folgende Beispiel stammt aus dem unterfränkischen

14 Einblick in die Evaluationskonzepte und Materialien gibt Der deutsche Bildungsserver unter https://www.bildungsserver.de/Schulevaluation-und-Schulinspektion-in-den-Laendern-26952-de.html [aufgerufen am 12.01.2023].

Fridtjof-Nansen-Gymnasium in Schweinfurt.[15] Die Schule hat ca. 720 Schüler und Schülerinnen und das 70-köpfige Kollegium hatte sich vor wenigen Jahren gemeinsam mit dem Sachaufwandsträger im Zuge der baulichen Sanierung der Schule zur Einrichtung von „Offenen Lernlandschaften" für einige Jahrgangsstufen entschieden. Aufschlussreich ist der Evaluationsbericht aus dem Schuljahr 2019/20, aus dem im Folgenden zitiert wird. Unter „Rahmenbedingungen" ist bei „3.1.4 Materielle und finanzielle Ressourcen" zu lesen:

> Die Schule verfügt insgesamt über ein ausreichendes Raumangebot für Verwaltung, Fachunterricht und Klassen, so dass trotz der Umbaumaßnahmen genügend Klassenräume zur Verfügung stehen.
> Besonders die Lernlandschaften sind hervorragend ausgestattet. Für jede Jahrgangsstufe wurde ein eigenes Farbkonzept entwickelt und den Schülern steht unterschiedliches Mobiliar zur Verfügung, von Stehpulten und Sitzkissen über optisch abgetrennte Sitzecken bis hin zu „Denkerhäuschen". In großen Schubladen werden die Lernmaterialien für alle Schüler gut zugänglich aufbewahrt. Für Schultaschen stehen in den Klassenzimmern spezielle Aufbewahrungsmöglichkeiten zur Verfügung. In jedem Raum gibt es Beamer und Computerarbeitsplätze, im Lehrerstützpunkt iPads. Auch die acht Klassenräume im alten Gebäudetrakt verfügen alle über einen Beamer. Darüber hinaus gibt es noch zwei Computerräume mit insgesamt 30 Rechnern und 18 iPads. Allerdings funktioniert das WLAN nicht überall einwandfrei. Auch die naturwissenschaftlichen Fachräume sind großzügig und gut ausgestattet. (...)
> Im Ganztagesgebäude befinden sich die Schülerbücherei mit eigenen Leseräumen für die Unter- und Mittelstufe, ein Bewegungsraum, ein Vortragsraum sowie ein Entspannungs- und Meditationsraum für Lehrkräfte. Weitere Zimmer, die eigentlich der Offenen Ganztagesschule zur Verfügung stehen sollten, werden momentan als Ausweichklassenräume genutzt. (...)
> Teppichböden und Pflanzen sorgen für eine wohnliche Atmosphäre. Die sanitären Anlagen befinden sich in einem guten Zustand. Durch einen Aufzug und einen Treppenlift wird die Barrierefreiheit gewährleistet. (...)
> Eine Besonderheit des Fridtjof-Nansen-Gymnasiums, für die es überregionale Bekanntheit erlangt hat, besteht in dem Konzept der Offenen Lernlandschaften für die Jahrgangsstufen 5 mit 10. Eine Ausweitung auf die Oberstufe ist geplant. Im Zentrum steht hierbei der schüleraktivierende Unterricht mit Hilfe von Kompetenzrastern und Materialpools, die durch Lehrerteams der jeweiligen Jahrgangsstufe gemeinsam erarbeitet werden. In diesem Zusammenhang wurde auch durchgängig das Doppelstundenprinzip eingeführt.
>
> **Empfehlungen:** Die Schule sollte beim Schulaufwandsträger weiterhin auf eine möglichst rasche Durchführung aller Baumaßnahmen drängen und in diesem Zusammenhang ihre Pläne bezüglich der Raumausstattung konsequent weiterverfolgen. Die Qualität der Raumluft sollte nach Abschluss der Fassadenerneuerung nochmals überprüft werden. Ein Leitsystem mit Wegweisern könnte die Orientierung im Gebäude verbessern. (...)

15 Zum Schutz der Schule sind Namens- und Ortsangabe Pseudonyme.

Das Evaluationsschema nennt zwar kein separates Qualitätskriterium für den Schulraum, die Stellungnahme des Evaluationsteams lässt aber ein deutliches Interesse an der Qualität des Raums sowohl hinsichtlich des Lernens als auch des Wohlfühlens erkennen. Die Möglichkeiten der „offenen Lernlandschaften“ für die *Differenzierung des Unterrichts und die Individualisierung* werden gewürdigt und im Zusammenhang mit der *Zonierung des Lernraums* wahrgenommen. Auch die für die Gewährleistung der Disziplin und der Lernorganisation so wichtige Unterbringung von Schultaschen und Lernmaterial wird anerkannt. Zudem wird die Ausstattung der Räume mit Arbeitsplätzen für das digitale Lernen im konzeptionellen Zusammenhang gesehen. Auf das freundliche Ambiente wird aufmerksam gemacht und sogar die Bedeutung eines „Entspannungs- und Meditationsraum für Lehrkräfte“ für die Regeneration wird vom Evaluationsteam notiert.
Haben diese Beobachtungsergebnisse eher noch aufzählenden Charakter, so werden sie bei den Qualitätsbereichen „Prozessqualitäten Schule“ und „Prozessqualitäten Unterricht und Erziehung“ bei verschiedenen Qualitätskriterien deutlicher kontextualisiert, wie die folgenden Auszüge zeigen.

> **S6. Offenheit für Veränderungen**
> Die Idee, das Fridtjof-Nansen-Gymnasium in Richtung Offene Lernlandschaften zu entwickeln, wurde von der Schulleitung initiiert. (...) Die Umsetzung des Konzepts der Offenen Lernlandschaften erfordert eine grundlegende Neugestaltung der Didaktik und Methodik des Unterrichts sowie die systematische Erstellung und Sammlung entsprechender Arbeitsmaterialien. In diesem Zusammenhang werden immer wieder neue Methoden und Programme erarbeitet und ausprobiert.
>
> **S12. Förderung der Identifikation mit der Schule**
> Die Schüler können das Schulleben auf vielfältige Weise mitgestalten. Sie bringen sich in die Gestaltung der Räume ein, etwa bei dem Farbkonzept der Lernlandschaften oder durch die Ausstattung von Aula und Gängen mit Schülerarbeiten.
>
> **U5. Individuelle Unterstützung**
> In ca. zwei Drittel der Stunden informierten sich die Lehrkräfte im Unterricht über die individuellen Lernschwierigkeiten der Schüler. Individuelle Lernfortschritte der Schüler nahmen sie in mehr als der Hälfte der Stunden wahr. In den Offenen Lernlandschaften konnte ein größeres Maß an individueller Unterstützung festgestellt werden als im regulären Unterricht. In den Befragungsergebnissen äußerten sich die Eltern zu 70 % positiv, (...) Hierbei konnte kein signifikanter Unterschied zwischen den Offenen Lernlandschaften und den regulären Klassen beobachtet werden. Die Befragungsergebnisse aller Gruppen bestätigen diese Feststellung.
>
> **U6. Förderung selbstgesteuerten Lernens**
> In den Offenen Lernlandschaften wird ein sehr gut durchdachtes und übersichtliches Ablagesystem für Arbeits- und Lösungsmaterialien gepflegt.

Noch klarer als bei „Rahmenbedingungen“ wird in diesen Aussagen die notwendige *Korrespondenz* zwischen Raumnutzung, Materialangebot und Didaktik vermerkt. Die „offenen Lernlandlandschaften“ sind nicht nur einfach da, sondern müssen „durchdacht“ werden, verlangen nach einer das Raumpotenzial ausschöpfenden didaktischen Gestaltung – bis hin zur Materialentwicklung und -unterbringung. Dem Kollegium wird zugutegehalten, dass es sich erfolgreich um optimale Passungsverhältnisse bemüht, denn eine gewisse *Überlegenheit* des Raumkonzepts gegenüber dem konventionellen Klassenraum wird besonders dort gesehen, wo es um die *individuelle Förderung der Schüler und Schülerinnen* geht. Zudem wird die ästhetische Gestaltung der Räume in ihre (Mit)Verantwortung gestellt, was der Identifikation mit der Schule zu dienen scheint.

Alles in allem wird dem Raum als Bedingung für das erfolgreiche Lernen, für Förderung und Wohlbefinden in diesem Evaluationsbeispiel eine gewisse Aufmerksamkeit zuteil. Es hat aber den Anschein, als sei dies eher der pädagogischen Wachheit des Evaluationsteams als der kriteriengeleiteten Lenkung der Beobachtung durch das Evaluationsraster geschuldet. Denn das Instrument stellt den Zusammenhang zwischen Raumqualität und anderen pädagogischen und didaktischen Dimensionen nicht her. So bleibt auch „Das bayerische Qualitätstableau. Bayern macht gute Schule“[16] bezüglich des Raums inhaltsleer. Dort heißt es zur Dimension „Ganztag“ unter W3.3 lapidar: „Durch die Gestaltung guter Rahmenbedingungen wird der Ganztag als Lebensraum gestärkt“ (ebd., 14).

Nun lässt das vorgestellte Beispiel keine generellen Rückschlüsse auf die Berücksichtigung des Raums als pädagogische Kategorie in den Kriterienkatalogen der staatlichen externen Evaluation zu. Dazu wäre ein systematischer Vergleich der Referenzrahmen sämtlicher Bundesländer erforderlich. Das Beispiel stellt aber die Dringlichkeit vor Augen, mit der der *Schulraum als fundamentales Bestimmungsstück der Schulqualität* neu gedacht werden muss. Das lässt sich leichter nachvollziehen, wenn man die Umbildung der Schule von der Belehrungsanstalt zu einer Organisation ganztägiger Betreuung bedenkt, von der das nächste Unterkapitel handelt.

4.1.3 Schule als Lern- und Lebensort: Ganztägige Betreuung

Im allgemeinen Sprachgebrauch herrscht hinsichtlich des Ganztagsschulbegriffs viel Verwirrung. Deshalb ist es angezeigt, die Definition der Ständigen Konferenz der Kultusminister der Länder (KMK) zu zitieren, die auch die Grundlage für die meisten empirischen Studien und für die bildungspolitische Steuerung ist.

---

16 Bayerisches Landesamt für Schule – Qualitätsagentur (2021): Das bayerische Qualitätstableau. Bayern macht gute Schule. 3. Aufl., Gunzenhausen (Broschüre), https://www.las.bayern.de/qualitaetsagentur/evaluation_durchfuehrung_begleitung/downloads/bayerisches_qualitaetstableau_3te_auflage_2021.pdf [aufgerufen am 16.01.2023]

> „Die Kultusministerkonferenz berücksichtigt bei ihrer Definition von Ganztagsschulen sowohl den Gesichtspunkt der ganztägigen Beschulung als auch den der Betreuung. Ganztagsschulen sind demnach Schulen, bei denen im Primar- und Sekundarbereich I
> - an mindestens drei Tagen in der Woche ein ganztägiges Angebot für die Schülerinnen und Schüler bereitgestellt wird, das täglich mindestens sieben Zeitstunden umfasst,
> - an allen Tagen des Ganztagsschulbetriebs den teilnehmenden Schülerinnen und Schülern ein Mittagessen bereitgestellt wird,
> - die Ganztagsangebote unter der Aufsicht und Verantwortung der Schulleitung organisiert und in enger Kooperation mit der Schulleitung durchgeführt werden sowie in einem konzeptionellen Zusammenhang mit dem Unterricht stehen.“[17]

In den letzten zwei Jahrzehnten ist der Ruf nach Ganztagsschulen trotz zahlreicher Vorbehalte immer lauter geworden. Der Hauptgrund dürfte in dem Wunsch nach der *Vereinbarkeit von Familie und Beruf*, der *Berufstätigkeit von Müttern* (s. o.), aber auch in dem Wunsch nach der besseren *Förderung* von Schülern und Schülerinnen primär mit Migrationshintergrund zu sehen sein. Seit dem Jahr 2001 wird der Ausbau von Ganztagsschulen stark vorangetrieben. Deren Nutzung hat sich zwischen 2006 und 2015 verdreifacht und jede dritte Schülerin bzw. Schüler besucht heute eine Ganztagsschule. Die aktuellen Zahlenangaben schwanken. Der nationale Bildungsbericht spricht auf der Grundlage der Zahlen der KMK von 71 % Schülern und Schülerinnen an allgemeinbildenden Schulen, die im Schuljahr 2020/21ein schulisches Ganztagsangebot wahrgenommen haben. Es sind hauptsächlich Schulen mit mehreren Bildungsgängen (44 %) und Förderschulen (34 %), die ein Ganztagsangebot vorhalten (Autor:innengruppe Bildungsberichterstattung 2022, 133). Gefördert wurde diese Entwicklung zweifellos durch die damalige Regierung der Bundesrepublik Deutschland unter Bundeskanzler Schröder, die zur Unterstützung des Ausbaus von Ganztagsschulen ein vier Milliarden Euro teures Förderungsprogramm mit der Bezeichnung »**I**nvestitionsprogramm **Z**ukunft **B**ildung und **B**etreuung« (IZBB) aufgelegt hatte. Das Programm lief von 2003 bis 2009 und hat mehr als 8.200 Schulen finanziell unterstützt. Ein erheblicher Teil der Mittel floss in die *Sanierung von Schulbauten*. Erstaunlich ist, dass die Bundesländer die Gelder des IZBB-Programms in unterschiedlichem Maß in Anspruch genommen haben. Der wirtschaftsnahe Aktionsrat Bildung (Vereinigung der Bayerischen Wirtschaft 2013) konnte am Beispiel der Grundschule aufzeigen, dass die Anteile der geförderten Schulen zwischen 2003 und 2008 erheblich differierten. So lag die Spanne zwischen 6,1 % in Bayern, 94,1 % in Berlin (mit einer sechsjährigen Grundschule) und 82,0 % in Nordrhein-Westfalen (Vereinigung der Bayerischen Wirtschaft 2013, 46ff.).
Ein weiteres Förderprogramm der Bundesregierung, das sog. „Beschleunigungsprogramm“, wurde Ende 2022 abgeschlossen. Frappierend ist wiederum, dass die Bun-

17 http://www.kmk.org/fileadmin/Dateien/veroeffentlichungen_beschluesse/2008/2008_03_04-Allgem-Schulen-Ganztagsform-02-06.pdf [aufgerufen am 29.03.2020].

desländer bzw. deren Kommunen die Mittel in höchst unterschiedlichem Umfang abgerufen haben. Die Süddeutsche Zeitung weiß zu berichten, dass das Bundesfamilienministerium im Bundesdurchschnitt 71,7 % der angebotenen Mittel für die Jahre 2021 und 2022 an die Kommunen überweisen konnte. Bremen, Hamburg, Sachsen-Anhalt, das Saarland und Baden-Württemberg haben jeweils annähernd 100 % der Fördergelder abgerufen, während der Freistaat Bayern abermals das Schlusslicht mit 18,64 % der bereitgestellten 117 Mio. Euro, entsprechend 21,7 Mio. Euro, beansprucht hat. Die Bayerische Landesregierung begründet diese Zurückhaltung mit problematischen Fristen und landeseigenen Förderprogrammen.[18]

Generell ist jedoch ein weiterer Innovationsschub durch den laut SGB VIII im Jahr 2021 etablierten Rechtsanspruch auf einen Platz in einer Ganztagsgrundschule zu erwarten. Bis zum Schuljahr 2026/27 soll jedes Kind im ersten Schuljahr ein solches Angebot erhalten. Bis zum Schuljahr 2029/30 sollen alle Grundschulkinder bis zum Ende der vierten Jahrgangsstufe in den Genuss der ganztägigen Betreuung kommen können. Dabei geht der Rechtsanspruch sogar über die von der KMK festgelegten Angebote von mindestens drei Tagen pro Woche und jeweils siebenstündiger Betreuung hinaus, denn künftig wird der zeitliche Umfang 5 Tage pro Woche mit jeweils acht Stunden Betreuungszeit betragen (Autor:innengruppe Bildungsberichterstattung 2022, 134). Auch wenn nicht absehbar ist, in welchem Umfang Eltern(teile) von dem neuen Rechtsanspruch Gebrauch machen werden, so lässt sich doch erahnen, welch eine *gewaltige bauliche Sanierung der Schulgebäude* bzw. welche *neuen Schulgebäude* erforderlich sein werden, wenn Schulen mit dem ‚Abenteuer Ganztagsschule' konfrontiert werden. Der Ausblick ab Seite 278 wird auf diesen Aspekt zurückkommen. Allein die Verpflichtung zu einer Mittagsmahlzeit dürfte Schulen noch vor große Probleme stellen (vgl. Kap. 7.4.2.). Einstweilen klafft noch eine Versorgungslücke zwischen Angebot und Nachfrage an Grundschulen von 9 % (ebd., 135ff.). Für die weiterführenden Schulen liegen keine präzisen Zahlen vor.

Schultheoretisch gesehen zeichnet sich aber jetzt schon ab, dass den Schulen im Ganztagsbetrieb neben den oben besprochenen Fend'schen Reproduktionsfunktionen eine neue Funktion zuwächst, die man als *kustodiale*[19] *Funktion* bezeichnen könnte. Damit ist die *erhöhte tägliche Verweildauer in der Schule* gemeint, die auf das ‚Bewahren' der Heranwachsenden an einem Ort zielt, an dem eben nicht mehr nur gelernt wird, sondern wo man sich aufhält, kommuniziert, arbeitet, spielt, Sport treibt, regeneriert usw. Ernstgenommene ganztägige Betreuung verändert den *Charakter der Schule* und macht ein breit gefächertes Raumangebot erforderlich.

Doch bei der Betrachtung der Zahlen ist Vorsicht geboten, denn sie verwischen die Unterschiede zwischen verschiedenen Ganztagsschul*formen*, die sorgfältig zu unter-

18 „Wenig Fördergelder abgerufen". In: Süddeutsche Zeitung Nr. 22 vom 27.01.2022, 25 (DPA).

19 Das Wort geht auf das Lateinische Kustos zurück, das so viel wie „Wächter", „Hüter" oder „Aufseher" meint.

scheiden sind. Laut KMK werden drei Grundformen genannt. Gleichwohl gibt es bei der konzeptionellen Ausprägung von Ganztagsschule eine erhebliche Variationsbreite und Mischformen, was auch die Aussagekraft von empirischen Studien schmälert. Ganztagsschule ist eben nicht gleich Ganztagsschule und die gemischte Bilanz bei den Wirksamkeitsstudien ist somit erklärlich. Bei der KMK heißt es:

> „Es werden drei Formen unterschieden:
> - In der **voll gebundenen Form** sind *alle* Schülerinnen und Schüler verpflichtet, an mindestens drei Wochentagen für jeweils mindestens sieben Zeitstunden an den ganztägigen Angeboten teilzunehmen.
> - In der **teilweise gebundenen Form** verpflichtet sich *ein Teil* der Schülerinnen und Schüler (z. B. einzelne Klassen oder Klassenstufen), an mindestens drei Wochentagen für jeweils mindestens sieben Zeitstunden an den ganztägigen Angeboten der Schule teilzunehmen.
> - In der **offenen Form** können *einzelne* Schülerinnen und Schüler auf Wunsch an den ganztägigen Angeboten teilnehmen. Für die Schülerinnen und Schüler ist ein Aufenthalt, verbunden mit einem Bildungs- und Betreuungsangebot der Schule, an mindestens drei Wochentagen im Umfang von täglich mindestens sieben Zeitstunden möglich.“[20]

Es ist leicht nachvollziehbar, dass die *voll gebundene Ganztagsschule* die anspruchsvollste Form ist. Ihr Gelingen ist an einige Voraussetzungen gebunden, so etwa an eine differenzierte Organisation, an erhöhten Personaleinsatz, breite Raumausstattung, sorgfältig aufeinander abgestimmte Aktivitäten am Vor- und Nachmittag, sinnvolles Freizeitangebot, Zusammenarbeit mit Kooperationspartnern und nicht zuletzt an eine Elternschaft, die das Konzept mitträgt. Die aktuellen Zahlen zum Ausbaustand der drei verschiedenen Formen sprechen denn auch eine klare Sprache. Der nationale Bildungsbericht hält zu den Ganztagsschulquoten fest, dass im Querschnitt aller allgemeinbildenden Schularten im Schuljahr 2020/21 nur 11 % der Schulen *voll gebunden* und 11 % *teilweise gebunden* waren. Das Gros der Ganztagsschulen sind demnach mit 49 % offene Ganztagsschulen. 29 % aller allgemeinbildenden Schulen sind (noch) Halbtagsschulen. Unübersehbar sind die erheblichen Differenzen zwischen einzelnen Schularten: Die voll gebundene Ganztagsschule ist bei den Grundschulen mit nur 2 %, bei Schulen mit mehreren Bildungsgängen mit 44 % vertreten, während Ganztagsschulen in der *offenen Form* die Domäne der traditionellen weiterführenden Schularten Hauptschule (42 %), Realschule (41 %) und Gymnasium (45 %) sind (Autor:innengruppe Bildungsberichterstattung 2022, 134ff.)

Wenn der quantitative Ausbau vor allem der offenen Ganztagsschulen fortschreitet, ist das selbstredend keine Gewähr für die Erhöhung der Schulqualität. Es besteht vielmehr die Gefahr, dass der Unterricht am Vormittag und das außerunterrichtliche Angebot am Nachmittag nicht in einem *konzeptionellen und curricularen Zusammenhang* stehen und den jungen Menschen eine weitere *Verschulung ihrer Kindheit* droht – vormittags Unterricht, nachmittags Hausaufgabenbetreuung *in*

20 Ebd., Hervorhebungen im Original.

der Schule. Dieses sog. additive Modell widerspricht dem Anspruch der optimalen Persönlichkeitsentfaltung durch umfassende Bildung deutlich. Entsprechend wird in den prominenten StEG-Studien verschiedentlich darauf hingewiesen, dass die enttäuschenden Forschungsergebnisse hinsichtlich der Fachkompetenzen von Ganztagsschülern und -schülerinnen auf didaktische und *konzeptionelle Mängel* zurückzuführen sein dürften.[21] Die von der KMK geforderte konzeptionelle Verklammerung von Schulvormittag und -nachmittag fehlt offenbar in vielen Fällen des offenen Ganztagsbetriebs. So wundert es nicht, wenn die StEG-Forscherteams konstatieren, dass die gewünschten positiven Effekte auf die *Fachkompetenzen* ausgeblieben sind. Allerdings zeigt sich, dass das prosoziale Schülerverhalten dort verbessert wird, wo die Schulen entsprechende Angebote, z. B. Teamsport, machen. In besonderem Umfang profitieren *Schüler und Schülerinnen mit Migrationshintergrund* davon. Auch konnte in StEG gezeigt werden, dass sich die Schere in Bezug auf die *Chancengleichheit* zwar nicht schließt, aber immerhin auch nicht weiter öffnet.

Man kann aus dieser Befundlage den Schluss ziehen, dass sich die gewünschten Effekte nur dann einstellen können, wenn sich die *Kultur des Lernens und Lebens* an der Schule insgesamt *radikal* verändert. Dies ist von der offenen Ganztagsschule jedoch nicht zu erwarten. Die ehemalige Bundesbildungsministerin Edeltraud Bulmahn bringt den Sachverhalt auf den Punkt: „Allerdings gibt es noch viel zu tun, damit Ganztagsschulen nicht nur ganztägig offen sind, sondern ein gemeinsamer Lern- und Begegnungsraum für Kinder und Jugendliche aller Bevölkerungsschichten."[22]

Dieses Ergebnis führt zur *gebundenen Ganztagsschule* zurück. Ein Dreh- und Angelpunkt dieser Konzeption ist die *Rhythmisierung*. Damit ist ein wohldurchdachter Wechsel aus unterrichtlichem Lernen, Bewegung, Spiel, Mittagsfreizeit, Erholung, Arbeitsgemeinschaften usw. *über den ganzen Tag verteilt* gemeint. Unterricht kann und soll also *auch nachmittags* stattfinden. Der Schultag gleicht dann einer *Komposition* oder einer *Partitur*, die die entwicklungspsychologischen Gegebenheiten der Heranwachsenden berücksichtigt (vgl. die idealtypischen Modelle in der Habilitationsschrift von Hans-Günther Holtappels 1994). Leider sind nur wenige Beispiele für Grundschulen publiziert, die sichtbar machen, wie sich Raum und Pädagogik an den Tagesrhythmus des Kindes anpassen. Ein herausstechendes Vorbild ist die 2008 mit dem Deutschen Schulpreis bedachte Wartburg-Grundschule in Münster-Gievenbeck (vgl. Schönig 2015b). An der Praxis dieser Schule ist ebenso abzulesen, welche Voraussetzungen für die Realisierung einer vielfältigen kindgerechten Päd-

21 StEG steht für „Studie zur Entwicklung von Ganztagsschulen" und ist ein aufwändiges Konsortialprojekt verschiedener Forschungseinrichtungen. Es wurde bislang in mehreren Phasen und in einzelnen Teilstudien durchgeführt und hatte unterschiedliche Untersuchungsschwerpunkte und -designs; vgl. www.projekt-steg.de/

22 Interview mit Edeltraud Bulmahn. „Herausgefordert ja, überfordert nein". In: Die ZEIT Nr. 38 vom 14.09.2017, S. 80.

agogik durch die Architektur der Schule und ihre Außenanlagen erfüllt sein müssen: gegliederte Räume für die Individualisierung des Lernens, Orte für gemeinsame Aktivitäten der Kinder, Nischen und Winkel für Ruhe, Rückzug und Regeneration, Bereiche für Spiel und Bewegung... Wenn in den nächsten Jahren mit einer Ganztagsschule ernst gemacht werden soll, die nicht nur konventioneller Lehrbetrieb ist, sondern ein entwicklungsförderlicher *Lebensort*, an dem sich das Aufwachsen ‚lohnt‘, dann kommen große Aufgaben auf die Architektur zu, gleich ob Gebäude saniert oder neu errichtet werden müssen. Es gilt, die Schulbaurichtlinien für eine „Pädagogik der Vielfalt“ (Prengel) weiter zu öffnen, damit die Schule eine Kraftquelle für Lernen und personales Wachstum werden kann. Aber auch die pädagogische Öffnung von Schulbaurichtlinien ist nur dann wirksam, wenn die beteiligten Interessengruppen den Willen aufbringen, gemeinsam ein pädagogisches Raumkonzept zu entwerfen. Dies setzt wiederum voraus, dass die Schule bereits ein pädagogisches Profil hat, zumindest aber anstrebt. Auf eine Formel gebracht: Raumkonzept folgt Schulkonzept!

4.2 Initiativen und Bewegungen zur entwicklungsförderlichen Gestaltung des Schulraums

Im dritten Kapitel ist über die Theorieentwicklung zur Gestalt und Gestaltung schulischer Lern- und Bildungsräume Auskunft gegeben worden. Es kommt nicht von ungefähr, dass den Bewegungen im Handlungsfeld des Schulneubaus und der Sanierung von Bestandsgebäuden besondere Aufmerksamkeit geschenkt werden muss, denn es hat ganz den Anschein, dass beide Ebenen, wissenschaftlicher Diskurs und Theoriebildung einerseits und Praxisförderung und -entwicklung andererseits, weitgehend *entkoppelt* sind. Dieser Eindruck wird auch dadurch bekräftigt, dass der wissenschaftliche Diskussionsstand, ausgedrückt in Veröffentlichungen, auf der Ebene der Praxisentwicklung wenig reflektiert wird, wie umgekehrt der akademische Diskurs von der Praxisentwicklung wenig Kenntnis nimmt. Systemtheoretisch gesprochen scheint es sich um zwei disparate Systeme zu handeln, die füreinander ‚blind‘ sind. Deshalb werden hier einige Initiativen und Bewegungen angesprochen, die für die Reform der Praxis im Feld des Schulbaus, der Bausanierung und räumlichen Gestaltung der Schule wichtig sind. Inwieweit sie die Praxis verändern, ist freilich schwer zu ermitteln, da es zwar Erfahrungsberichte und zahlreiche Dokumentationen über die Erhöhung der Raumqualität in einzelnen Schulen gibt – und dies auch international –, aber Evaluationsstudien bislang ausstehen.

Als impulsgebend und bereichernd sind die Initiativen der beiden Montag Stiftungen Jugend und Gesellschaft und Urbane Räume zu bezeichnen. Die Stiftungen hatten 2011 das Handbuch „Schulen planen und bauen. Grundlagen und Prozesse“, erarbeitet von Ernst Huebeli, Ulrich Paßlick, Kersten Reich, Jochem Schneider und Otto Seydel, herausgegeben. Hier treffen die Disziplinen Erziehungswissenschaft und Architektur in fruchtbarer Weise zusammen. 2017 ist es in dritter und überarbeiteter Auflage mit leicht verändertem Titel erschienen (Montag Stiftung Jugend und Gesellschaft 2017). Es wendet sich an die Nutzer, Bauherren und Planer von Schulbauten und zielt darauf, ihnen konkrete Hinweise für die gemeinsame Realisierung zukunftsweisender Raumprogramme zu geben, aber auch Impulse für die Weiterentwicklung von landesspezifischen Schulbaurichtlinien zu setzen. Auf der Grundlage der Analyse der gegenwärtigen Situation der Schule im gesellschaftlichen und kulturellen Wandel werden dort 10 Thesen vorgetragen, die in konkretes Wissen über Planungsprozesse münden und *Handlungsempfehlungen* für die gemeinsame Planung von Bau- und Gestaltungsprozessen aussprechen. Zwei Kernpunkte seien herausgestellt, weil sie für das Raumstrukturdenken und die konkrete Planung nicht nur fundamental sind, sondern verschiedentlich in Veröffentlichungen und dem praktischen Diskurs wiedererscheinen. Das ist zum einen der Hinweis auf die *Abkehr von konventionellen Riegelbauten zugunsten integrierter Strukturvarianten*, z. B. der „Raumcluster" (s. u.). Dazu werden auch Flächenberechnungen vorgestellt. Zum anderen wird den üblichen Bauplanungsphasen – Entwurfsphase, Ausführungsplanung, Bauausführung und Inbetriebnahme – eine *„Phase Null"* vorangestellt. Sie zielt darauf, durch den Einbezug aller an Bauvorhaben beteiligten Gruppen *kostspielige Fehlplanungen* zu vermeiden und ein Raumprogramm zu gewinnen, das zum jeweiligen Schulkonzept und zu den Bedürfnissen der Betroffenen passt. Zahlreiche Bildbeispiele und Grafiken sind im Sinne der Nutzerfreundlichkeit eingeschoben. Der Einblick des Verfassers in eine Reihe von Bauvorhaben und Tagungsdiskussionen hat beim ihm den Eindruck verstärkt, dass sich das Buch zu einem Standardwerk in der Hand der Praktiker entwickelt hat.

Zeitlich folgten dieser Veröffentlichung die knapp 80seitigen „Leitlinien für leistungsfähige Schulbauten in Deutschland", die beide Stiftungen gemeinsam mit dem Bund Deutscher Architekten (BDA) und dem Verband Bildung und Erziehung (VBE) herausgegeben haben (2. Aufl. 2014). Es handelt sich um eine schlankere Version des Handbuchs, rückt aber verschiedene Raummodelle, nämlich *„Klassenraum plus"*, *„Cluster"* und *„Offene Lernlandschaft"* sowie ihre Strukturvarianten, stärker ins Blickfeld. Es sei angemerkt, dass diese dreifache Typologie im Verlauf dieses Buchtextes immer wieder bemüht wird. Deshalb seien sie an dieser Stelle kurz erklärt.

Beim *„Klassenraum plus"* wird jeweils zwischen zwei auf einer Achse befindlichen Klassenräumen ein weiterer dritter Raum für die unterrichtliche Differenzierung, für Aufenthalt, Spiel, Lernwerkstatt usw. zur Verfügung gestellt. Zwischen den Räumen gibt es Sichtbezüge und sie können von mehreren Gruppen bzw. beiden Klassen gleichzeitig genutzt werden. Beim *„Cluster"* sind in der Regel vier bis acht Klassen eines Altersjahrgangs in einem Gebäudeteil mit zumeist annähernd quadratischem Grundriss untergebracht. Sie sind um die Mitte gruppiert, die als Lern- und Aufenthaltsraum dient. Sanitär-, Lager- und Teamräume sind ebenfalls auf der jeweiligen Ebene untergebracht (s. die Abb. aus der Bischöflichen Pater-Rupert-Mayer-Volksschule Pullach in Kap. 7.1.1, Seite 117). So entsteht eine ‚kleine Schule‘ in der ‚großen Schule‘. Die *„Offene Lernlandschaft“* lässt sich als eine weitere Öffnung des Clusters verstehen. Es handelt sich um ein offenes Atelier, an das mehrere in sich funktional geschlossene Räume angegliedert sind. Diese Typen der Binnenraumarchitektur der Schule finden in der Praxis zahlreiche Varianten und Überschneidungen (vgl. ebd., 20ff.). Der österreichische Architekt Michael Zinner hat eine ganze Reihe von baulichen Optionen aufgezeigt, wie in Schulen unterschiedlicher architektonischer Ausgangslagen geclustert werden kann.[23]

Vor dem Hintergrund des wachsenden Veränderungsdrucks auf die Schulen hat das Ministerium für Kultus, Jugend und Sport Baden-Württemberg die Erarbeitung von „Empfehlungen für einen zeitgemäßen Schulhausbau in Baden-Württemberg. Grundlagen für eine Überarbeitung der Schulbauförderrichtlinien“ in Auftrag gegeben (Ministerium 2013).[24] Die „Allgemeinen Schulbauempfehlungen für Baden-Württemberg“ (ASE) wurden 1986 ersatzlos außer Betrieb genommen und die kommunalen Landesverbände benötigten angesichts des Sanierungsstaus bei gleichzeitig leeren Staatskassen und knapper Raumressourcen in den Schulen neue Schulbauförderrichtlinien. Beauftragt wurden wiederum die Experten Otto Seydel, Institut für Schulentwicklung, Überlingen, und Jochem Schneider sowie Margarete Meyer, bueroschneidermeyer, Stuttgart/Köln. So ist es nicht weiter überraschend, wenn dem Leser der Empfehlungen vertraute Inhalte des Arbeitsbuchs der Montag Stiftungen begegnen. Allerdings werden in den Empfehlungen – neben zahlreichen Vorschlägen für den pädagogischen Umbau der Schulen – für alle Schularten minutiös ausgearbeitete Flächenberechnungen für sämtliche Nutzungsformen bzw. Flächentypen im Schulhaus vorgestellt. Leitend ist dabei die Idee, die Flächen neu zu berechnen, um die *Programmfläche zuungunsten der Nebenflächen* (Neben-, Lager- und Erschließungsflächen) aufzuwerten, damit mehr Raum für die Pädagogik gewonnen und Raumvergeudung vermieden werden kann. Das Autorenteam beschreitet damit den Weg vom Muster*raum*programm zum Modell*flächen*programm. Faktisch wird damit dem einzelnen Schüler bzw. der einzelnen Schülerin mehr Fläche als bisher zugesprochen, weil mehr Raum in die pädagogische Nutzung eingeht (vgl. Kap. 4.3). Gewohnte Namen und Inhalte tauchen schließlich wieder auf, wenn man „Raum und Inklusion. Neue Konzepte im Schulbau“ zur Hand nimmt (Kricke & Reich & Schanz & Schneider 2018).

Wie wichtig autorisierte Empfehlungen sind, lässt sich am weit verbreiteten *Halbwissen* über die Rechtsgrundlagen für den Schulbau erkennen. In der Praxis sind die Irritationen über die Bindung an konventionelle Bauverordnungen bzw. Schulbau-

23 https://www.nab-notizenarchitekturbildung.net/download/notiz-410-clustern/ [aufgerufen am 24.11.2022].

24 Einsehbar unter http://www.kultusportal-bw.de/Lde/Startseite/schulebw/Projektgruppe.

richtlinien groß. Dies liegt wohl daran, dass sie von den Bauverwaltungen der Schulträger in recht unterschiedlicher Weise für die Bauplanung und Schulbausanierung herangezogen werden. Tatsächlich schreiben sie nur wenige Parameter fest, so etwa die *Mindest*fläche oder das *Luftvolumen pro Schüler* im Klassenzimmer. Das bedeutet, dass darüberhinausgehende Planungsoptionen offen sind und eine großzügigere, pädagogisch angemessene Raumplanung *Verhandlungssache* der Baureferenten der Schulträger, der Architekten und Ingenieure sowie der direkt Betroffenen ist. Die entscheidende Rolle spielen sicherlich die Finanzkraft der jeweiligen Gemeinde, die pädagogische Einsicht des Schulträgers und die Entschlossenheit der Kollegien, ihre Vorstellungen von einer Schule mit anderem Gesicht zu realisieren. Baurichtlinien können aber auch rigide ausgelegt werden und dadurch einem ‚heimlichen Lehrplan des Raums' (z. B. Festigung von Macht durch Kontrolle und Disziplinierung, Stilllegung des Schülerkörpers, methodische Engführung des Lernens) Vorschub leisten. Josef Watschinger hat am Beispiel von Südtirol gezeigt, wie wichtig es deshalb für eine pädagogisch legitimierte Schulraumnutzung ist, dass die Baurichtlinien eine flexible Aufteilung von Verkehrs- und Nutzflächen je nach dem pädagogischen Konzept der jeweiligen Schule *verlangen* (Watschinger 2011).
Hinzuweisen ist auch auf einen „Diskussionsbeitrag", der von Johanna Forster und Christian Rittelmeyer für die Stadt Zürich erarbeitet worden ist.[25] Er hat eher den Charakter einer Qualitätsagenda für guten Schulbau denn als Empfehlung. In knapp zehn Kapiteln werden zentrale Themen rund um das Thema des gelungenen Schulbaus bearbeitet, einschließlich der Forschungsübersichten, die vor allem Christian Rittelmeyer vorstellt und die wiederum an anderer Stelle veröffentlicht worden sind (vgl. Rittelmeyer 2014a, b). Es geht um Schulgebäude aus Schülersicht, Wirkungen von Schulgebäuden auf Schüler und Schülerinnen, Befunde aus der Verhaltensforschung, Gestaltung von Außenräumen, Planungsgesichtspunkte usw. Insgesamt liegt der Schwerpunkt deutlich im Fachgebiet Erziehungswissenschaften.
Ein Zwischenfazit kann wie folgt lauten: Es ist zu erwarten, dass von diesen Initiativen eine starke Schubkraft für die Verbesserung des Schulbaus ausgeht. Nicht zu übersehen ist aber, dass sie von wenigen Personen und z. T. dem Kapital prominenter Stiftungen angetrieben werden. Machttheoretisch gesehen hat somit ein kleiner Personenkreis die *Definitionsmacht* über die Kriterien guten Schulbaus.
Was lässt sich erkennen, wenn man in die Nachbarländer Österreich und Südtirol schaut? In Österreich wurde 2010 mithilfe der Köck-Privatstiftung die „Plattform schulUmbau" ins Leben gerufen. Sie ist ein Zusammenschluss von Architekten, Erziehungswissenschaftlern, Schulpraktikern, Eltern u. a. Zu den Gründungsmitgliedern zählt

25 Schulamt der Stadt Zürich (Hrsg.): Gestaltung von Schulbauten. Ein Diskussionsbeitrag aus erziehungswissenschaftlicher Sicht. Zürich 2010. https://www.stadt-zuerich.ch/content/dam/stzh/ssd/Deutsch/Volksschule/dokumente/stadtzuercher_volksschule/schulraumplanung/diskussionsbeitrag_gestaltung_schulbauten.pdf [aufgerufen am 20.02.2022].

Franz Hammerer, Erziehungswissenschaftler und Experte für Schularchitektur. Kurz nach deren Gründung erschien 2012 das erste Heft von „RaumBildung", herausgegeben von Franz Hammerer. Es enthält die von der Plattform SchulUmbau verfasste „Charta für die Gestaltung von Bildungseinrichtungen des 21. Jahrhunderts", von der die damalige Bundesministerin Claudia Schmied sagte, sie sei geeignet, ein „Qualitätsleitfaden für die tausenden Schulerhalter in Österreich zu werden".[26] Die Charta umfasst in knapper Form 11 zentrale Merkposten, auf die bei der Schulbauplanung zu achten ist.

„RaumBildung" lässt sich als ‚graue Literatur' bezeichnen. Dem ersten Heft folgten bis zum Jahr 2020 fünf weitere, die Hammerer fortan gemeinsam mit Katharina Rosenberger, Professorin im Bereich Schulpädagogik an der Kirchlichen Pädagogischen Hochschule Wien/Krems, herausgegeben hat. Auf die Schriften wird in diesem Buch immer wieder zurückgegriffen. Sie sind mit Fotos von Schulneu- oder Umbauten gut illustriert, portraitieren Bauprojekte in ganz Österreich und sind somit ein Spiegel für die baulichen Veränderungen an zahlreichen Schulen. Es ist bedauerlich, dass sie nicht den Status von Veröffentlichungen haben. Das mag ein Grund dafür sein, dass sie in Deutschland wenig bekannt sind.[27]

In Italien, vor allem in Südtirol ist die Initialzündung für die öffentliche Diskussion zum guten Schulbau wohl Anfang der 2000er Jahre erfolgt. Das Schulautonomiegesetz des Jahres 2000 (vgl. Kap. 4.3) war ein wichtiger Impuls für die Anregung neuer Schulbauprojekte. Im Jahr 2007 erschien der prominente Band von Josef Watschinger und Josef Kühebacher mit einer Mischung aus systematischen Beiträgen, Erfahrungsberichten, Portraits neuer ‚Lernarchitekturen' und Fotobeiträgen. Danach stand zunächst die 2009 errichtete Grundschule Welsberg in Südtirol im Mittelpunkt des publizistischen Interesses. An vielen Stellen ist sie vorgestellt worden (so z. B. in: Schulsprengel Welsberg 2011,[28] Watschinger 2013, 2017; Brägger u. a. 2017, 45ff.). Welsberg ist zu einem Dreh- und Angelpunkt der italienischen Initiative geworden, u. a. weil dort der Sitz der Schulverwaltung des Schulsprengels Welsberg ist. Der „Schuldirektor" (in Deutschland wäre das zu vergleichen mit einem Leitenden Schulrat) ist Dr. Josef Watschinger, dessen Amtssitz in der dortigen Mittelschule ist. Seit dem Jahr 2011 wird von dort aus und zumeist gemeinsam mit dem Verband der Autonomen Schulen Südtirols (ASSA) die kleine Schriftenreihe „Wege zu pädagogisch gestalteten Lehr- und Lernräumen" herausgegeben (nicht im Netz verfügbar) – vergleichbar der bereits angesprochenen Schriftenreihe der österreichischen Initiative. Sie ist eine Art Sprachrohr, mit dem auf gelungene Schul- und Kindergartenneubauten sowie auf neue Schulbibliotheken aufmerksam gemacht wird. Im Jahr

26 Vgl. http://www.schulumbau.at/

27 Die Schriften finden sich im Downloadbereich unter: https://www.kphvie.ac.at/pro/katharinarosenberger/schule-raum.html und https://www.raumbildung.at

28 Schulsprengel Welsberg (Hrsg.) (2011): Grundschule Welsberg. Schwerpunktthema der Schriftenreihe Wege zu pädagogisch gestalteten Lehr- und Lernräumen. H. 1, März 2011. Welsberg.

2013 wurde von Watschinger an der Universität Brixen ein Treffen initiiert, das die Geburt eines neuen Netzwerks einleitete. Etwa 20 Personen aus Italien, Österreich, Deutschland und der Schweiz fanden zusammen, um „PULS" entstehen zu lassen, Fachleute aus dem Bauwesen, Architekten, Wissenschaftler und Schulpraktiker. Ausschlaggebend war die Erfahrung, dass die *Begleitung und Moderation von baulichen Prozessen* ein entscheidendes Qualitätskriterium sind. Hervorstechendes Ziel von „PULS" ist, einen Personenkreis zu bilden, der im Prozess der Selbstprofessionalisierung Moderationskompetenzen erwirbt, die nach Bedarf bei Schulum- oder -Schulneubauten abgerufen werden können (s. Weyland & Watschinger 2017).

Schaut man gewissermaßen aus der Vogelperspektive auf die angesprochenen drei Länder, um die Befunde zu sichten, so sind die Gemeinsamkeiten hinsichtlich der Qualitätsstandards für guten Schul(um)bau augenfällig. Den Akteursgruppen liegt an den folgenden Entwicklungen:

- Die moderne Schule benötigt eine neue Lernkultur, die die gewohnte Belehrungsanstalt hinter sich lässt und ein variantenreiches Lernen entwickelt.
- Dieses Lernen benötigt differenzierte, gut strukturierte Lernraume, weil die konventionelle Raumstruktur der Schule der neuen Vielfalt an Lernmethoden nicht gewachsen ist.
- Eine Erweiterung der Flächen für das Lernen in den Erschließungsbereichen von Bestandsgebäuden ist – unter Einhaltung der Brandschutzverordnungen – anzustreben.
- Neubauten sind so zu konzipieren, dass Räume multifunktionaler Nutzung zugeführt werden können.
- Die Architektur der Schule mit ihren verschiedenen Räumen wirkt als Ganzes auf den Menschen und hat eine Anmutungsqualität.
- In Schulen geht es um mehr als um das Lernen. Sie sind Bildungs- und Erfahrungsräume, die dem Bedürfnis nach Kommunikation, Geborgenheit, Bewegung, Regeneration, Naturerfahrung und Anregung gerecht werden müssen.
- Moderne Schulen sind räumlich so beschaffen, dass analoges und digitales Lernen in einem fruchtbaren Verhältnis zueinanderstehen.
- Sie sind gendergerecht, barrierefrei und ermöglichen eine inklusive Pädagogik.
- Wo immer möglich, öffnet die Schule ihre Räume für die Gemeinde und bietet eine kulturelle Infrastruktur.
- In die Planung von Schulneubauten und Sanierungsprojekten sind alle maßgeblich beteiligten Personengruppen zu einem frühen Zeitpunkt einzubeziehen (Phase Null).

Zugleich ist zweierlei festzuhalten. Zum einen sind die Initiativen mit nur wenigen Namen bzw. Personen verbunden, die die Implementierung neuer ‚Lernarchitekturen' vorantreiben. Zum anderen haben die verschiedenen Initiativen nur geringe personelle Schnittmengen, sie bestehen vor allem im italienischen Netzwerk PULS, das Partner vor allem aus der österreichischen Gruppe einbezieht. Die Initiativen sind also *personenbezogen* und nicht systematisch miteinander verbunden, sodass die organisationalen *Synergieeffekte* durch unmittelbare Zusammenarbeit *bescheiden* sind. Das mag damit zu tun haben, dass die länderübergreifende direkte Zusammenarbeit ab einem unbestimmten Komplexitätsgrad schwer organisierbar ist und an zeitliche Grenzen stößt.

4.3 Im Dialog? Vom Verhältnis der Disziplinen Architektur und Pädagogik

Es wäre arg überzeichnet zu sagen, dass das Verhältnis zwischen Architekten, Schulträgern und Baubehörden einerseits und der wissenschaftlichen Pädagogik andererseits ein entspanntes oder gar harmonisches wäre. Noch komplizierter wird die Situation, wenn man an die Nutzer denkt, die zumeist ‚zwischen allen Stühlen‘ sitzen. Es ist festzustellen, dass der Dialog zwischen Bauträgern, Architekten, Pädagogen und den direkt Betroffenen anspruchsvoll ist und nur selten gelingt. Christian Rittelmeyer, bis 2003 Professor für Erziehungswissenschaft am Pädagogischen Seminar der Georg-August-Universität Göttingen, bringt seine Kritik an einer a-pädagogischen Architektur und dem entsprechenden *Unverständnis von Architekten* unverblümt zur Sprache. Sie zieht sich konsequent durch seine Schriften (vgl. Rittelmeyer 2013, 2014a, b).

Rittelmeyer macht seine Kritik zunächst am „kasernenmäßigen“ Baustil der 1970er Jahre fest, erweitert sie aber auf den zeitgenössischen Schulbau. Die Linearität des Lernens, so Rittelmeyer, spiegle sich in der Linearität und Stereometrie von Schulgebäuden wider. Die sog. Flurschule als das Maß einer „seriellen Pädagogik“ präge bis heute unsere Schullandschaft. Die „Tyrannei des rechten Winkels“ (Rittelmeyer 2014a, 8) sorge passend zur Pädagogik für eine architektonische Strenge, Ordnung und Disziplin, die sonst nur in Verwaltungsgebäuden und Kasernen zu finden sei. Die „Katastrophenzeit des deutschen Schulbaus“ (ebd., 34) sei erreicht worden, als die geburtenstarken Jahrgänge in die weiterführenden Schulen drängten und Architekten sich anheischig gemacht hätten, monströse Schulbauten aus Stahl, Glas und vor allem Sichtbeton zu errichten. Rittelmeyer spricht von „Monobetonie“ und einem „Exzess architektonischer Selbstverwirklichung im Kasernenstil“ (ebd., 18). Was Rittelmeyer damit meint, lässt sich am Beispiel der Universität Bozen, Standort Brixen, ablesen. Auch wenn es sich um ein anderes Bildungsgebäude als die Schule handelt, so sticht doch das Exemplarische hervor. Beim Universitätsgebäude handelt es sich um einen quadratischen, viergeschossigen Bau aus Stahlbeton und Glas, der vom Architekturbüro Kohlmeyer Oberst, Stuttgart, geplant und im Jahr 2004 errichtet wurde. Er beherbergt die Fakultät für Pädagogik! Die Abbildungen 1 und 2 geben einen Einblick in das Gebäudeinnere.[29] Interessant ist in diesem Zusammenhang die Sprache von Architekten, die sich am damaligen Realisierungswettbewerb beteiligt hatten, hier das Statement der Architekten Stefan Burger und Birgit Rudacs, München. Sie erhielten für ihren Entwurf den 4. Platz in der Bewerberliste. Das klingt so: „Das Dach des Gebäudes ist flach, die Proportionen sind liegend. Es ist dadurch dem, was in Brixen den räumlichen Eindruck am stärksten prägt, also den Bergen radikal unähnlich. Der sinnlichen Dimension gefalteten Gesteins entgegnet es mit der kühlen Sachlichkeit eines Behälters des Geistes."[30]

Abb. 1, 2: Impressionen aus dem Innern der Universität Brixen (Foto: Schönig 2016)

Etwas gemäßigter spricht Rittelmeyer von „Missverständnissen", wenn er auf das Verhältnis zwischen Architekten und Nutzern zu sprechen kommt: „Die unterschiedlichen Codes bei der visuellen Lektüre von Schulbauten, die zahlreiche Architekten auf der einen und die Nutzer auf der anderen Seite aktivieren, sind ein Hauptproblem der Schulbau-Praxis und Ursache zahlreicher Missverständnisse zwischen beiden Gruppen." (Rittelmeyer 2014b, 80).

29 Weitere differenzierte Angaben zum Gebäude unter https://www.baunetzwissen.de/gebaeudetechnik/objekte/kultur-bildung/fakultaet-fuer-bildungswissenschaften-der-universitaet-brixen-1-71700 [aufgerufen am 08.12.2023].

30 https://www.burger-rudacs.de/Universit%C3%A4t_Brixen.html [aufgerufen am 08.12.2023].

So gesehen sind die einzelnen Interessengruppen noch weit davon entfernt, sich wechselseitig zu respektieren, geschweige denn eine *gemeinsame Sprache* zu sprechen. Oftmals scheitert die Verständigung allein schon an der metaphorisch aufgeladenen Sprache von Architektinnen und Architekten. Selbst in der Frage, inwieweit man die Meinungen und Wünsche der Schülerinnen und Schüler bei der baulichen Gestaltung berücksichtigen sollte, besteht Uneinigkeit insbesondere zwischen Pädagogen und Architekten.

Vor einigen Jahren hat der Bund Deutscher Architekten (BDA) eine Kontroverse zwischen Rittelmeyer und dem Kölner Architekten Hahn öffentlich gemacht. Sie wird hier angeführt, weil sie exemplarisch für den Graben steht, der zwischen den Zünften verläuft und unterschiedliche Auffassungen von Schulbau zum Ausdruck bringt. Rittelmeyer ist die emotionale Qualität von Schulhäusern wichtig, weil sich ihr Einfluss auf Lernen und Wohlbefinden nachweisen lässt. Für Hahn hingegen ist dies von untergeordneter Bedeutung, und er geht mit der auf das Wohlbefinden der Lernenden zielenden Schulbauforschung ironisierend um. Im Vordergrund steht für ihn, dass „dauerhafte Architektur-Standards" mit Blick auf „Volumina, Materialität und Proportionalität" festgeschrieben werden. Die Beteiligungschancen von Lernenden und Lehrkräften will er folgendermaßen eingeschränkt wissen: „Die Schüler sollten ihre Auffassung zum Grundkonzept einbringen, ggf. auch beim Mobiliar mitreden können, nicht aber bei der Architektur. Dies auch übrigens nicht die Lehrer. Der Architekt ist der Architekt, der Lehrer der Lehrer. Es ginge meiner Meinung nach zu weit, wenn der Lehrer bestimmen würde, welche Fassadenfarbe gewählt wird."[31] Die Abgrenzung der verschiedenen Interessengruppen ist in diesem Statement deutlich markiert. Aber: Wo hört Architektur auf und wo fängt die *Gestaltung* eines Schulgebäudes an, und welche Mitspracherechte sollten wem bezüglich welcher Entscheidungssubstanz gegeben werden? Gut zehn Jahre nach dem Disput lässt sich eine Öffnung des Diskurses und auch eine veränderte Praxis konstatieren, was nicht heißt, dass Rittelmeyers Kritik an Bedeutung verloren hätte. Nach wie vor werden mit unübersehbarem Stolz monotone Schulneubauten errichtet, die an einer konventionellen Instruktion in separierten Klassenräumen orientiert sind (s. das in Kap. 7.4.2.1, Seite 213f., angesprochene Beispiel zum Holzbau der Gesamtschule Kalbach-Riedberg).[32]

31 BDA-Düsseldorf (Hrsg.): Schulbauten. Bunte Vielfalt oder klare Ordnung. Eine Kontroverse. (ohne Seitenangaben)
http://www.bda-duesseldorf.de/suche00100.html?tx_indexedsearch%5Bsword%5D=Schulbauten&x=78y=9 [aufgerufen am 21.07.2012].

32 Zu nennen ist bspw. das Gymnasium Gaimersheim, ein 122 Meter lang gestreckter Baukörper in Rechteckform mit einer Bruttoinnenfläche von 14.920 Quadratmetern (ohne Technikbereich), viel Glas und zwei Innenhöfen – ein Gebäude, das die Nutzungsmöglichkeiten strikt festlegt. Quelle: Christian Silvester: Ein weites Feld für die Bildung. In: Donaukurier Nr. 207, 07. Sept. 2010, 21.

Gegen die Position einer fixen, langfristig stabilen Raumstruktur des Schulgebäudes wendet das bereits angesprochene Arbeitsbuch der Montag Stiftungen ein, dass die Schule heute in einem dynamischen Handlungsfeld steht, dessen zukünftige Veränderungen nicht absehbar sind (Montag Stiftung Jugend und Gesellschaft Montag Stiftung Urbane Räume 2012, 8ff.). Deshalb müsse ein Schulgebäude so *flexibel geplant* werden, dass jederzeit *räumliche Anpassungen* an sich ändernde Nutzungsbedingungen und konzeptionelle Modifikationen möglich sind.

Dieser Hinweis korrespondiert mit veränderten Schulbaurichtlinien im Land Südtirol, die sich an das im Jahr 2000 wirksam gewordene Schulautonomiegesetz anschließen. Die Richtlinien, so zeigt Josef Watschinger (2013) auf, sehen von „scharfen Nutzungsvorgaben" ab, mit denen die Klassenzimmergrößen bislang festgelegt worden sind. Stattdessen erhält jeder Schüler als nominelle Zuteilungseinheit eine Fläche für die verschiedenen Nutzungseinheiten, Lehr- und Lernräume (4,5 m^2), Bibliothek (0,6 m^2), Aula (0,8 m^2) und Mensa (1,4 m^2). Die Verkehrsfläche darf die Nutzfläche nicht um mehr als 20 % überschreiten. Auf dieser Grundlage und angepasst an die Schülerzahl der jeweiligen Schule wird die Gesamtfläche berechnet. Über die tatsächlichen Flächenverteilungen pro Flächentypus kann die einzelne Schule auf der Grundlage eines pädagogischen Konzepts entscheiden. Flächen können also ‚verschoben' werden. Es erfolgt der angesprochene Wechsel vom „Muster*raum*programm" zum „Raum*funktions*programm" bzw. zum „Muster*flächen*programm" (s. auch Kricke & Reich & Schanz & Schneider 2018). Das ermöglicht den Schulen in Kooperation mit den Schulbehörden eine solide Schulentwicklung, flexible Bauplanung und Strukturkorrekturen im Schulgebäude, wenn sich der Nutzungszweck von Räumen ändern sollte.

Die in der Position Hahns sichtbare Planungsgrenze zwischen Architekten und Nutzern wird in der Praxis inzwischen immer öfter überschritten. Auch konzeptionell ist eine deutliche Verbesserung eingetreten. Im besagten Arbeitsbuch der Montag Stiftungen werden bis zum Betrieb eines Schulneubaus fünf Planungsphasen besprochen (ebd., 149ff.), wobei die erste Phase, die „Phase Null", eine Art Vorphase ist, in der möglichst alle beteiligten Gruppen an einen Tisch rücken und systematisch erörtern, wie ein für die konkrete Schule spezifisches Raumkonzept auf der Basis des Schulprogramms auszusehen hat. Zudem haben sich professionelle Organisationen gebildet, die eine pädagogische Baubegleitung durchführen, um dem Planungsprozess zu einem Optimum an Planungsrationalität zu verhelfen (vgl. Doberer & Brückner 2013; Verspay & Watschinger 2017). Von beidem wird noch ausführlicher die Rede sein (vgl. Kap. 9.1).

Wer die aktuelle Diskussion zur Bedeutung der (Schul)Architektur rezipiert, wird feststellen, dass sich auch *selbstkritische Stimmen aus dem Kreis der Architekten* bemerkbar machen. Ob damit auch ein Trend zur Wahrnehmung pädagogischer Anliegen einhergeht, bleibt abzuwarten. Drei solche Stimmen seien wiedergegeben. Der österreichische Architekt Michael Zinner (2020, 18) räumt zustimmend ein:

„Tendenziell ist der Prozess der Bestellung von Architektur immer öfter ein partizipativer, in dem nicht nur Behörden anordnen, was gebaut werden soll, sondern Schulen selbst beschreiben, welche Bedürfnisse sie haben.“[33] Und der Architekt Christoph Parade, Düsseldorf, hält gar fest: „Wir müssen als Architekten aufpassen, nicht mit ideologischen oder vordergründig architektonischen Beiträgen Bauten zu errichten, die dem Kern der Sache – dem Schüler zu dienen, ihm ein Zuhause zu schaffen, Orientierung zu geben – nicht gerecht werden.“ (Parade 2012, 11). Ähnlich klingt der Südtiroler, als „Star-Architekt“ und in Mailand lebende Architekt und Designer Matteo Thun. Seine spektakulären Gebäude aus Holz, von denen später noch die Rede sein wird, und sein intensiver Naturbezug in der Architektur haben ihm den Ruf des „Magier der Natur-Architektur“[34] eingebracht. Zwar macht Thun seine Überlegungen nicht am Schulbau fest, vielmehr fordert er seine Zunft generell zu weniger Überheblichkeit und Machbarkeitsgelüsten sowie zu mehr Respekt vor der Natur auf, wenn er formuliert:

> „Desto weniger man vom Gebäude sieht, desto besser ist es. Dies steht ein bisschen im Widerspruch zum *Ego von einigen Kollegen*, die sagen: Ich gewinne über die Natur. Wir glauben, zur Kenntnis nehmen zu müssen, dass der Mensch immer der Verlierer ist – die Natur ist stärker.“[35] (Hervorhebung des Verfassers)

Wie aber denken die verantwortlichen politischen Instanzen über die Sanierung und den Neubau von Schulgebäuden, die kommunalen Sachaufwandsträger, Schulbauabteilungen in den Gemeindeverwaltungen, Stadtkämmerer etc.? Die Frage stellt sich vor dem Hintergrund, dass sie in der Regel die engsten Kooperationspartner der Architekten sind und ihnen bisweilen zu wenig Lauterbarkeit vorgeworfen wird. In diesem Sinne berichtet Christian Rittelmeyer die Erfahrung, dass sich Netzwerke, bestehend aus Behördenvertretern, Baufachleuten und Architekten bilden, die Bauaufträge so generieren, dass bestimmte Vorgaben von Baurichtlinien besonders zum Zuge kommen und dadurch andere Architekten ausschließen, was zu *Wettbewerbsverzerrungen* auf der Ebene der Bauausschreibungen führt (Rittelmeyer 2012, 73). Klammert man dieses Problem aus der Betrachtung aus, dann stellt man durchaus ein *wachsendes Interesse der Verantwortlichen* an einem modernen Schulbau fest, der von den üblichen schematischen Rasterschulbauten abweicht. Dies mag auch pädagogische Gründe haben. Aber insbesondere in prosperierenden Regionen ist ein repräsentativ gestaltetes Schulhaus auch als Magnet für zuziehende Familien zu

33 Zinner, Michael (2020): Welche Dinge für die Schulen? Zu Sinn(lichkeiten) im Planen und Bauen von Bildungsbauten. In: Hammerer, Franz & Rosenberger, Katharina (Hrsg.): RaumBildung 6. Druck: Hausdruckerei AUVA, 15-22.

34 https://artofmagazine.com/matteo-thun-der-magier-der-natur-architektur/ [aufgerufen am 13.09.2023].

35 Dokumentationsreihe, Teil 2: „Wunderstoffe. Von Holz zu Bambus.“ Ausgestrahlt von Arte am 24.06.2023, 22.45 Uhr.

sehen, die vor der Aufgabe stehen, eine passende Schule zu finden. Die Schule ist für die Kommune eben auch ein *Standortfaktor*. Eine besondere Rolle spielt aber sicher auch der fiskalische Druck. Sieht man von Förderprogrammen der Bundesregierung ab, dann ist die öffentliche Hand, erst recht seit dem Haushaltsdebakel der Ampel-Koalition im Jahr 2023 leer. Umso mehr wird ‚mit spitzem Stift' gerechnet. Aber die verantwortlichen haben gelernt, dass ein neues Schulgebäude eine Investition in die Zukunft sein kann. Otto Seydel und Jochem Schneider (2013) verdeutlichen die Kosten eines Schulgebäudes am *Lebenszyklusmodell*. Demgemäß entfallen nur 20 % der Gesamtkosten auf den Bau und den Abriss bzw. die Entsorgung des Gebäudes (nach ca. 40 Jahren), allerdings 80 % auf den Betrieb. Sparen lässt sich demnach vor allem an den laufenden Betriebskosten. Ein Schulgebäude, das heute *energieeffizient* gebaut wird – bis hin zum Null-Energie-Haus –, bringt eine gewisse ‚Rendite'. Auch vor diesem Hintergrund ist zu sehen, dass immer mehr Schulen in Holzbauweise errichtet werden (s. Kap. 7.4.2.1). Beim Baustoff Holz lässt sich sogar bei den Entsorgungskosten sparen, weil er leichter recycelt werden kann. Zudem können Kosten eingespart werden, wenn das Holz aus der Region kommt und dadurch kurze Lieferwege entstehen.

5 Der Forschungsstand: Lernen, Wohlbefinden und Leistung in den Räumen der Schule

Im dritten Kapitel zum Stand der Theorieentwicklung wurde bereits angedeutet, dass es in der deutschen empirischen Forschung eine Reihe interessanter Studien gibt, die sich mit dem Verhalten und Erleben im Schulraum befassen. So sind bspw. die ethnographischen Untersuchungen des bereits erwähnten Georg Breidenstein (2004) oder von Michael Göhlich und Christoph Wulf (2010) zu nennen. Diese und andere Studien sind aufschlussreich, deren Fokus liegt allerdings außerhalb der hier angezielten Fragestellungen. Das fünfte Kapitel zielt vielmehr auf zwei Schwerpunkte der empirischen Forschung, die als zentrale Bestimmungsstücke der Qualitätsbestimmung für die ‚gebauten Pädagogik' angesehen werden können: das *Wohlbefinden* und die *Leistung* der Schülerinnen und Schüler. Es ist leicht nachvollziehbar, dass die Lernenden sich an ihrer Schule wohlfühlen sollen. Der Schulraum soll ihr affektives Erleben in einer Weise ansprechen, dass sie sich mit ihrer Schule identifizieren. Deshalb wird der Frage nach dem Wohlbefinden, verstanden in einem umfassenden Sinne, nachgegangen (5.1). Für manche kritisch denkenden Zeitgenossen dürfte der eigentliche Prüfstein der Schulbauqualität aber die Schulleistung sein. Es ist verständlich, dass eine Schularchitektur, die primär auf das Wohlbefinden aus wäre, Skepsis hervorrufen würde. Es ist deshalb legitim zu fragen, ob es denn auch einen Einfluss der Lernumgebungen auf die Leistung gibt, also ob ein Zusammenhang zwischen Wohlbefinden und Schulleistung einer empirischen Überprüfung standhalten kann (5.2)

5.1 Konzepte und Studien zum Wohlbefinden der Lernenden im Kontext von Schulräumen

In diesem Unterkapitel greife ich auf Forschungs*übersichten* und neuere *internationale Forschungsbeiträge* zurück, die z. T. ausführlicher vorgestellt werden, soweit sie in der deutschsprachigen Literatur kaum oder noch nicht in Erscheinung getreten sind.

Ich stelle zwei Studien an den Anfang, die geeignet sind, differenziert Auskunft über das Konzept Wohlbefinden zu geben, ein theoretischer Ansatz aus England und eine empirische Studie aus Australien. Beide sind im Zusammenhang zu sehen, weil sie auf eine vielschichtige Interpretation des Begriffs Wohlbefinden, dort „wellbeing" oder „well-being", rekurrieren. Kathleen T. Galvin und Les Todres (2011),

beide School of Health and Social Care, Bournemouth University, Bournemouth (UK), haben den Ansatz eigentlich für die Pflege entwickelt. Es macht ihn für die Schulraumforschung interessant, dass er einen *umfassenden Begriff von Wohlbefinden*, im Original „well-being", entfaltet. Jill Franz, Brisbane, Australien, hält das Konzept sogar für „ground-breaking" (Franz 2019a, 267). Eigentlich müsste der Well-being-Begriff präziser, weil umfassender, übersetzt werden mit Wohlsein, was sämtliche Dimensionen der Existenz meint, das Empfinden, die Gesundheit, das Verhältnis zum eigenen Körper, die soziale Einbindung, die kognitive Beurteilung der eigenen Lebenslage usw. Bei Jill Franz wird wellbeing deshalb, Galvin und Todres kommentierend, gleichgesetzt mit „flourishing" (Franz 2019a). Mit diesem organologischen Begriff wird allgemeinhin das personale Wachsen, sich Entfalten und ‚Aufblühen' angesprochen. Galvin und Todres wiederum stützen sich auf die Schriften von Heidegger, Husserl und Merleau-Ponty der 1960er Jahre, hängen also einer phänomenologisch-existenzialistischen Philosophie an. Galvin und Todres verwenden zwei zentrale Kategorien, die sie einander gegenüberstellen, weil sie erst in ihren paradoxen Beziehungen ein vollständiges Verständnis von well being erzeugen können: „dwelling" und „mobility". In ihrer direkten Verflechtung entsteht „dwelling-mobility".
Die Autorinnen verstehen dwelling wie folgt:

> „By dwelling, we mean a sense of „at homeness" with what has been given. There is a sense of rootedness, a settling into of what ist there, a ‚letting be' and a certain peacefull attunement. […] The feeling of this coming home is one of acceptance, rootedness and peace." (Galvin & Todres 2011, 2).

Sie beschreiben damit ein In-sich-Ruhen, eine innere Zufriedenheit und das Gefühl der Geborgenheit, des Aufgehobenseins. Wir würden vielleicht vom Gefühl der Beheimatung sprechen. Demgegenüber beschreiben sie mobility als eine Art Energie, ein Fließen oder inneres Vibrieren:

> „Metaphorically, we can describe it as a sense of adventure, a sense of moving into wider horizons, „a new dawn". […] the existential possibilities of moving forward with time, space, others, mood and our bodies." (ebd.)

In dwelling-mobility sind nun beide Seiten zusammengeschlossen. Sie werden nun jeweils und in ihrem wechselseitigen Bezug mit sechs Qualitätsdimensionen verbunden, nämlich „spatiality", „temorality", „inter-subjectivity", „mood", „identity" und „embodiment", sodass eine Matrix mit 18 Feldern entsteht, die hier des besseren Verständnisses halber abgebildet wird.

Tab. 1: „Dwelling-mobility“ lattice (Galvin & Todres 2011, n. p.)

	Mobility	Dwelling	Dwelling-mobility
Spatiality	Adventurous horizons	At homeness	Abinding expance
Temporality	Future orientation	Present-centredness	Renewal
Inter-subjectivity	Mysterious inter-personal attraction	Kinship and belonging	Mutual complementarity
Mood	Excitement or desire	Peacefullness	Mirror-like multi-dimensional fullness
Identity	I can	I am	Layered continuity
Embodiment	Vitality	Comfort	Grounded vibrancy

Es würde den Text sprengen, wenn das gesamte Schema hier interpretiert würde. Deshalb sei nur ein Beispiel in der Reihenfolge der Matrix gegeben. Ich beziehe mich auf *spatiality*, also auf den Bezug des Menschen zu seinem Raum. Bei mobility geht es um die Erwartung, dass die Bewegung im Raum neue Erfahrungen ermöglicht, die Autorinnen sprechen von „adventures“. Neue Räume, Orte und Dinge werden ‚erobert‘. Der Raum wird als ein sich öffnendes Feld betrachtet, durch den das Subjekt motiviert wird, sich *zu erproben* und etwas *zu entdecken*. Demgegenüber steht dwelling für *Komfort*, *Ruhe*, *Behaglichkeit*, *Zugehörigkeit* und die persönliche Sphäre („familiar objects und personal things“, ebd.) In der Zusammenschau beider ist an den Raum zu denken, der einerseits die Bewegung, das Hinaustreten und Reisen, in einem wörtlichen wie übertragenen Sinn, ermöglicht, der andererseits die persönliche Beziehung zu ‚seinem‘ eigenen Ort zulässt. Bezogen auf das Schulgebäude wäre z. B. an reale Bewegungsmöglichen im Schulgelände zu denken. Im übertragenen Sinne könnte das Hinaustreten durch den Blick aus dem Fenster auf den begrünten Schulhof gemeint sein. Das Persönliche im Schulraum könnte z. B. durch den persönlich eingerichteten Arbeitsplatz, einen eigenen Spint oder die Verwendung der Lieblingsfarbe im Garderobenbereich gewährleistet werden. Dieses Thema des Wohlbefindens wird in Kap. 7.1 wieder aufgegriffen.

Vor diesem Hintergrund plädiert Jill Franz für einen holistischen Ansatz von wellbeing, der die ideologischen Verkürzungen eines populären Verständnisses von wellbeing hinter sich lässt. Sie vermerkt kritisch einen internationalen Trend, wellbeing im Zusammenhang mit der Erhöhung des ökonomischen Wettbewerbs zu sehen, so auch die „Melbourne Declaration on Educational Goals for Young Australians", die, so Franz, wellbeing explizit mit „ongoing economic prosperity" assoziert (Franz 2019b, 4).

Davon distanzierend stützt sich eine qualitative Studie in Brisbane, Queensland, Australien, an der Franz beteiligt war, auf einen ganzheitlichen Ansatz von wellbeing, der ein „ecological understanding of wellbeing" zugrunde legt, „that integrates social, cultural, health and educational elements of young person's development" (Hughes & Franz & Willis & Bland & Rolfe 2019, 98). Zum Kontext der Studie ist zu sagen, dass es 2015 in Queensland, Australien, eine Strukturveränderung im Schulwesen gegeben hat. Die vormals fünfstufige primary school wurde um eine Stufe erweitert, sodass der Wechsel zur high school fortan nach der sechsten, also in die siebte Jahrgangsstufe der high school erfolgt. Offenbar zieht dies erhebliche Probleme für das Wohlbefinden der unmittelbar Betroffenen nach sich: „...a sense of anonymity, alienation from peers, increased anxiety and decreased self-esteem" (ebd., 99). Das ist der Grund dafür, dass die empirische Studie in der siebten Jahrgangsstufe, also nach dem Schulartwechsel, angesiedelt ist.

Die Schulforschung wurde an drei großen high schools in Brisbane mit 1100, 1750 und 2400 Schülern und Schülerinnen basierend auf einem komplexen Untersuchungsansatz durchgeführt. Beteiligt waren 33 Schüler und Schülerinnen. Mithilfe von Schulerkundungen, die gemeinsam mit den Probanden durchgeführt wurden, mit einer Kartenlegemethode, mit Diskussionen auf der Grundlage von Fotos und Zeichnungen von der idealen Schule wurden die Daten erhoben, um Aufschluss darüber zu erhalten, welche Räume im gesamten Schulgebäude emotional aversiv besetzt und welche eher attraktiv sind. Trotz der Unterschiedlichkeit der Schulen konnte das Forscherteam fünf Ergebnisse aus den Datensätzen extrahieren. Sie werden im Folgenden wörtlich wiedergegeben, weil sie für das Kapitel 7 von erheblicher Bedeutung sind. Die an der Studie beteiligten Schüler und Schülerinnen...

- „prefer their designated home area where they feel supported by peers and familiar teachers
- need fresh air and spaces to play with equipment where they can run, play games and generally have fun with friends
- gravitate towards informal spaces such as eating areas and stone circles
- get away from it all in the library to relax, read, study and enjoy some quite time alone or with friends
- feel intimidated and unsafe in busy school-wide spaces such as thoroughfares (corridors, pathways, stairwells), the tuckshop and sports field." (ebd., 112)

Die strukturellen und kulturellen Eigenheiten der australischen high school sind nicht zu übersehen und sicher ist die Studie nicht repräsentativ, aber sie bietet einige *aussagekräftige Anhaltspunkte*, an die sich Vorschläge für die Gestaltung von Schulgebäuden anschließen lassen. Etwas irritierend ist freilich, dass das Klassenzimmer als ein Ort allgemeinen Unbehagens in der Wahrnehmung der Befragten keine Rolle zu spielen scheint. In der Studie gab es nur einen Schüler, der einen Zusammenhang zwischen Wohlfühlen und Lernen im Klassenraum direkt angesprochen hat. Das lenkt umgekehrt die Aufmerksamkeit auf den wichtigen extra-curricularen Bereich der Schule. Zudem wirft die Studie die Frage auf, wie die Eingangsstufen unserer deutschen Schulen gestaltet sein müssten, um dem Wohlbefinden der Kinder hinreichend Rechnung zu tragen.

Diese Forschungserträge konvergieren mit einem ausführlichen Forschungsüberblick, den Christian Rittelmeyer gegeben hat. Auch hier wird das Thema des Wohlbefindens verschiedentlich aufgegriffen (Rittelmeyer (2009 sowie 2014b, 53-62). Er bezieht sich u. a. auf Glen I. Earthman, Virginia Polytechnic Institute and State University, der bereits Mitte der 2000er Jahre eine empirisch fundierte Empfehlung für die Gestaltung von Schulbauten vorgelegt hatte. Earthman konnte zeigen, dass die *Beleuchtung* im Schulhaus, die *Luft- und Schallverhältnisse*, die *Möblierung* und die *Nahrungsqualität* einen Einfluss auf das *Wohlbefinden* der Schüler und Schülerinnen haben (Earthman 2004). Ruth Klockhaus und Brigitte Habermann-Morbey (1986) konnten belegen, dass die Austrahlung der Schule mit der *Gewaltbereitschaft und -ausübung* korreliert. Schulgebäude, in denen Schüler und Schülerinnen sich nicht wohlfühlen, weil sie als abstoßend erlebt werden, provozieren Gewalt. Zu denken ist an die eintönige, kalte Farbgebung, die Verwendung von Sichtbeton, die mangelnde Innenausstattung der Schule und an hallige Räume. Was die akustischen Verhältnisse in Schulen betrifft, liegen gut ausgearbeitete empirische Studien in der Bundesrepublik vor, die in Kap. 7.4 noch eine wichtige Rolle spielen werden. So konnten Maria Klatte, Markus Meis und August Schick (2002) mit empirischen Belegen zeigen, dass schlechte akustische Bedingungen in Klassenzimmern, insbesondere *Lärm*, die Sprachverständlichkeit behindern und Aufmerksamkeits- und grundlegende Sprachverarbeitungsprozesse sowie die Gedächtnisleistung einschränken. Bereits vorhandene Lernschwierigkeiten werden verstärkt.

Offenbar haben Schulen unbewusst wirkende positive wie negative Merkmale, die körperliche Reaktionen bzw. *Körperresonanzen* hervorrufen. Die neuere Forschung spricht auch von *Embodiment*, um die Sensibilität des Körpers gegenüber äußeren Reizen zu benennen (Hille & Walk 2017; Hille 2017). Christian Rittelmeyer geht den physiologischen Reaktionen des Körpers mit einem eigenen *leib-*

theoretischen Ansatz, der in Kap. 7.1 noch ausführlicher besprochen wird, nach (vgl. Rittelmeyer 2014a). Er greift auf die japanische Studie von Bum-Jin Park u. a. (2007) zurück, die zwar nicht auf die Schule bezogen ist, aber die die physiologischen Mechanismen des Wohlbefindens im Kontext der Natur- vs. Stadterfahrung untersucht haben. Als Maß für den Grad der Entspannung und Erholung einerseits sowie der Anspannung andererseits diente dem Forscherteam neben dem Blutdruck, der Pulsrate und der Variation des Herzschlags die Sauerstoffkonzentration im präfrontalen Cortex. Sie konnten nachweisen, dass Laufen im Wald und das Betrachten von Waldbildern im Sitzen zu verringerten Stress-Messwerten führte und der Waldaufenthalt von den Probanden zugleich als wohltuend empfunden wurde. Demgegenüber waren die Ergebnisse bei den ‚Stadtläufern' nahezu umgekehrt: Die Werte waren erhöht und die Probanden berichteten ein verringertes Wohlbefinden (Näheres s. Rittelmeyer 2014a, 70-77). Die Effekte traten auch auf, wenn die Gruppen ihre Orte wechselten. In einer später folgenden Veröffentlichung hat das Forscherteam ein klares Fazit gezogen:

> "In summary […] the subjective ‚feeling of comfort', ‚feeling of calm' and ‚feeling of refreshment' were significantly higher than in the city area. Furthermore, the autonmous nervous activity measurments proved that subjects felt more relaxed when viewing or walking in the forest setting than when viewing or walking in the city setting. Further, these values showed that the forest recreation had a significant relaxing effect on the human body and mind." (Park & Tsunetsugu & Kasetani & Morikawa & Kagawa & Miyazaki 2009, 298, 299)

Nicht zu übersehen ist, dass diese und andere Studien in einen spezifischen kulturellen und ökologischen Kontext Japans einzuordnen ist. Anders als die europäische Bevölkerung bringt die japanische dem Wald eine hohe Wertschätzung entgegen. Zwei Drittel der Fläche Japans ist mit Wald bedeckt, und der Wald steht nicht im Fokus einer einseitigen industriellen Nutzung, sondern wird als Helfer für das eigene Wohlergehen angesehen. Er ist eine Quelle für die Bekämpfung von Stress und die Herstellung des psycho-physischen Gleichgewichts. Deshalb ist bei Japanern das „Shirin-yoku" (taking in the atmosphere of a forest), wörtlich: „Waldbaden", beliebt. In ausgedehnten Spaziergängen gibt man sich den Gerüchen, Geräuschen und optischen Eindrücken hin, um zu sich selbst zu kommen.[36] Einen Eindruck davon kann das Foto aus dem Bambuswald beim Tempel Tenryü-ji am Westrand Kyotos vermitteln.

36 S. hierzu die weiterführenden Hinweise von Thomas Hahn: Die Kraft der Bäume. In: Süddeutsche Zeitung Nr. 214 vom 16./17.09.2023, S. 70.

Abb. 3: „Waldbaden" im Bambushain beim Tempel Terunyü-ji am Westrand Kyotos (Foto: Schönig 2016)

Die Korrespondenz zwischen der leiblichen *Erfahrung* des „Waldbadens" und den Ergebnissen der empirischen Forschung ist evident. Wenn die *Immunabwehr gestärkt*, der *Stresspegel gesenkt* und das *Wohlbefinden erhöht* werden, dann fragt sich, warum Schulen im Allgemeinen von dieser Erkenntnis keinen Gebrauch machen. Dies wirft ein entsprechendes Licht auf die ‚Naturabstinenz' unserer Schulen, die ihre Außenanlagen nicht durchgrünen. Ob sich allerdings der Einbezug der Natur und auch von natürlichen Baustoffen tatsächlich positiv auf das Wohlbefinden von Schülern und Schülerinnen auswirkt, ist mit der angesprochenen japanischen Studie freilich nicht bewiesen. Klare Belege für den Zusammenhang zwischen der Natur in der Schule und dem Wohlbefinden sind allerdings in einigen anderen empirischen Studien zu finden, drei von ihnen seien aufgegriffen. Eine positive Wirkung auf das Wohlbefinden kann bereits dann entstehen, wenn *Grünpflanzen ins Klassenzimmer* geholt werden. Das verdeutlicht eine Untersuchung, die von Ke-Tsung Han (2009) in Taiwan durchgeführt wurde. Die Versuchsgruppe bestand aus 35 Schulkindern der Sekundarstufe I, die Kontrollgruppe hatte 41 Kinder. Der Versuchsgruppe wurden große buschige Grünpflanzen an die hintere Wand des Klassenzimmers gestellt, die Kontrollgruppe blieb ohne Pflanzen. Die Verhaltensänderung in der ersten Gruppe war mittels mehrerer Pre-Tests und Post-Tests in einem Zeitraum von vier Monaten messbar. Unmittelbar nach dem Treatment hatte die Versuchsgruppe signifikant höhere Werte in den Dimensionen *Freundlichkeit* und *Wohlbefinden*, ein Effekt, der sich aber bald wieder verlor. Hingegen blieben *weniger Krankheitszeiten und Disziplinarmaßnahmen* erhalten. Der Autor merkt (selbst)kritisch an, dass die Pflanzen ins Blickfeld gestellt worden sein müssten, um bessere Effekte zu erzielen (vgl. Raith & Lude 2014; 16, 158, 159). Was genau die Veränderungen in Wohlbefinden und Verhalten bewirkt hat, ist offen. Es mag sein, dass die Pflanzen die Kinder emotional angesprochen haben. Denkbar ist aber auch, dass die Luftqualität im Klassenzimmer besser geworden ist, weil der Sauerstoffgehalt der Luft zugenommen hat.

Des Weiteren hat bereits der verwendete Baustoff für die Innenräume bzw. Klassenzimmer Effekte auf das Wohlbefinden. Die positive Wirkung von Holz in Innenräumen ist bekannt. Es trägt zum Wohlbefinden und zur Gesunderhaltung bei. Maximilian Moser, Human Research Institut in Weiz (A), hat eine empirische Vergleichsstudie in Schulklassen mit und solchen ohne Holz durchgeführt (Moser 2013). Kinder in den ‚Holzklassen' hatten pro Tag durchschnittlich 8.600 Herzschläge weniger als die Kinder der Vergleichsgruppen, wirkten *entspannter* und *weniger aggressiv*, erzielten gleichwohl gute Schulleistungen. Holz spricht die parasymphatische Seite der Herz-Kreislauf-Regulation an und hat somit präventive Eigenschaften, was mit gesundheitserzieherischen Intentionen der Schule im Einklang steht.

Die Schule besteht jedoch nicht nur aus einem Gebäude, sie hat auch ein mehr oder weniger weitläufiges Schulgelände, zumindest einen Pausenhof. Wie kann dort das Wohlbefinden gestärkt werden? Ein aufschlussreiches und prominentes Projekt, mit dem die Einrichtung, Nutzung und Erforschung der Wirkung von *Schulgärten* in Toronto beabsichtigt war, wurde von Janet Dyment (2005) der Fachöffentlich-

keit vorgestellt. Es erstreckte sich über drei Jahre und wurde finanziell getragen von Toyota und Evergreen learning grounds. Während der Laufzeit des Projekts hatte Toronto 2,48 Mio. Einwohner mit weitgehend multinationaler Herkunft. Dem Toronto District School Board gehörten 558 Schulen an, davon waren etwa 20% in „greening projekts“ involviert. 45 Schulen (elementary, middle schools and high schools) beteiligten sich an Dyments Studie „Gaining Ground“, wobei die Schulgrößen zwischen 200 und 1.500 Schülern und Schülerinnen variierten. Das Projekt hatte eine Entwicklungs- und eine Untersuchungsebene.
Auf der Entwicklungsebene ging es um die *Implementation einer neuen pädagogischen Praxis*. Die standardmäßigen asphaltierten Schulhöfe waren durch Unfälle und große Hitze zum Problem geworden und sollten, angeregt und unterstützt durch die Schulbehörden, entsiegelt und durch Schulgärten ersetzt werden. Auf der Forschungsebene sollte dieser Prozess *begleitend untersucht*, vor allem die Effekte auf die Lernenden evaluiert werden. Die Projekte an den einzelnen Schulen differierten stark in ihrer Qualität: sie reichten vom Pflanzen einiger Bäumchen bis hin zu üppigen Gartenlandschaften mit Nutzgartenanteilen, Erholungsflächen und Freiluftklassenräumen. Resümierend konnte Dyment aber Folgendes festhalten: Die Schulgärten wurden zum Katalysator für die *Integration* und die *Kooperation* der Kinder und Jugendlichen, die *Umgangsformen* wurden freundlicher, *Kreativität* und *Lernmotivation* hatten zugenommen. Es gab mehr Schatten in den Freiflächen, *weniger Übergriffe* auf andere Schüler und Schülerinnen, die *Unfallzahlen gingen zurück* und das *Wohlbefinden* stieg insgesamt an. Die Inklusion von ‚Kindern mit besonderen Bedürfnissen‘ gelang leichter. Umweltbewusstsein und umweltfreundliches Handeln hatten zugenommen. Und: Die Motivation der Lehrkräfte, außerhalb des Gebäudes zu unterrichten, ist gestiegen (Dyment 2005, 18-38).
Diese Befunde führen zu Rittelmeyer zurück, der ein eigenes Evaluationsprojekt an Göttinger Schulen durchgeführt hat. Es handelt sich um die Befragung von 500 Schülern und Schülerinnen mit dem Ziel, mehr darüber zu erfahren, wie sie ihre Schulgebäude wahrnehmen (Rittelmeyer 2013). Rittelmeyer nutzt deren Vokabular, um sie nach Qualitätsindikatoren zu ordnen, und gewinnt eine Trias von bipolaren Merkmalen zur emotionalen Bestimmung der Baugestalten, die hier wörtlich wiedergegeben werden. Demnach sollten Schulbauten wie folgt beschaffen sein:

- „anregend und abwechslungsreich statt langweilig bzw. monoton,
- freilassend und befreiend statt beengend und bedrängend sowie
- warm und weich statt kalt und hart.“ (Rittelmeyer 2009, 505)

Rittelmeyer arbeitet heraus, dass die Rhetorik des Schulgebäudes zwar im Ganzen wirkt, sich aber einzelne Attribute des Gebäudes durchaus benennen lassen. So werden bspw. Gebäude als monoton erlebt, die linear aufgebaut sind und sich wiederholende lange Fensterzeilen haben, während „organisch-lebendig wirkende Bauten [...] das visuelle Erkundungsverhalten provozieren“ (ebd.). Enge, hallende Flure werden als „bedrängend" erlebt und wecken Gefühle des Unwohlseins, wie auch falsche Beleuchtung (zu hell oder zu düster) negatives Empfinden auslöst usw. Somit lassen sich durch die Qualitätsbestimmung der unmittelbar Betroffenen Leitlinien für eine Gebäudeplanung gewinnen, die das Wohlbefinden der Schulmitglieder ernst nehmen könnte.

Sieht man diese empirischen Befunde zum Wohlbefinden in der Zusammenschau, so ist an ihnen gewissermaßen die eine Seite eines *relationalen Raumbegriffs*, nämlich die *unmittelbare leibhaftige Raumerfahrung* bzw. der Raum als Widerfahrnis ablesbar. Räume wirken, sie sind semiotische Gesamtgebilde, deren Botschaften tief in unseren physiologischen und emotionalen Haushalt eindringen – im Positiven wie im Negativen. Mit den Forschungsergebnissen liegt auf der Hand, wie Schulen beschaffen sein sollten, damit eine *positive Gestimmtheit* der Heranwachsenden für Lernen, Bildung und Entwicklung erzeugt werden kann. Gebäudeformen und Ausstattungselemente wie Farbgebung, Lichtführung, Akustik, Flurgestaltung, Raumschnitte, natürliche und nachhaltige Baustoffe sowie begrünte Außenbereiche müssten so miteinander im Einklang stehen, dass sie einen Nährboden für die Befriedigung der vitalen Bedürfnisse der Lernenden, für Wohlbefinden und Lernen anlegen. Architekten, die diese Agenda im Bewusstsein haben, können schlechterdings allein technisch-funktionale Aspekte der Gebäudeplanung in den Mittelpunkt stellen. Aber ist eine ‚schöne Schule' auch eine leistungsstarke mit Blick auf das student achievement? Die hier aufgestellte These lautet: In Schulen, in denen die Lernenden sich *wohlfühlen*, stimmen auch die *durchschnittlichen Schulleistungen*. Sie wird im Folgenden wiederum unter Hinzuziehung empirischer Forschung geprüft.

5.2 Und die Schulleistung? Empirische Hinweise zum Zusammenhang von ‚gebauter Pädagogik' und Leistung

Eine nicht zu übersehende Bedeutung für dieses Thema hat die bereits angesprochene Forschungsübersicht von Glen I. Earthman (2004) erlangt. Sie gibt einen guten Einblick in die US-amerikanische Forschung bis zum Ende 1990er Jahre und wird verschiedentlich als Beleg für den Zusammenhang von pädagogischer Architektur und Schulleistung herangezogen (so z. B. Rittelmeyer 2014a, Hughes & Franz & Willis 2019). Die Forschung wurde in vier Staaten der USA an Primar- und Sekundarschulen durchgeführt. Der übliche Forschungsansatz, den Earthman nutzte, bestand darin, die zu untersuchenden Schulen nach zwei Typen zu kategorisieren: „poor buildings" und „functional or acceptable buildings" (Earthman 2004, 18). Sie wurden anhand von Kriterien identifiziert, die einen nachweisbaren Einfluss auf die Schulleistung haben. Zu nennen sind (1) angenehme Raumtemperatur, (2) Qualität der Raumluft (Luftaustausch, Filtersysteme), (3) Lichtqualität, (4) akustische Verhältnisse, (5) Ausstattung der Fachräume in Sekundarschulen und (6) Raumkapazität (vor allem mit Blick auf Überfüllung), aufgeteilt nach elementary und secondary schools (ebd., 26). Die Ergebnisse des Forschungsüberblicks waren insofern einhellig, als sie einen – wenn auch unterschiedlich starken – Effekt dieser Qualitätsmerkmale auf den Lernerfolg der Schüler und Schülerinnen nachweisen konnten, sodass Earthman bündig feststellen konnte: „Each researcher found a significant difference in the achievement scores of students in poor buildings and in good buildings." (ebd., 18). Earthman äußert darüber hinaus den Verdacht, dass Lernende in poor buildings sich in ihren Schulleistungen umso mehr verschlechtern, je länger sie in diesen Schulen lernen. Dies konnte allerdings nicht empirisch verifiziert werden. Auch bleibt bei Earthman offen, was er unter „acceptable buildings“ versteht.

Einen ähnlichen Forschungsansatz verfolgt C. Kenneth Tanner (2008), The University of Georgia. Er hat die Schulleistungen, gemessen mit dem „IOWA test of basic skills“ (ITBS), von 1.916 Kindern der dritten Jahrgangsstufe in 24 elementary schools in Abhängigkeit von vier Raumparametern überprüft. Grundlegend waren (1) Bewegungsmöglichkeiten im gesamten Gebäude und Schülerströme im Gebäude (soziale Dichte), (2) große Räume für Zusammenkünfte, (3) Beleuchtung (natürliches Licht) und Sichtmöglichkeiten (Ausblicke durch Fenster) sowie (4) kleinere und größere Lernbereiche, die verschiedene Aktivitäten anbieten. Mithilfe eines Regressionsmodells und unter Berücksichtigung von Subskalen zu jeder Raumdimension konnten 2 bis 7 % der Schülerleistungen auf die Raumwirkung zurückgeführt werden.

Eine Studie, die in Großbritannien, School of Built Environment, Maxwell Building, University of Salford, die im Jahr 2015 veröffentlicht wurde, soll im Folgenden etwas ausführlicher besprochen werden, weil sie zum einen den *Einfluss des Klassenraums* auf die Schulleistung nachweist, zum anderen, weil sie ein wenig irritierende Konsequenzen für den gebauten Schulraum nahelegt.

Die Forschungsarbeit wurde als Holistic Evidence and Design (HEAD) bekannt gemacht. Damit sollte angesprochen sein, dass es nicht ein einzelner Faktor ist, der eine Raumwirkung in der Schule erzeugt, sondern ein ganzes Bündel ineinandergreifender Einflussgrößen. Das Forscherteam, Peter Barrett, Fay Davies, Yufan Zhang und Lucinda Barrett (2015), hat seine Forschungsarbeit an 27 primary schools drei verschiedener Schuldistrikte (Hampshire, London Bourough of Ealing, Blackpool) bzw. in 153 Schulklassen mit insgesamt 3766 Schülern und Schülerinnen durchgeführt.[37] Grundlage dafür war ein Cluster aus drei Qualitätsdimensionen, mit dem sich die räumliche Qualität von Klassenräumen bestimmen lässt. Sie wurden durch eine gründliche Analyse der Situationen der Klassenzimmer wie etwa Raumschnitt, Anzahl der Fenster, Art der Belüftung, Lautstärke, Farbgebung usw. identifiziert,

37 Im Jahr 2019 ist von der Forschergruppe eine Zusammenfassung der Studie in deutscher Sprache erschienen: Barrett, Peter & Davies, Fay & Zhang, Yufan & Barrett, Lucinda (2019): Intelligente Lernräume. Abschlussbericht zum HEAD*-Projekt (*Holistic Evidence and Design). Frammersbach: Institut Farbe. Design. Therapie, Roland Aull.

forschungsmethodisch mit einem Mehrebenenmodell prüfstatistisch abgesichert (MDL) und mit dem Lernerfolg der Kinder in Verbindung gebracht. Die folgende Reihenfolge der Qualitätsmerkmale gibt deren Anteil am Lernerfolg wieder (Prozentangaben in Klammern):

- „Natürlichkeit“: Temperatur, Tageslicht, Frischluft/Luftqualität (49 %)
- „Individualisierung“: Eigentum, Flexiblität (28 %)
- „Angemessene Stimulation“: Farbe, Komplexität (23 %)

Zu einigen Begriffen sind Erklärungen angebracht. Mit „Eigentum“ ist die *persönliche Identität des Klassenzimmers* gemeint, mit dem sich die Schüler und Schülerinnen identifizieren. Die Lernergebnisse werden besser, wenn sie ein Gefühl von „ownership“ haben. Das kann u. a. dadurch erreicht werden, dass Arbeitsergebnisse im Klassenzimmer ausgestellt werden. In solchen Räumen, so Barrett et al., lernen Kinder leichter *Verantwortung* zu übernehmen. „Flexibilität“ bezieht sich auf die *Bandbreite an Aktivitäten*, die im Klassenraum zum Zuge kommen können. Dafür benötigt der Raum eine Unterteilung/Zonierung. Bei „Komplexität“ geht es um das Ausmaß der *Ausgestaltung des Klassenzimmers* mit Schaubildern, Projektergebnissen, Karten, Fotos usw. Das Forscherteam räumt ein, dass die visuellen Reize mit Bedacht ausgewählt werden müssen, weil weder kahle noch der überladene Klassenräume effektiv sind für das Lernen.

Interessant ist, warum das Forschungsprojekt überhaupt das Klassenzimmer fokussiert. Nimmt man sämtliche Einflüsse *des Schulraums im Ganzen* auf das Lernen der Kinder, so ist dessen Wirksamkeit äußerst gering: „It became evident, that the variability in learning progress to be explained at the school level in the multilevel model was only 3 %.“ (Barrett & Davies & Zhang & Barrett 2015, 131). Das Forscherteam gibt seinem Erstaunen durchaus Ausdruck und erklärt das merkwürdige Phänomen wie folgt: „To an extent this will be a result oft he whole-building level of the characteristics of this study's focus on primary state school education, where the pupils spend most of their time in one space and following the national curriculum.“ (ebd.) Es sieht demnach so aus, als würden sich fast sämtliche Lernaktivitäten in den untersuchten Schulen auf die Klassenzimmer beschränken.

Auf der Grundlage des Qualitätsclusters war es möglich, das räumliche Qualitätsniveau der Klassenzimmer in den verschiedenen Schulen zu ermitteln und jeweils zur durchschnittlichen Schülerleistung im *Lesen*, *Schreiben* und *Rechnen* in Beziehung zu setzen. Parameter wie Unterrichtsstil, Lehrer-Schüler-Verhältnis u. ä. wurden statistisch eliminiert, um die Verzerrung der Daten auszuschließen. Das zentrale Ergebnis der Studie ist, dass, wenn man die Wirksamkeit der Raumparameter Licht, Temperatur, Luftqualität, Eigentum, Farbe und Flexibilität insgesamt berechnet, sie 16 % der Schülerleistung erklären. Anders ausgedrückt bewirkt ein im Sinne der Studie positiv gestalteter Raum bei einem ‚durchschnittlichen Kind' einen Lernfortschritt von über einem halben Jahr gegenüber dem Kind im ungünstig gestalteten Klassenzimmer.

An der Solidität der Studie wird man nicht zweifeln können. Gleichwohl sind zwei Aspekte anzusprechen, die zu bedenken sind. Es ist zu begrüßen, dass ein weiterer empirischer Nachweis dafür erbracht worden ist, dass ‚die gebaute Pädagogik‘ einen positiven Einfluss auf die Schulleistung hat – wenn sie denn gut ist. Ob es allerdings hinreichend ist, von einem *konventionellen Leistungsbegriff* auszugehen, sei dahingestellt. Die Studie jedenfalls lässt nur erkennen, dass die Tests im Rahmen des *National Curriculum* zur Überprüfung der Leistungen herangezogen worden sind. Leider werden Probleme, die damit verbunden sein können (einseitige Kompetenzorientierung, Engführung des Leistungsverständnisses auf Messbarkeit, Kontextbedingungen der Leistungsüberprüfung usw.),[7] nicht zur Diskussion gestellt.

Befremdlich ist der Hinweis, dass nur ein verschwindend kleiner Anteil am Lernerfolg durch das Gebäude und seine Außenanlagen erklärt werden konnte. Da erscheint der Hinweis des Forscherteams, dass das Klassenzimmer eben der zentrale Ort des Lernens ist, zu lapidar, denn so werden die positiven Ergebnisse, die uns zur Wirkkraft von Außenanlagen – auch für den Lernerfolg – vorliegen (s. o.), konterkariert. Deren Auskunft kann natürlich auch im kulturellen und baulichen Lernkontext englischer Grundschulen liegen, die womöglich recht standardmäßig gebaut sind und arbeiten. Zu erinnern ist an Mark Dudeks kritische Hinweise, dass die englische Regierung es über Jahrzehnte versäumt hat, in die Sanierung und den Neubau von Schulen zu investieren (vgl. Dudek [3]2015, 16ff.)

Zieht man noch einmal die „Gaining Ground“-Studie von Janet Dyment (2005) heran, dann wird hingegen die Bedeutung der Gestaltung schulischer Außenanlagen augenfällig. Über die bereits referierten Befunde hinaus (s. Kap. 5.1, Seite 71f.) konnte Dyment nachweisen, dass das Lernen im Grünen die *Gedächtnisleistung* der Kinder und Jugendlichen verbessert hat.

Sieht man die Ergebnisse der referierten Studien zusammenfassend, so ist der Zusammenhang zwischen der Schulleistung und der Raumqualität evident. Gemeinsam ist ihnen, dass sie den physikalischen Indikatoren für Raumqualität (Licht/Tageslicht, Luftqualität, Akustik, Temperatur) viel Aufmerksamkeit schenken, so vor allem Earthmans Untersuchung. Diese ‚harten‘ Indikatoren dürften sich bei der Gebäudesanierung durch die architektonische Gebäudegestaltung, die Verwendung von spezifischen Baumaterialien und ein modernes Gebäudemanagement leicht positiv beeinflussen lassen, sie stellen uns angesichts des durchgreifenden Trends zum Niedrigenergiehaus aber auch vor die Frage, mit welchem technischen Standard moderne Schulgebäude versehen sein sollten und wie er sich auf die pädagogischen Verhältnisse auswirkt. Wie wird der Baustandard der Schule der Zukunft aussehen?

Deutlich erkennbar ist aber auch die Rolle der *sozialklimatischen Faktoren* für die Schulleistung. So hat Tanner unterstrichen, dass es ein wachsendes Bewusstsein für die Bedeutung von „social areas“ gibt, die über die traditionellen Räume, in denen

Lehrkräfte und Lernende zusammenkommen, hinausgehen. Offenbar braucht es auch „large group meeting places" (Tanner 2008, 541ff.) die der Entwicklung *jugendkultureller Besonderheiten*, der *Gruppenidentität* und dem *Zugehörigkeitsgefühl* entgegenkommen (hierzu besonders Kap. 7.2). Betont wird dies auch durch eine dreiwöchige explorative fallanalytische Studie an einer Highschool, die von Neil Gislason, University of Toronto, (2009) vorgelegt wurde. Sie analysiert zwar nicht die Leistungsentwicklung, hat aber wegen ihrem dezidierten Fokus auf die *Organisationskultur der Schule* im Wirkungszusammenhang mit der Öffnung des Schulraums eine gewisse Popularität im englischsprachigen Raum erlangt. Gislason stellt mit seinem „School Climate Model" vier raumbezogene Bestimmungsstücke von *Schulklima* vor. Darunter fällt wiederum die Bedeutung der Sozialerfahrung von Schülern und Schülerinnen für die Verbesserung des Lernens (Lernfreude, Motivation). In Interviews haben die Befragten bestätigt, dass sie das „open design" ihrer Schule der konventionellen Raumgestalt von Schulen vorziehen, „because the open design helps them socially connect with a larger number of peers than would be possible in a more enclosed environment" (Gislason 2009, 17). Im Übrigen bezieht Gislason die positive Wirkung des Lernens im Außenbereich der Schule in seine Untersuchung mit ein. An dieser Stelle schließt sich somit der Themenkreis zwischen Wohlbefinden und Leistung.

6 Der Erziehungsbegriff – Zusammenhänge zwischen Erziehung und Raumwirkung

Die Rede vom Raum als dem dritten Pädagogen bedarf einer erziehungstheoretischen und epistemologischen Begründung, wenn sie nicht als beliebig füllbare Worthülse figurieren soll. Es muss also plausibel dargelegt werden können, welche positiven Wirkungen Räume auf das Selbsterleben junger Menschen, deren Handlungsbereitschaft sowie Lernmotivation usw. haben und wie diese Effekte im Kausalzusammenhang mit einer erzieherischen Absicht stehen. Derartige Erziehungsvorstellungen liegen nicht etwa auf der Hand, sondern müssen theoretisch erschlossen werden, um die Relationalität von Erziehung, Raum und transformatorischen Prozessen auf Seiten der Heranwachsenden logisch zu erklären. Dieses Anliegen stößt auf das erziehungstheoretische Problem, dass „Erziehung" einerseits (auch) in der gegenwärtigen Theoriebildung als Grundbegriff anerkannt ist (Dörpinghaus & Uphoff 2011), andererseits entsprechend den jeweiligen sozialgeschichtlichen und gesellschaftlichen Kontexten *vielfältig verwendet* wird. Für Erich E. Geißler zählt der Erziehungsbegriff „zu den randlosesten der pädagogischen Fachsprache" (Geißler [6]1982, 15). Andreas Dörpinghaus, Andreas Poenitsch und Lothar Wigger konstatieren, dass der Erziehungsbegriff weit gefasst und vieldeutig sein muss, wenn er ein großes phänomenologisches Spektrum erfassen und den unterschiedlichen historisch-kulturellen Strömungen angemessen sein soll: „Diese Vieldeutigkeit sowie die weite und formale Fassung lassen eine präzise Bestimmung des Erziehungsbegriffs allenfalls bezüglich einzelner Aspekte zu." (Dörpinghaus & Poenitsch & Wigger [4]2012, 137) Und Bernhard Schwenk stellt fest, dass seit der hellenistisch-römischen Antike immer wieder Versuche unternommen worden sind, „das ‚Wesen' der Erziehung zu bestimmen oder allgemeingültige Definitionen zu benennen" (Schwenk 1989, 429), die allerdings sämtlich erfolglos geblieben sind (Schwenk 1989, 430ff.). Ein jeder Erziehungsbegriff ist somit geprägt von den *normativen Setzungen* und Sinngebungen der jeweiligen Epoche bzw. historisch-kulturellen Erscheinungsformen. Er transportiert die Duftmarken des Zeitgeistes, der ihn hervorbringt – sei er jüdisch-christlich, politisch-liberalistisch, nationalsozialistisch, reformpädagogisch oder sonstwie verfasst.

Es kann der hier vorgestellten Intention zufolge nicht darum gehen, quasi im Durchgang durch die Historie die unterschiedlichen Erziehungsbegriffe, -konzepte und -mittel zu rekonstruieren und hermeneutisch auszuwerten. Dazu liegt einschlägige Fachliteratur vor (für die Zeit der Aufklärung bis zur Geisteswissenschaftlichen Pädagogik s. Herwig Blankertz 1982; die theorie- und reflexionsgeschichtliche Abhandlung für die Zeit seit der griechischen und römischen Antike bis zu den Erziehungsbewegungen im 20. Jh. s. Jürgen Oelkers 2004; stärker dekonstruierend

und aus epistemologischer sowie ethischer Sicht einer „responsiven Erziehung“ s. Ehrenhard Skiera 2022). Vielmehr werden die neueren Diskurslinien einer systematischen Auseinandersetzung mit dem Erziehungsbegriff aufgegriffen, um auf dieser Basis einen Erziehungsbegriff und Erziehungsvorstellungen zu gewinnen, die das unter Kapitel 7 vorzustellende Konzept der Gestaltung des Schulraums widerspruchsfrei und gut begründet zu tragen vermögen.
Dies wird in zwei Schritten geschehen. Zunächst wird die Auseinandersetzung mit Kernbegriffen wie intentionale Erziehung, funktionale Erziehung und Sozialisation das begriffliche Terrain kritisch vermessen und zu einem Erziehungsverständnis vordringen, das die Funktionalität des Generationenverhältnisses auf der Grundlage der „seelischen Grundbedürfnisse“ (Skiera 2022) der Heranwachsenden betrachtet (6.1). Daran anknüpfend wird dieses Erziehungsverständnis bezogen auf eine Auswahl von „seelischen Grundbedürfnissen“ – die Bedürfnisse nach Zugehörigkeit, Anerkennung, Selbstwirksamkeit, Selbst- und Mitverantwortung und ästhetischer Erfahrung – die durch die Gestalt des Raumes und seine spezifische Einrichtung befriedigt werden können. Es wird die These vertreten, dass durch die so gewonnene Stärkung des Wohlbefindens Lernfreude, Leistungsmotivation, soziales Engagement und Selbstentwicklung (Bildung) gefördert werden (6.2).

6.1 Positionierungen: erziehungstheoretische Diskurslinien und Grundriss eines raumrelationalen Erziehungsbegriffs

„Erziehung ist eine wunderbare Sache, doch muß man sich von Zeit zu Zeit besinnen, daß nichts, was von Wert ist, gelehrt werden kann.“ Dieses Zitat, das dem englischen Schriftsteller und Kritiker der bürgerlichen Moral der viktorianischen Zeit Oskar Wilde (1854-1900) zugeschrieben wird (o. nähere Angaben), macht pointierend auf die konventionelle Erziehungspraxis aufmerksam, die in der *Belehrung* des Heranwachsenden ein geeignetes Erziehungsmittel sieht. Zugleich deutet sich im Zitat ein Grundmerkmal des Erziehungsbegriffs an, das in zeitgenössischen Definitionen von „Erziehung“ zum Ausdruck kommt: das Verhältnis zwischen der älteren und der nachwachsenden Generation. Bei Annedore Prengel heißt es bündig: „Pädagogik beruht auf einer relationalen Gegebenheit: auf dem Generationenverhältnis.“ (Prengel 2020, 22) Peter Fauser spricht von einer unaufhebbaren „Asymmetrie der intergenerativen Verhältnisse“, die vom Erziehenden „unvermeidliche“ verantwortete Vorgaben verlangen (Fauser 1996, 519). In Anlehnung an Watzlawicks kommunikationstheoretisches Axiom, dass man nicht nicht kommunizieren kann, könnte man für die alltägliche Praxis des Umgangs von Erwachsenen mit Heranwachsenden festhalten, dass man nicht nicht erziehen, also man sich der Erziehung *nicht entziehen* kann. Dieser „Notwendigkeit“ sind Erwachsene ausgesetzt, die mit Kindern und Jugendlichen zusammenleben. Erich E. Geißler sieht in der Erziehung eine „vormundschaftliche Leitung“ (Geißler [6]1982,

19), eine *gezielte Beeinflussung* des jungen Menschen mithilfe einer *treuhänderischen Freiheit*, die der Erwachsene ausfüllt, um für die „Verselbständigung eines noch Unselbständigen" (ebd., 18) Sorge zu tragen. Die *Sorge* für das Wohlergehen des jungen Menschen sei deshalb erforderlich, weil er aufgrund seines Entwicklungsrückstandes der Unterstützung beim Hineinwachsen in die Welt bedarf und vor Überforderung *geschützt* werden muss (Erziehungsbedürftigkeit). Für Werner Wiater ist Erziehung „eine notwendige, absichtsvolle und intergenerative Hilfe bei der Entwicklung des Heranwachsenden zu seiner Mündigkeit" (Wiater [4]2009, 325). *Mündigkeit* wird dabei verstanden als eine weitgehend selbstbestimmte, vernünftige und verantwortliche Lebensführung, die gestützt wird durch kritische und selbstkritische Urteilfähigkeit und die sich an einem konstruktiven und solidarischen Zusammenleben orientiert (ebd., 327ff.).
Die Reihe der Erklärungen zum Erziehungsbegriff ließe sich verlängern. Klar ist indes, dass in die angesprochenen Bestimmungsversuche von „Erziehung" zumeist Hinweise dazu eingelagert sind, was an der Erziehung „von Wert" (Wilde) ist bzw. wozu sie da sein soll. Erziehung generiert sich demnach als eine Art „Progressionshilfe" (Geißler [6]1982, 29) bei der Identitätsentwicklung des jungen Menschen und bei seiner Führung zu *Autonomie* und *Mündigkeit*, bei seiner gesellschaftlich-kulturellen *Eingliederung* ebenso wie bei seiner Befähigung zur *kritischen Auseinandersetzung mit seinen Lebensverhältnissen*. Sie setzt auf die *vertrauensvolle Beziehung* zwischen Erwachsenem und ‚Zögling', auf eine *Verbundenheit*, die auch dort dessen Entwicklung absichert, wo das Leben durch unwegsames Gelände führt, Zweifel weckt und Probleme aufwirft. Peter Fauser spricht von einem „Anerkennungsverhältnis" und fordert: „Erwachsene müssen bei diesem Gang ins Ungesicherte eine Kontinuität der Verbundenheit sichern, die den Lernenden über die Veränderung hinweg in seiner Identität bestätigt." (ebd., 525).
So gesehen verfolgt Erziehung das *Ideal*, die Kräfte des Erziehenden voll und ganz der Identitätsentwicklung des jungen Menschen zur Verfügung zu stellen. Was sind dann aber die Normen, die eine ‚gute' Erziehung leiten? Was als ‚gut' und ‚richtig' in der Erziehung angesehen wird, variiert je nach gesellschaftlicher Konvention und Erziehungsmoral zwischen Jahrhunderten, manchmal sogar nur Jahrzehnten (Oelkers 2004), und der Durchgang durch die Erziehungsgeschichte macht sichtbar, dass das Gefälle zwischen Erwachsenem und Kind vielfach als *Machtgefälle* missbraucht worden ist, um Interessen durchzusetzen, die keineswegs im Einklang mit den Lebens- und Entfaltungsbedürfnissen des Kindes stehen. Selbst über die reformpädagogische Bewegung hinaus lässt sich nachweisen, dass Erziehungsziele auf Anpassung, strikte äußere Disziplin, unbedingten Gehorsam, Autoritätsgläubigkeit und Unterwerfung angelegt waren; mit Geißlers Worten: „Erziehung war dabei, als Instrument vorgegebener politischer Ziele, nicht auf eine Verselbständigung des Individuums aus, sondern blieb auf eine permanente Unterordnung unter eine vorgegebene Hierarchie beschränkt" (ebd., 50). Das Erziehungsideal der Mündigkeit,

Selbstständigkeit und Authentizität des Kindes, wie es heute hauptsächlich vertreten wird, ist in der Geschichte offenbar immer wieder an den Absolutheitsansprüchen geschlossener Anthropologien und normativer Erziehungssysteme zerschellt, die *das Eigene des Kindes als Bedrohung* zu eliminieren versuchten. Ehrenhard Skiera verfolgt mit einer scharfen Analyse die Spuren des Erziehungsleids bis in die Antike hinein. Vor allem das Kapitel über die „Erziehung in der Botmäßigkeit Gottes und anderer überzeitlicher Instanzen" (Skiera 2022, 97-182) weist auf, wie sich die mythisch-dogmatische Anpassung des Kindes an (christliche) Glaubenssysteme und die gleichzeitige Ignoranz seiner inneren Entwicklungsdynamik vollzogen hat. Auf der Tagesordnung der Unterordnung des Kindes unter die Ansprüche eines *Absoluten* standen dominant Erziehungsmittel wie Züchtigung, Gewaltanwendung, Bestrafung, Erniedrigung und Demütigung des Kindes.
Interessant ist auch, dass Skiera bei der kritisch-historischen Vermessung der Pädagogik vor der Reformpädagogischen Bewegung des beginnenden 20. Jh. und der Anwendung aktueller neurobiologischer Erkenntnisse in der Pädagogik nicht Halt macht. Er erkennt neue geschlossene Anthropologien, die das Göttliche in ‚pädagogischen Heilslehren' unterbringen, z. T. sogar in das Kind hinein verlagern. Mithilfe der Didaktik findet nunmehr die „Unterwerfung vor dem Unbedingten und Sakralen" (ebd., 173) ganz eigene Formen auf Kosten des Eigenwillens des Kindes. So wird bspw. bei Maria Montessori das folgsame, „normalisierte" Kind, das seinem „inneren Bauplan" folgt, absolut gesetzt. Bei Rudolf Steiner ist es der komplett vergeistigte Mensch, der mit dem Kosmos eins wird, bei Pavel P. Blonskij die Synthese aus Kraft und Geist im „Arbeiter-Philosophen" usw. Schließlich bezieht Skiera neurobiologische Forschungsansätze in seine Überlegungen mit ein, die aufgrund ihres naturwissenschaftlichen Hintergrundes eine höhere Objektivität ihrer Aussagen über das Lernen beanspruchen. Er wendet sich nicht grundsätzlich gegen Ansätze, denen es um ein „hirngerechtes Lernen" (vgl. Herrmann[3]2020) geht, äußert aber Zweifel, wenn neurobiologische Annahmen zu Instrumenten der Erziehung umgebildet werden (ebd., 159ff.). So wendet er sich gegen die Vorstellung, dass Empathie und Hilfsbereitschaft des Heranwachsenden eine stabile *Disposition im Gehirn* haben könnten, wenn es gelänge, die neuronale Struktur der Spiegelneurone mit dem emotionalen Belohnungssystem des Gehirns zu verknüpfen. Dies wäre bspw. dann der Fall, wenn durch das *Helfen Glücksgefühle ausgelöst* werden, die ihrerseits eine positive Auswirkung auf die Mechanismen der *neuronalen Vernetzung* zeitigten. Moralisches Verhalten wäre auf diese Weise eine „quasi-natürliche Folge" (ebd., 161) einer optimalen Programmierung des Gehirns, es wäre als „verkörperte Moral" (ebd., 160) im neuronalen Netz des Gehirns implementiert (vgl. die Überlegungen in Kap. 5.1 und 7.1).
Eine solche Position, so verführerisch sie erscheinen mag, ist allerdings zu spekulativ und womöglich gefährlich. Nährt sie doch neue *Machbarkeitsideologien* im Gewande naturwissenschaftlicher *Scheinobjektivität*. Deshalb kommt auch die „Ethische Päd-

agogik“ Annedore Prengels (2020) ohne Rückgriff auf gewagte neurowissenschaftliche Denkansätze aus. In Skieras Buchtitel erscheint „das eigenwillige Kind“ als Kontrastfolie gegen die Vereinnahmung und Fremdbestimmung des Kindes durch normativ-absolute Erziehungssysteme und als zentraler Ansatzpunkt für die „Erziehung in nachmythischer Zeit“. Auch wenn Skiera die „nachmythische Zeit“ zeitlich nicht umreißt, so signalisiert er doch den Anspruch einer Erziehung, die sich auf „die seelischen Grundbedürfnisse“ des Kindes konzentriert und den „Eigenwillen“ des Kindes respektiert – darüber wird weiter unten ausführlicher gesprochen.

Es ist also die Frage offen, wie das Eigenwillige und Widerständige des Kindes angesichts seiner konkreten, häufig eben auch restriktiven Lebensverhältnisse nicht etwa geschleift, sondern für die Erziehung fruchtbar gemacht werden können. Anders gesagt: Wie kann die grundsätzliche Asymmetrie zwischen Erwachsenem und jungem Menschen trotz aller Widrigkeiten so genutzt werden, dass die Autonomie des Heranwachsenden zur Entfaltung gebracht werden kann – oder, um die vielzitierte Frage des Aufklärungsphilosophen Immanuel Kant (1724-1804) aufzugreifen: „Wie kultiviere ich Freiheit bei dem Zwange?“ (zitiert nach Dörpinhaus & Uphoff 2011, 38). Mit Blick auf die offene Gesellschaft gibt Geißler zu bedenken: „Je weniger aber unreflektierte Assimilation genügt, desto mehr Nachdruck muß man auf die Wahl- und Entscheidungsfreiheit des einzelnen legen.“ (ebd., 17) Dies setzt freilich eine Pädagogik voraus, die mit einem gebührenden *Vertrauensvorschuss* für den jungen Menschen arbeitet. Die *Verantwortungsübernahme*, die mit dem Mündigkeitsbegriff impliziert ist, ist nur möglich, wenn dem Heranwachsenden *Freiheit* gewährt wird. Sie muss ihm in einem Maße zugestanden werden, dass er sich „so aus dem Zwang der Verwicklung bestehender Verhältnisse herauslösen kann, daß er sein Denken und Handeln als sein eigenes und zu verantwortendes wahrzunehmen vermag“ (Fauser 1996, 524).

Dies führt zurück zu dem sog. Erzieher-Zögling-Verhältnis, das einerseits durch beidseitiges Vertrauen im Rahmen der „vormundschaftlichen Leitung“ (Geißler), andererseits durch seinen *interimistischen Charakter* bestimmt ist. Durch das Ziel der zunehmenden Verselbstständigung des jungen Menschen ist Erziehung nur so lange berechtigt, wie die Fähigkeit der eigenen Entscheidung und des eigenen verantwortlichen Handelns des Heranwachsenden nicht umfänglich entwickelt ist. Anders formuliert arbeitet die Erziehung an der *Aufhebung* ihrer Notwendigkeit und an der *Einebnung der Asymmetrie*. Bis dahin arbeitet sie freilich in kontingenten Verhältnissen. Das einzige Pfand, das ihr zur Verfügung steht, ist die *Verbundenheit* beider in einer vertrauensvollen Beziehung. Aber die Erziehung kann angesichts der Entwicklungsoffenheit des Kindes trotz einer „genügend guten“ erzieherischen Praxis (Winnicott 1984; s. u.) ins Abseits führen. Erziehung birgt immer Chance und Risiko zugleich, und das Vertrauen des Erziehenden muss auch damit leben können, dass gutgemeinte Bemühungen auf Widerstand stoßen und vom Gegenüber

abgelehnt werden. Letztlich entzieht sie sich jeglicher Steuerbarkeit, und der Heranwachsende kann sich auch gegen sie entscheiden.
Was hat der Erziehende also in der Hand, wenn er seiner Aufgabe der gewissenhaften Begleitung junger Menschen beim Aufwachsen gerecht, d.h. *ihnen* gerecht werden will? Ehrenhard Skiera unterbreitet Vorschläge, wie eine ethisch begründete Pädagogik gewonnen werden könnte, die ihre Maßstäbe nicht in normativen Systemen *außerhalb* des Kindes sucht. Einige Grundlinien seines Konzepts werden im Folgenden aufgegriffen, weil es verschiedentlich mit meinem Anliegen korrespondiert, „Erziehung" und „Raum" zusammenzubringen. Die Grundvorstellung Skieras, die sich leitmotivisch durch sein Buch zieht, ist die einer Haltung des Pädagogen gegenüber dem Kind, die von *Sorge, Fürsorglichkeit* und *Wohlwollen* bestimmt ist. Es geht ihm um ein Hinhören auf *das Eigene des Kindes*, auf seine Bestrebungen der *Selbstaktualisierung*. So verstandene Erziehung ist ‚response', ist Antwort auf die Selbstäußerungen des Kindes. Deshalb hat das Konzept die Bezeichnung „Responsive Erziehung" erhalten. Sie „[beruht] auf dem ernsthaften Versuch, den Anderen, das Kind, im Horizont einer verantwortlichen Sorge wahrzunehmen. Sie muss ein ‚Hören' entwickeln, das sich den gestischen, *leiblichen*, mimischen, musisch-künstlerischen und sprachlichen Äußerungen im Sinne einer ‚reflexiven Inutition' öffnet [...]" (ebd., 251; Hervorhebung des Verfassers). Unübersehbar sind die Parallelen zu den leibtheoretischen Befunden, wie sie bereits in Kap. 3. und 5.1 vorgetragen worden sind und wie sie in Kap. 7.4.2 vertiefend betrachtet werden. Die Hilfe, die Skiera zum Aufbau der sich entwickelnden Persönlichkeit des Kindes sieht, bezeichnet er in Anlehnung an Donald Winnicott als „freundliche Geste". Sie soll als

> „...jede Handlung gelten, die aufgrund eines empathischen Verständnisses und Wohlwollens gegenüber dem Kind etwas Förderliches ‚mittransportiert', das vom Kind als Anerkennung seiner selbst oder Wertschätzung seiner Person, seines individuellen Seins, ‚verstanden' oder vorbewusst wahrgenommen werden kann" (ebd., 220).

An anderer Stelle macht der Autor darauf aufmerksam, dass „die freundliche Geste" keineswegs ausschließlich an das Handeln des Erziehenden gekoppelt sein muss (ebd., 217, 221, 252ff.). Sie kann ebenso durch die Bereitstellung einer *förderlichen Umwelt* zum Ausdruck kommen, die im Kind das *Gefühl des Angenommenseins* weckt. Hier treffen sich Skieras Überlegungen mit den raumtheoretischen Hinweisen Cristian Rittelmeyers, der – wie gezeigt – von den „Gesten" und „Gebärden" des Raums und der Schularchitektur spricht (so z.B. Rittelmeyer 2014b, 107ff.). Dies bringt wiederum das Erleben, die Körperresonanzen und die Emotionen bei der Interaktion mit der räumlichen Umwelt ins Spiel. Auch Skiera ist sich der Bedeutung des Emotionalen in der Erziehung bewusst, wenn er unterstreicht:

> „Verantwortung ohne subjektiv eingeschriebenes emotionales Fundament ist eine leere Formel, die ihren Zweck einer theoretischen Begründung und Verbindlichkeit, beides Reste technologischer Verfügbarkeitsfantasien, verfehlen muss." (ebd., 249)

Die Berücksichtigung der Emotionalität mag an die Pädagogik von Jean-Jacques Rousseau (1712-1778) erinnern, auf die sich Skiera freilich nicht explizit bezieht. Rousseau, von Corine Pelluchon als „Lehrer des Sublimen" bezeichnet (Pelluchon 2019, 2017), gilt als einer der großen Repräsentanten der Aufklärungspädagogik und Verfechter einer „natürlichen Erziehung". Ein Großteil seines Anliegens tritt im Erziehungsroman „Emile oder über die Erziehung" (1762/1963) zum Vorschein. Er teilt die Entwicklungs- und damit zugleich Erziehungsphasen in zwei Abschnitte ein: die Kindheit bis zum Alter von 15 Jahren und die Jugend im Alter von 15 bis 25 Jahre. Die Erziehung der Kinder habe *mit Abstand* von den allgemeinen Anforderungen der Zivilisation zu erfolgen, weil sie die Kinder von ihrer „Natur" entfremden würde. Die beste Erziehung im Alter der Natur sei eine „negative". Sie ist eine indirekte Erziehung oder, wie Jürgen Oelkers formuliert, eine am „Motiv der wohltätigen Ignoranz" orientierte Erziehung (Oelkers 2004, 334). Damit soll zum Ausdruck gebracht werden, dass das Kind in einem weit gesteckten Rahmen von Freiheit seinen eigenen Bedürfnissen folgen soll, um sich selbst kennen, respektieren und lieben zu lernen. Das *Vertrauen in das natürliche Gute im Kind* verbietet so auch die Belehrung des Kindes. Worte und Bücher sind für Rousseau ungeeignete Erziehungsmittel, weil sie das Natürliche der Kindheit korrumpieren würden (vgl. Blankertz 1982). Die „negative Erziehung" ist dominant eine Erziehung zur *Sinnlichkeit*, durch die das Kind wahrnehmen und fühlen lernt (vgl. Pelluchon 2019). Das Kind lernt durch die denkende Auseinandersetzung mit seiner sozialen, natürlichen und dinglichen Umgebung seine eigenen Fähigkeiten und Grenzen kennen und wird dadurch in seiner *inneren Autonomie* gestärkt. Rousseau versteht diesen Erziehungsansatz zwar als zivilisationskritisch, nicht jedoch als Absage an die *Vernunft*. Aber die *Erziehung zur Vernunft* ist für Rousseau eine Angelegenheit des Jugendalters. Erst wenn die *Erziehung der Sinne abgeschlossen*, das Kind hinreichend gekräftigt ist, kann die Erziehung zur Vernunft beginnen. Auf diesem Wege lerne der Mensch, über die Selbstliebe und die Erziehung andere Menschen zu lieben.

Nun soll keineswegs einem Dualismus von Gefühl und Verstand und einer Naturideologie das Wort geredet werden. Auch ist der Rousseau'sche Ansatz entwicklungspsychologisch nicht haltbar. Der springende Punkt ist aber, dass der *sinnlichen und emotionalen Dimension des Aufwachsens jenseits der Belehrung und Ansprache des Rationalen im Kind* gebührend Aufmerksamkeit geschenkt wird. Eine umfassende Erziehung hat ihr Augenmerk gerade auf die *sinnlich-emotionale Verfasstheit des Kindes* zu richten. Diese Forderung ist auch zu berücksichtigen, wo dem Raum eine erziehende Funktion zugesprochen wird.

Vor dem Hintergrund, dass Skiera geschlossene Anthropologien und normative Erziehungssysteme verurteilt, fragt sich, wie er seine eigene Position zu einer „Erziehung in nachmythischer Zeit" theoretisch begründet. Er nimmt deutliche Anleihen bei Annedore Prengels „Ethische Pädagogik" (2020), die sich auf internationale „Ethikkodizies" von Berufsverbänden und auf die Kinderrechtskonvention der Vereinten Nationen stützt. Prengel stellt auf dieser Grundlage einen Katalog mit „sieben Prinzipien ethischer Pädagogik" vor, mit dem Skiera durchaus sympathisiert – bei Prengel: Selbstsorge, Nicht-Schaden, Wohltun, entwicklungsangemessene Autonomie, advokatorische Verantwortung, Gerechtigkeit, fürsorgliche Gemeinschaft (ebd., 67-72). Er gibt aber zu bedenken, dass auch Prengels Ansatz letztlich „normativ" ist, weil er auf die (trügerische) Wirksamkeit ethischer Regeln setzt, die aus *Vertragstexten* „abgeleitet" sind. So klar Prengels Vision von der pädagogischen Macht des Vertrags auch sei, so stecke in ihr doch „die Intention einer pädagogischen Verpflichtung" (Skiera 2022, 190). Beide, Prengel und Skiera, treffen sich jedoch wieder in ihrem konsequenten Rückgriff auf das tiefenpsychologisch inspirierte Konzept des englischen Kinderarztes und Psychoanalytikers Donald W. Winnicott (1896-1971). Skiera greift vor allem tiefenpsychologische Konzepte, Persönlichkeitstheorien und Bindungstheorien auf und bezeichnet sein Konzept als „erfahrungsbezogen" (ebd., 210). Besonders Winnicotts Konzept der Mutter-Kind-Beziehung im Säuglingsalter auf der Basis einer *„haltenden Umwelt"* zieht sich thematisch durch Skieras Text.

Kurz gefasst beschreibt Winnicott die Ich-Entwicklung des Menschen als allmähliches Heraustreten des Säuglings aus der symbiotischen Verschmelzung mit der Mutter zugunsten zunehmender Autonomie. Die dyadische Situation ist zunächst von der vollständigen Abhängigkeit des Neugeborenen von der Mutter durchdrungen. In der Zuwendung und verlässlichen Präsenz der Mutter gewinnt der Säugling eine emotionale Basis, die von Erik Homburger Erikson (1902-1994) als „Ur-Vertrauen gegen Ur-Mißtrauen" beschrieben worden ist (Erikson 1966/[27]2015, 62ff.). Das Ur-Vertrauen entscheidet darüber, dass der Säugling sich seiner Umgebung *neugierig* zuwendet und sich als *Subjekt seines Verhaltens* erfahren kann. Für Winnicott ist zentral, dass der Säugling allmählich lernt, *für sich zu sein* und eigenen inneren Impulsen, z.B. Bewegungs- oder Erkundungsimpulsen, zu folgen, *ohne Angst vor dem Verlust der Mutter* zu spüren. Dies setzt eine *„haltende Umwelt"* (Winnicott), also die Sicherheit einer vertrauten Umgebung voraus, in der die Mutter jederzeit mit ihrer liebenden Fürsorge für das Wohlergehen des Säuglings eintreten und zeigen kann: ich bin für dich da, du kannst keinen Schaden erleiden. In diesem Szenario der sich abschwächenden Symbiose ist eine *Doppelstruktur* von sowohl Abhängigkeit als auch Autonomisierung vorhanden. Der Säugling erfährt sich mehr und mehr als *Urheber* seiner spontanen Aktivitäten, ist aber zugleich von der Reaktion der Mutter abhängig. Die gesunde Entwicklung führt mittelfristig über den Weg der *Wertschätzung und Anerkennung* des Heranwachsenden zu dessen *Selbstvertrauen*, *Selbstachtung* und *Autonomie*. Eine negative Entwicklung führt aufgrund emotionaler Ablehnung, mangelnder Resonanz und/oder instabiler Zuwendung zu einem pathologischen „falschen Selbst" (Winnicott).

Diese Ursituation der „haltenden Umwelt“ ist zugleich die Keimzelle für eine gelingende Erziehung in den folgenden Lebensjahren. Sie sollte nach Winnicott „genügend gut“ („good enough“) sein, d. h. dass die subjektiv erlebten ‚wachstumsfördernden‘ Beziehungserfahrungen die belastenden zumindest aufwiegen (Winnicott 1953). Eine gute Erziehung wird sich auf dem Kontinuum zwischen Förderung der inneren Autonomie und Abhängigkeit bewegen, jedoch grundsätzlich durch wechselseitiges Vertrauen ‚geerdet‘ sein. Gelingende Individualentwicklung ist zugleich auch die *Basis für Sozialität* oder, um es mit Annedore Prengels Worten zu sagen: „Durch die Anerkennung, die wir von anderen erfahren, wird Selbstachtung vermittelt. Und unsere Selbstachtung beeinflusst positiv resonant unser anerkennendes Handeln anderen gegenüber.“ (Prengel 2020, 69)
Auf diesem Fundament errichtet Skiera ein Gebäude aus „seelischen Grundbedürfnissen“, die von jeder Pädagogik zu berücksichtigen wären, um die Lebensansprüche des Kindes und seinen Eigenwillen abzusichern (Skiera 2022, 274-311). Ähnlich verfahrend wie Prengel stellt er einen Katalog mit sieben „seelischen Grundbedürfnissen“ vor, die er ausführlich kommentiert. Sie seien hier nur im Überblick (ohne die jeweilige Seitenangabe) aufgezählt; einige von ihnen werden für das Kap. 6.2 ausgewählt und dort näher besprochen. Es handelt sich um „das Bedürfnis nach...

- Zugehörigkeit
- Anerkennung (durch den Anderen)
- neuen Erfahrungen
- Selbstwirksamkeit (Urheberschaft)
- Selbst- und Mitverantwortung
- ästhetischer Erfahrung
- spontanem Ausdruck der inneren Befindlichkeit“. (ebd.)

An dieser Stelle sind einige kritische Hinweise am beschriebenen Erziehungskonzept und eine weitere erziehungstheoretische Suchrichtung angebracht. Die vorgestellten Befunde samt den verschiedenen Definitionen des Erziehungsbegriffs fußen auf der Vorstellung der mehr oder weniger *direkten* Beeinflussung des Heranwachsenden durch ein autorisiertes Gegenüber. Eingangs des Abschnitts war auch von einer asymmetrischen Beziehungskonstellation, von einem (Macht)Gefälle, einem intergenerativen Verhältnis usw., immer aber von einem *Handelnden* die Rede, der sich konkreter Erziehungsmittel bedient, um bestimmte *Intentionen* umzusetzen. Für diesen Typus der Erziehung hält die Pädagogik den Begriff der *intentionalen Erziehung* bereit. Dass in jüngerer Zeit der *intentionalen Erziehung* im Fachdiskurs vermehrt Aufmerksamkeit geschenkt wird, mag mit der Transformation der Erziehungssysteme in der Zweiten Moderne zusammenhängen. Die Erziehung ist liberaler, partnerschaftlicher, offener und freier geworden. Sie ist in vielen Familien aber auch labiler, unsicherer und nachgiebiger geworden, weil der Verlust eines autoritativ verbürgten einheitlichen Wertekorridors sich aufgelöst hat. Die „permissive Gesellschaft“, von der Bruno W. Reimann (2011) spricht, hat die *gesellschaftlichen Bindekräfte* durch eine *maximale Freisetzung bzw. Entgrenzung des Triebhaften* abgelöst und damit die Verkümmerung der inneren Ordnung von uns Menschen in Kauf genommen. Die neuen gesellschaftlichen Imperative für die Selbstbefreiung des Menschen und die Pluralisierung von Lebensentwürfen machen es der Erziehung schwer, sichere Ankerpunkte für das praktische Geschäft der Erziehung zu finden. Unsicherheit und Hilflosigkeit rufen nicht nur in Dokusoaps Super-Nannys auf den Plan – starke Erzieher sind prinzipiell wieder mehr gefragt...

Ein etwas erstaunlicher Aspekt sei eher am Rande erwähnt: Sieht man von der kritisch-ausgewogenen Position Geißlers ab, so werden die Erziehungsmittel der intentionalen Erziehung in ihrer Breite nicht diskutiert. Erziehung wird überwiegend positiv konnotiert und das leidige Geschäft der praktischen Problemlösung deutet sich nur vage an. Die ‚Skalierung‘ von eher als positiv und solchen als negativ geltenden Methoden wird nicht behandelt. Das, was Erziehende am meisten beunruhigt, verunsichert, zweifeln oder auch verzweifeln lässt, wird übersprungen: die Problematik der Verhaltenskorrektur durch *Grenzziehung* bzw. *Gegenwirkung*. Was geschieht, wenn die Erziehungspraxis besonders auf die Probe gestellt wird, wenn Kinder streiten oder stehlen, wenn sie hassen und ihre Eltern attackieren, wenn Jugendliche mobben, gewalttätig werden oder radikalen Gruppen anhängen, wenn sie betrügen, dealen oder vergewaltigen...? Fritz Redl (1902-1988) bietet Antworten an. Er war Lehrer, Psychoanalytiker in Wien sowie Kindertherapeut und schuf dort ein Netz von Erziehungsberatungsstellen an Volksschulen. 1936 emigrierte er in die USA, wo er bis 1973 Professor für Verhaltenswissenschaften an der Wayne State University in Detroit war. Ein Schwerpunkt seiner Arbeit war der Zusammenbruch der Selbstkontrolle und die aggressive Impulsivität von psychisch stark beeinträchtigten Jugendlichen. Redl setzt also gewissermaßen ‚am anderen Ende‘ der Erziehung an, dort, wo alles zusammenzubrechen droht, aber trotzdem die Ich-Funktionen der Heranwachsenden aufrechterhalten werden müssen. Er suchte nach Möglichkeiten, in einer Weise pädagogisch Einfluss zu nehmen, dass in einem förderlichen „therapeutischen Milieu“ (Redl) positive *Einstellungen* langfristig angebahnt werden können. Zugleich war für ihn die *Steuerung des Verhaltens* in akuten Konflikten zwingend. Für die praktische Bewältigung dieses Zwiespalts – im Übrigen auch für die Aufrechterhaltung der Disziplin in der Schulklasse – formuliert Redl ein psychohygienisches Prinzip, das er das „Gesetz der marginalen Antisepsis“[38] nennt (Redl [3]1978, 152ff.). Hinsichtlich der Balance zwischen *Einstellungsänderung* und *Verhaltenssteuerung* hält Redl fest:

38 Der Begriff „marginal antisepsis“ ist an die medizinische Behandlung angelehnt und meint die Versorgung des Wundrandes mit keimtötenden Mitteln, um eine Infektion zu verhindern.

> „Jede Technik zur Änderung des Verhaltens muß mindestens harmlos sein im Hinblick auf eine langfristige Änderung der Einstellung, und jede Technik zur Änderung grundlegenden Einstellungen muß mindestens harmlos sein im Hinblick auf die Provokation eines Verhaltens, der wir mit Realitätsdruck begegnen müssen.“ (ebd., 166).

Ähnlich formuliert Redl das „Gesetz“ für die Lösung von Konflikten zwischen Individuum und Gruppe. Trotz der z. T. extremen Schwierigkeiten, die dem Pädagogen in der Praxis begegnen und trotz des ‚technischen Überschusses‘ bei der Verhaltenssteuerung geht es Redl stets darum, die *Qualität der Beziehung* im Sinne der *Selbstentfaltung* zu sichern und grundsätzlich nicht gegen den Widerstand des jungen Menschen zu arbeiten. Hier zeigt sich nicht nur eine Korrespondenz mit Skieras „responsiver Pädagogik“ und Winnicotts „haltender Umwelt“, sondern „das Gesetz der marginalen Antisepsis“ ermöglicht Redl zudem, einen Katalog von 20 „Rezepten zur Verhaltenssteuerung“ (ebd., 206) aufzustellen. Deren Umsetzung knüpft er freilich an eine Reihe von Bedingungen, die im Einzelfall der Erziehungspraxis sorgfältig zu prüfen sind. Redl ist sich etwaiger „Nebenwirkungen“ (ebd.) dieser Maßnahmen durchaus bewusst und ordnet sie deshalb auch nach ihrer Güte bzw. Gefährlichkeit. Es geht also nicht um ‚Rattentechnologie‘ primitiver verhaltenstherapeutischer Provenienz, sondern um die begründete Ausgewogenheit von Erziehungsmitteln – eine Aufgabe, der sich erziehungstheoretische Entwürfe nicht hinreichend stellen. Für die Schulpraxis gibt es meines Wissens nur eine Buchpublikation, die Redls Vorschläge konsequent aufgreift, Rainer Winkels Standardwerk „Der gestörte Unterricht“ (Winkel [8]2006).

Mit diesen ‚Bemerkungen in Klammern‘ zu Redls Konzept sollte sichtbar geworden sein: Der Glaube an die Wirkkraft einer *intentionalen Erziehung*, sei sie von ‚Helden‘ oder gewöhnlichen Eltern, professionellen Erzieher und Erzieherinnen oder Lehrpersonen ausgeübt, ist problematisch. Erich E. Geißler kritisiert eine Idealisierung der intentionalen Erziehung, genauer: eine Stilisierung der „Erzieherpersönlichkeit“ (ebd., 35) Die vor allem in der Geisteswissenschaftlichen Pädagogik gepflegte Vorstellung von den positiven Einflüssen des Erziehenden in einem personalen Verhältnis sei „so abstrakt wie bedenklich, weil sich verhältnismäßig rasch einstellende Diskrepanzen zwischen erzieherischen Absichten und tatsächlich auftretenden Wirkungen leicht zu der Annahme führen könnten, nicht erwartete Reaktionen der Heranwachsenden deuteten auf Erziehungsunwilligkeit, auf absichtliche Auflehnung oder einen anderen moralischen Defekt hin“ (ebd.). So gesehen ist Erziehung ein Wechsel auf eine offene Zukunft, die nicht erkennen lässt, ob Verhaltensweisen und Einstellungen des jungen Menschen in einem linearen Zusammenhang mit bestimmten erzieherischen Bemühungen stehen. Es kann alles ganz anders werden, als wir es uns wünschen, und: „Der Erziehende ist ein Faktor unter vielen“ (ebd., 37). Zu denken ist an Sozialisationsfaktoren wie Institutionen, Peergroups, Medien, Wohn- und Lebensverhältnisse usw. Für Geißler haben die Wirkungen des konventionellen „Erzieher-Zögling-Verhältnisses“ sogar

„eine nur *nach*geordnete Bedeutung" (ebd., 36; Hervorhebung im Original). Deshalb zieht Geißler einen weiteren Erziehungstypus, die *funktionale Erziehung*, ins Kalkül, denn es ist wahrscheinlich, dass der pädagogische Einfluss mehr als über die direkte Erziehungshandlung durch „das Arrangement der pädagogischen Situation" vonstattengeht (ebd.). Deshalb sieht Geißler primär eine indirekte Aufgabe des Erziehenden darin, ein

> „[...] *Arrangement eines pädagogischen Feldes aufzubauen*. Der entscheidende pädagogische Einfluss geht dann von der *Situation* aus, ist folglich, im herkömmlichen Interpretationszusammenhang gedacht, *funktional*. Diese funktionale Wirkung ist indes nicht zufällig, sondern pädagogisch vorbereitet worden. Die reflektierte Handlung fehlt keineswegs, sie ist aber in einer anderen Weise handlungsbezogen, als dies in der klassischen intentionalen Erziehung der Fall gewesen ist." (ebd., 38; Hervorhebung im Original)

Nach diesem Verständnis einer *funktionalen Erziehung* werden also durch die Gestaltung von Lernumwelten Handlungsoptionen angeboten, die dem Heranwachsenden den Gewinn von Selbstständigkeit durch eigenes Handeln und durch Erfahrungen ermöglichen. Der Erziehende tritt aus seiner Rolle als belehrende, direkte lenkende, leitende, anordnende usw. Instanz zurück und strukturiert ein pädagogisches Feld, lädt es gleichsam pädagogisch auf. Die im folgenden Kapitel 7 anzusprechenden vier Bildungs- und Erziehungsurformen der Jena-Plan-Pädagogik Peter Petersens, Gespräch, Spiel, Arbeit und Feier, sind ‚klassische' Beispiele für die *funktionale Erziehung*. Es ist offensichtlich, dass die funktionale Erziehung eine besondere Bedeutung für die Erhellung des Topos vom Raum als dem dritten Erzieher hat.

Wenn aber die a-personalen äußeren Bedingungen des Aufwachsens eine so gewichtige Rolle spielen, wie von Geißler gesehen, dann fragt sich, warum man den Terminus funktionale Erziehung nicht gleich durch den Begriff *Sozialisation* ersetzt. In der Tat wird in Sozialisationstheorien Erziehung generell als Sonderfall der Sozialisation angesehen (so bei Fend 1970 und Hurrelmann 1999), insofern sie sämtliche Prozesse und Bedingungen der Konstituierung der Persönlichkeit, somit auch die gesellschaftlich und sozial vermittelten Interaktionsprozesse, fokussieren. Allerdings verschiebt sich in Sozialisationstheorien die Blickrichtung deutlich von den personalen Konstellationen in der Pädagogik zur *Anonymität und Pauschalität prägender gesellschaftlicher Variablen*. Es besteht die Gefahr, dass durch die ‚Einverleibung' der Pädagogik in die Sozialisationstheorien, das spezifische – auch gesellschaftskritische – Potenzial personaler Verhältnisse nicht mehr hinreichend respektiert werden kann. Die Eigenständigkeit der Pädagogik als einer Disziplin, die sich um die *Aufklärung zwischenmenschlicher Beziehungen* und deren Gestaltung bemüht, würde preisgegeben, weil aus der gesellschaftstheoretischen Blickrichtung die Mikroprozesse der Beziehungsdynamik nicht mehr erfasst werden könnten.

Überleitend zu Kap. 6.2 seien die erziehungstheoretischen Befunde zusammengefasst. Wo immer wir mit Heranwachsenden zusammenleben oder sie in Institutio-

nen der Bildung betreuen, ist Erziehung im *intentionalen* Sinne unausweichlicher Bestandteil des Generationenverhältnisses. *Intentionale Erziehung* ist insofern ein Spannungsfeld, als sie den Spagat zu vollziehen hat zwischen der *Enkulturation* des jungen Menschen in die gegenwärtige Gesellschaft einerseits und dessen *wohlwollender Führung* auf dem Weg des Mündigwerdens andererseits. Mündigkeit, dies wurde herausgestellt, stellt dabei kein bloßes Hinnehmen vorhandener gesellschaftlicher Verhältnisse dar, sondern u. a. die Fähigkeit, sich kritisch mit ihnen auseinanderzusetzen und an deren Verbesserung zu arbeiten. Dies setzt eine umfassend entwickelte Persönlichkeit voraus, die ihre biografischen Wurzeln hat in der vertrauensvollen Beziehung zwischen Erwachsenem und jungem Menschen. Die Qualität der Erziehung ist wiederum davon abhängig, inwieweit es gelingt, die „seelischen Grundbedürfnisse“ (Skiera) des Heranwachsenden anzuerkennen und interaktiv aufzugreifen. Grundsätzlich steht Erziehung in der Gefahr, Herrschaftsinteressen zu dienen. Es wäre ein eigenes Kapitel wert, die Mechanismen der Grenzziehung bzw. Gegenwirkung im Kontext einer Sorge um das Wohl des Heranwachsenden kritisch zu beleuchten (vgl. Redl 1978), ähnlich wie das z. T. in der Auseinandersetzung mit der sog. Antipädagogik bereits geschehen ist (vgl. Flitner 1985).
Von der *intentionalen Erziehung* ist eine *funktionale Erziehung* zu unterscheiden. Funktionaler Erziehung fehlt das Merkmal einer direkten Beeinflussung des jungen Menschen durch eine handelnde Person. Funktionale Erziehung ist zwar nicht ‚grundlos‘, aber der Erziehende ist eine „*nach*geordnete Größe“ (Geißler [6]1982, 36; Hervorhebung im Original), der die Aufgabe zufällt, pädagogische Arrangements zu schaffen, die für die Zielerreichung funktional sind. Es ist offensichtlich, dass die Qualität des Raumangebots von besonderer Bedeutung im Sinne *funktionaler Erziehung* ist. Die Geste des Raums, seine Anmutungsqualität, seine sensorischen Reize, emotionalen Impulse, Resonanzfelder und Handlungsaufforderungen können zu Aktivitäten leiten, die im Dienste der personalen Entfaltung stehen.

6.2 Schulräume, die erziehen – Marksteine des erziehungstheoretischen Konzepts

Es wurde dargelegt, dass sich die Sorge um das gedeihliche Aufwachsen junger Menschen nicht allein in einem personalen Erzieher-Zögling-Verhältnis erschöpft, wie es für die *intentionale Erziehung* bestimmend ist, sondern auch darin zum Ausdruck kommen muss, dass Räume bereitgestellt werden, die ihre Nutzer in vielfältiger Weise ansprechen und die pädagogisch *funktional* sind. Den Raum im Sinne intentionaler Erziehung konzipieren zu wollen, wäre gleichbedeutend mit dem Raum als bewusst handelnder Größe. Ein solcher Versuch würde epistemologisch ins Leere laufen, weil der Raum als sozialer Akteur zu bestimmen wäre. Es ist meines Wissens kein theoretischer Zugang in Sicht, der dies leisten könnte. Plausibel ist hingegen, den Schulraum theoretisch mit dem Konzept der funktionalen Erziehung zu fas-

sen, weil ihm bestimmte pädagogische Eigenschaften beigelegt werden können. Auf diese Weise lässt sich ein begründetes, widerspruchsfreies Konzept vom „Raum als dem dritten Pädagogen" gewinnen.
Die meisten Räume in der Schule sind Klassenzimmer, Fachräume, Medienräume und – in modernen Schulen – Lerninseln, Lernlandschaften, die für das fachliche und überfachliche Lernen gedacht sind. Sie werden ergänzt durch Aufenthaltsräume, Sanitäranlagen, Erschließungszonen und ggf. Ruhe-, Time-out- und Aktivitätsräume. Nutzungsbestimmungen legen fest, welcher Zweck jeweils erfüllt werden soll. Es wird als selbstverständlich angesehen, dass jeder Raum eine Ausstattung hat, die der *Zweckerfüllung* dient. Aber auch wenn Räume wie z. B. Klassenzimmer didaktische Funktionen zu erfüllen haben, sollten sie so ausgestattet und gestaltet sein, dass sie ein „pädagogisches Feld" und „Situationen" erzeugen (Geißler), die die Kräfte des jungen Menschen für sein personales Wachstum freisetzen. Im Sinne von Ehrenhard Skiera „geht es darum, ein anregendes, sicheres Milieu zu schaffen, in dem sich das Kind [und der Jugendliche; der Verfasser] aufgehoben, an- und ernstgenommen fühlen kann" (Skiera 2022, 217). Das bedeutet konkret: Nicht nur der Dialog zwischen Erziehendem und Heranwachsendem, sondern auch die Räume (Plural!) müssen die „seelischen Grundbedürfnisse" (Skiera) befriedigen. Einige, wie sie für ein erziehungsbedeutsames Raummilieu fundamental erscheinen, werden in Anlehnung an Skiera (ebd., 287-311) besprochen, um anschließend dem Lernbegriff nachzugehen. Jedes der fünf „seelischen Grundbedürfnisse" wird hinsichtlich seiner Bedeutung für die Mensch-Raum-Relation ausgelegt.

- Im *Bedürfnis nach Zugehörigkeit* kommt der Wunsch des Subjekts zum Ausdruck, vom Raum *auf- und angenommen* zu sein. Er signalisiert dem Heranwachsenden, dass er willkommen ist und sich *geborgen* fühlen kann. Als Beispiel sei die Grund- und Hauptschule Altingen angesprochen. Dort gab es das Ritual, dass im Rahmen einer Schulfeier alle Schulanfänger einzeln durch einen symbolischen Torbogen auf der Bühne gehen mussten, um auf der anderen Seite vom Schulleiter mit einem Willkommensgeschenk und per Handschlag begrüßt zu werden (Scheufele 1997). Dieses Szenario stellt jedes Kind in den Mittelpunkt, macht es wichtig und kann dessen Bereitschaft wecken, sich zu integrieren, sich ‚einzuhausen' und in der Gemeinschaft zu verankern. Es lässt sich auch von der *Beheimatung* durch den Raum sprechen (Zschiesche 2019) und von einem *Gefühl der Zusammengehörigkeit*. Mit seiner Ausstrahlung vermittelt er die Botschaft von Wärme und einer empathischen Öffnung für den Menschen; oder negativ und in Anlehnung an Christian Rittelmeyer (2004a) formuliert: der Raum darf nicht antipathisch, kalt und abweisend erlebt werden. Insbesondere Kinder, die den Raum auf diese Weise positiv spüren, fühlen sich emotional an ihn und auch an Mitschüler und Mitschülerinnen leichter vertrauensvoll gebunden. Dadurch wird ein Fundament für soziales und kooperatives Lernen gelegt, mit dem sich soziale Lernziele wie Hilfsbereitschaft, Zusammenarbeit, arbeitsteiliges Lernen usw. leichter erreichen lassen. Es ist vor allem an der Arbeit in Grundschulen abzulesen, wie ernst das *Bedürfnis nach Zugehörigkeit* (zu einem gemeinsamen Raum) genommen wird. Es ist geläufig, die Klassenzimmer/Gruppenräume mit Namen zu versehen, mit denen sich die Kinder identifizieren können („Koalagruppe“, „Wolfskinder“ usw.). Häufig kommt im Namen etwas Kuscheliges, Behagliches zum Ausdruck und der Raum trägt die ‚Handschrift‘ der jeweiligen Gruppe. Bilder und Zeichnungen der Kinder, Urlaubsfotos, Abbildungen von Lieblings(haus)tieren, Arbeitsergebnisse usw. spiegeln die Identität der betreffenden Gruppe wider. Gerade in Hinsicht auf moderne Schularchitektur, die zur Öffnung von Räumen und zur Anlage von Lernlandschaften tendieren, ist kritisch zu prüfen, inwieweit solche Trends zu einem *Verlust von Beheimatung*, Zugehörigkeitsgefühl, Zusammengehörigkeitsgefühl und zur Anonymisierung führen können. Es sei an dieser Stelle an die Studie von Peter Barrett et al. (2015) erinnert, die dem Faktor „Eigentum“, also der Identität des Klassenzimmers, eine hohe empirische Evidenz für primary schools zugesprochen hat (vgl. Kap. 5.2, Seite 74ff.).

- Das *Bedürfnis nach Anerkennung* spielt für die Individualentwicklung seit der ‚Urszene‘ der Mutter-Kind-Symbiose eine tragende Rolle. Die Mutter zeigt bereits dem Säugling durch ihr Ausdrucksverhalten, dass sie ihn in seinem So-Sein achtet, ungeachtet der Tatsache, dass er ihre Liebe mit anderen Menschen teilen muss. In der Anerkennung des Anderen schwingt die Frage nach der *Gerechtigkeit* mit: Wie kann man dem Anderen durch Anerkennung und Bestätigung in einem Maße gerecht werden, dass sein Selbstvertrauen und seine Selbstachtung gefestigt werden? Wie fundamental das Bedürfnis nach Anerkennung ist, lässt sich an deren drastischem Entzug durch Mobbing ablesen. Wenn das Gefühl systematisch erzeugt wird, dass das Gegenüber nichts wert ist, kein *Recht auf Anerkennung* und soziale Zugehörigkeit hat, führt das in der Regel zu Scham, Verzweiflung sowie Selbsthass und im schlimmsten Fall zum Schülersuizid. Bezogen auf die räumlichen Verhältnisse in der Schule sollte Anerkennung dadurch gewährleistet werden, dass räumliche Arrangements ein Lernen in Solidarität möglich machen. In Klassenzimmern, in denen Lernen durch ein Sitzen in Bankreihen erfolgt, ist dies per se nicht möglich. Stattdessen braucht es Raum- und Sozialkonstellationen, die konsequent auf ein Lernen in Gruppen setzen. Beispielgebend ist das Team-Kleingruppen-Modell, entwickelt für große Integrierte Gesamtschulen, das Schüler und Schülerinnen in Tischgruppen und in Stammgruppenräumen miteinander und voneinander lernen lässt. Die Zusammensetzung folgt dabei drei Prinzipien: *Leistungsheterogenität*, *Geschlechterheterogenität* und *Wünsche der Lernenden* (für die Georg-Christoph-Lichtenberg-Gesamtschule in Göttingen[39] s. Majora 2016). Durch diese soziale Konstellation erfahren die Lernenden etwas

39 Dass nicht ein Wechsel auf die Zukunft gemeint ist, kann man am Erfolg der Schule erkennen, die 2011 den Deutschen Schulpreis und 2021 den VDI-Schulpreis (Verein Deutscher Ingenieure) für ihre Arbeit erhalten hat.

von den besonderen Merkmalen des Anderen, von seinen Fähigkeiten, aber auch von seinen ‚Druckpunkten', seiner *Verletzlichkeit*. Das Tischgruppenkonzept ist insofern ein pädagogisches Wagnis, als es von allen Beteiligten verlangt, dass sie sich in die Lage versetzen, mit jedem anderen zu kooperieren, auch wenn Antipathie mit im Spiel ist. Die *Chance* besteht indes darin, dass jedem angeboten wird, *sich zu zeigen* und mit seinem spezifischen Lern- und Persönlichkeitsprofil von den anderen Lernenden geachtet und wertgeschätzt zu werden; man achtet sich und *achtet aufeinander* in einem (Sozial)Raum, der ein *Gefühl der Verantwortlichkeit* fördert. Es sei nur kurz angesprochen, dass es diesseits dieses anspruchsvollen Konzepts zahlreiche Möglichkeiten gibt, Kindern und Jugendlichen, vermittelt durch den Raum, zu Anerkennung zu verhelfen. Zu denken ist an Präsentationen und Vorführungen anlässlich von Schulfeiern (vgl. die Hinweise zur Jena-Plan-Pädagogik in Kap. 7.), an die Präsentation von Projektergebnissen auf Elternabenden, Ausstellung von Lernergebnissen an exponierter Stelle des Schulgebäudes oder im Klassenzimmer usw.

- Das *Bedürfnis nach Selbstwirksamkeit* betrifft die Erfahrung der eigenen *Urheberschaft*. Jeder gesund aufwachsende Mensch hat das Bedürfnis, etwas zu (er)schaffen, das die Signaturen seines Handelns trägt und in dem er *sich selbst wiederzuerkennen vermag*. Es handelt sich also im weitesten Sinne um einen Produktionsvorgang, der dem Selbst das eigene Können spiegelbildlich vor Augen stellt. Im Produkt zeigt sich etwas von der *Unverwechselbarkeit und Einmaligkeit* der eigenen Leistung gemäß der Wahrnehmung: ich kann etwas, also bin ich wer. Mit dem Leistungsbegriff ist allerdings nicht die konkurrenzorientierte, produktbezogene und eindimensionale Reproduktion von Fachleistung im System der selektiven Ziffernnotenberechnung gemeint, sondern sämtliche Tätigkeiten und Handlungen, die mit einer gewissen Anstrengung verbunden sind und vom Selbst als subjektiv bedeutsam, als *sinnvoll* erlebt werden. Mit dem Projekt des Praktischen Lernens ist die Bedeutung der Urheberschaft von Leistung in einem umfassenden Sinne für die Lernfreude, die Erfahrung der Selbstwirksamkeit, den Selbstausdruck und die persönliche Entwicklung reichhaltig dokumentiert worden (Projektgruppe 1998). In den vielfältigen Tätigkeits- und Handlungsformen des herstellenden und instandsetzenden, des künstlerischen und gestaltenden, des erkundenden und erforschenden Lernens, des ökologischen Handelns, des sozialen Helfens sowie des technischen und wirtschaftlichen Handelns öffnen sich Erfahrungsfelder, die im Tun und Handeln die Wahrnehmung des Lernenden entstehen lassen können, seinen *persönlichen Anteil am Gelingen* eines Produkts oder Projekts zu haben. Die Erfahrung der Selbstwirksamkeit im Sinne des Praktischen Lernens verweist allerdings auf räumliche Bedingungen, die weit über das symbolisch-abstrakte Lernen in den Klassenzimmern der ‚Sitzschule' hinausgehen. Es bedarf der Räume – innerhalb und außerhalb des Schulgebäudes – mit starkem Aufforderungscharakter für die Selbsttätigkeit und für die *Aktivierung des Körpers* in den unterschiedlichen Handlungsdimensionen.

Zu denken ist bspw. an (flexible) Theaterbühnen für das Einüben von Theaterstücken, von szenischen Spielen und Sketschen, an Lernbüros mit guter digitaler Ausstattung, an Werkstätten für die Bearbeitung verschiedener Werkstoffe und an Produktionsräume für die Schülerfirma, an Kletterwände, die Bewirtschaftung von Schulgärten und Obstwiesen usw. Sie können durch die Eigenaktivität der Lernenden zu einem besseren Erspüren des eigenen Körpers, zu Körperresonanzen in der Auseinandersetzung mit dem Gegenständlichen und zu *Könnenserfahrungen* führen. In der Schulpraxis ist täglich zu beobachten, dass demotivierte, leistungsschwache und misserfolgsgewohnte Schüler und Schülerinnen ‚aufblühen‘, wenn Ihnen Gelegenheit geboten wird, sich selbst durch eigenes Tun vor sich und anderen Menschen zu beweisen. Es ist müßig zu erwähnen, dass diese Aufgabenerweiterung der Schule nicht nur eine andere Architektur benötigt, sondern auch die konventionelle Didaktik auf den Kopf stellt. Ein Lernen in den üblichen Raum-Zeit-Schemata ist dann nicht mehr möglich (vgl. Schönig 2014).

- Die Überlegungen zur intentionalen Erziehung haben aufgewiesen, wie wichtig es ist, im Prozess der Erziehung den Lernenden sukzessiv mehr und mehr Freiheiten zuzugestehen, um sie behutsam zur Übernahme von Verantwortung für sich, ihre Mitmenschen, die Natur und die Dingwelt zu führen. Dies ist die Antwort auf *das Bedürfnis nach Selbst- und Mitverantwortung.* Zwar wird Schülern und Schülerinnen ein quasi-parlamentarisches Recht zu gesprochen, sich durch Schülervertretungen an der Regelung der schulischen Angelegenheiten zu beteiligen. Dieses Recht bleibt ihnen aber *äußerlich* und erreicht auch nicht alle Betroffenen. Deshalb ist es wichtig, sie an *Situationen mit Ernstcharakter* heranzuführen, in denen sie sich bewähren müssen, das Verhältnis zwischen wachsender Selbstständigkeit und dem Risiko im Verlauf der Biografie abwägend. Für sich selbst *Verantwortung* übernehmen bedeutet, in Entscheidungssituationen von der eigenen Entscheidungsfreiheit begründet Gebrauch zu machen und die *Konsequenzen* des eigenen Verhaltens zu tragen. Dabei dürfte es schwieriger sein, zu eigenen Entscheidungen zu stehen als sie zu fällen. Aber im Sinne des Bedürfnisses der Selbstaktualisierung sind Heranwachsende in der Regel bereit, die Last der Verantwortung auch zu tragen. Die reifende Person hat darüber hinaus auch das Bedürfnis, für andere da zu sein, für sie einzutreten, ihnen zu helfen und sie zu entlasten. In didaktischer Analogie spricht Wolfgang Klafki in seiner kritisch-konstruktiven Didaktik auch von der „Solidaritätsfähigkeit“ – neben der „Selbstbestimmungsfähigkeit“ und „Mitbestimmungsfähigkeit“ (Klafki [10]1999). Je mehr die Schule auf Gemeinschaftserziehung setzt, desto eher ist der Einzelne gewillt, Verantwortung für seine Mitschüler und Mitschülerinnen zu übernehmen. Er erlebt sich dann als Teil eines Ganzen, für das es einzutreten gilt. In seinem Habitus sind Signale erkennbar, die dem Anderen zeigen: du bist mir nicht gleichgültig, ich unterstütze dich. Dort, wo die Schule vulnerable oder Personen(gruppen) zu begleiten hat, ist diese Sorge für den Anderen ein unschätzbares Pfund für die Peer-Kooperation, aber auch für die Sozialerziehung im Ganzen. Man mag dabei an Helfersysteme im Kontext der Inklusion, an die Begleitung von jüngeren Lernenden durch ältere beim fachlichen Lernen (Lernpatenschaften), an die gemeinsame Bewältigung von Aufgaben in Outward-bound-Projekten (Hochseilgarten, Kanutouren, Steilwandklettern, Wandertouren…) denken. Räume, die in die Richtung der Selbst- und Mitverantwortung (er)ziehen, müssen je nach den pädagogischen Implikationen bestimmte Handlungsofferten offenhalten. Das gilt vor allem für die Gestaltung, Strukturierung und *Zonierung des Schulhauses*, wo der Alltag vielzählige Gelegenheiten für die Verantwortungsübernahme bietet. Da ist z. B. die Lernoase, eine Nische in der Lernlandschaft oder ein ruhiger Raum in der Bibliothek, in den man sich für das individuelle Lernen oder die Lernbegleitung eines leistungsschwächeren Partners zurückziehen kann. Es gibt vielleicht einen Lernparcours auf dem Schulgelände, der zur „Führung des Blinden“ oder zu gemeinsamen Geschicklichkeitsspielen einlädt. Die Ausstattung der Schule mit Pflanzen, Aquarien, Terrarien, Mini-Zoo oder Hühnervoliere legt die Vergabe von Ämtern nahe, die gewissenhaft erfüllt werden wollen. Es wird ein Putzdienst eingerichtet, der für Ordnung und Sauberkeit der „Schulwohnstube“ (Petersen) zuständig ist usw. Häufig hängt die Erziehung durch den Raum eben nicht nur an den ‚großen Würfen‘ einer modernen Schularchitektur, sondern an simplen Praxisformen, die der pädagogischen Aufmerksamkeit leicht entgehen.

- Es ist ein anthropologischer Grundzug des Menschseins, dass wir eine Neigung verspüren, unsere Umgebung ansprechend zu gestalten – das Bedürfnis nach *ästhetischer Erfahrung*. Sie soll *schön* sein, als anmutig, harmonisch, heil und ordentlich, kurzum: als unsere Sinne schmeichelnd empfunden werden. Bereits das kleine Kind, das ins freie Spiel versinkt (s. das Titelbild des Buchcovers von Eva Kobberød), hat das Bedürfnis, dass das Ergebnis ihm gefällt, subjektiv stimmig und ‚rund‘ erscheint: Beim Falten einer Schachtel darf kein Knick an der falschen Stelle sein; der Bauernhof mit Kunststofftieren wird so wieder eingeräumt, dass die Tiere ‚schön‘ beisammenstehen; die farbigen Holztäfelchen werden so lange hin und her geschoben, bis bestimmte Farben ein ‚hübsches‘ Muster ergeben usw. Im Abgleich von innerer und äußerer Welt entwickelt das Kind Vorstellungen davon, was ansprechend, angenehm, ‚vollendet‘ und reizvoll ist. Es entwickelt einen eigenen Geschmack (zur Geschmacksbildung und zum Schulessen s. Kap. 7.4.2.3) und kategorisiert die Dinge in seiner Umgebung nach ‚schön‘ und ‚unschön‘, es hat ein *Bedürfnis nach ästhetischer Wahrnehmung*. Das gilt im Übrigen auch für die Dinge, die von Kindern gesammelt werden, wie Reinhard Fatke und Andreas Flitner (1983) gezeigt haben. Es scheint, als würde dieses *Bedürfnis nach ästhetischer Wahrnehmung* und Erfahrung in unseren Schulgebäuden auch heute noch hartnäckig ignoriert, weil nicht erkannt wird, dass es einen Kausalzusammenhang gibt zwischen der Ästhetik des Schulraums, dem ästhetischen Wahrnehmungsbedürfnis des Heranwachsenden und der Lernqualität. Die konventionelle Vorstellung ist eher die, dass Sinnesreize, die vom Gebäude, seinen Räumen sowie deren Einrichtung und Gestaltung ausgehen, das Lernen stören. Die Kritik an der Unwirtlichkeit, aversiven Wirkung, Monotonie und atmosphärischen Kälte unserer Schulgebäude und Klassenzimmer ist bereits verschiedentlich angeklungen und muss an dieser Stelle nicht erneut vorgetragen werden (vgl. Kap. 4.3 sowie Rittelmeyer 2014a, b; s. auch Kap. 7.1). Dem steht die sinnliche Erfahrungsfähigkeit des Menschen und sein *Bedürfnis nach ästhetischer Wahrnehmung* diametral gegenüber.

Im 5. Kapitel ist bereits ausführlich dargelegt worden, dass das Lernen ein ganzheitlicher Vorgang ist, in dem Wahrnehmung, emotionale Verarbeitung von Reizen und geistige Tätigkeit gewissermaßen eine Allianz eingehen. *Wohlbefinden*, *Leistung* und *Gesundheit* sind davon abhängig, in welcher Form sich die Räume präsentieren, in denen wir leben, lernen und arbeiten. Jeder Raum hat eine eigene Rhetorik, mit der er uns anspricht, und eine mehr oder minder ausgeprägte Anmutungsqualität. Anregende, inspirierende und als angenehm empfundene Räume haben bestimmte akustische und visuelle Merkmale: Klassenzimmer sind nicht hallig, sondern so geräuschgedämmt, dass eine angenehme Lautstärke und Arbeitsatmosphäre entstehen. Laut der Wirksamkeitsstudie von Barrett et al. (2015) entfallen zudem 28 % der geprüften Raumparameter auf die „angemessene Stimulation“, Farbe und Komplexität, wobei Komplexität die ästhetische Ausgestaltung des Klassenzimmers meint. Allerdings weichen in der Praxis die Vorstellungen zwischen Architekten und Nutzern davon voneinander ab, was „angemessen“ ist. Häufig werden im Schulbau ‚moderne‘ Farben verwendet, weil Kinder es angeblich ‚schön bunt‘ mögen. Leider ist die Enttäuschung auf beiden Seiten groß, wenn sich herausstellt, dass die Farbgebung bei den Nutzern auf Ablehnung stößt – aber nun ist die Farbe aufgestrichen und er Architekt nicht mehr da... Räume, die „angemessen“ gestaltet sind, korrespondieren mit dem Merkmal „ownership“ (s. o.), ihre Nutzer *identifizieren sich* mit ‚ihrem‘ Klassenzimmer und ‚ihrer‘ Schule. Diese Räume erzeugen nachweislich einen Zugewinn an Lernleistung (Barrett et al. 2015). Das skizzierte Problem des übergangenen *Bedürfnisses nach ästhetischer Wahrnehmung* ist lösbar, indem die Betroffenen auf zweierlei Weise zu Beteiligten gemacht werden. Zum einen ist es möglich und sinnvoll, Schüler und Schülerinnen in die bereits angesprochene „Phase 0“ einzubeziehen, wenn die Sanierung oder Neubau eines Schulgebäudes geplant wird (vgl. Kap. 4.3 sowie Kap. 9.1). Dadurch kann sichergestellt werden, dass deren sonst unausgesprochenen Wünsche an die neuen Lernumgebungen berücksichtigt und teure *Fehlplanungen* frühzeitig vermieden werden. In Kap. 9.1 werden entsprechende Beteiligungsformen ausführlich vorgestellt. Zum anderen gibt es immer wieder auch die Chance, Schüler und Schülerinnen an der praktischen Umsetzung der Wünsche zu beteiligen, so etwa, wenn einfache Holzgeräte für das Schulgelände gebaut oder farbige Motive auf Wände gemalt werden sollen.

Die voranstehenden Gedanken zu den fundamentalen subjekttheoretischen Grundlagen der „seelischen Grundbedürfnisse“ für das Konzept des erziehenden Raumes sind stillschweigend von einem *weiten Lernbegriff* ausgegangen. Lernen ist nicht gemäß einem kognitivistischen Verständnis die Aneignung und Reproduktion leicht überprüfbaren, messbaren Wissens, sondern der *Prozess der komplexen inneren Verarbeitung der Welterfahrung* mithilfe sämtlicher Sinne. Rudolf Künzli betrachtet Lernen als „relativ stabile Verhaltens- und Wahrnehmungsänderungen, wie sie auf Grund von Erfahrungen und deren Verarbeitung zustande kommen“ (Künzli 2009, 620). Auch wenn das im Buchtext immer wieder betonte *Erleben* aufgrund des neobehavioristischen Einschlags der Definition nicht berücksichtigt wird, so wird von Künzli doch der Erfahrungsbegriff neben dem Verhaltensbegriff als konstitutiv für das Lernen angesehen. Etymologisch betrachtet macht uns der Erfahrungsbegriff zunächst auf die aktive Seite der Erfahrung aufmerksam. „Erfahrung“ spricht die Aktivität des „Fahrens“ oder des „reisenden Erkundens“ an. Peter Fauser spricht deshalb von einem „Bewegungsbegriff“ der Erfahrung (Fauser 2000, 588). Der Reisende ist unterwegs und hält sich offen für die Dinge, Prozesse und Menschen, die ihm begegnen werden. „Erfahrungen machen“ ist aber auch ein Schritt in die Ungewissheit und Unsicherheit, denn wir wissen nicht, was auf uns zukommt. Hier zeigt sich die zweite, die passive Seite der Erfahrung. Sie spricht an, dass uns etwas *widerfährt*! Es entsteht etwas Unerwartetes, Überraschendes oder Ungeahntes, mit dem wir nicht rechnen konnten, das uns aber zur Auseinandersetzung herausfordert. Mit einem solchen Erfahrungsverständnis wird zugleich der Doppelcharakter des Raums in seiner Relationalität gut getroffen. Auf der einen Seite begegnet er uns als etwas Gegebenes, als „Widerfahrnis“, das bestimmte Wahrnehmungen und entsprechende Körperresonanzen erzeugt. Auf der anderen Seite wird er nicht nur passiv, gewissermaßen als euklidischen Raum wahrgenommen, sondern das Subjekt geht eine Beziehung mit ihm ein und konstruiert ihn mental wie physisch auf eine ihm gemäßen Weise. Es setzt sich lernend mit ihm auseinander.

Die Reflexionen des Kapitels 6 lassen es nunmehr zu, eine Definition des „erziehenden Raums“ vorzutragen, die als Arbeitsgrundlage für den *Teil II* des Buches, insbesondere für das 7. Kapitel tragfähig erscheint:

> Von einem Raum, der erzieht, ist im Sinne einer funktionalen Erziehung dann zu sprechen, wenn er aufgrund seiner Qualität die seelischen Grundbedürfnisse des jungen Menschen hinreichend zu berücksichtigen vermag und dadurch dessen Lernen im Sinne einer altersgemäßen reflexiven und handelnden Auseinandersetzung mit sich selbst sowie mit seiner sozialen und materialen Umwelt fördert.

Teil II
Modellvorstellungen zum erziehenden Schulraum und deren Konsequenzen für die inklusive Schulentwicklung

7 Konzeptionelle Eckpunkte: Pädagogische Dimensionen als Maßgabe für die Gestaltung des Schulraums – ein antinomisches Modell

In diesem *Teil II* des Buches mit seinem inhaltlich zentralen Kapitel 7 wird anhand eines heuristischen Schemas verdeutlicht, wie wesentliche pädagogische Dimensionen mit dem Thema des erzieherischen und bildenden Potenzials des Schulraums – Innenräume wie Außenbereich – in Verbindung gebracht werden können. Die einzelnen Kategorien sind zum Großteil an die Reformpädagogik des beginnenden 20. Jh., insbesondere an den Jena-Plan Peter Petersens angelehnt, freilich ohne sie im Detail zu besprechen. Aber sie werden ergänzt um weitere pädagogische Kategorien bzw. Aufgabenfelder, die unseren Gegenwartserfahrungen im Prozess der gesellschaftlichen Modernisierung entspringen. Zu denken ist zum einen an den durchgreifenden Trend zur *Nutzung digitaler Medien*, der seit einigen Jahren auch die Schulpraxis vehement, wenn auch mit erheblicher Verspätung erfasst. Zum anderen geht es um die gesunde Ernährung und die Naturerfahrung in der Schule.
Die jährlich im Herbst erscheinende KIM-Studie[40] und die JIM-Studie[41] des „Medienpädagogischer Forschungsverbund Südwest“ (KIM bezieht sich auf die 6- bis13-Jährigen, JIM auf die 12-bis 19-Jährigen) zeigen in aller Deutlichkeit auf, wie sehr der Alltag junger Menschen von digitalen Medien mitgeprägt wird, ein Trend, der die Schulen dazu auffordert, das *Potenzial digitaler Medien* auszuschöpfen und zugleich zu einem *verantwortungsbewussten Mediengebrauch* zu erziehen. Das Lernen wird immer mehr von elektronischen Medien mitgetragen. Das hat auch Auswirkungen

40 Medienpädagogischer Forschungsverbund Südwest (2021): KIM-Studie 2020: Kindheit, Internet, Medien. Im Open Access unter: https://www.mpfs.de/studien/kim-studie/2020/

41 Medienpädagogischer Forschungsverbund Südwest (2021): JIM-Studie 2021: Jugend, Information, Medien. Im Open Access unter: https://www.mpfs.de/studien/jim-studie/2021/

auf die Nutzung des jeweiligen digitalen Mediums im Raum, worauf in Kap. 7.4.1 ausführlicher zurückzukommen ist.
Zum anderen beobachten wir, wie sich die *Ernährungsgewohnheiten* junger Menschen in einem sich dynamisierenden Alltag verändern, zum Teil mit erheblichen Folgen für deren Gesundheit. Gerade vor dem Hintergrund der Ganztagsschulbewegung, die einhergeht mit der Bereitstellung der Mittagsbetreuung und einem Essensangebot, fällt den Schulen die Aufgabe einer praktischen Ernährungsbildung bzw. -erziehung zu. Es ist naheliegend, die Frage nach der Ernährung und Gesundheit auch in einem umfassenden Sinne als das Verhältnis des Menschen zu seinen *geschwächten Ökosystemen* anzusprechen. Aus diesem Grund wird dem Problem der *Entfremdung von der Natur* nachgegangen und die Frage aufgeworfen, wie Natur in die Schule geholt werden kann. In beiden Fällen stellen sich Herausforderungen für die konstruktive Nutzung des Schulraums (vgl. Kap. 7.4.2).
Maßgebend für die vorliegende Konzeption ist zweifelsohne das Gedankengut der Reformpädagogik des frühen 20. Jh. Will man die Bemühungen der reformpädagogischen Bewegung auf den Punkt bringen, so ist ihnen gemeinsam, dass sie den anthropologischen *Zusammenhang von Erfahrung, eigener Tätigkeit, Lernen und persönlicher Entfaltung* sichern wollten (vgl. Herrmann & Schlüter 2012). Alle reformpädagogischen Ansätze, ob bei Maria Montessori, der Landerziehungsheimbewegung, bei Celestin Freinet, Georg Kerschensteiner, Peter Petersen oder anderen, zielen darauf ab, Lernen und Bildung durch die Etablierung unterschiedlicher *Formen einer praktischen Erfahrung* zu ermöglichen und dadurch die konventionelle ‚Buch-und-Stoff-Schule' zu überwinden (vgl. Projektgruppe 1998, Flitner 1999).
Vor diesem Hintergrund hat es sich angeboten, aus verschiedenen Gründen (s. u.) auf ein prominentes reformpädagogisches Konzept, den Jena-Plan, zurückzugreifen. Einige Kategorien des vorzustellenden Modells sind an jene Praxisformen angelehnt, wie sie sich in den „vier Bildungs- und Erziehungsurformen" der *Jena-Plan-Pädagogik Peter Petersens*, nämlich *Gespräch*, *Spiel*, *Arbeit* und *Feier*, finden. Sie lassen sich mit Petersen als anthropologischen Konstanten fassen und sind von ihm bereits in seinem Kleinen Jena-Plan vorgestellt und dann konsequent weiterverfolgt worden. Beim Kleinen Jena-Plan handelt es sich um eine komprimierte Beschreibung der konzeptionellen Merkmale und der ersten Erfahrungen, die seit der Gründung der Jena-Plan-Schule als Universitätsübungsschule im Jahr 1924 zusammengetragen wurden. Es lässt sich auch von einer *Programmschrift* sprechen, die Petersen in Locarno auf der Tagung des „Weltbund für Erneuerung und Erziehung" im Jahr 1927 vorgestellt hat (vgl. Petersen ^{64}2011; von Petersen 1949 letztmalig korrigierte Fassung) und die in den dreibändigen Großen Jena-Plan einführt. Die vier „Urformen" können hier nicht diskutiert, wohl aber knapp umrissen werden, um dem Leser und der Leserin einen Eindruck zu vermitteln und um die Korrespondenz mit dem modellhaften Schema und dem Raumthema transparent zu machen.

Das Gespräch. Das Gespräch (auch „Unterhaltung") wird von Petersen sowohl für das informelle Lernen als auch für das systematische Lernen eingefordert. Petersen nennt die „pädagogischen Situationen" des Montags- und Sonnabendkreises, das Frühstück und die Pausen, die „Ordnung und Verarbeitung" von Lerninhalten im Anschluss an Lerngänge bzw. „Lehrspaziergänge", Gespräche zwischen Lehrern und Kindern und zwischen den Kindern während der Gruppenarbeit (vgl. Petersen [64]2011, 99). Diese „Grundform", wie Petersen sie auch nennt, hat im Konzept der Jena-Plan-Pädagogik insofern einen herausgehobenen Stellenwert, als sie zentrale Aufgaben für die *Gemeinschaftsbildung* in der „Stammgruppe"[42] und der Schule im Ganzen zu erfüllen hat. Ausführlicher geht Petersen in der „Führungslehre des Unterrichts" (Petersen 1937) auf das Gespräch ein und nennt vier Organisationsformen: der Kreis, der „Block" (kooperatives Lernen zur Erschließung von Sachinhalten und Lehrgespräch), das Frühstück und der „Haufe" (an anderen Stellen auch der „Haufen"). Drei Dinge sind nicht zu übersehen. Erstens gibt es im Konzept keine Tisch- und Stuhlreihen, denn, so resümierte Petersen, zeigte sich in der Praxis „die unheilvolle Anordnung der Tische in Reihen" (Petersen 1930, 41) für die Soziodynamik der Gruppe und die Gemeinschaftsbildung. Zweitens hat der Kreis innerhalb des Ensembles dieser Organisationsformen den prominenten Platz. Mit ihm setzt sich Petersen besonders auseinander. „Der Kreis", so Petersen, „[macht] jeden einzelnen wunderbar frei vor dem andern und bereit sich ihm zu öffnen" (Petersen 1984, 99). Ob Kreis, Halbkreis oder „Hufeisen": „Der Kreis konzentriert nicht nur stark auf den Gegenstand des Gesprächs, sondern gleich stark auf die Haltung eines jeden einzelnen." (ebd.) Lässt man die idealisierende Überhöhung des Lernens in Gruppen beiseite, so bleibt doch das sozial-kommunikative Moment in Petersens Konzept das zentrale Bestimmungsstück. Drittens liest sich die Beschreibung der „gruppenunterrichtlichen Verfahren", insbesondere der Arbeit im Kreis, immer in Korrespondenz mit *alternativen räumlichen Arrangements*. Für den Lehrer-Schüler-Dialog im Kreis steht für Petersen fest: „Keine Tische, nicht einmal ein in der Mitte aufgestellter Tisch." Und weiter: Das bewegliche Mobiliar wird „überhaupt hinausgeschafft in einen Nebenraum, auf den Flur, und so bietet der Raum einen ganz neuen Anblick, alles wirkt befreiender, öffnender [...]" (ebd.). Die Bedeutung dieser Auskünfte für das Thema des vorliegenden Buches – der Zusammenhang von Raum und Erziehung – ist evident. Zeigt sich hier doch vorausgreifend auf neuere Studien, dass die *Öffnung und Flexibilisierung des Raums* gewissermaßen spiegelbildlich zum Ziel der Gemeinschaftserziehung in der Schule zu erfolgen hat.

42 Es sei daran erinnert, dass Petersen der „Jahresklasse", also der altershomogenen Schulklasse, den „Bankerott" erklärte (Petersen [64]2011, 32) und Schüler und Schülerinnen aus drei Altersjahrgängen zu je einer „Stammgruppe" zusammenfügte: die „Untergruppen" (1.-3. Schuljahr), die „Mittelgruppen" (4.-6. Schuljahr) und die „Obergruppen" (7.-9. Schuljahr). Er versprach sich davon ein fruchtbares „Bildungsgefälle" (ebd., 69) und ein sozial anregungsreiches Lernmilieu. Dazu gehört organisatorisch, dass die Kinder und Jugendlichen in ihren „Schulwohnstuben" in „Tischgruppen" beisammensitzen.

Das Spiel. Obwohl Petersen immer wieder Bezug nimmt auf das Spielkonzept des Elementarpädagogen Friedrich Fröbel (1782-1852), schließt er das freie Spiel in der Schule aus. Gleichwohl sieht er vor allem im „Lernspiel" einen eminent wichtigen Beitrag für das Lernen und die Bildung: „Gerade weil der Schüler, eingefangen vom Spiel, als ganzes Lebewesen hineingeht, nimmt er umso tiefer und fester auf, lernt er also umso besser; [...]." (Petersen 1984, 102) Und auch hier zeigt sich das Zusammenspiel von pädagogischer Spielform und Raumnutzung: „Räumlich wird sich der Lehrer mit Schülern um die zum Block zusammengestellten Tische setzen oder im Halbkreis vor die Tafelfläche, wenn es sich um ein Spiel handelt, bei dem die Tafel gebraucht wird, im beherrschbaren Haufen, wenn er mit den Schulanfängern ein Kegelspiel benutzt, um sie in die Geheimnisse der Zahlen einzuführen, sie zu- und abzählen und vervielfachen zu lassen, im Spiel." (ebd.) Wenig Aufmerksamkeit schenkt Petersen in diesem Themenfokus den „bildenden Zweckspielen" (Pausen- und Turnspiele) und den „Schau-Spielen" (Kasperle)Theater, der Dramatisierung von Stoffen, Aufführungen und Sprechchören. Sie kommen allerdings beim Thema Feiern zur Geltung.

Die Arbeit. Anders als beim Arbeitsbegriff, wie er sich in diesem Buch darstellt und der auch die praktisch-körperliche Auseinandersetzung mit einer Aufgabe meint, nimmt Petersen eine zweifache Einordnung des Arbeitsbegriffs vor und grenzt sich strikt von einem Arbeitsverständnis ab, wie es im ökonomischen Kontext verwendet wird. „Arbeit" rückt er einerseits in den Begriffshorizont von „Gruppenarbeit" und andererseits in ein breites Programm von „Kursen". Zur Gruppenarbeit heißt es: „Jede auf Grund ihrer Altersreihe zusammenlebende Stammgruppe verteilt sich über den ganzen Raum an die ein- bis zwei- und viersitzigen Tisch und arbeitet in Tischgruppen vereint." (ebd., 103). Die Kurse seien nur aufzählend genannt: Einführungskurse (zur Eingewöhnung der Schulanfänger), Niveaukurse (zur ‚begabungsgerechten' Differenzierung in Rechnen und Sprachlehre), Einschulungskurse (zur arbeitsmethodischen Vorbereitung auf den Wechsel von der Untergruppe in die Mittelgruppe), Sonderkurse (zur fachlichen Vertiefung primär in der Obergruppe) und Wahlkurse (zur Förderung bestimmter Neigungen und Interessen) (vgl. Petersen 1984, 103ff.). Petersen ergänzt die Arbeit im Schulgarten und „in der Schulwohnstube, die es in Ordnung zu halten gilt" (Petersen [64]2011, 100).

Die Feier. Petersen unterscheidet vier verschiedene Feiern danach, inwieweit die *Verantwortung* bei den Lehrpersonen oder bei den Schülern und Schülerinnen liegt. In der genannten Reihenfolge nehmen Initiative und Verantwortung von einem Maximum bei der Lehrkraft bei der Morgen- und Wochenschlußfeier über die „Advents- und Weihnachtsfeiern" und „größere dramatische Aufführungen" (Petersen 1984, 106) sowie die Aufnahmefeier für die Schulanfänger immer mehr ab, bis sie bei den „selbständig gestalteten Feiern" (ebd.) ganz bei den Schülern und Schülerinnen liegen. Bei Letzteren ist an Verabschiedungsfeiern und Geburtstagsfeiern zu denken. Die Berichte aus der Jena-Plan-Schule machen sichtbar, wie sehr die Feier

nicht nur die Stammgruppen, sondern auch die Schule als Ganze durchdringt (so etwa Apelt-Döpp-Vorwald 1934). Die Schule steht mit den Feiern in der christlichen und bäuerlichen Tradition sowie für die *persönliche Würdigung* der Schüler und Schülerinnen. Ihr pädagogischer Sinn ist in der Förderung von Gemeinschaft zu sehen, denn, so Petersen: *„Jede Feier gehört an ihren Ort*, d. i. zeitlich, wie räumlich nach der ‚Lokalität' (etwa ins Freie, in einen Saal)" (Petersen 1984, 106; Hervorhebung im Original). Anzumerken ist, dass zumindest der (Montag)Morgenkreis heute ein fester pädagogischer Bestandteil der Praxis an zahlreichen Grundschulen ist.
Die Anlehnung an Petersens vier Bildungs- und Erziehungsurformen hat einen dreifachen Grund. Zum einen versteht Petersen sie nicht, zumindest nicht primär als *didaktische* Kategorien, sondern als *Bestandteile seines Schulkonzepts*. Im Kleinen Jena-Plan resümiert er, auch zurückblickend auf seine Zeit in Hamburg an der Lichtwarkschule in Hamburg-Winterhude und als Professor an der Hamburger Universität, seine Reformposition:

> „Die fast zehnjährigen Erfahrungen aus erster Hand hatten mich so eindringlich wie nur möglich gelehrt, daß die neue Schule, um die seit nahezu 50 Jahren so heftig gekämpft wurde, niemals auf dem Wege über eine Änderung der Unterrichtsmethoden kommen werde [...] Mir war klar geworden, daß es um etwas ganz anderes gehe, nämlich darum: Aus der Schule als Ganzem etwas Neues zu machen, d. h. das ganze Schulleben von Grund auf, radikal, zu ändern." (Petersen [64]2011, 116)

Unübersehbar ist, dass Petersen sich von den strengen Unterrichtsformaten der sog. Herbartianer und entsprechend von seinem Jenaer Vorgänger auf dem Lehrstuhl für Erziehungswissenschaft Wilhelm Rein distanziert. Wichtiger als dies ist aber, dass er die Strukturbausteine seiner Schultheorie *zusammendenkt*, mit den Worten der modernen Schulentwicklungstheorie gesprochen: die *Schule als Ganze* denkt. Kein einziger Bestandteil der Jena-Plan-Pädagogik wird bei Petersen isoliert betrachtet. Man wird deshalb die Aussage wagen dürfen, dass das ursprüngliche Konzept der Jena-Plan-Schule die am besten durchdachte Komposition eines ganzheitlichen historischen Schulkonzepts ist.
Der zweite Grund ist in demselben Kontext zu verorten. Petersen betont die Bedeutung des Lernraums für einen reformierten Unterricht – wir würden heute von einem „offenen Unterricht" sprechen. Allerdings: „Lassen wir nicht die unterrichtlichen Gesichtspunkte, sondern das Zusammenleben der Schüler und dessen naturgemäße Formen bestimmen, so gelangen wir zur Aufgabe des „Klassenzimmers" und zur Einrichtung der „Schulwohnstube" [...]." (Petersen 1930, 30). Bereits die oben gegebenen Hinweise zum Gespräch lassen anklingen, dass die Organisation des Lernraums sich nach den Sozialformen zu richten hat, d. h. Tische und Stühle variabel gestellt werden müssen, damit die pädagogische Einflussnahme angemessen an die „pädagogische Situation" (Petersen) erfolgen kann. „Die ‚Schulwohnstube'", so Petersen, „ist ein, nein, sie ist *das* hervorragendste Mittel für die sittliche und soziale

Bildung, für Zucht im Vollsinne des Wortes" (Petersen [10]1971/1984, 65; Hervorhebung im Original). Und weiter: „*Der Raum als solcher besitzt die größte Bedeutung*, ja ist die unentbehrliche Voraussetzung für die Bildung von Gemeinschaft. Auch der Schulraum hat eine starke *seelenformende Kraft* […]." (ebd., 61; Hervorhebung im Original) Deshalb bietet Petersen die „Schulwohnstube" den Lernenden für deren Gestaltung an. Sie sollen Dinge aus ihrem persönlichen Leben einbringen, um der Schulwohnstube einen persönlichen Charakter zu geben, die Identifikation mit dem Raum zu ermöglichen und das Wohlbefinden zu fördern. Hier schließt sich Kreis zum „wellbeing"-Verständnis, wie es in Kap. 5.1 dargelegt wurde.
Eng verflochten mit Petersens Anliegen der Öffnung des Schulraumes ist der dritte Grund. Aus „schulhygienischen" bzw. aus ergonomisch-gesundheitlichen, aber auch aus pädagogischen Gründen setzt sich Petersen vehement von einer Schule ab, die die Heranwachsenden mithilfe der Rettig-Schulbänke an fest zugeordnete Plätze fixiert und ihre Bewegungsmöglichkeiten auf ein Minimum einschränkt. Im Kleinen Jena-Plan ruft er „Wahre Bewegungsfreiheit!" aus (Petersen [64]2011, 46) und fordert, so wörtlich, einen „bewegte[n] Unterricht" (!) (ebd., 47). Petersen ist überzeugt: „*Bewegung ist die Nahrung des wachsenden kindlichen Körpers*; ihre Unterbindung Verbrechen an seiner Gesundheit." (ebd.; Hervorhebung im Original) Und es sind eben auch die erzieherischen Motive Petersens, die für die Bewegung im geöffneten Lernraum sprechen. In seiner „Führungslehre des Unterrichts" von 1937 unterstreicht Petersen im Affront gegen die konventionelle Schule und gegen die „Platzfrage" das Zusammenspiel von Raum, Bewegung und pädagogischen Intentionen:

> „Nein, die Schüler sollen gerade ihre Sachen holen, sie zur rechten Zeit und im rechten Umfange holen lernen und so täglich üben, ihre Arbeit zu planen, sich vorher genau zu überlegen, was sie alles brauchen für die vorgenommene Arbeit. […] Ebenso sollen die Schüler im Raume alltäglich lernen und üben, den Weg vom Sitzplatze zu den Schränken durch die 30-40 Mitschüler hindurch so zu machen, daß sie sich dabei gut benehmen; es lernen, sich auf dem Hin- und Rückwege nicht sinnwidrig ablenken zu lassen. Zugleich soll ihnen Gelegenheit gegeben sein, in die Arbeiten der Kameraden hineinzublicken, sie zu sehen, zu beachten, Interesse daran zu nehmen, auch währenddessen daraus zu lernen." (Petersen [10]1971/1984, 58)

Mit modernem schulpädagogischen Vokabular gesprochen würde man wohl von einem sozial-kooperativen Unterricht sprechen, der sich Methodenkompetenz und Sozialkompetenz auf die Fahnen schreibt. So gesehen sind Raumarrangement und Bewegungsfreiheit *Erziehungsmittel*, die der Erreichung eines bestimmten Spektrums an Erziehungszielen zu dienen haben.
Die folgende Darlegung wird von der Idee geleitet, die genannten, raumtheoretisch relevanten pädagogischen Kategorien in einem heuristischen Modell zusammenzutragen, das übersichtlich ist und das zugleich die *pädagogischen Spannungsgefüge* vor Augen stellt. Technisch gesprochen wurde als Darstellungsschema ein Ach-

senkreuz gewählt, das jeweils zwei zentrale Kategorien einander gegenüberliegend anordnet. Auf diese Weise wird der antinomische Charakter der zentralen Kategorien angesprochen. Die paarweise angeordneten Kategorien bzw. pädagogischen Dimensionen stehen in einem wechselseitigen *Abhängigkeits- und Spannungsverhältnis*, das im schulpraktischen Idealfall ausbalanciert ist. Umgekehrt gilt: Wenn ein einzelner Spannungspol in der Praxis eine starke Dominanz bekommt, geraten pädagogische Bemühungen leicht ins Abseits. Wo es bspw. *Bewegung und Aktivität* gibt, müssen auch *Ruhe und Entspannung* möglich sein; wo man beisammen ist und miteinander *kommuniziert*, muss man auch für sich sein dürfen usw. Im Schema finden sich entsprechend fünf Begriffspaare bzw. zehn zu behandelnde Dimensionen, die nicht immer trennscharf sind: *Bewegung* und *Aktivität* vs. *Ruhe* und *Entspannung* (7.1); *Beisammensein* vs. *sich zurückziehen und für sich sein* (7.2); *individuelles Spielen und Lernen* vs. *kollektives Spielen und Lernen* (7.3); *Lernen mit digitalen Medien* vs. *Natur erfahren und sich gesund ernähren* (7.4); *Arbeiten* vs. *Feiern* (7.5). Das folgende Schema stellt die Struktur dar und ist ein Scharnier für den anschließenden Text.

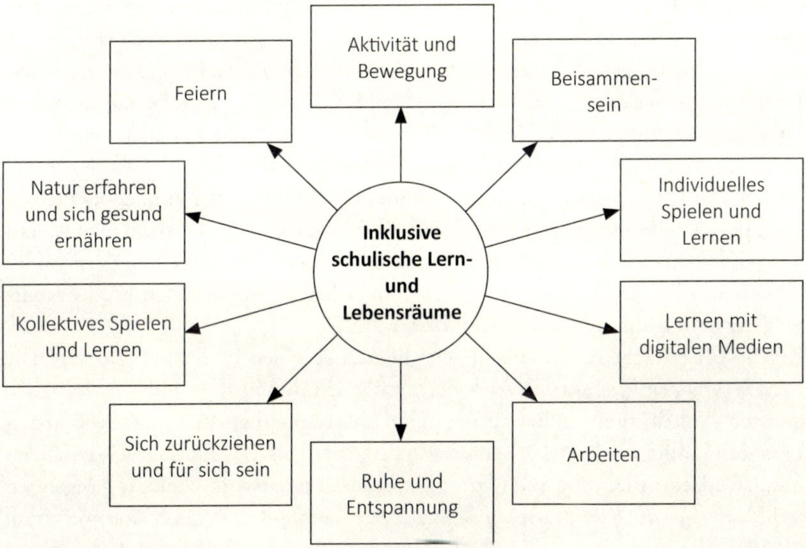

Grafik. 1: Pädagogische Bestimmungsgrößen für die Raumnutzung

7.1 Aktivität und Bewegung vs. Ruhe und Entspannung

Dieser Text bietet zwei Zugänge zum Thema an. Zunächst wir aufgezeigt, welche Gestaltungsmöglichkeiten es *innerhalb des Schulhauses* gibt, um einerseits das Bewegungsbedürfnis der Heranwachsenden zu befriedigen, andererseits dem Entspannungsbedürfnis Genüge zu tun. Dabei wird den psychoakustischen Verhältnissen, dem Licht und der Farbgebung besondere Aufmerksamkeit zuteil (7.4.1). Der zweite Zugang zielt auf den Außenbereich der Schule. Die Aufenthaltsqualität, angefangen beim versiegelten Schulhof bis hin zu durchgrünten funktionalen Einheiten für Bewegung und Entspannung werden diskutiert (7.4.2). Beiden Unterkapiteln wird eine hinführende Auseinandersetzung mit der Bewegungshemmung durch die Schule sowie mit kontroversen Konzepten der *synästhetischen Körperresonanzen* und der *Hirnforschung* vorangestellt.

Es kommt nicht von ungefähr, dass „Aktivität und Bewegung" im Achsenkreuz oben steht und damit den Ausgangspunkt der konzeptionellen Abhandlung markiert. Kein anderer Sinn wird derart aus dem schulischen Lerngeschehen ausgeklammert, ja als *Störfaktor des Lernens* angesehen wie der *Bewegungssinn*. Lernen hat im Kopf stattzufinden und jede Ablenkung, gerade die durch Bewegung ist zu vermeiden. Die Untersuchung von Sonja Hnilica (2003) über „Die Schulbank als Erziehungsapparat" zeigt eindrücklich auf, wie durch Jahrhunderte hindurch der Körper in seine Schranken verwiesen, sprich: in *bewegungsverhindernde Schulbänke* eingezwängt wurde. Die selbstverständliche Stilllegung des Körpers ist erst in jüngerer Zeit hinterfragt worden. Das gilt nicht nur für die Schule, sondern für das Bewegungsverhalten von Kinder und Jugendlichen allgemein, also auch für ihr *Freizeitverhalten*. Erst jüngst hat Active Healthy Kids Germany (2022) den deutschen Kindern und Jugendlichen ein verheerendes „Bewegungs-Zeugnis" mit der Note 4- ausgestellt. Die Forscherteams haben in 57 Ländern Daten über die allgemeine Fitness, über aktives Spiel, Schulsport und persönliche Lebenswelten von Kindern ermittelt. Der deutsche Studienbeitrag von Yolanda Demetriou, Technische Universität München (TUM), stellt heraus, dass 80 % der untersuchten deutschen Probanden unterhalb der Empfehlung der WHO bleiben, nämlich pro Tag mindestens eine Stunde lang körperlich intensiv oder moderat aktiv zu sein (Active Healthy Kids Germany 2022).

Zu diesem ernüchternden Bild leistet die Schule einen markanten Beitrag. Die *Bezwingung der Bewegungsimpulse* der Lernenden durch die – mikrosoziologisch gesehen – institutionelle Gewalt der Schule korrespondiert mit einem verkürzten Lernverständnis, in dem das Lernen weitestgehend als Einheit aus Wissensaneignung, Gedächtnisleistung und Reproduktionsleistung besteht – eine Angelegenheit des Kopfes. Horst Rumpf hat wie kein anderer das reduktionistische Lernverständnis und „die übergangene Sinnlichkeit" gebrandmarkt (z. B. Rumpf 1981). Seine Charakterisierung des Lernenden als „Kopffüßer" bringt drastisch zum Ausdruck, dass aus Sicht der Schule alle Körperzonen unterhalb des Kopfes zu ignorieren sind. Bewegungsstaus könnten ja in Pausen aufgelöst werden.

Nun würde man den modernen Schulen nicht gerecht, wollte man ihnen diese Eigenschaften immer noch *pauschal* zuschreiben. Das Lernen ist variantenreicher und lebendiger geworden. Geblieben ist freilich, dass der *Körper als Organ des Ler-*

nens und damit der Bewegungssinn vielerorts ignoriert wird. Als Eltern wissen wir, welch eine erstaunlich große Rolle die Bewegung im Grundschulalter und in der Vorpubertät spielt. Unsere Alltagserfahrung sagt uns, dass Kinder ausgeglichener und gesünder sind, sich wohler fühlen und sich besser konzentrieren können, wenn sie sich ausgiebig bewegen können. Aber die Schule – sieht man von der Grundschule ab – macht sich diese Erfahrung nicht zunutze.

Zieht man wissenschaftliche Befunde heran, dann wird umso deutlicher, welcher Lernchancen sich die Schule begibt. Für Ralf Laging ist die Bewegung eine „Basiskompetenz der Weltbegegnung" und eine „fundamentale Möglichkeit der Selbst- und Fremdwahrnehmung" (Laging 2017, 7 und 8). Bereits der Blick auf die Ontogenese des Kindes zeigt, wie im Bewegungshandeln eigene *Vorstellungen von sich selbst* und der Welt entstehen. Mit der Befriedigung seiner „Funktionslust" (Karl Bühler) erprobt sich das Kind und lernt im umfassenden Sinne durch die praktische Auseinandersetzung mit seiner Umgebung. In diesem Vorgang der Selbst- und Weltbegegnung bilden *Bewegung, Wahrnehmung und kognitive Verarbeitung eine Einheit*. Der Körper bildet einen Resonanzboden des Lernens.

In diesem Zusammenhang gebraucht Christian Rittelmeyer (2014b) den Aisthesis-Begriff, der sich mit „sinnliche Erkenntnis" oder „Lehre von der sinnlichen Erkenntnis" übersetzen lässt. Rittelmeyer hebt darauf ab, dass es keine kognitiven Leistungen ohne sinnliche Aktivitäten gibt und bei der Wahrnehmung immer mehrere Sinne zugleich zusammenspielen. Deshalb haben *Körperresonanzen* eine „konstitutive Rolle für das menschliche Urteils- und Erkenntnisvermögen" (Rittelmeyer 2014b, 13). Diese *Synästhesie* zeigt an, dass diesseits der kognitiven Reizverarbeitung, also gewissermaßen in der „Peripherie außerhalb des Gehirns", die Wurzeln für unsere Erkenntnisprozesse liegen. In Anlehnung an die phänomenologische Philosophie von Erwin Straus hält Rittelmeyer fest, dass der gesamte Mensch denkt, nicht allein das Gehirn. Diese Vorstellung lässt sich als „embodied cognition", als verkörperte Erkenntnistätigkeit bezeichnen (ebd., 10ff.). Rittelmeyer verdeutlicht dies an einem Beispiel aus seiner Raumforschung. Studierenden wurden Gebäudeabbildungen gezeigt, die auf sie eher „kühl" oder „warm" wirkten. Die Körperreaktionen wurden durch die Veränderung der *elektrodermalen Aktivität* (Hauttemperatur, gemessen zwischen Brustbein und Schlüsselbein) und der *Pulsfrequenz* gemessen. Rittelmeyer trägt dazu Folgendes vor:

> Die Hauttemperatur „erhöht oder erniedrigt sich […] durch eine angeregte oder abgedämpfte *Gefäßtätigkeit*. Also muss man davon ausgehen, dass zunächst – wie traditionell angenommen – ein visuelles Signal, der Gebäudeeindruck, in das Gehirn gelangt. Von hier aus muss jedoch ein *Impuls in die Peripherie der Brustregion* erfolgen, der dort die Gefäßtätigkeit anregt oder abdämpft. Die damit entstehende gesteigerte oder erniedrigte Körpertemperatur wird durch Temperaturrezeptoren wieder in das Gehirn zurückgemeldet, verschmilzt hier gewissermaßen mit dem visuellen Außeneindruck, so dass unser Urteil „kalte" und „warme" Farbe schon eine *Synästhesie*, ein sinnliches Zusammenwirken von optischem und Temperatur-Sinn ist." (ebd., 17,18)

Selbst abstrakte Gedanken haben so gesehen ihre Wurzeln in basalen Vorgängen außerhalb des Gehirns. Umgekehrt gilt, dass das Gehirn Begriffe repräsentiert, indem es die dazu gehörende, schon einmal erlebte Sinneswahrnehmung wiederaufleben lässt. Das Gehirn legt also aufgrund unserer Körpererfahrungen *Gedächtnisspuren* an, die es rasch wieder abruft. So ‚schmecken' wir bspw. die Schokolade, wenn wir das Wort Schokolade hören; wir ‚sehen' gewissermaßen ‚vor dem inneren Auge' die verschmorten Kabel, wenn wir das Wort Schwelbrand hören.
Katrin Hille (2017), die dem Embodiment-Ansatz folgt, legt die Bedeutung der Synästhesie ebenfalls an Forschungsergebnissen und an Beispielen für den Grundschulunterricht dar. Für den hohen Stellenwert der Bewegung für das Lernen sei das Rechnen im Erstklassunterricht angesprochen. Auch wenn das Rechnen mit den Fingern bei manchen Grundschullehrkräften verpönt ist, zeigen empirische Befunde, dass Abzählreime unter Zuhilfenahme der Finger („Das ist der Daumen, der schüttelt die Pflaumen...") das Lernen erleichtert. Offenbar „unterstützt die Logik der Handlung die Entstehung einer stabilen Ordnung" (Hille 2017, 91). Wenn die Zahlen kognitiv verinnerlicht sind, kann das Kind getrost auf das Abzählen an den Fingern verzichten. Vergleichbares lässt sich für den Schriftspracherwerb oder das Erlernen einer Fremdsprache zeigen. So kann der Fremdsprachenunterricht deutlich von der Verwendung von Gesten profitieren. Es spricht vieles dafür, dass *szenisches Spiel*, *Theaterspiel* oder *Tanz*, also körper- und bewegungsorientierte Lernverfahren, zu besseren, d. h. nachhaltigeren Lernergebnissen führen, weil die gelernten Begriffe nicht blass bleiben, sondern durch eigene Körpererfahrungen emotional grundiert sind. Zudem haben diese gesamtkörperlichen Resonanzphänomene nachweislich einen positiven Einfluss auf das soziale Lernen, denn die Aktivität des Körpers im interaktiven Kontext leistet einen wesentlichen Beitrag zur Entwicklung der Empathiefähigkeit (Rittelmeyer 2014b).
Vor dem Hintergrund des Embodiment-Ansatzes ist nachvollziehbar, dass Laging und Rittelmeyer sich distanzierend zur modernen Hirnforschung äußern, die das *Lernen als neurophysiologischen Verarbeitungsprozess des Gehirns* deklariert. Rittelmeyer spricht von einer „neurozentrischen Blickverengung" und entsprechend von einem „anthropologischen Irrweg" (ebd., 16; vgl. 163-176). Der Autor leugnet nicht, dass der Hirnforschung die Prozesse neuronaler Verschaltungen an die Bindung konkreter leibhaftiger Erfahrungen geläufig sind, kritisiert aber die strikte Fokussierung auf die ‚technischen' Abläufe der Neubildung synaptischer Verbindung in den verschiedenen Hirnregionen und die Vorstellung, dass man das Lernen durch ein „gehirngerechtes Training" nachhaltig fördern könne. Im Bild gesprochen: „Der Kopf und insbesondere das darin befindliche Gehirn residieren als eine Art Ludwig XIV. über dem Leib, dem Fußvolk in diesem anthropologischen Panoptikum." (ebd., 169) Das Gehirn als Entität könne schlechterdings der Adressat von Erziehung und Förderung von Lernbereitschaft sein. Wenn Lernen aber in einem weiten Sinne als Weltbegreifen im sozialen Zusammenspiel verstanden

werden soll, dann stellt sich, so Laging (2017), auch die Frage nach dem *Sinn*. Sinn könne aber nur durch die Auseinandersetzung mit komplexen und vorgängigen Erfahrungen im langfristigen Prozess des Lernens entstehen. So verstandenes Lernen sei wiederum auf *Diskontinuitäten*, *Brüche* und die *Überwindung von Widerstand* angewiesen und könne nicht angemessen mit mechanischen Analogien der Hirnforschung beschrieben werden.
Jenseits dieser Blickverengungen vermag die Hirnforschung jedoch einige wichtige Ergebnisse und Anhaltspunkte für das Lernen zu liefern, auch für die Bedeutung der Bewegung. So konnte bspw. experimentell nachgewiesen werden, dass intensive Bewegung die Produktion des BDNF-Proteins (BDNF = brain-derived neurotropic factor) fördert. BDNF sorgt wiederum für eine verstärkte Neurogenese, also das Entstehen neuer Nervenzellen. Die Folge ist, dass sich die Leseleistung von Kindern erhöht (Hille & Walk 2019). Gudula Ritz-Schulte (2014) legt die Modulationsdynamik der Körperbewegung im Gehirn neuropsychologisch dar. So sorgt das dopaminerge Belohnungssystem im Nucleus Caudatus dafür, dass motorische Aktivität vom Subjekt als angenehm und anregend erlebt wird. In Folge des Wohlbefindens wird *mehr intrinsische Motivation* und *mehr Handlungsenergie* erzeugt. Das Lernen im Sinne der Gedächtnisleistung verbessert sich.
Da es im Gehirn auch Antagonisten gibt, die das Subjekt vor schlechten Erfahrungen und Überlastung schützen sollen, wäre es eine Aufgabe für die Schule, solche räumlichen Bedingungen bereitzustellen, die zur Bewegung herausfordern und dadurch motivierende Könnenserfahrungen ermöglichen. Weil aber das Raumerleben *vorbewusst* ist und der Raum vom gesamten Sinnesspektrum vor jeglicher Reflexion erfahren wird, bedarf er einer *Anmutungsqualität*, die zur Eigentätigkeit hinzieht bzw. er-zieht. Es ist ein zentrales Ziel eines erziehenden Raums, durch Bewegungsimpulse die selbstständige Positionierung der Lernenden im Raum sicherzustellen, deren Eigentätigkeit zu steigern und deren Fähigkeit zur selbstständigen und und vertiefenden Auseinandersetzung mit den Gegenständen zu unterstützen. Zahlreiche Anregungen dazu gibt der Band von Brägger, Hundeloh, Posse und Städtler (2017).

7.1.1 Gestaltungsmöglichkeiten im Schulhaus

Es ist bereits angeklungen, dass die Bewegung nicht in einen extracurricularen Bereich, z. B. in die Pausenzeiten abgedrängt werden sollte, sondern zum Lernen gehört, also auch im Unterricht seinen Platz finden muss. Das ist natürlich auch eine Frage der Didaktik, die hier nur aufgeworfen werden kann. In vier Abschnitten werden Hinweise für die Förderung von Bewegung gegeben, die auf räumliche Veränderungen mit unterschiedlicher Komplexität zielen: räumliche Veränderungen im ***Klassenzimmer***, der pädagogische Einbezug des ***Flurs*** und damit verbundene *Umbauten* im Bestandsgebäude, pädagogische Nutzung der ***Aula*** und der ***Neubau***.

Was ist überhaupt möglich in einem ***Klassenzimmer***, das nur eine Grundfläche von etwa 60 Quadratmetern bereitstellt? Bedenkt man, dass vor allem in alten Schulgebäuden Flächen durch Regale, Pult, Handwaschbecken und eine Klapptafel, die für das Öffnen der Seitenflügel 17 Quadratmeter in Anspruch nimmt, die wiederum für eine flexible Raumnutzung verlorengehen, belegt sind, dann bleibt nur noch wenig Raum für das *bewegte Lernen* übrig. Lehrer und Lehrerinnen nutzen diese missliche Lage hin und wieder, um daraus ein Abwehrargument abzuleiten nach dem Motto: „Mir sind doch die Hände gebunden. Was soll ich in diesem winzigen Klassenzimmer schon machen?“ Eine Antwort findet sich wiederum im Jena-Plan Peter Petersens. Im Ersten Band des sog. Großen Jena-Plans formuliert er einige Leitlinien für die Praxis seiner Reformschule:

> „Das Mobiliar muß so hergestellt sein, daß es leicht zu bewegen ist und im Mindestmaß aus sich Störungen und Unsauberkeit im Raume verschuldet. Also müssen in den leicht beweglichen und oft verschobenen Tischen Tintenfässer fehlen, desgleichen Schubläden. Überhaupt sollte die Bewegung waagerecht in den Raum hinein ausgeschaltet werden, wie Schubläden sie erfordern, desgleichen nach außen öffnende Schranktüren, dafür Rolltüren, die nach unten und noch besser seitwärts zu verschieben sind. Podium, Pult u. dergl. sind unnötig, desgleichen die rechtwinklige Form der Schulräume, wie sie aus der alten Unterrichtsgestaltung heraus entstand.“ (Petersen 1930, 30)

Eine Lösung des angesprochenen Problems könnte im Austausch des Mobiliars gegen ein „flexibles Klassenzimmer“ bestehen. Dieses System hat drei wesentliche Bestandteile: ergonomisch geformte Stühle, an Schienen geführte, abnehmbare Tafeln und dreieckige, leicht transportable und stapelbare Tische mit 80 x 80 x 113 Zentimetern Kantenlänge, die zu recht unterschiedlichen Konstellationen zusammengestellt werden können. Katharina Rosenberger (2016) stellt ein ähnliches System vor, bei dem der Tisch unregelmäßig geformt ist, nur einen rechten Winkel hat und als Einzeltisch von drei Schülern gleichzeitig genutzt werden kann. Erstaunlich ist, dass diese Systeme von Petersen vorgedacht worden sind, ohne dass davon bei den Protagonisten des flexiblen Mobiliar Kenntnis genommen worden wäre. Pointiert formuliert könnte man Petersen als den Ahnherrn des „flexiblen Klassenzimmers“ ansehen.

Der Lehrstuhl für Schulpädagogik der Katholischen Universität Eichstätt-Ingolstadt hat das „flexible Klassenzimmer“ auf den Prüfstand gestellt. An 15 Schulen in verschiedenen Bundesländern wurde untersucht, wie Schulklassen und Lehrkräfte mit diesem System umgehen (Schönig & Schmidtlein-Mauderer 2013). Dort, wo Lehrer und Lehrerinnen dem System aufgeschlossen gegenüberstehen und ein offener Unterricht bevorzugt wird, zeigt sich, wie rasch das Klassenzimmer strukturell verwandelt werden kann. Der Dreh- und Angelpunkt für das Bewegungsthema ist, dass Tische und Stühle in kurzer Zeit in den Ecken des Klassenzimmers gestapelt werden können, so dass eine freie Fläche zur Verfügung steht, sei es für Tanz, Rollenspiel, Senitivity-Übungen, Gesprächskreis, Gymnastik o. ä. (aus machttheoretischer Perspektive kritisch dazu: Rieger-Ladich & Ricken 2009 sowie Kajetzke & Wilde 2013;

vgl. Seite 22ff.). Im Unterschied zur Bewegung gilt aus *medizinischer Sicht* für das Sitzen, dass es eine einseitige Beanspruchung der Wirbelsäule darstellt. Petersen plädierte für die jüngeren Kinder der Untergruppe für leichte, zusammenlegbare Klappstühle mit und ohne Lehne. „Die Rückenlehne," so Petersen, „sei stets grade und leicht geneigt; die Kinder können, sobald Ermüdungen des Rückgrates auftreten, auf die Kinder ja spontan zu reagieren pflegen, den Rücken frei bewegen, ohne nach rechts oder links auf Kanten zu stoßen; denn weder der Rücken noch die Sitzfläche sind in eine Zwangsform gesetzt, deren Annehmlichkeiten nur für die erste Viertelstunde, aber niemals beim Dauergebrauch vorhält" (Petersen 1984, 54).
Dies spricht für ein *dynamisches Sitzen*. Anders als zu Petersens Zeit stehen uns heute vielfältige Sitzgelegenheiten aus unterschiedlichem Material zur Verfügung. Aus orthopädischer Sicht ist ein *Wechsel aus Stehen, Sitzen und Liegen* insbesondere im Kindesalter optimal. *Sitzbälle* verlangen das aktiv-dynamische Sitzen. Die Bälle sollten allerdings nicht alle Stühle ersetzen, sondern nur für wenige Schüler ausreichen und in der Klasse weitergegeben werden, damit ein Wechsel zwischen einer passiven, ruhigen Sitzhaltung auf einem ergonomisch sinnvollen Stuhl und einem aktiv-dynamischen Sitzen auf dem Sitzball erfolgen kann. Eine Alternative ist der von Katharina Rosenberger vorgestellte „Rollsessel" mit einer 3D-Wippmechanik, die dem Bewegungsdrang der Kinder durch die permanente Ermöglichung von Ausgleichsbewegungen entgegenkommt. Ein positiver Effekt ist dabei auch, dass Zappeln am Arbeitsplatz und unruhiges Umherlaufen im Klassenraum dadurch gemindert werden.[43] Um eine verbesserte Körperhaltung beim Lernen zu erlangen, eignen sich auch Stehpulte gut.
Grundsätzlich gilt, dass ein großer Teil der Fläche frei bleiben sollte, in der Grundschule bis zu 40%. Unter konventionellen Bedingungen ist das illusorisch. Ist aber der Platz im Klassenzimmer mithilfe des flexiblen Mobiliar vorhanden, öffnen sich zahlreiche Optionen für einen Unterricht, der dem Lernen mit Bewegung buchstäblich Raum gibt. Die Grundschule hat in dieser Hinsicht eine respektable Tradition entwickelt. So muss man bspw. nicht eine Abbildung eines Schemas oder Modells im Buch anschauen, sondern kann ein *begehbares* Modell auf den Boden zeichnen. Zahlenteppiche können ausgerollt (s. Abb. 14, Seite 181) und dreidimensionale Zahlenwürfel spielerisch gebraucht werden. Leseübungen können während des Balancierens auf entsprechenden Kleingeräten, z. B. Pedalos erfolgen usw. (s. hierzu die Beispiele in Brägger u. a. 2017)
Lange bevor das „flexible Klassenzimmer" an deutschen Schulen bekannt wurde, gab es allerdings schon überzeugende Beispiele für die Gestaltung des Klassenzimmers als eines vielfältig nutzbaren Lernraums, der verschiedene Bewegungsformen zulässt.

43 Katharina Rosenberger & Franz Hammerer (2017): Ganztagsvolksschule Landstraßer Hauptstraße. In: Katharina Rosenberger & Franz Hammerer (Hrsg.): RaumBildung 4. Druck: Hausdruckerei AUVA, 46-69.

Ulrich Scheufele (1997) verdeutlicht dies für die Grund- und Hauptschule Altingen (Baden-Württemberg). Der ‚Preis' für das Klassenzimmer war freilich hoch, denn es wurde, abgestimmt auf das Schulkonzept, ‚in Handarbeit' erstellt. Markant sind Holzregale von bis zu 10 Metern Länge und 2,5 Metern Höhe an einer Seite des Klassenzimmers, die mit einer 0,8 Meter tiefen durchgängigen Arbeitsplatte versehen sind. Dort sind Freiarbeitsmaterialien, Spiele, Klassenbücherei, Lernprogramme, Recorder, Aquarium und persönliche Fächer der Schüler und Schülerinnen untergebracht. Nichts ist im Weg, sodass sich jeder im Klassenzimmer gut bewegen kann. Die Pinnwände bestehen aus schallschluckenden Dämmplatten. Die Mitte des Raum ist freigehalten bzw. durch einen ovalen Tisch bestimmt, um den man sich schnell zum Gespräch, fürs Frühstück, das Vorlesen oder die Feier, mithin für verschiedene Gesellungsformen, versammeln kann. Hier sind also Raumentwicklung und Schulentwicklung Hand in Hand gegangen.

Der Raum erzieht – diese Hypothese der Reggio-Pädagogik lässt sich an dem voranstehenden Abschnitt verifizieren. Im Schulalltag wird man zunächst auf ein paradoxes Phänomen stoßen. Wenn die Lernräume für mehr Flexibilität, Bewegung und eigenverantwortliches Lernen geöffnet werden, wird es nicht etwa lauter, wie man erwarten könnte, sondern ruhiger und entspannter. Die Heranwachsenden nutzen die Erweiterung ihres Bewegungsradius nicht aus, sondern spüren, dass der Raum ihrem Lernen gleichsam entgegenkommt und sich jenseits der Fixierung auf festgelegte Sitzplätze ein *Zugewinn an Lernchancen* und Mobilität ergibt. So ist im „flexiblen Klassenzimmer" gut zu beobachten, wie die Erhöhung der Freiheitsgrade im Laufe der Zeit zu einer besseren Selbstständigkeit der Lernenden bei der *Organisation ihrer Lernprozesse* führt. Denn sie bevorzugen diejenigen Tischkonstellation, die zum jeweiligen Lernanlass passt. Es ist der Raum selbst, der die Verbesserung von *Selbstständigkeit*, *disziplinierter Arbeitsweise* und *Methodenkompetenz* bewirkt.

Immer aber stellt sich die Frage, wo all die Lernmaterialien und -utensilien untergebracht werden können. Natürlich denkt man spontan an das Auslagern, denn jede Schule hat ***Flure***. Meistens sind sie zu groß, denn 20 bis 40 % der gesamten Nutzfläche einer Schule entfallen auf die Gänge, Raum, der als Lern-, Bewegungs- und Abstellraum nicht in Betracht kommt. In zahlreichen Schulen sind die Fluchtwege pädagogisch gesehen problematisch, weil die feuerpolizeilichen Bestimmungen sogar das Aufhängen bzw. Ausstellen von Schülerarbeiten in den Gängen verbieten.[44] Als ein beeindruckendes Beispiel dafür, wie mit einem solchen Problem umgegangen werden kann, ist die Grund- und Mittelschule Thalmässing (Bayern). Dem Kollegium waren die verschwenderisch breiten Flure vor den Klassenzimmern ihrer

44 s. hierzu die Broschüre Brandschutz im Schulbau (2017), herausgegeben von: Bund Deutscher Architekten BDA, Deutsche Bundesstiftung Umwelt, Montag Stiftung Jugend und Gesellschaft, Technische Universität Kaiserslautern, Unfallkasse NRW, Verband Bildung und Erziehung. Ohne Ortsangabe.

Riegelschule ein Dorn im Auge. Mithilfe eines geschicktes Brandschutzkonzepts, das u. a. den Einbau von Brandschutztüren an den Flurenden beinhaltet, wurden die *Flure zu Lernzonen* umfunktioniert. Der Aufsichtspflicht wird durch den Einbau von Fenstern zwischen Klassenzimmern und Flur Rechnung getragen, sodass für die Lehrperson jederzeit Sichtbezüge zu allen Lernenden vorhanden sind, gleich ob sie sich im Klassenzimmer oder in der Lernzone befindet. Die Schule ist in Bewegung geraten, denn die Schüler und Schülerinnen wechseln öfter ihren Aufenthaltsort, ohne dass dadurch die ruhige Lernatmosphäre gestört wird. Die Erfahrung, sich zu bestimmten Zeiten frei bewegen zu können, *entspannt* den Alltag spürbar (vgl. das Schulportrait von Schmidtlein-Mauderer 2015a). Die neuen räumlichen Konstellationen erziehen die Lernenden dazu, Verantwortung für den Zugewinn an Freiheit und Beweglichkeit zu übernehmen. Die Lernmaterialien (Bücher, Karteikästen, Lernspiele, Modelle usw.) sind nun zum Teil im ehemaligen Flur untergebracht, was das Klassenzimmer erheblich entlastet.

Abb. 4: Lernsituation im Bereich der ehemaligen Gänge in der Mittelschule Thalmässing (Foto: Schonig 2020)

Grundsätzlich sind *Rollcontainer* für die Unterbringung der Unterrichtsmaterialien bestens geeignet, weil sie ortsunabhängig sind. Sie stehen dort zur Verfügung, wo sie gerade gebraucht werden. Das schafft an anderer Stelle Platz. Josef Watschinger beschreibt für die Grundschule Welsberg, Südtirol, die in Clusterbauweise errichtet worden ist, wie variabel und an die Lernsituation angepasst die Rollcontainer zum Einsatz kommen, wenn die jeweilige Raumebene eine Mitte hat (dort: „Lernwerkstatt"), die von mehreren Klassen umgeben ist (Watschinger 2013).[45]
Schaut man noch einmal auf das Raumkonzept der Grund- und Mittelschule Thalmässing, so ist ein relativ geringer Eingriff in die Raumstruktur erkennbar. Ein darüberhinausgehendes Konzept für die Veränderung der Baustruktur eines Riegelbaus, gewissermaßen die nächste Evolutionsstufe, wird von dem österreichischen Architekten Michael Zinner, Linz am Beispiel des „Bildungszentrum Pestalozzi" (Gemeinde Radstadt/Salzburg) verdeutlicht.[46] Unter Berücksichtigung der Brandschutzbestimmungen wurden u.a. die Gangflächen (vgl. Thalmässing) für das Lernen nutzbar gemacht. Hinzu kommt allerdings, dass dort, wo sich zwei Flügel in einem etwa rechten Winkel verbinden, Räume aufgebrochen wurden, sodass zwischen den Flügeln und zusammen mit einem Teil der Gangfläche ein großer, sich nach innen öffnender Raum, eine Art Lernatelier, entstand. Diese neue Fläche wird von vier Klassen in Anspruch genommen. Die Gangflächen in den einzelnen Gebäudeteilen wurden insgesamt von 37 % auf 22 % verringert, was einem deutlichen Zugewinn an Lernraum gleichkommt. Durch diese Art der *linearen Clusterung* konnten in den Ecken der Gebäude Synergieeffekte und in den Gängen *zusätzlicher Raum für Bewegung und Lernen* geschaffen werden. Ein Prinzip der „Raum-Wert-Analyse", nämlich, dass gute pädagogische Räume auf funktionierender Bewegung im Schulhaus beruhen, konnte erfüllt werden (näheres zu diesem Verfahren im Kap. 9.1., S. 271ff.).
Ein in der Praxis und der Fachliteratur völlig vernachlässigt Raum ist die ***Aula***. Im konventionellen Schulgebäude handelt es sich zumeist um einen hallenförmigen, ungegliederten Raum, den man unmittelbar an den Eingangsbereich bzw. an das Foyer anschließend erreicht. Er ist gleichsam das Herz der Schule. Gleichwohl wird, pädagogisch gesehen, recht herzlos mit ihm umgegangen. Er dient als Prüfungs- und Versammlungsort, als Saal zum Abhalten von Feiern, als „Pausenhalle" bei schlechtem Wetter und mitunter als (ungeliebter) Konferenzraum. Diese Funktionen werden allerdings nur selten abgedeckt, sodass der Leerstand überwiegt – eine

45 s. dazu auch die Broschüre: Schulsprengel Welsberg (Hrsg.): Wege zu pädagogisch gestalteten Lernräumen. Heft 1, März 2011.

46 Zinner, Michael (2019): Bildungszentrum Pestalozzi. In: Hammerer, Franz & Rosenberger, Katharina (Hrsg.): RaumBildung 4. Druck: Hausdruckerei AUVA, 24-45.
Im Neuerscheinungsservice des Klinkhardt Verlags gibt es die Rubrik „Notizen zu Architektur und Bildung". Dort sind mehrere Beiträge von Michael Zinner zu den verschiedenen Möglichkeiten des Clusterns beim Umbau von Bestandsgebäuden abgelegt:
https://www.nab-notizenarchitekturbildung.net/manuskripte/

verschwendete Raumressource. Wer früh morgens eine solche Schule betritt, kann beobachten, wie die eintrudelnden Schüler und Schülerinnen vom Raumangebot Gebrauch machen. Ein so großer offener Raum will rasch durchquert sein. Deshalb bilden sich Trauben von Personen an den Rändern des Raums. Dort tauscht man sich aus, beobachtet die anderen und wird beobachtet. Es ist eine schutzlose Situation, die *Unbehagen* erzeugt. Zu sehen ist auch, wie manche Personen einzeln oder zu zweit im Raum stehen. Wie fühlen sich eigentlich autistische junge Menschen in einer solchen Situation? Wohin kann der Jugendliche mit ADHS mit seiner inneren Unruhe und seinem Bewegungsdrang? Falls eine Treppe ins Obergeschoss führt, werden die Treppenstufen von kleinen Gruppen besetzt und der Treppenaufgang behindert. Alle Bitten des Aufsichtspersonals, die Treppe freizuhalten, verpuffen. Begehrt sind Plätze unter der Treppe, soweit sie nicht durchgängig bodentief ist. Dort kann man sogar auf dem Boden sitzen. Wer hat aber das Privileg, sich dort aufzuhalten?

Für den mikrosoziologisch geschulten Beobachter ist die Aula ein aufschlussreicher Ort, weil er Auskunft über die *Soziodynamik von Gruppen* und von Sozialbeziehungen in Schulklassen gibt (vgl. Kap. 7.2.3). Für ihre Nutzer hingegen ist die Aula ein unkomfortabler, zumeist abweisender Ort, der aversive Körperresonanzen zum Schwingen bringt.

Die bereits erwähnte Schrift „Brandschutz im Schulbau. Neue Konzepte und Empfehlungen" formuliert schlicht: „Aulen und Hallen sollen sowohl der ausschließlichen Erschließung dienen, als auch zur Nutzung betrachtet werden."[47] Die pädagogische Nutzung wird also keineswegs ausgeschlossen. Eine Aula kann zu einem begehrten Bewegungs- und Rückzugsraum werden, wenn in überschaubarem Umfang Entscheidungen für die *räumliche Differenzierung* bzw. *Zonierung* getroffen werden. Felder für Kleinspiele sind rasch aufzeichnet oder aufgeklebt. Boxen an den Seitenwänden, die verschiedene Handgeräte zum Jonglieren, Balancieren und für Geschicklichkeitsübungen beherbergen, sind leicht zu beschaffen oder sogar selbst herzustellen. Matten und Teppiche für Tätigkeiten im Liegen sind schnell ausgerollt. Rollcontainer mit Lernmaterial und Büchern können zur Verfügung gestellt werden. Für Zeiten, in denen die Aula stark frequentiert wird, lässt sich ein von Schülern und Schülerinnen organisierter *Ausgabedienst für Spiele* bereitstellen (s. das Beispiel der Grund- und Stadtteilschule „Erich Kästner" in Hamburg-Farmsen in Schönig 2015a). Dann braucht es allerdings auch *Leseecken oder -nischen*, in denen man es sich behaglich machen kann. Dazu benötigt man flexibles Mobiliar wie etwa rollbare Tische, Sitzbälle, Schaumstoffwürfel oder „Sitzeier" und mobile Trennwände, die leicht zu handhaben sind.

47 Broschüre Brandschutz im Schulbau (2017), herausgegeben von: Bund Deutscher Architekten BDA, Deutsche Bundesstifung Umwelt, Montag Stiftung Jugend und Gesellschaft, Technische Universität Kaiserslautern, Unfallkasse NRW, Verband Bildung und Erziehung. Ohne Ortsangabe, 31.

Željko Marin (2016) hat den pädagogischen und funktionalen Nutzen von speziellen schallabsorbierenden, leicht (de)montierbaren Trennwänden überzeugend dargelegt. Mit ihnen lassen sich Ruhezonen herstellen, sodass nach dem Raum-im-Raum-Prinzip im Großraum Aula kleine Raumeinheiten entstehen können. Was nicht fehlen darf, ist eine *mobile Theaterbühne*, die nicht nur Spielmöglichkeiten für Aufenthaltszeiten bietet, sondern auch im Sprachunterricht schnell einmal aufgesucht werden kann, wenn eine Szene oder ein Theaterstück eingeübt werden soll. Die Liste der Möglichkeiten ließe sich verlängern. Wichtig ist freilich, dass sich die Aula bei Bedarf mühelos in einen Versammlungsraum zurückverwandeln lässt, indem die gesamte Ausstattung zur Seite geräumt wird. Selbst ein großer Raum, der eine solche Einladung an die Schüler und Schülerinnen ausspricht, wird bald zu einem begehrenswerten Teil der Schulkultur und beruhigt den häufig so quirligen Schulalltag. Die Erfahrungen mit solchen Räumen zeigen, dass die Sorge wegen etwaigen Vandalismus unbegründet ist. Wenn die Schüler und Schülerinnen den Raum annehmen, erleben sie ihn als ihr ‚Eigentum'. Identifikation mit dem Raum ist ein gutes Mittel gegen Missbrauch.

Wie weit kann die konzeptionelle Berücksichtig von Bewegung in einem Schulgebäude gehen? Der Schweizer Architekt Andreas Ammon (Ammon 2017) legt einen Entwurf für die *bauliche Sanierung* der Gesamtschule Rosenhöhe in Bielefeld vor, an der Studierende beteiligt waren. Vorgestellt wird ein quadratisch angelegter Clusterbau mit offenem Lichthof. In die Mitte setzt Ammon ein 7,5 Meter hohes baumähnliches Gebilde, das aus Netzen und Brücken besteht. Die Brücken wiederum sind jeweils mit einer Etage verbunden. Die jüngeren Schüler und Schülerinnen sind in ihren Stammgruppen unten untergebracht, die älteren weiter oben. Kinder ab der 5. Jahrgangsstufe sollen die Möglichkeiten haben, gefahrlos in den Netzen bis nach oben zu klettern. Für die Jahrgangsstufe 8 sieht Ammon eine curriculare Verknüpfung von *Klettererfahrung und Mathematikunterricht* vor. Im Unterricht sollen die Körper- und Raumerfahrungen des Kletterns aufgegriffen und theoretisch aufgearbeitet werden. Da in den Netz- und Seilstrukturen geometrische Formen eingearbeitet sind, bietet es sich an, diese buchstäblich zu durchklettern. In diesem Entwurf wird ernst gemacht mit der beschriebenen „verkörperten Erkenntnis", die auf das *Begreifen durch Körperresonanzen* setzt. Ob diese plausible Planungsidee umsetzbar ist, ist einstweilen offen.

Nicht immer besteht die Chance, eine **Schule *neu* zu errichten**. Tritt dieser Fall ein, bestimmt die Größe des Bauplatzes die Grundstruktur und Größe des Gebäudes. Die Anzahl der Geschosse ist deshalb von der bebaubaren Fläche abhängig. Kreative Lösungen können vor allem dort entstehen, wo in die Fläche gebaut werden kann. Dann ergeben sich Spielräume für interessante *Clusterbauten*. Der schon öfter erwähnte Lerncluster verbindet das Lernen in Stammgruppenräumen mit dem Lernen und Aufenthalt in einem meist mittig gelegenen, gemeinsam nutzbaren offenen

Bereich. In der Regel sind drei bis sechs Stammgruppen (Klassen eines Jahrgangs bzw. ein Zug) um diese Mitte herum gruppiert. Die schematische Abbildung der vierzügigen Erzbischöflichen Pater-Rupert-Mayer-Grundschule Pullach gibt einen Einblick die Grundstruktur einer von zwei Ebenen des Gebäudes, hier des Obergeschosses (vgl. die Hinweise in Kap. 4.2, Seite 53f.)

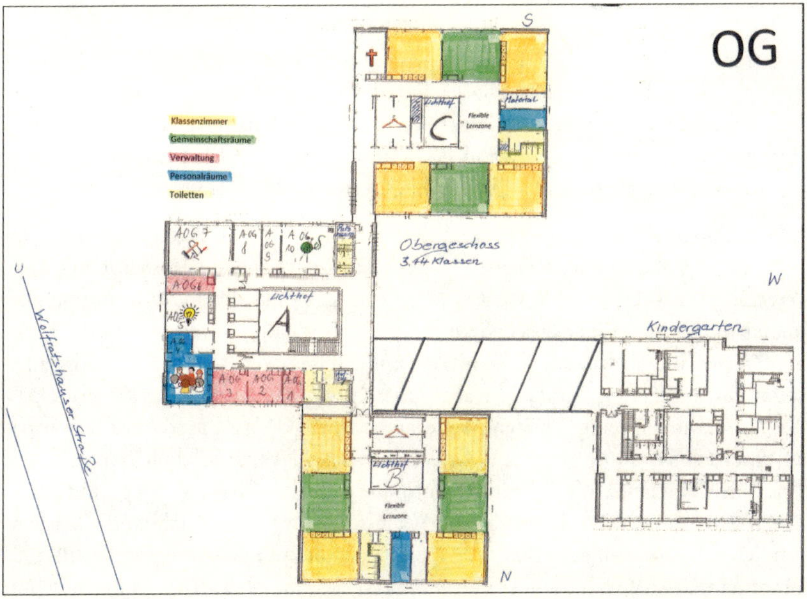

Abb. 5: Grundrissskizze des Obergeschosses der Erzbischöflichen Pater-Rupert-Mayer-Volksschule Pullach (Grafik: Kollmer; Foto: Hannig 2018)

Im Bild ist zu erkennen, dass zwischen zwei Klassenzimmern (hellgrau) ein *gemeinsam nutzbarer Gruppenraum* (grau) liegt. Dies entspricht dem *Klassenraum-Plus-Prinzip*, das die multifunktionale Raumnutzung durch beide Klassen vorsieht. Wenn man den Klassenraum oder Gruppenraum verlässt, gelangt man in die *Lerninsel* (im Bild „Flexible Lernzone") mit mittigem Lichthof, eine Kombination aus Verkehrszone und Lernraum insbesondere für Verfahren der unterrichtlichen Differenzierung bzw. für die freie Arbeit. Häufig begegnet einem in der Literatur auch der Begriff „Marktplatz". Dort befinden sich Container mit allen benötigten Materialien für das Lernen und Spielen, Sitzgelegenheiten, Teppichfliesen, Kleingeräte für das Spiel, Computerarbeitsplätze usw. Der Gruppenraum lässt sich mit einer Schiebetür zur Lerninsel öffnen. So entsteht eine großzügige Fläche, die von vielen

Lernenden gleichzeitig – allein oder in Gruppen – genutzt werden kann. Wenn die Schiebetüren beider Gruppenräume geöffnet werden, entsteht zusammen mit den flexiblen Lernzonen ein *Großraum*, der von allen vier Klassen gemeinsam als Versammlungsraum aufgesucht werden kann.
In diesem multifunktionalen Großraum entsteht die paradoxe Situation, dass, wenn nicht das Lernen hauptsächlich im Klassenverband stattfindet, eine hohe Dynamik durch häufige Ortswechsel der Kinder bei gleichzeitiger ruhiger Arbeitsatmosphäre zu beobachten ist (s.o. die Auskünfte zum „flexiblen Klassenzimmer"). Die Kinder geben ihrem Bewegungsbedürfnis nach, lesen mal liegend, stehen mal am Computer, sitzen schreibend an Tischen oder sind mit einem bewegungsbetonten Lernspiel beschäftigt. Das räumliche Szenario trägt das gesamte Repertoire an grundschulpädagogischen Methoden (vgl. Schönig & Krump & Reif 2019). Für eine bewegungsintensive Schule dürfte der Lerncluster ein Optimum darstellen.[48]

Wo eine Schule in Bewegung gekommen ist, braucht es auch deren Gegenteil. Das ist in der Grafik auf Seite 105 gut zu sehen. *Ruhe*, *Gelassenheit*, *Entspannung*, *Kontemplation* usw. bilden den Gegenpol zu *Bewegung* und *Aktivität* in der Schule, auch beim Lernen. Aber unsere Schule der Gegenwart hat es schwer mit der Lernzeit. *Ruhe* und Gelassenheit beim Lernen scheinen verflogen zu sein, die *Entspannung* ausgegrenzt in das private Milieu. Offenbar ist auch das *Lernen Opfer des Zeitdiktats* unserer Zweiten Moderne geworden. Unser modernes Leben hat zu einer *Entfremdung* gegenüber dem Leben in einer ‚natürlichen Zeit' geführt. Die körpereigenen biologischen Abläufe sind jedoch zyklisch angelegt und geben einen Rhythmus, wie z.B. den Schlaf-Wach-Rhythmus, vor. Auch an die Schwingungen der Natur im Jahreslauf, an Gezeiten, Mondphasen sowie Sonnenauf- und -untergang ist dabei zu denken. Der Mensch des Industriezeitalters hat sich von diesem natürlichen Zeitmaß losgelöst, um selbst die Regie über die Zeit zu übernehmen. Andreas Dörpinghaus und Ina Katharina Uphoff sprechen in diesem Zusammenhang mit ihrem Buchtitel sogar von der „Abschaffung der Zeit" (Dörpinghaus & Uphoff 2012).
Mit dem Messen der Zeit im Zuge der Organisation von industriellen Arbeitsprozessen hat sich in der Moderne ein Zeittypus durchgesetzt, dessen zentrales Merkmal die *fortwährende Beschleunigung* ist (Borscheid 2004). Die stets wachsende Produktivität der Arbeitszeit insbesondere am Beginn des vorigen Jh. hat zwar zu einem unvorstellbaren Spektrum an Konsummöglichkeiten, aber auch zu einer immensen *Kompression und gleichzeitigen Verknappung der Zeit* geführt. Das Konsumgüterangebot verführt dazu, immer mehr Zeit für das Konsumieren bereitzu-

48 Vgl. die Broschüre des Erzbischöflichen Ordinariats München unter: https://www.prmvs.de/fileadmin/Redaktion/gemeinsame_Dateien/Volksschule/Aktuelles/Broschuere_EOM_Leuchtturmprojekt_Pullach_2017.PDF.

stellen. Das Freiheitsversprechen, durch die beschleunigte Produktivität mehr Zeit zu gewinnen, ist umgeschlagen in einen Zwang zum Konsumieren, zu einer Hetze, deren eine Antriebsquelle die Angst ist, etwas zu verpassen: „Grund der Hektik", so sagt es Peter Borscheid, „ist aber kein Mangel an Zeit, sondern ein Überangebot an Verwendungsmöglichkeiten" (Borscheid 2004, 372). Wir sparen also nicht mehr Zeit, sondern investieren mehr Zeit in weitere Aktivitäten, die sich selbst am Laufen halten. Wir sind deshalb buchstäblich mehr unterwegs. Muße, Verweilen und Warten werden abgelöst vom *Unterwegssein*. Das zentrale Merkmal dieses Zeitmodus ist nicht mehr der Rhythmus, sondern der *Takt*. Und: „Wir sind der Taktung erlegen, linear gleichförmigen Zeitabschnitten, die keine Verzögerung erlauben. Der Takt ist Gewalt. Er zwingt, macht krank, raubt Zeit." (Dörpinghaus & Uphoff 2012, 13; Hervorhebung im Original) Wir ernähren uns von der Illusion des Freiheitszugewinns und werden zugleich *Opfer eines Zeitregimes*. Das Wesentliche der Dinge kann nicht mehr erkannt werden, weil es kein Stehenbleiben und Verweilen mehr geben darf. Das stete Vorandrängen lässt die Bezugspunkte des Lebens verschwinden und verhindert das persönliche Reifen. Auf diese Weise wird die maximale Ausnutzung der Zeit im Rahmen eines Zeitmanagements zum Selbstzweck.

Vor diesem Hintergrund hat die Schule mithilfe schematischer Lernzeitmuster ein *künstliches Lernen* erzeugt, das die Fragen der Heranwachsenden verschüttet, das die ruhende Betrachtung der Phänomene nicht zulässt und damit schließlich Bildung verhindert (vgl. Schönig 2014). Lernen in diesem Sinne ist ein *lineares* Fortschreiten von einem Inhalt und einem Pensum zum nächsten. Das nachdenkliche und beharrliche Fragen, das Suchen nach Lösungen auf Nebenwegen und die umfassende Prüfung des Lerngegenstandes – das alles sind geistige Operationen, die auf den vorgezeichneten ‚Lernautobahnen' nur Zeit kosten und deshalb stören. Das rasche Lernen aber hinterlässt Leere, Langeweile, Halbbildung und enttäuschte Subjekte. Vermutlich ist es dieses *Gefühl der inneren Leere*, das Jugendliche mitunter so lustlos, gequält und antriebsarm wirken lässt (vgl. Kap. 7.2.2). Dem gesellschaftlichen Zeitregime kann die Schule nicht grundsätzlich entkommen, aber sie kann sich darum bemühen, Erfahrungsräume zu öffnen, die einen *Gegenpol* zu Aktivität und Bewegung bilden. Sie hat es in der Hand, den starren Takt immer wieder zu durchbrechen, um Optionen für die *Entschleunigung und Beruhigung des Lernalltags* offenzuhalten. Die Gestaltung des Raums spielt dabei eine wesentliche Rolle.

In vielen Schulen ist das methodisch-didaktische Repertoire so weit entwickelt, dass Stilleübungen und „Traumreisen" in den Unterrichtsalltag bis zur sechsten Jahrgangsstufe integriert sind. Aber häufig sind die räumlichen Voraussetzungen für das Gelingen nicht erfüllt. Der Mangel an Raum zwingt zum Improvisieren. Deshalb ist nach den räumlichen Grundbedingungen für Ruhe und Entspannung in der Schule zu suchen. Das erwähnte Arbeitsbuch der Montag Stiftungen lässt keinen Zweifel daran, dass der Schulbau wie die Schule schlechthin vor einem fundamentalen Wandel stehen (Montag Stiftung Jugend und Gesellschaft & Montag Stiftung Urbane Räume ^{2}2012). In Zukunft werden immer mehr Schulen so gebaut werden, dass ihre Räume flexibel, multifunktional und an zukünftige Herausforderungen variabel anpassbar konzipiert werden, gewissermaßen zu großflächigen „offenen Lernlandschaften" mutieren. Im Arbeitsbuch wird der Sachverhalt so gekennzeichnet:

> „Eine monofunktionale Sichtweise ‚ein Raum = eine Funktion' ist nicht zeitgemäß und widerspricht den vielfältigen Lernformen, deren Anwendung heute erforderlich ist. Angesichts der nicht absehbaren Nutzungsverschiebungen – keiner kann heute sagen, was in 20 Jahren genau erforderlich sein mag – wird der Raum eher als offen interpretierbares Angebot denn als spezialisiertes, passgenaues funktionales Raumschema betrachtet." (ebd., 22)

Erwünscht ist also eine ‚freilassende Planung', die nicht alle Strukturen festschreibt, sondern der Offenheit für akute Änderungsnotwendigkeiten in der Raumstruktur Rechnung trägt. In zahlreichen Schulen ist schon heute sichtbar, dass das Klassenzimmer nicht mehr nur einem konventionellen Unterricht zu dienen, sondern verschiedene Funktionen zu erfüllen hat. Es wird den Anforderungen der Instruktion wie dem Selbstlernen, der informellen Begegnung wie des Lernens mit digitalen Medien, des handlungsorientierten Tuns wie des gemeinsamen (Plan)Spiels und nicht zuletzt des *Ruheraums* zu genügen haben. Da manche Funktionen gleichzeitig bedient werden müssen, ist eine Zonierung, also die Zuweisung von einzelnen Tätigkeitsdomänen zu Bereichen des Raums wichtig, dies, wo immer möglich, zusammen mit Lernzonen in angrenzenden Erschließungsflächen (s. o.). Die Funktionszuweisung kann durch farbliche Kennzeichnung der einzelnen Bereiche unterstrichen und dem Raum dadurch eine zusätzliche ästhetische Qualität verliehen werden. Was Ruhe und Entspannung angeht, machen die Grundschulen seit Jahren vor, wie *abgegrenzte Bereiche im Klassenzimmer*, Ruhe- oder Kuschelecken dem Ruhebedürfnis von Kindern entgegenkommen können. Durch eine Ausstattung mit farbigen Kissen und Polstern, schmückenden Bildern und Bastelarbeiten laden sie dazu ein, zu sich zu kommen. Ist im Lernen die Aufmerksamkeit nach außen auf den Lerngegenstand gerichtet, wird sie in Ruhezonen nach innen auf die Person gelenkt. Die Ruhe ist nicht für das Schwänzen da, sondern für die *Regeneration* und die *Besinnung auf sich selbst*. Das können Kinder verstehen. Besonders begehrt bei Kindern sind ‚Baumhäuser', emporenähnliche Aufbauten aus Holz, auf die man hinaufsteigen kann, die aber auch unterhalb eine ‚Höhle' für das Entspannen bieten.[49] Das Foto aus der Wartburg-Grundschule Münster-Gievenbeck gibt ein Beispiel für eine solche Empore.

49 S. hierzu die Beispiele des Fördervereins Würzburger Modell e. V. „Bauen für Geborgenheit": https://www.bauen-fuer-geborgenheit.de [aufgerufen am 04.04.2022].

Abb. 6: Klassenzimmer mit Empore in der Wartburg-Grundschule, Münster-Gievenbeck (Foto: Schönig 2014)

Altersentsprechende räumliche Anpassungen in den Sekundarstufen sind dort möglich, wo eine „Lernlandschaft" oder gar Open-Space-Konzepte neu geplant und gestaltet werden können. Zu denken ist an eine Leseecke, eine Chill-out-Lounge oder ein Lerncafé (vgl. Kap. 7.2.3). Sie alle zielen darauf, dass ihre Nutzer durch die Verlangsamung des Alltags, Abstand von Stress und Konflikten sowie innere Ruhe gewinnen und neue Kräfte sammeln können. Anzumerken ist, dass die verschiedenen Funktionen durch Farbgebung und Lichtführung unterstützt werden sollten, um ein Optimum an Atmosphäre zu erreichen (vgl. Kap. 7.1.1.1 und Kap. 7.1.1.2). Selbstredend, dass die Bereitstellung einer die Atmosphäre tragenden *Akustik* wesentlich ist. Je näher verschiedene Funktionen räumlich beieinanderliegen, desto schwieriger sind angemessene psychoakustische Verhältnisse zu realisieren: Ein Zimmer, in dem es auf gute Sprachverständlichkeit ankommt, muss akustisch anders justiert sein als ein Ruheraum mit gedämpfter Stimmung (s. Kap. 7.1.1.2).

Es ist denkbar, dass auch im Regelschulbereich spezielle Räume eingerichtet werden, die eigens für die Erholung, Entspannung und Ruhe da sind. Bei schwankenden demografischen Entwicklungen kommt es in kaum berechenbaren Zyklen zu Geburtenhochs und -tiefs. In Phasen niedriger Geburtenzahlen kann es sein, dass eine Schule unverhofft mit dem Leerstand eines Klassenzimmers konfrontiert ist – manchmal ist es auch ganz einfach der Kartenraum, der aufgrund der Digitalisierung nicht mehr gebraucht wird. Diese Chance kann man für die Einrichtung eines Ruheraums nutzen. Für die Einrichtung eines solchen Raums ist manche *Förderschule* beispielgebend. Aufgrund anderer baulicher Baufördervoraussetzungen und eines gegenüber Regelschulen um ein Drittel höheren Flächenansatzes tun sie sich mit der Einrichtung professioneller Snoezelen-Räume[50] leichter. Durch warmes Licht, Farbspiele an den Wänden, leise Musik, Wasserspiele, eine „trockene Akustik" und behagliche Sitzpolster findet der Besucher Abstand vom Alltagsstress. Mit einer weitgehenden Filterung von äußeren Einflüssen hilft er den Kindern und Jugendlichen, die täglichen Eindrücke besser zu verarbeiten, zu mehr Ausgeglichenheit zu gelangen und dadurch die Aufnahmefähigkeit für das Unterrichtsgeschehen zu erhöhen – der Raum erzieht zum Ruhigwerden und zur Wahrnehmung des eigenen Körpers. Er signalisiert: Ich biete dir Geborgenheit, du darfst dich mir anvertrauen und ganz bei dir selbst sein. Ein ansprechendes Beispiel findet sich bei Christina Schmidtlein-Mauderer (2015b), die die Comenius Schule Auhof, ein Förderzentrum mit dem Förderschwerpunkt geistige Entwicklung, portraitiert hat.

Zu den speziellen Räumen zählt auch die Bibliothek, deren Selbstverständnis von einem radikalen Wandel geprägt ist. In der modernen Entwurfsplanung ist sie kein separater Raum für die Aufbewahrung und Ausleihe von Büchern mehr, sondern ein vielgestaltiger und multifunktionaler, physisch offener Raum, der sowohl in die Schule als auch in die Gemeinde hineinwirkt. Ihre neue Gestalt wird in Kap. 7.2.3 beleuchtet. Das Thema der Ruhe und Entspannung wird noch eine Rolle spielen, wenn die Blickrichtung vom Schulgebäude auf die Außenanlagen gelenkt wird (vgl. Kap. 7.1.2 und Kap. 7.4.2).

7.1.1.1 *Psychoakustische Belastungsgrößen und Lösungswege*

Vermutlich ist die Akustik des Schulraums der am besten untersuchte Bereich im Kontext von Schulneubau und -sanierung (Huber & Kahlert & Klatte 2002; Klatte & Meis & Nocke & Schick 2003; Nocke 2013; Tiesler 2013; zusammenfassend Baumann & Niederstätter 2015 sowie Walden 2016). Einige begriffliche Klärungen mögen am Anfang stehen.

Ein wesentlicher Faktor für die psychophysische Belastung der Lernenden im Klassenzimmer sind der *Schall* und die *Lautstärke*. Schallwellen sind eine Bündelung von Druckschwankungen, die sich bei einer gegebenen Raumtemperatur und mit

50 Das aus den Niederlanden stammende Konzept des Snoezelen wurde Ende der 70er Jahre entwickelt, um Menschen mit sensorischen Störungen und schwersten Behinderungen adäquate Freizeit- und Erholungsmöglichkeiten zu bieten. Das Kunstwort Snoezelen setzt sich aus den beiden niederländischen Verben „snuffelen" und „doezelen" zusammen. „Snuffelen" steht für das Prinzip der freien Entscheidung und „doezelen" für Zuwendung und Geborgenheit. Quelle: Homepage der Deutschen Snoezelen Stiftung, http://www.snoezelen-stiftung.de [abgerufen am 12.04.2022].

einer bestimmten Geschwindigkeit im Raum ausbreiten. Dabei ist die Form der Wellen ebenso von der Art der Schallquelle wie von schallbrechenden Gegenständen im Raum abhängig. Der Schalldruckpegel wird von uns als Lautstärke, gemessen in Dezibel (dB), bezeichnet. *Lärm* ist ein akustisches Gefahrensignal, das uns zu Vorsicht und Rückzug auffordert und bei längerer Einwirkzeit zu erheblichen Belastungen und im Extrem zu gesundheitlichen Beeinträchtigungen führen kann (Bluthochdruck, Infarkte, Gehörschäden). Es ist völlig natürlich, dass Kinder Lärm machen und dass im Unterricht z. T. erhebliche Arbeitsgeräusche entstehen. Freilich sollte es ein Ziel der Schularchitektur sein, den Lärmpegel durch schalldämmende Maßnahmen gering zu halten und nicht durch die Verwendung ungeeigneter Baumaterialien noch zu verstärken. In *gut schallgedämmten Klassenzimmern* wird ein Grundgeräuschpegel von 30 dB kaum überschritten. Üblich ist allerdings, dass in unseren Klassenräumen 60 bis 90 dB gemessen werden, in Fluren, vor allem in Altbauten mit großer Deckenhöhe, sogar noch mehr.[51] Woran liegt das?

Zunächst ist festzustellen, dass wir es im Klassenzimmer mit zahlreichen Geräuschquellen zu tun haben. Es wird gehustet, mit dem Lineal und mit Stiften geklappert, mit Papier geknistert; es werden Stühle gerückt, Gespräche geführt und ab und zu fällt auch etwas herunter. Mitunter geschieht dies sogar, um aus innerem Protest gegen die Schule ihr Normengefüge zu unterwandern. Hinzu kommen Störgeräusche von außen: Im Deutschunterricht trägt ein Schüler ein Gedicht vor. Gespannte Aufmerksamkeit! Doch kurz vor dem Höhepunkt verlässt die benachbarte Klasse ihr Klassenzimmer vor dem Pausenzeichen, weil sie rechtzeitig zur anschließenden Schulstunde in der Sporthalle sein muss. Für zwei Minuten Getöse auf auf dem Flur – das Gedicht ist ‚hin'.

Viele Jahre lang ist die Akustik als Aufgabe im Schulbau völlig vernachlässigt worden. Das hat dazu geführt, dass es viele Klassenzimmer gibt, die zwar sog. *harte Flächen*, wie große Fenster, nackte Wände (womöglich aus Sichtbeton), Linoleumböden usw. haben, die den Schalldruckpegel nicht kompensieren und den Schall gleichsam zurückwerfen. Es kommt zu *langen Nachhallzeiten*, die die *Sprachverständlichkeit* behindern. Rotraut Walden hält fest: „Herrscht in einem Raum eine zu lange Nachhallzeit, so werden beim Sprechen nachfolgende Silben durch die vorhergehenden verdeckt, die zulange nachklingen. Es kommt zu Verzerrungen des Sprachsignals, die die Sprachverständlichkeit verschlechtern." (Walden 2016, 144) Zudem mischen sich die angesprochenen Störgeräusche in das Geschehen ein. Manchen Lehrkräften ist dieses Phänomen womöglich nicht geläufig, wenn sie die Lernenden vorwurfsvoll fragen: „Könnt ihr denn nicht zuhören?!", so der Titel einer Schrift von Maria Klatte, Markus Meis, Christian Nocke und August Schick (2003). In der Grundschule versuchen die Lehrer und Lehrerinnen gegen dieses Phänomen (wenig erfolgreich) anzugehen,

51 Vgl. Elke Brüster: Das dröhnende Klassenzimmer. In: Süddeutsche Zeitung vom 19. Mai 2010; https://sueddeutsche.de/wissen/getuschel-stoert-beim-denken-das-droehnende-klassenzimmer [aufgerufen am 26.10.2010].

indem sie den Kindern eine „30-Zentimeter-Stimme" antrainieren wollen. Vor diesem Hintergrund ist die DIN 18041 „Hörsamkeit in kleinen bis mittelgroßen Räumen" Anfang 2015 um eine Entwurfsvariante, die E DIN 18041, ergänzt worden. Sie soll durch die Verringerung der Nachhallzeiten von bislang empfohlenen 0,55 auf 0,45 s für eine „trockene Akustik" sorgen. Sie ist nur eine Empfehlung, aber für die Sanierung und den Neubau die zentrale Bezugsgröße (vgl. Nocke 2013).
Leider kommt ein Effekt hinzu, der jedem Kneipenbesucher vertraut ist, der *Lombard-Effekt*. Er bezeichnet das ‚Aufschaukeln' der Geräuschkulisse in halligen Räumen bei stets zunehmender Lautstärke. Im noch wenig besuchten Gastraum lässt es sich noch gut miteinander reden. Dann füllt sich Raum nach und nach mit Besuchern und es wird lauter. Je lauter es wird, desto mehr strengt man sich selbst an lauter zu sprechen. Zu guter Letzt wird nur noch gebrüllt, eine Verständigung ist nicht mehr möglich. Gerhard Tiesler (2013) zeigt mit seinen empirischen Untersuchungen an einer Grundschule auf, was dieser Effekt für die Arbeit in einem Klassenzimmer bedeutet. Wenn es in der Lerngruppe lauter wird, erhöht die Lehrperson ihre *Sprechanstrengung*. Die Kinder werden ebenfalls lauter, der *Grundgeräuschpegel* steigt an usw. Alle Beteiligten begeben sich in einen Circulus vitiosus: Die Halligkeit des Raums reduziert die Sprachverständlichkeit, schlechte Sprachverständlichkeit führt zu lautem Sprechen, der Geräuschpegel steigt, die Sprachverständlichkeit wird weiter reduziert usw. Fatal ist, dass sich dieses ‚Aufschaukeln' nicht nur im Verlauf des Schulvormittags ereignet, sondern auch noch im Verlauf der Woche ziemlich linear ansteigt. Manches Erschöpfungssyndrom dürfte sich auf diese Weise erklären lassen. So gesehen ist Burn-Out bei Lehrkräften buchstäblich ‚raumgemacht'.
Gegen dieses Problem lässt sich durch eine nachträgliche Beruhigung der Räume mittels schallabsorbierender Dämmelemente viel bewirken. Das hat aber seine Grenzen und ist zudem teuer. Deshalb ist es besser, die akustischen Verhältnisse einer Schule bei der Entwurfsplanung und in Abhängigkeit von den unterschiedlichen Nutzungsformen und verschiedenen Raumtypen zu bedenken. Ohne Dämmelemente an Decken und einzelnen Wänden (zumeist der Fensterseite gegenüber) ist eine akustische Beruhigung des Raums kaum zu haben. Verwendet werden spezielle durchgehende, meist abgehängte Decken oder eine haubenartige Deckenfassung, sog. *Akustik Baffels*. Auch mit an der Decke befestigten, nach unten hängenden zylindrischen, rechteckigen oder ungleichmäßig geformten Elementen lassen sich gute Wirkungen erzielen. Zudem können sie unterschiedlichen Designs durchaus ästhetisch ansprechend sein. Im Planungsband von Prue Chiles (2015a) finden sich Bildbeispiele, die geradezu amüsant sind, aber zum Alter der Kindergartenkinder hervorragend passen. Es handelt sich um ungleichmäßige herabhängende Wolkenformen in der Otonoha-Vorschule in Ibaraki, Japan (Kemp 2015, 72 und 73). Das folgende Foto gibt ein vergleichbares Beispiel aus einem japanischen Restaurant. Die ästhetische Wirkung der Schallabsorber wird durch eine wirkungsvolle Beleuchtung und die Farbgebung unterstrichen.

Abb. 7: Schallabsorber, japanisches Restaurant Cocoon, Ingolstadt (Foto: Schönig 2022)

Es scheint, als würden Naturmaterialien für die Akustik in der Schule eine zunehmende Bedeutung erlangen. Vor allem Wollfilz hat gute Dämmeigenschaften, ist vielseitig verwendbar und preiswert. Die empirische Studie des Dipl.-Chemikers Stefan Thomé (2006) konnte die besonders ausgeprägte *Resorptionseigenschaft der Wolle* hinsichtlich von Luftschadstoffen, insbesondere Formaldehyd, nachweisen. Sie besitzt auch ein gutes Rückhaltevermögen.

An dieser Stelle schließt sich wiederum der Kreis zur Reggio-Pädagogik, wo Wollfilz für die Raumausstattung eine wichtige Rolle spielt. Man findet bspw. Wände, die mit Sajade, einem Baumwollputz, der weitere Naturmaterialien enthält, gestrichen sind (s. Beek 2001). Die Vielseitigkeit von Wollfilz zeigt sich auch an bespannten Holzpanelen, die als Schallabsorber auf Wände aufgebracht werden, oder an der Bespannung von allerlei Sitzmöbeln in der Schule. Noch einmal ist das bereits zitierte Beispiel bei Michael Zinner (2017) zu nennen, der sich für die Balance von Natur und Kultur stark macht[52] (zum Thema Natur in der Schule s. Kap. 7.4.2). Auch ein grober poröser Rauputz kann zur Brechung des Schalls beitragen. Generell führt die Verwendung von Holz, so etwa Weißtanne, Esche oder Lärche zu guten

52 Zinner, Michael (2019): Bildungszentrum Pestalozzi. In: Hammerer, Franz & Rosenberger, Katharina (Hrsg.): RaumBildung 4. Druck: Hausdruckerei AUVA, 24-45.

Dämmwirkungen. Schließlich ist auf die fehlende oder *mangelnde Trittschalldämmung* aufmerksam zu machen. Ein Streitpunkt ist immer wieder, ob Teppichböden in Lernlandschaften verlegt werden sollen, weil sie angeblich Reinigungsprobleme aufwerfen. Schulen, die seit mehr als 10 Jahren Kugelgarnteppiche in Gebrauch haben, können weder diese Befürchtung bestätigen, noch über Verschleiß klagen, so etwa das Albrecht-Ernst-Gymnasium in Oettingen (Bayern)[53]. Aber es muss nicht immer Teppich sein. Kork oder Naturtextilien eignen sich ebenso, sind aber mitunter recht teuer. Besonders angenehm und minimal federnd läuft es sich auf Nadura-Böden. Sie sind auf ca. 10 Zentimeter hohen Ständerchen, Platten und Trittschalldämmfolie verlegt (‚schwimmender Boden'), also eine aufwendige und kostspielige Verlegetechnik.

Letztlich hängt die akustische Dämmung vom Schnitt und Charakter des jeweiligen Raums ab. Spitze Winkel, Nischen oder gekoppelte Räume bedürfen besonderer Aufmerksamkeit, weil *Schallakkumulationen* entstehen können, die *verzögerte Schallrückwürfe* verursachen. Zusammenfassend lässt sich mit Dorothea Baumann und Christina Niederstätter feststellen: „Das akustische Geschehen besteht aus einer ständigen zeitlichen Überlagerung von Direktschall und Nachhall. Es bewegt sich also im Bereich zwischen Verdeckung durch zu laute, zu späte oder verfärbte Reflexionen und Summierung nützlicher Reflexionen." (Baumann & Niederstätter 2015, 32). Der in der Schulpraxis anzutreffende Glaube, ein paar Vorhänge mehr würden's schon richten, ist abwegig. Irrig ist auch die Meinung, ein Raum müsse eine sehr „trockene Akustik", also sehr geringe Nachhallzeiten haben. In der Regel verzerrt dann der Schall die hohen Frequenzen und es fehlen Fülle und Volumen. Zudem kann übertriebene Dämpfung Unbehagen, Müdigkeit und sogar Atemnot auslösen (ebd.).

Verschiedene Räume brauchen also unterschiedliche Akustik. Eine Schule sollte akustisch so gestaltet sein, dass sowohl Aktivität und Bewegung als auch Ruhe und Entspannung gleichermaßen zum Zuge kommen können, ggf. sogar in unmittelbarer Nachbarschaft. Der Musikraum braucht andere Verhältnisse als der Ruheraum, die „Lernlandschaft" andere als das separate Klassenzimmer und der Flur als Lernzone andere als die sanitären Anlagen. Dies ist auch vor dem Hintergrund zu bedenken, dass durch den Anspruch einer inklusiven Schule auch im Hören beeinträchtigte Schüler und Schülerinnen betreut werden müssen. Zwar gilt hier die Faustregel „Wer schlecht hört, muss gut sehen können" – sie sollten also einen Platz in der Nähe der Lehrperson erhalten, um die Mundbewegungen zu entziffern – aber die akustischen Verhältnisse müssen exakt auf die individuelle Situa-

53 Beeindruckend ist das Filmmaterial der Schule, das einen guten Einblick in die räumlichen Arrangements und die pädagogische Praxis mehrerer Jahrgangsstufen vermittelt: https://www.gymnasiumoettingen.de/ [aufgerufen am 04.04.2022].

tion zugeschnitten sein. Es ist nicht überraschend, dass sich das Unterrichtsfach Musik[54] wie kein anderes mit den akustischen Verhältnissen befasst, ist es doch in besonderer Weise auf gut ausbalancierte Klangräume angewiesen. Bei Daniel Mark Eberhard ist zu sehen, welche Merkmalskonfigurationen einen Fachraum für Musik (Musikraum) bestimmen müssen, der auch den Ansprüchen der Inklusion (vgl. Kap. 8.1) standhält. Es bedarf eines ausgewogenen Ensembles von Teppichböden, schallabsorbierenden Stecktafeln und Deckenplatten, Vorhängen und Jalousien. Die Wände sollten nicht parallel zueinander liegen (Eberhard 2016, 130, 133). Insgesamt sollten akustische Verhältnisse entstehen, die es auch jungen Menschen mit Förderbedarf im Schwerpunkt „Hören und Sehen" eine aktive Teilnahme am Musikunterricht ermöglichen. Darüber hinaus sollte die Akustik auch auf die räumliche Zonierung eingestellt sein: Stillarbeitszonen und Ruheecken, in denen man sich (ggf. auch mit Schallschutzkopfhörern) aufhalten kann, und Bewegungszonen sollten gleichermaßen ‚bespielbar' sein (ebd., 129ff.). Zu bedenken ist ferner, dass der Transport von Instrumenten und Notenständern eine problematische Geräuschquelle ist, die der akustischen Beruhigung bedarf. Prinzipiell ergibt sich aus den hier angebotenen Informationen die Empfehlung, die akustische Gestaltung der Schule den Experten zu überlassen.

Was bedeutet das für das Erziehungsthema? Wenn mit der Raumwirkung die Intention verfolgt wird, beim Adressaten ein bestimmtes Verhalten zu erzeugen und positive Einstellungen anzubahnen, dann ist nach der Botschaft des akustisch beruhigten Raums zu fragen. Der Adressat des Raums erlebt, dass er nicht zu unkultivierten Mitteln greifen muss, um sich Gehör zu verschaffen: Ich kann mich *ohne lautes Sprechen verständlich* machen und die anderen hören mir zu. Er lernt, dass hohe Lautstärke für die Kommunikation nicht erforderlich ist und äußert sich unangestrengt und unaufdringlich. Und dort, wo er zur Ruhe und Entspannung finden möchte, erspürt er, dass der Raum ihn *trägt*. Vor allem Kinder und Jugendliche, die in ihrem Leben ohne Zuwendung und Geborgenheit aufwachsen, stellen fest, dass es etwas gibt, das sie umfängt und stützt. Der Raum kann *Vertrauen* und *Selbstvertrauen* schaffen.

7.1.1.2 *Lichtführung und Farbe im Schulgebäude*

Licht ist für uns Menschen eine selbstverständliche Erscheinung, und über dessen immensen Einfluss auf Wohlbefinden und Gesundheit machen wir uns kaum Gedanken. Es ist einfach da – in der einen oder anderen Erscheinung. Genau genom-

54 Timo J. Dauth geht mit einer hermeneutisch-sprachanalytischen und begriffsgeschichtlichen Arbeit der Frage nach, welche Raumbegriffe es in der Musikpädagogik überhaupt gibt und ob eine übergreifend gültige Definition von Raum in der Musikpädagogik denkbar ist (Dauth 2023). Er setzt einen „musikpädagogischen Spatial Turn" im Jahr 2018 an (ebd., 271) und zeigt eine Reihe von Forschungsdesideraten für das Unterrichtsfach Musik auf.

men müsste man von Tageslicht sprechen, denn unser zirkadianer Rhythmus wird von natürlichem Licht gesteuert. Entscheidend sind die „lichtsensiblen Funktionen" der beiden antagonistischen Hormone Melatonin und Cortisol. Melatonin wird in der Zirbeldrüse des Gehirns produziert und ausgeschüttet, wenn es dunkel wird. Es wird gehemmt durch Tageslicht und gibt dem Körper das Signal, wann es Zeit ist schlafen zu gehen und wieder aufzuwachen. Fehlt das Tageslicht, kommt es in der Regel zu einem steigenden Melatoninspiegel und zu Müdigkeit, Verstimmung und Antriebsschwäche. Offenbar ist das Hormon auch an der Entstehung depressiver Syndrome beteiligt. Prädestiniert für Depressionen sind die Wintermonate, wenn durch Bewölkung und Nebel zu wenig Licht vorhanden ist. Deshalb ist in der Medizin auch von Seasonal Affective Disorder (SAD) die Rede. In die entgegensetzte Richtung wirkt das Stresshormon Cortisol, dessen Produktion wiederum durch mangelndes Tageslicht ausgelöst wird. Konzentration und Aufmerksamkeit lassen nach, innere Unruhe nimmt zu. Es ist nachvollziehbar, dass das Lernen in Mitleidenschaft gezogen ist, wenn die vom Tageslicht abhängigen, *ineinandergreifenden hormonellen Kreisläufe* sich nicht mehr im Gleichgewicht befinden. Es ist empirisch erwiesen, dass *fensterlose Klassenzimmer zu Gereiztheit und Unruhe* bei Kindern führen (Boubekri 2015, 34ff.). Außerdem hat das Tageslicht einen unverzichtbaren Einfluss auf die Bildung des lebenswichtigen Vitamins D, das für den Stoffwechsel der Körperzellen mit verantwortlich ist.

Deshalb setzen manche Architekten vieles daran, für einen optimalen *Tageslichteintrag* in das Schulhaus zu sorgen. Was das Klassenzimmer angeht, so muss das Tageslicht so geführt werden, dass die Lernenden einerseits blendfrei arbeiten können, andererseits das Licht auch alle erreicht. Es ist im konkreten Fall bei der Planung zu entscheiden, ob mit Oberlichtbändern, Seitenfenstern, Lichtkuppeln, Lichtschwertern, Sheddachfenstern, Parabolspiegeln oder anderen Belichtungstechnologien konzeptionell gearbeitet wird. Zu bedenken ist auch, wie die jeweilige Belichtungsform auf das ästhetische Empfinden der Betroffenen wirken könnte. Moderne Schulbauten insbesondere im Niedrigenergiesektor haben zumeist durch sehr große, meist bodentiefe Fensterfronten einen hohen Lichteintrag. Die im Sonnenlicht vorhandene Wärme wird zu einem erheblichen Teil durch spezielle *Verglasung* aus dem Gebäude herausgehalten. Gleichwohl kann es bei intensiver Sonneneinstrahlung in den Sommermonaten zu einer stärkeren Wärmebelastung kommen. In der Schullandschaft ist zu bemerken, dass auch an neuen Schulgebäuden mit automatisch arbeitenden Rollos gearbeitet wird. Ob das Auf und Ab der Rollos bei wechselnden Licht-Wärme-Verhältnissen (Wolken-Sonne-Wechsel) für Lernen und *Wohlbefinden* förderlich ist, sei dahingestellt. Eine Voraussetzung für den „Raum als Erzieher" könnte somit fehlen.

Was macht das natürliche Licht so besonders? Hervorstechendes Merkmal ist, dass das Sonnenlicht alle sichtbaren und unsichtbaren ultravioletten Farben sowie infrarote Wärmeanteile enthält. Bei der konventionellen Beleuchtung in Schulen sind immer noch Lampen in Gebrauch, deren *Lichtspektrum auf den kalt-weißen Bereich* eingeschränkt ist, es fehlen die Warmanteile. Zutage tritt zwar ein helles, klares Licht mit primär blauen Lichtanteilen, es ist aber *unbehaglich grell* und erfüllt nicht die angesprochene Aufgabe des Vollspektrum-Lichts. Besonders augenfällig ist das bei den nur noch wenig vorkommenden Leuchtstoffröhren. Da die Sonne zu Schulzeiten nicht immer zur Verfügung steht und die Lichtverhältnisse im Verlauf des Schultags sich ändern, sind wir aber auf künstliches Licht angewiesen. Da die lichttechnologische Entwicklung weit vorangeschritten ist (man nehme nur das Beispiel der lichtlenkenden Heliostatspiegel im Science College Overbach, Jülich-Barmen, abgebildet in Montag Stiftung Jugend und Gesellschaft & Montag Stiftung Urbane Räume ²2012, 63), haben wir es in der Hand, die Beleuchtung so auszutarieren, dass sowohl *Aktivität als auch Ruhe lichttechnisch gefördert* werden können. Das Lichtspektrum mit dominanten Rotanteilen, sog. warmes Licht, ist wohliger und beruhigend, kommt also eher für ruhige, besinnliche, entspannende und kontemplative Tätigkeiten in Frage, während bläuliche Lichtanteile eher für die Aktivierung zu sorgen scheinen, also für das bewusste Lerngeschehen wichtig sind. Ein Problem kann sich daraus ergeben, dass durch die Zonierung großer offener Räume, z. B. in der „Lernlandschaft" bzw. im „Lerncluster" und für eine stark differenzierende Arbeitsweise verschiedene Beleuchtungsvarianten zugleich, jedoch an verschiedenen Orten benötigt werden. In beruhigten Zonen oder speziellen Ruheräumen ist also eine andere Beleuchtung angezeigt als in Selbstlernbereichen oder auf dem Gang. Nicht nur der Wärmeanteil des Lichts müsste variieren, sondern auch die Helligkeit bzw. Beleuchtungsstärke, gemessen in Lux. Idealtypische tabellarische Übersichten wie die des American National Standard Guide for School Lighting geben die passenden Empfehlungen ab. Vor gut zehn Jahren hatten sich Manfred Ross und Joachim Schmidberger ihren ideal beleuchteten Schulraum so vorgestellt:

> „Die Beleuchtung wird zeitgesteuert so geregelt, dass bei Schulbeginn am Morgen von den Wänden her leuchtend warm getöntes Licht scheint. Am späten Vormittag wechselt es langsam über zu einer kreisförmig angeordneten sanft streuenden Vollspektrumbeleuchtung von der Decke her. Gegen Mittag flutet diese mit starkem, dem Sonnenlicht ähnelnden Licht den ganzen Raum. Gegen Abend dann wird die Deckenbeleuchtung langsam abgedimmt, um das Szenario anschließend wieder einer leicht ins Rötliche tendierenden Wandbeleuchtung zu überlassen." (Ross & Schmidberger 2010, 232).

Heute ist diese Vorstellung weder Traum noch Illusion. Inzwischen ist es steuerungstechnisch möglich, die Lichtverhältnisse im Gebäude an verschiedenen Stellen gleichzeitig durch gedimmtes künstliches Licht an die schwankenden Tageslichtverhältnisse anzupassen.

Dass die Lichtverhältnisse in Schulen im Zusammenhang zu sehen sind mit der Wirkung von Farben ist einleuchtend. Allerdings ist die Wirkung von Farben *schwer zu operationalisieren*, weil sie *subjektiv* wahrgenommen werden. Ist Blau „beruhigend", Grün „Hoffnung gebend" und „entspannend", Gelb „heiter" und „fröhlich" usw.? Es lässt sich zwar sagen, welche Farben im Farbspektrum „kalt" oder „warm" sind, sie müssen aber nicht zwangsläufig so empfunden werden. Die interindividuellen Unterschiede sind groß. Deshalb lassen sich nur Trends angeben, z. B. dass helle Farben ‚leichter' wirken und dunkle Farben ‚schwerer'. „Wie Farben wirken (auch in physiologischer Hinsicht)", so Rittelmeyer, „hängt ab von der Neugier oder Gleichgültigkeit der Schüler, von den Vorerfahrungen der Schüler, von historischen und kulturellen Trends bei der Farbwahrnehmung, von den intellektuellen und emotionalen Verarbeitungsformen der jeweiligen Personen und von vielen weiteren Faktoren." (Rittelmeyer 2014a, 71). So etwa, dass Farben in verschiedenen Bereichen eines Schulgebäudes unterschiedlich wirken. Ein gebrochenes Rot mag an einer Wand gegenüber der Fensterfront des Klassenraums anders wirken als in einem schlecht beleuchteten Flur.

In der Innenarchitektur bewährt hat sich indes, die Böden dunkel, die Wände hell und die Decke noch heller zu halten. Gleichwohl wehrt sich Rittelmeyer gegen architektonische Moden, die geleitet werden von der Vorstellung, dass Farben intensiv und bunt sein müssten, weil dies jungen Menschen läge (Rittelmeyer 2013). Ohne den Farbgeschmack der Nutzer zu kennen, ist das eine pauschale und gewagte Auffassung. Reizüberflutung und ‚angreifende' Farbwirkung ist häufig die Folge. Es sollte gemäß Rittelmeyer darum gehen, die einzelnen Komponenten der Gestaltung eines Schulgebäudes als ein sorgfältig auszubalancierendes Ensemble aufzufassen. Für die Farbgebung wie für andere Elemente der baulichen Gestaltung hat deshalb zu gelten: „Räume und Gebäudeformen sowie Farben sollen freilassend und befreiend, nicht bedrängend oder beengend wirken. Schwer anmutende Dächer, grelle Farben, mit Dekor überladene Klassenraumwände, enge Flurführungen usw. führen in aller Regel zum Eindruck eines unsympathischen Schulgebäudes." (Rittelmeyer 2014a, 70) Ein effektives Mittel gegen eine aversiv wirkende Gestaltung ist der *Einbezug der Nutzer in die Planung* (vgl. Kap. 9.1). Ein Beispiel dafür ist das Albrecht Ernst Gymnasium in Oettingen, Bayern, Landesteil Schwaben), wo die Schüler und Schülerinnen Einfluss auf die Gestaltung ihrer „Lernlandschaften" nehmen konnten. Da die Altersstufen auf verschiedene Stockwerke des Gebäudes verteilt sind, gibt es die Möglichkeit, pro Ebene eine eigene, altersgemäße Farbe für die Raumgestaltung auswählen zu lassen. Davon haben die Heranwachsenden Gebrauch gemacht. Die folgende Abbildung zeigt am Beispiel der Jahrgangsstufe 9, wie die Farbe Grün und die Beleuchtung zusammenspielen.

Abb. 8: Grünes Design, Jahrgangsstufe 9 im Albrecht Ernst Gymnasium Oettingen (Foto: Schönig 2016)

Es ist durch empirische Studien hinreichend belegt, dass architektonisch gut gestaltete Schulen *kein Problem mit Vandalismus* haben (zusammenfassend Rittelmeyer 2014a, 53ff.). Wo der Raum Schülern und Schülerinnen mit Wertschätzung begegnet und deren „Grundbedürfnis nach ästhetischer Wahrnehmung“ befriedigt (s. Skiera 2022, 300ff.), spüren sie, dass sie als Person angenommen sind. Das findet sich spiegelbildlich in deren *wertschätzendem Umgang mit dem Raum* wieder. Daraus lässt sich schließen, dass der Raum pädagogisch gewirkt, die Beteiligten zu gewünschten Verhaltensweisen hingezogen, erzogen, hat. Es ist zu erwarten, dass sie sensibel für die Qualität, insbesondere für die Gestimmtheit und Atmosphäre dieses Raums geworden sind und auf dieser Basis einen *impliziten Maßstab* für die Beurteilung anderer Gebäude gewonnen haben. So hätte der Schulraum einen Beitrag zum *ästhetischen Qualitätsbewusstsein* und zur differenzierten Wahrnehmung anderer Gebäude in ihren Lebenswelten geleistet. Räume können den Geschmack bilden – eine Aufgabe der ästhetischen Erziehung.

7.1.2 Gestaltungsmöglichkeiten im Außenbereich der Schule

Vor einigen Jahren war der Verfasser Teilnehmer einer großen Tagung zur Schularchitektur. Ein Redner, Geschäftsführer einer stark gefragten Privatschule, stellte die Sanierungsarbeiten am Bestandsgebäude vor und kam auf den Schulhof, eine komplett versiegelte Fläche, zu sprechen.[55] Er berichtete, dass sich das Leitungsteam der Schule dazu entschlossen hatte, keine Spielgeräte für den Schulhof anzuschaffen und ihn in seinem Zustand zu belassen. Die Begründung war, dass asphaltierte Flächen die Kreativität der Schüler und Schülerinnen herausforderten und sie Erfinder von erstaunlichen bewegten Spielen würden...

Vermutlich haben die Schüler und Schülerinnen lediglich aus der Not eine Tugend gemacht, um ihrem Bewegungsdrang nachzugeben. Tatsache ist, dass Jungen den versiegelten Pausenhof gerne für das Fußballspiel gebrauchen, während Mädchen eher zu weniger körperbetonten Spielen in kleinen Gruppen oder zu zweit neigen. Wenn ein Schulhof auch einen kleinen Wald hat, halten sich Mädchen lieber darin auf als Jungen, während Jungen die eher grobmotorischen Gruppenspiele auf dem Asphalt bevorzugen. Durch die Träger der gesetzlichen Schülerunfallversicherung ist jedoch belegt, dass auf undifferenzierten, langweiligen Schulhöfen die Zahl der Unfälle höher ist als auf gestalteten Schulhöfen. Und: Auf naturnah gestaltetem, begrüntem Schulgelände passieren weniger Unfälle sowie weniger Übergriffe auf Mitschüler und Mitschülerinnen (Raith & Lude 2014). Es stellt sich die Frage, wie ein Schulgelände beschaffen sein sollte, das ein *breites Aktivitätsspektrum* abdeckt, um dem ganzen Menschen zu genügen, neben der Bewegung und Aktivität eben auch der Ruhe und Entspannung.

Es sei daran erinnert, dass Bewegung die kognitive Entwicklung von Kindern fördert, ihre Krankheitsanfälligkeit reduziert, ihr Wohlbefinden erhöht und einen allgemeinen Beitrag zur Gesundheit leistet (Rittelmeyer 2014a). Deshalb lautet die siebte von zehn Thesen der beiden Montag Stifungen: „Lernen in Gesundheit und Bewegung findet in anregender und weiträumiger Umgebung statt." (Montag Stiftung Jugend und Gesellschaft & Montag Stiftung Urbane Räume ²2012, 52ff.) Wenn das Außengelände der Schule das sinnliche Erleben im Sinne des ganzheitlichen Resonanzansatzes unterstützen soll, dann ist auch an die für die gesunde Entwicklung so *fundamentale Naturerfahrung* zu denken. Dieser Gesichtspunkt wird an dieser Stelle jedoch ausgeklammert. Wegen seiner immensen Bedeutung wird er separat behandelt unter der Fragestellung, wie man die Natur in die Schule holen kann (vgl. Kap. 7.4.1). Vielmehr sollen hier die Grundlinien der Außenraumgestaltung für Bewegung und Aktivität sowie für Ruhe und Entspannung gezogen werden.

Es ist hilfreich, zunächst die Alltagserfahrungen von Eltern zu bemühen, wenn es um die Frage geht, welche *Bewegungsformen* Kinder bis zum Alter von ca. 12 Jah-

55 Zum Schutz der Schule und des Redners werden keine näheren Angaben gemacht.

ren bevorzugen bzw. ausprobieren. Es kommt eine erstaunliche Liste zusammen, die auch Überschneidungen mit dem Spiel (vgl. Kap. 7.3) hat.

Sie
- balancieren auf Steinen, Holzstämmen, Tauen, Hochseilen und Slack-lines
- klettern gerne hoch hinauf
- springen aus unterschiedlicher Höhe herab, häufig auch als Wettbewerb um die größte erreichte Höhe; springen gerne Trampolin
- betätigen sich mit allerlei Handgeräten am und mit Wasser
- schaukeln und schwingen
- fahren gerne mit dem Roller oder Rad
- hüpfen im Rhythmus oder bei Hinkelspielen, beim Seilchenspringen oder „Gummi-Twist“
- spielen gerne mit Bällen
- rennen und beteiligen sich an Wettläufen
- konstruieren mit Sand, Zweigen, Blättern und anderen Naturmaterialien
- verstecken sich, krauchen in ‚Höhlen‘ und kriechen durch Röhren
- jonglieren mit Bällen, Keulen und anderen Kleingeräten
- üben mit dem Einrad und Pedalo
- raufen, kämpfen und messen ihre Kräfte
- benutzen gerne Rutschen
- …

Gesunde Kinder ohne körperliche Einschränkungen tun das alles aus Freude an der Bewegung und wegen des Nervenkitzels. Sie wollen wissen, wie weit sie (im übertragenen Sinne) gehen können, und gehen Risiken ein. Sie wollen herausfinden, was sie schon können und schieben die Grenzen ihrer Könnenserfahrung immer weiter hinaus. Für ihre Identitätsentwicklung ist diese *Erfahrung der Selbstwirksamkeit* fundamental, denn hier entwickelt sich ein Gespür für die eigene Leistungsfähigkeit. Mit Stolz zeigen sie Eltern, Geschwistern und Gleichaltrigen, was sie sich schon alles zutrauen. Die positive Grunderfahrung, dass sie ihrem Körper trauen können, lässt ihr *Selbstvertrauen* und ihr *Selbstbewusstsein* wachsen – ich kann etwas, also bin ich wer. Mut, Kreativität und Konzentrationsfähigkeit nehmen zu (Raith & Lude 2014).
Alle genannten Aktivitäten sind in einem differenziert gestalteten Schulgelände möglich, vorausgesetzt, es bietet eine hinreichend große Fläche. Dabei müssen es nicht nur fest installierte Spielgeräte sein. Manche behindern eher die Funktionslust und den *kreativen Gebrauch* des Körpers. Die folgende Abbildung zeigt ein Klettergerüst, dessen senkrechte Stützen und waagrechte Hölzer gezielt unterschiedlich hoch sind. Zudem sind die Holzelemente ungerade geformt. Anders als bei einer symmetrischen Anordnung der einzelnen Elemente können hier individuelle Lösungen für unterschiedliche Kletterversuche ausprobiert werden. Diese offene Anordnung von Hölzern und Schnüren fordert die Kinder beim Klettern stark heraus.

Abb. 9: Spielplatzeinrichtung der Mittelschule Thalmässing (Foto: Schönig 2020)

Zumeist sind die einfachen Gestaltungselemente im Schulgelände besonders effektiv, wobei das gesamte Angebotsensemble herausfordernd wirkt: Klettersteine, -felsen und -wände, Stammwippe und Wackellabyrinth, Balancierhölzer und Hangrutsche, Klettertaue und Seilparcours – sie alle können ohne großen (finanziellen) Aufwand bereitgestellt werden und sind bei Kindern und auch Jugendlichen begehrt. Die Gestaltung des Schulgeländes besteht jedoch nicht nur darin, die Geräte irgendwie zu platzieren, sie sollten vielmehr wie das Schulhaus selbst einem baulichen Konzept folgen, damit es zu einem *Bewegungspark* werden kann. Dazu zählen *Höhenunterschiede* und eine Bepflanzung, die das Gelände dynamisch machen. Ein Gerätehaus für die Spielgeräte sollte bereitstehen. Wasserläufe oder Teich sind bei Kindern wegen

des Spielens am oder mit Wasser begehrt, Jugendliche sitzen gerne dort wegen des beruhigenden Wasserplätscherns. Flächen für Sportspiele wie etwa Beachvolleyball oder Basketball sollten zur Verfügung stehen (vgl. Brägger u. a. 2017).
Die Multifunktionalität des Außengeländes sollte dem Aktivitätspol auch einen Entspannungspol gegenüberstellen, um das Bedürfnis nach *Ruhe und Entspannung* aufzugreifen. Sitzgelegenheiten, Holzliegen, Hängematten zwischen Bäumen und ein kleines Amphitheater können Angebote zum Chillen und Relaxen machen. Nischen im Grün, Laubengänge mit Bänken und Mulden im Gelände laden zum ruhigen Gespräch und Austausch ein… Ist das visionär? Ein Beispiel vermag das Gemeinte zu veranschaulichen.
An der bayerischen Mittelschule Dietenhofen[56] wurde eingangs der 2000er Jahre der Entschluss gefasst, den Schulhof völlig neu zu gestalten. Anlass waren die hohen Unfallzahlen auf dem komplett betonierten Schulhof, der so alt war wie die Schule selbst, nämlich von 1964. In einer konzertierten Aktion aus Elternbeirat, örtlichen Firmen, Bauhof der Gemeinde, einem Landschaftsarchitekten und Teilen der Lehrer- uns Schülerschaft wurde der Schulhof innerhalb eines Jahres verwandelt. Die Einweihung war im Jahr 2003.
Leitend war der Verzicht auf versiegelte Flächen. Stattdessen wurde auf Durchgrünung, Verwendung von Natursteinen, Anlegen von Wasserflächen und *funktionelle Trennung von Aktionsflächen und Ruhezonen* gesetzt. Was dabei herausgekommen ist, lässt sich folgendermaßen notieren:

> „Klettergerüste aus Baumstämmen, Kriechtunnel mit verschiedenen Zugängen, Hängebrücke, Kletterwand, wasserspeiender Drache mit anschließendem Wasserlauf (Tritt- und Springsteine), Platz für Unterricht im Freien, Atrium mit Feuerstelle und Sitzstufen am Weiher, Sitzplatz mit Pergola), Räume für Feste in Klassengröße (Backofen mit Freiflächen); Nutzungsflächen (Obstbäume, Kräuterflecken), Kletterfelsen (Buschwerk mit versteckten Terrassen), Tischtennis-Platte, Trockenhänge mit div. Kräutern, Hügellandschaft mit „Burgberg“, Wasserspielplatz mit Schwengelpumpe, Summstein.“[57]

Wo viel Fläche und die Bereitschaft eines Kollegiums für Schulentwicklung vorhanden sind, lassen sich buchstäblich Berge versetzen. Aber nicht jede Schule ist in solch einer günstigen Ausgangssituation. In konzentrierten Lagen der Schulen von dichtbesiedelten Städten oder gar Ballungszentren ist der Platz rar. Manchmal steht nur ein Innenhof als Pausenhof zur Verfügung. Ein Beispiel aus Österreich macht auf eine weitere Gestaltungsoption aufmerksam. Die Schule am See in Hard/Vorarlberg hat eine interessante Innenhofgestaltung realisiert. Jeder Teil hat seine Originalität und seinen eigenen Charakter. Im „Wasserhof“ gibt es (im Sommer) die Einladung zu Wasserspielen. Im „Steinehof“ liegen tonnenschwere Findlinge, die zum Klettern

56 Die Mittelschule ist in Bayern die Nachfolgerin der Hauptschule.
57 https://www.mittelschule-dietenhofen.de/%C3%BCber-uns/pausenhof [aufgerufen am 26.01.2022].

oder für Versteckspiele aufgesucht werden. Der „Holzhof" bietet auf Bühnen zwischen kleinen Bäumen Gelegenheit zum Feiern.[58]

Ein weiteres Beispiel zeigt, dass es keineswegs abwegig ist, sogar dort Fußball und andere Ballsportarten zu spielen, wo der Raum äußerst knapp ist. Das fordert freilich die Kreativität der Architekten besonders heraus. In der in Jütland zentral gelegenen Stadt Viborg liegt das Mitbyens Gymnasium Mercantec, Viborg, zwischen zwei stark befahrenen innerstädtischen Straßen, die zudem auf unterschiedlichen Höhenniveaus liegen. Beide Straßen sind für den nicht motorisierten Verkehr durch eine Brücke und durch eine Unterführung verbunden, die beide das Schulgebäude kreuzen. Oberhalb des fünften Stockwerks der Schule befindet sich gut sichtbar ein umgitterter Bereich, der ein Spielfeld umschließt.[59] Es wird in den Pausen für Ballspiele rege genutzt. Das folgende Foto gibt einen Eindruck von dieser bemerkenswerten Architektur.

Abb. 10: Ballspielplatz auf dem Dach, Midtbyens Gymnasium Mercantec, Viborg, Dänemark (Foto: Schönig 2023)

58 Franz Hammerer (2020): Schule am See Hard/Vorarlberg In: Hammerer, Franz & Rosenberger, Katharina (Hrsg.): RaumBildung 6. Druck: Hausdruckerei AUVA, 66-87.

59 https://www.mercantec.dk/uddannelser/midtbyens-gymnasium [aufgerufen am 23.04.2023].

Zusammenfassend lässt sich hinsichtlich des Erziehungsthemas feststellen, dass durch eine konsequent gestaltete unmittelbare Umgebung des Schulhauses wesentliche erzieherische Intentionen erreicht werden können. Die sinnliche Erfahrung der Bewegung ist keine Dimension, die im regelgeleiteten Sportunterricht allein abgedeckt werden könnte. Und es geht auch nicht um die bloße Kompensation von Bewegungsdefiziten, die durch einen bewegungsarmen Unterricht entstehen, sondern um eine *anthropologische Grunderfahrung*, die zum Menschsein gehört. Ein solches Schulgelände erzieht Schüler und Schülerinnen zu selbstbewusstem und kreativem Handeln, zu Selbstvertrauen, Leistungsbereitschaft und Sensibilität gegenüber dem eigenen Körper. Sie erkennen, dass ihr Körper der wichtigste Begleiter ihres Lebens ist, der mit seinen inneren Respondenten in herausfordernden Situationen verlässlich Auskunft über deren Qualität gibt.
In unserer schnelllebigen hektischen Zeit erhalten junge Menschen durch Medien und gesellschaftliche Konventionen zahllose Angebote, dem permanenten Reizangebot zu folgen. Es ist gut zu beobachten, dass insbesondere Jugendliche Halt, Orientierung und Zufriedenheit darin suchen, dass sie der Reizbeschleunig folgen und Außenreize mit weiterer Reizsuche beantworten – ein Teufelskreis, der nicht zu Gelassenheit, sondern zu emotionaler Auszehrung führt. Das Verlassen der Reizspirale, das ‚Abschalten' gelingt nicht mehr. Das Schulgelände mit Ruhezonen vermag einen *Gegenpol zur Reizüberflutung* zu bilden. Hier kann man zu sich selbst finden, innere Spannung abbauen und Ruhe genießen. So gesehen bahnt das Schulgelände Aufmerksamkeit gegenüber Möglichkeiten der Spannungsreduktion und damit eine Haltung zur Gelassenheit an. Welchen Anteil die Begegnung mit der Natur dabei hat, wir noch zu klären sein (s. Kap. 7.4.2).

7.2 Beisammensein vs. sich zurückziehen und für sich sein

Das folgende Kapitel schließt an die entwicklungs- und bindungstheoretischen Befunde des 6. Kapitels an und hat eine gewisse Schnittmenge mit dem voranstehenden Kapitel 7.1, das die Spannung zwischen Aktivität und Bewegung einerseits und Ruhe und Entspannung andererseits zu verdeutlichen versucht hat. Anders als Kapitel 7.1 verschiebt sich der Blickwinkel im Folgenden deutlich zur *Entwicklungspsychologie des Jugendalters*. Es ist unumstritten, dass in der durch die *Pubertät* bzw. die *Adoleszenz* eingeleiteten psycho-physischen Umstellung der junge Mensch wie in keinem anderen Lebensabschnitt eng beieinanderliegende Entwicklungsaufgaben zu bewältigen hat, die seine Beziehung zu sich selbst sowie zu seinen Sozialpartnern fundamental verändert (Hurrelmann & Quenzel [11]2012; Fend [3]2005). Die Kommunikation mit den zentralen Sozialisationsinstanzen Familie, Schule und Peers (die Gruppe der Gleichaltrigen) wird angetrieben durch die Frage nach den unverwechselbaren Merkmalen des Selbst: *Wer bin ich?* Erst seit wenigen Jahren wird dabei die Bedeutung der Gleichaltrigen in Schule, Freizeit und Jugendarbeit für die Identitätsarbeit der Jugendlichen ergründet (so etwa Nörger 2003). Eine Eingrenzung der Lebensphase Jugend ist insofern schwierig, als sie zwar durch Eigenständigkeit gekennzeichnet ist, gleichwohl ihre ‚Ränder' zwischen Kindheit und Erwachsenenalter unscharf sind (Hurrelmann & Quenzel [11]2012, 15-22). Die Fachliteratur spricht durchgängig auch von einem *Moratorium*, d.h. von einer Art ‚Wartezeit' oder ‚Karenzzeit', bis die Loslösung vom Elternhaus sowie der Wechsel zu selbstständiger Lebensführung und Berufsfindung abgeschlossen ist. Zwischen dieser, soziologisch gesprochen, Statuspassage und dem Ende der Kindheit sehen Klaus Hurrelmann und Gudrun Quenzel (ebd.) eine Zeitspanne von etwa 15 Jahren bzw. den Zeitraum zwischen dem 12. und 27. Lebensjahr. Damit überschneidet sich die Zeit der *Adoleszenz*, so der psychologische Begriff, mit der Schulzeit zwischen etwa der 6./7. Jahrgangsstufe und dem Verlassen der allgemeinbildenden Schule mit etwa 18 Jahren. Die Schule steht somit vor der wichtigen Aufgabe, den wohl bewegtesten Lebensabschnitt junger Menschen konstruktiv zu begleiten. Dies ist für die Schule ein Abenteuer. Zum einen hat die Adoleszenz keinen linearen Verlauf, sondern ist durch wechselnde Entwicklungstempi zwischen nach vorne drängen und sich zurückziehen gekennzeichnet.

Der bereits angesprochene Tiefenpsychologe Eric H. Erikson hatte bereits in den 1960er Jahren die Identitätsentwicklung mit einem Stufenmodell generell als potentiell *krisenhaften Verlauf* beschrieben (Erikson 1966/[27]2015, 103f.). Für das Jugendalter hat er festgehalten, dass sich das Zielsystem des jungen Menschen in der Spannung zwischen *Identitätsfindung* und *Identitätsdiffusion* manifestiert. Es fragt sich also, wie die Schule den individuellen Entwicklungsverläufen mit ihren progressiven und retardierenden Momenten *organisatorisch* begegnen kann, denn das schulische Lernen hat ein entscheidendes Charakteristikum: Es ist geprägt durch das Lernzeitmuster des linearen Voranschreitens von einem Inhalt zum nächsten. So gesehen ist der Konflikt zwischen der ‚Eigenzeit' des in der Entwicklung befindlichen Adoleszenten und den strikten Lernzeitmustern des Lehr-Lernbetriebs vorprogrammiert (vgl. Schönig 2014).

Zum anderen stellt sich der Schule die *pädagogische Aufgabe*, mit der biologisch gesteuerten „Achterbahn der Gefühle" – so der Titel des betreffenden Beitrags von Anne-Katharina Fladung (2011) – entwicklungsförderlich umzugehen. Es liegt auf der Hand, dass die Schule der vulnerablen Situation insbesondere Jugendlicher mit besonderer Aufmerksamkeit begegnen sollte. Dies betrifft auch die Qualität der Räume, in denen sie sich aufhalten. Es sei nur am Rande angemerkt, dass die Fachliteratur zur Lebensphase Jugend zwar von günstigen Rahmenbedingungen für die Förderung der Identitätsarbeit in der und durch die Schule spricht (so bspw. Fend [3]2005), das Raumthema aber gänzlich ausgeklammert bleibt. Deshalb ist nach raumtheoretischen Parametern zu suchen, die den jeweils akuten emotionalen Lagen Jugendlicher zwischen den vielfältigen Formen der informellen Kommunikation und dem Bedürfnis, ganz bei sich zu sein, Rechnung tragen. Wie können Räume so beschaffen sein, dass Jugendliche im Sinne des in Kap. 6 explizierten Lernbegriffs

lernen können, ein konstruktives Verhältnis zu sich selbst zu finden und soziale Kompetenzen im Setting der Peers aufzubauen?
Dem folgenden Text liegt eine Systematik zugrunde, die Ihren Ausgangspunkt in der Betrachtung der Kindheit hat. Ein kurzer Blick auf die Kindheit als Schulkindheit wird einige Wesenszüge dieser Entwicklungsphase aufzeigen (7.2.1) mit dem Ziel, die Charakteristika der Jugendphase besser hervortreten zu lassen. Das Jugendalter wird als ein grundstürzender Transformationsprozess beschrieben, in dem der Jugendliche durch die wechselnden Anforderungen von Elternhaus, Schule und Gleichaltrigengruppe seinen Weg zu sich selbst als unverwechselbare Persönlichkeit sucht. Der Sozialisation durch Freundeskreis, Gruppe und Clique bei gleichzeitiger emotionaler Distanzierung vom Elternhaus wird besondere Aufmerksamkeit zuteil (7.2.2). Da der Schule gegenüber diesem entwicklungspsychologischen Dreh- und Angelpunkt eine wichtige Care-Funktion zukommt, ist schließlich nach dem Respekt zu fragen, der Jugendlichen durch das *räumliche Arrangement* der Schule gezeigt wird. Die Frage wird an zwei für diese Entwicklungsphase typischen Kommunikationsmodi festgemacht: an der sozialen Begegnung in der Peer Group und an dem Für-sich-sein. Raumtheoretisch gesehen wird das sensible Tabu-Thema der sanitären Anlagen als Rückzugsort aufgegriffen. Weitere Raumtypen werden angesprochen. Neuartige polyfunktionale Bibliothekskonzepte werden in ihrer Bedeutung für das soziale Miteinander, für das zurückgezogene Lesen und Lernen sowie als Kommunikationsplattform der Schule vorgestellt (7.2.3).

7.2.1 Merkmale der Schulkindheit bis zum Beginn der Adoleszenz

Ein gut nachvollziehbarer und fundierter Erklärungsansatz zur Kennzeichnung der Schulkindheit ist wiederum Eriksons Stufenmodell der psychosozialen Entwicklung. Vom Kleinkindalter bis zum späten Erwachsenenalter finden sich bei Erikson acht Stufen, genauer: Stadien der Identitätsentwicklung des Menschen (Erikson 1966/[27]2015). Mit Identität meint Erikson das Gesamt der Antworten auf die Frage: Wer bin ich im Kontext all meiner Lebensbezüge? Die positive Antwort führt zu einem Identitätsgefühl, das dem Menschen das Signal gibt, *mit sich eins zu sein* – ein *kohärentes Selbst* zu sein – und mit den Anforderungen der Gemeinschaft im Einklang zu stehen. Für das „Schulalter" steht das identitätsstiftende Leitmotiv im Vordergrund: *Ich bin, was ich lerne*. Wenngleich Erikson keine exakten Zeitangaben für die einzelnen Stadien angegeben hat, so lässt sich das „Schulalter" auf einen Zeitrahmen etwa von 6 bis 14 Jahre umreißen, wobei Überschneidungen mit der „Jugendphase" erkennbar sind (s.o.). Die Entwicklung in diesem Stadium ist eingespannt in die Dichotomie von „*Überlegenheit*" und „*Minderwertigkeitsgefühl*" bzw. von „*Werksinn*" und „*Minderwertigkeitsgefühl*". Bei positiver Entwicklung entsteht beim Kind ein *Leistungs- und Könnensbewusstsein*. Nach und nach zeigen sich grundlegende soziale und intellektuelle Fähigkeiten. Mit „Werksinn" ist das Gefühl gemeint, etwas zu können, Aufgaben gut zu bewältigen und nützlich zu sein. Im

Vordergrund steht die expansive Zuwendung zur Welt, die Neugier der Beschaffenheit der Dinge gegenüber, die Wissbegier und die *unbändige Aktivität* – allein oder mit anderen. Der Heranwachsende entwickelt Fleiß, Ausdauer und Lust daran, ein „Werk" zu vollenden, das ihn mit Stolz erfüllt. Er möchte zeigen, was er ohne Unterstützung von außen kann. Entsprechend steigert sich die partielle Unabhängigkeit von Erwachsenen. Die für den Schuleintritt typische Suche nach Aufmerksamkeit, das ‚Hängen am Rockzipfel' der Lehrkraft verschwindet allmählich.
Für die Sozialentwicklung ist festzuhalten, dass sich mit dem expansiven Verhalten des Kindes auch dessen *sozialer Aktionsradius* in der Gruppe der Gleichaltrigen vergrößert. Das Kind hat nun viele ‚Freunde' (die ‚Freunde' in den sozialen Medien ausgenommen). Ab etwa dem 6. Schuljahr ergeben sich relativ feste Sozialbeziehungen auf der Grundlage von Gemeinsamkeiten und ähnlichen Interessen. Der Heranwachsende in diesem Alter findet diese ‚Freunde' auch alle gleich ‚gut', differenziert also nur unwesentlich nach persönlichen Merkmalen – Hauptsache, man versteht sich. Diese Beziehungen können durch Interessenverschiebungen aber auch rasch wieder gelöst werden (Fend ³2005, 300ff.). Auffallend ist, dass sich auch das Verhältnis zu den eigenen Gefühlen und zu den Gefühlen anderer verändert. Eigene Gefühle werden differenzierter wahrgenommen und es entstehen Ansätze einer Introspektionsfähigkeit bzw. eine *emotionale Empathie*. Es scheint so, als würde sich dies nicht auf ein gesteigertes Interesse am anderen Geschlecht auswirken. Zumindest wird dieses Interesse nicht in der Klasse öffentlich sichtbar (Fend ³2005, 311).
Ab einem Alter von etwa acht Jahren entsteht ein basales Verständnis dafür, dass andere Personen widersprüchliche Gefühle in bestimmten Situationen haben können. Es erweitert sich die Fähigkeit, Ereignisse aus unterschiedlichen Blickwinkeln zu betrachten und ambivalente Gefühle bei sich selbst und anderen wahrzunehmen. Dazu zählt die Fähigkeit, emotionale Bedürfnisse aufzuschieben. Im Ganzen gesehen wächst die Fähigkeit, mit Emotionen angemessen umzugehen und soziale Reize richtig zu dekodieren (Fladung 2011, 48ff.).
Aus der Lernbegierde, Expansivität, gesteigerten Funktionslust und sozialen Unbefangenheit erwächst für die Schule die Aufgabe, solche Rahmenbedingungen zu schaffen, die, wie in Kap. 7.1 gezeigt, Angebote für das Stillen des Aktivitätshungers und die Bewegung schaffen und buchstäblich *Spiel*-Räume, d. h. räumliche Arrangements für Spiel und spielerisches Lernen offerieren. Letzteres wird in Kapitel 7.3 ausführlich behandelt.
Diese Hinwendung an die Außenwelt ist zugleich, so Erikson, mit dem Risiko des Scheiterns und der Verletzung und in dessen Folge mit einem *„Minderwertigkeitsgefühl"* verknüpft. Denn Misserfolge in einem bestimmten Tätigkeitsgebiet bezieht das Kind auf seine Person im Ganzen: Ich kann das nicht, deshalb bin ich nichts wert. Wird die Entmutigung des Kindes zusätzlich durch abwertende Reaktionen der sozialen Umgebung verstärkt, nimmt seine Aktivität ab und seine Unzufrie-

denheit mit sich selbst zu. Wenn also das ‚gesunde Durcharbeiten' dieses Stadiums nicht verhindert, die Krise im Sinne Eriksons nicht konstruktiv aufgelöst wird, ist es wahrscheinlich, dass auch die nächste Entwicklungsphase problematisch verlaufen wird. Abzulesen ist dies auch an Reaktionen wie dem Rückzug aus der Gruppe, dem In-sich-gekehrt-sein, der Antriebsarmut, den vermehrten Misserfolgen, der Apathie und der Traurigkeit des Kindes.

7.2.2 Die Lebensphase Jugend: Auf der Suche nach der eigenen Identität zwischen Elternhaus, Peer-Group und Schule

In keinem anderen Lebensstadium treibt die Frage nach der Gestaltung des eigenen Lebens angesichts vorgegebener gesellschaftlicher Verhältnisse, religionspädagogisch gesprochen: nach dem Woher und Wohin und dem Sinn der eigenen Existenz, den jungen Menschen derart um wie in der Lebensphase Jugend. Bei Erikson liest sich die Beschreibung der Adoleszenz wie ein Ringen um das entspannte Erleben des eigenen Selbst und die Vermeidung von Diffusion, von emotionalen Brüchen und wechselnden Rollenanforderungen der sozialen Umgebung. Er sagt dazu:

> „Der wachsende und sich entwickelnde Jugendliche ist nun, angesichts der psychischen Revolution in ihm, in erster Linie damit beschäftigt, seine soziale Rolle zu festigen. Er ist in manchmal krankhafter, oft absonderlicher Weise darauf konzentriert herauszufinden, wie er, im Vergleich zu seinem Selbstgefühl, in den Augen anderer erscheint und wie er seine früher aufgebauten Rollen und Fertigkeiten mit den gerade modernen Idealen und Leitbildern verknüpfen kann." (Erikson 1966/[27]2015, 106)

Deshalb sieht Erikson die potenzielle Krise zwischen den Polen der *„Identität"* und *„Rollendiffusion"* (Erikson 1966/[27]2015, 106ff., 136ff.) Das entwicklungsleitende Motiv in dieser Entwicklungsphase könnte heißen: Ich bin, der ich bin. Der Jugendliche steht vor dem kompletten Umbau seiner Sozialbeziehung als Teil seiner Identitätsarbeit. Er tritt als Akteur auf eine schwankende Bühne, die ihm abverlangt, durch die Auseinandersetzung mit verschiedenen, häufig konflikthaften Rollenanforderungen, so Helmut Fend, „das Werk seiner selbst zu sein" (Fend [3]2005, leitmotivisch die Seiten 205 bis 416). Klaus Hurrelmann und Gudrun Quenzel sprechen in Anlehnung an Ulrich Becks „Risikogesellschaft" (Beck 1986) davon, dass der junge Mensch beim Übergang vom Kind zum Erwachsenen sich für die Gestaltung seines Lebenslaufs als ein „subjektives Planungsbüro" begreifen können muss (Hurrelmann & Quenzel [11]2012, 65). Die Anklänge dieser Formulierung an die kühle Rationalität von Planungsvorgängen täuschen freilich darüber hinweg, dass die personale Selbstentfaltung mit harter emotionaler Währung erkauft wird. Denn das Moratorium trifft auf die in Kap. 4.1 beschriebenen Prozesse der *gesellschaftlichen Individualisierung*, die den Anspruch an eine ‚Normalbiografie' längst hinter sich gelassen hat. Ent-Traditionalisierung, Diffusion sozialer Normen und prinzipiell zunehmende Freiheit bei der Gestaltung der Biografie erschweren die Suche nach der Gewissheit

seiner selbst. Es tritt erschwerend hinzu, dass sich eine Schere öffnet zwischen der (häufig lange währenden) *ökonomischen Abhängigkeit vom Elternhaus* und den neoliberalen *Freiheits- und Heilsversprechen* einer permissiven Gesellschaft (vgl. Reimann 2011 sowie Pongratz 2010). Deshalb ist leicht nachvollziehbar, wenn Ulrich Beck vor diesem Hintergrund von einem „historisch uneingeübte[n] Typus der Bastelbiographie" spricht (Beck 1986, 217). Auch wenn die dynamischen offenen Gesellschaften keine verbindlichen Ankerpunkte für die Identitätsfindung bieten, so gibt es doch bleibende *psychobiologische* und *soziokulturelle Entwicklungsaufgaben*. Klaus Hurrelmann und Gudrun Quenzel stellen eine ganze Palette solcher Aufgaben vor, die hier sinngemäß wiedergeben wird.
Es geht um die Entwicklung von

- intellektuellen und sozialen Kompetenzen
- Bindungsfähigkeit sowie körperlicher und geschlechtlicher Identität (Hineinleben in den eigenen Körper)
- sozialen Kontakten und Entlastungsstrategien (Coping)
- individuellen Normen und Werten
- Berufsfähigkeit
- elterlicher Kompetenz in der eigenen zukünftigen Familie
- Fähigkeiten, mit dem Konsumangebot sinnvoll umzugehen
- bürgerschaftlicher Teilnahme- und Teilhabefähigkeit
  (in Anlehnung an Hurrelmann & Quenzel[11] 2012, 26-40)

Schaut man auf die seelischen Grundbedürfnisse bei Ehrenhard Skiera (2022), wie sie in Kap. 6 vorgestellt worden sind, dann wird offensichtlich, dass sie keineswegs im Einklang mit einem solchen Anforderungskatalog stehen. So ist auch leicht zu verstehen, dass aus kinder- und jugendpsychiatrischer Sicht die Forderung erhoben wird, die psychische Stabilisierung der Jugendlichen zu bewirken, indem die „Grundbedürfnisse in der Adoleszenz" (Klosinski 2003) befriedigt werden, um ‚krisensicher' zu machen. Durchaus mit Skiera korrespondierend nennt Gunther Klosinski u. a. die Bedürfnisse nach Anerkennung der Körperlichkeit einschließlich der Sexualität, nach Sicherheit, Unabhängigkeit, Zugehörigkeit (Liebesbedürfnis) und Leistungserbringung (ebd., 66ff.). Klosinski sieht diese Anforderungen im Zusammenhang mit der Sozialisation durch die Gleichaltrigengruppe bzw. Peer-Group.
Die Peer-Group kann als *der* zentrale Transformator für die Reorganisation der Sozialbeziehungen und die Selbstentwicklung angesehen werden. Gleich wie das soziale Netz innerhalb von informellen Gruppen, Freunden und Cliquen gesponnen und die Soziodynamik permanentem Druck ausgesetzt wird, ist doch unabweisbar, dass die Peerbeziehungen einen fundamentalen Einfluss auf die Individuation haben – im Positiven wie im Negativen. Deshalb bietet es sich an, die wesentlichen Veränderungsschritte im Spiegel der Gleichaltrigenbeziehungen zu besprechen.

Wenn der Begriff der Peer-Group verwendet wird, dann ist neben der Altersgleichheit an drei weitere Merkmale zu denken: der mehr oder weniger *organisierte Zusammenschluss*, etwa *gleiche Interessen* und etwa *gleicher Status* (vgl. Nörber 2003, 9ff., Fend ³2005, 304-330). Er zielt also nicht allein auf Altershomogenität, sondern auch auf das Gleichsein im Sinne von symmetrischer Kommunikation und Gleichklang. Offenbar wird insbesondere in der Jugendarbeit ein derart starkes Lernpotenzial der Peer-Group angenommen, dass sich der Begriff *Peer-Education* eingebürgert hat (vgl. Nörber 2003).[60]

Welche Hürden sind nun im Einzelnen in der Adoleszenz zu nehmen? Ohne Zweifel sind die physiologischen Veränderungen eine große Herausforderung für den Heranwachsenden. Dem eigenen Körper wird mit Beginn der Pubertät besondere Aufmerksamkeit geschenkt. Die Veränderung von Aussehen, primären und sekundären Geschlechtsmerkmalen wird sowohl mit Neugier betrachtet als auch von der Sorge begleitet, ob man bei ‚Freunden' und ‚Freundinnen' gut ankommt. Eltern wissen lange Lieder davon zu singen, dass das Badezimmer lange besetzt ist, weil das Styling insbesondere bei den Mädchen stimmen muss. Frisuren, Make Up, Umgang mit Pickeln, Mode und Kleidung und in der späteren Adoleszenz auch Ernährung und Diäten – das sind Themen, die vor allem bei den Mädchen viel Raum einnehmen und für Gesprächsstoff sorgen. Generell spielt die richtige Kleidung eine beträchtliche Rolle, denn spätestens in der Sekundarstufe II kann das Tragen bestimmter Markenkleidung über die Zugehörigkeit zur Gruppe entscheiden. In einem gewissen Kontrast dazu steht, dass über die Demonstration *eigener Stilelemente* die Individualität betont wird. Das kann so lange funktionieren, wie ein bestimmter Korridor an Gruppennormen nicht verletzt wird. Man will gleich und zugleich anders sein (Klosinski 2003, 69). Darüber hinaus ist die *Selbstmodellierung durch Outfit und Auftreten* in Anlehnung an Idole auch ein Abgrenzungsfaktor gegenüber anderen Gruppen und womöglich eine Protestform gegenüber Eltern und Schule (s. u. sowie Fend ³2005, 340ff.).

Eine wichtige Antriebsfeder für diese Balanceakte ist die in der Pubertät erwachende Anziehungskraft des anderen Geschlechts. Anders als das eher oberflächliche Interesse am anderen Geschlecht im „Schulalter" wird das gegengeschlechtliche Gegenüber differenzierter wahrgenommen und Gegenstand von Wünschen, Fantasien und Sehnsüchten. Allerdings stagniert die für Kinder typische zunehmende Fähigkeit, soziale *Reize zu dekodieren*, in der Adoleszenz. Mit dem Wagnis, sich auf der Suche nach Anerkennung, Bindung und Akzeptanz mit persönlichen Merkmalen zu ‚outen', steigt aber zugleich die *Verletzlichkeit*. Enttäuschung durch abweisendes Verhalten führt nicht selten zu einem Gefühl der Nichtigkeit, Wertlosigkeit und Verbitterung. Innerer Protest und Gereiztheit finden dann ein Ventil durch ein *Sich-zurückziehen* in

60 Im Mittelpunkt stehen dabei Projekte, die unter moderativer Anleitung von Jugendlichen für und mit Gleichaltrigen durchgeführt werden. Ob bei „Peer Education" der Erziehungsbegriff glücklich gewählt ist, sei dahingestellt (vgl. hierzu Kap. 6).

das eigene Zimmer, Passivität, lautes Musikhören usw. Eltern klagen in solchen Fällen darüber, ihr Sohn/ihre Tochter würde nur noch im Zimmer hocken, habe keine Lust aufs Lernen, sei deprimiert und gegenüber Gesprächsangeboten aggressiv-ablehnend. Jedes Gespräch brächte neue ‚Beziehungsknoten' hervor. In dieser Situation wird die Schule vom Jugendlichen nur noch als ‚ätzend' erlebt – bis andere sozialdynamische Konstellationen in der Gruppe oder eine Beziehung neue Zuversicht erzeugt.

Wenn alles gutgeht, lernt der/die Jugendliche sich mit der kraftvollen Dynamik der Gruppe zu arrangieren, sich an das Gefüge aus Werten, Normen und Regeln anzupassen und sich zu integrieren. Die Peer-Group ist ein *Resonanzboden* und *Nährboden* zugleich. Als Resonanzboden kann sie bezeichnet werden, weil sie mit dem Mechanismus der Rollenerwartung und -verteilung, beständig widerspiegelt, wo sich der/die Einzelne im sozialen Netzwerk befindet. Zugleich bietet sie emotionale Ankerpunkte, indem sie Wünsche nach Zugehörigkeit, Anerkennung, Vertrauen, Verlässlichkeit, Schutz, Unterstützung und Beheimatung befriedigt, auch wenn dies mit Reibungsverlusten verbunden ist. Klaus Hurrelmann und Gudrun Quenzel sprechen treffend von der Peer-Group als einem „Übungs- und Trainingsraum für das Sozialleben" (Hurrelmann & Quenzel [11]2012, 177). Der befriedigende Rollenstatus muss erarbeitet werden. Zur Identitätsfindung durch die Peer-Group gehört freilich auch, mit Zurückweisung und partieller Ausgrenzung fertig zu werden. Anders als in der Familie, in der die Eltern-Kind-Beziehung „unkündbar" ist (Fend [3]2005, 306), kann die soziale Beziehung in der Peer-Group abgebrochen werden und sozialer Ausschluss drohen (ebd.). So gesehen ist die Peer Group *der* soziale Ort in der Adoleszenz, an dem der ehrliche Umgang mit Gefühlen, Widerstandskraft, Enttäuschungsfestigkeit und Durchsetzungsfähigkeit gelernt wird (Hurrelmann & Quenzel [11]2012, 174-196). Für den Aufbau verlässlicher Freundschaften ist sie unersetzbar (Fend [3]2005, 305ff.).

Helmut Fend hat aber auch ebenso deutlich gemacht, dass die Peer-Group durchaus Selbstzweifel, Misstrauen, Angst und Isolationsgefühle fördern, also die *„Identitätsdiffusion"* im Erikson'schen Sinne fördern kann. Aus misslingendem Beziehungsmanagement kann sich Ablehnung, Ausgrenzung und sogar gefährliches Mobbing entwickeln, das zu einer Leidensgeschichte mit verheerendem Ausmaß führt. Wird die von Erikson vorgestellte Bipolarität von „Identität vs. Verwirrung" gleichsam zugunsten der ‚negativen Identität' bedient, sind depressive Erkrankungen, Psychosomatosen, Delinquenz und gewalttätiges Verhalten zu erwarten. Diese Gefahr ist dann besonders groß, wenn leistungsschwache Jugendliche von einer Peer-Group vereinnahmt werden, die *schuloppositionelles Verhalten* zeigt und ihre eigene Identität aus *subkulturellen Normen* speist. Wenn diese Gruppe ‚alles' ist, die Schule ‚gar nichts', führen die Identifikationsangebote der Gruppe letztlich ins soziale Abseits. Helmut Fend bemerkt dazu:

> „Wenn Jugendliche ihre Bedürfnisse nach Selbstachtung und Zugehörigkeit nur außerhalb von schulischen Lernbereichen befriedigen können, dann ist eine Risikosituation angezeigt." (ebd., 351)

Und weiter:

> „Für eine positive Persönlichkeitsentwicklung ist die Kombination von schulischem *und* sozialem Erfolg optimal, die Kumulation von Belastungen in beiden Bereichen ist besonders beeinträchtigend. (...) Durch soziale Integration ist wohl eine Selbststabilisierung bei schulischem Mißerfolg möglich, sie wird jedoch durch Schuldistanz und Risikoverhalten erkauft." (ebd., 367; Hervorhebung im Original)

Es ist erwiesen, dass jene Schulen einen guten Schutz für die Identitätsfindung bieten, deren Heranwachsende *sich wohlfühlen* und *sich als kompetent einstufen* (Hurrelmann & Quenzel [11]2012, 117-123). Angesichts des mehrmals betonten Zusammenhangs von Wohlbefinden und Leistung (vgl. Kap. 5, Kap. 7.1) stellt sich an dieser Stelle wieder die Frage, welche Raumangebote die Schule den Jugendlichen machen kann, damit die kommunikativen Bedürfnisse nach Wohlbefinden in der Gruppe, Zugehörigkeit und Beheimatung einen identitätsfördernden Rahmen erhalten.
Mit dem Begriff des *Generationenkonflikts* wird zum Ausdruck gebracht, wie sehr Eltern und ihre Kinder sich während der Lebensphase Jugend entzweien können. Die angesprochenen krisenhaften Entwicklungen können dort vermieden werden, wo durch eine gute Eltern-Kind-Beziehung in der Kindheit ein solides Fundament bestehend aus Selbstvertrauen, Zuversicht und Belastbarkeit gelegt worden ist. Das ändert aber nichts an der Tatsache, dass die psychische und soziale Transformation des jungen Menschen zu einer natürlichen Distanzierung von den Eltern führt oder – psychoanalytisch gesprochen – der/die Jugendliche seine/ihre Libido vom Elternhaus auf die Peer-Group verschiebt (ausführlich dazu Fend [3]2005, 270-327). Der Umbau der Sozialbeziehungen geht einher mit *abnehmender Kontaktdichte* zwischen dem Heranwachsenden und seinen Eltern, weniger gemeinsamen Freizeitaktivitäten und *zunehmender asymmetrischer Kommunikation*. Was auf Seiten von Jugendlichen als Einmischung in persönliche Freiheiten und Bevormundung erlebt wird, empfinden Eltern schmerzlich als Rückzug aus der Eltern-Kind-Beziehung. ‚Klärende Gespräche' enden mitunter mit Zornesausbrüchen, Türenschlagen und lautstarkem Protest. Die Peer-Group wiederum spannt den emotionalen Schutzschirm über ihr Mitglied. Dies ist für die Identitätsarbeit so lange notwendig, wie die Gruppe nicht die angesprochenen zerstörerischen Kräfte freisetzt. Helmut Fend betont die psychohygienische Funktion der Peer-Group wie folgt:

> „Wenn die Bindung zu den Eltern schwach wird und keine neuen Bindungen an Freunde aufgebaut werden können, dann ist damit eine Leidensgeschichte verbunden. Sie schlägt sich besonders in Selbstabwertungen und in depressiver Verstimmung nieder, dokumentiert also ein hohes Risiko des Jugendlichen, ein negatives Verhältnis zu sich selbst zu entwickeln. (...) Als Risikoweg muss aber auch das Verharren im Elternhaus ohne Bezug zu Gleichaltrigen gesehen werden. Hier wird die Einbindung in die Werte des Elternhauses mit Einsamkeitsgefühlen und Selbstabwertungsneigungen erkauft." (ebd., 327)

Es darf als für die Biografie des Einzelnen unumstößliche Entwicklungsaufgabe angesehen werden, dass er lernt, sich auf faire Weise von den idealisierten Eltern-Imagines[61] zu verabschieden und ein dauerhaft ausbalanciertes, partnerschaftliches Verhältnis zu den Eltern zu gestalten (vgl. Klosinski 2003).
Wenn denn die Pubertät bzw. die Adoleszenz ein universelles Phänomen ist und seit Jahrtausenden über das Trennende zwischen den Generationen spekuliert wird, dann ist es interessant, neuere Erklärungsansätze zu bemühen, die an die *biogenetischen Ursachen* herzuführen versuchen. Die Sicht auf die Hirnentwicklung zeigt, dass bereit bei der Geburt eine komplette Ausstattung des Gehirns mit Nervenzellen vorhanden ist, allerdings immer wieder ein Umbau der synaptischen Verbindungen entsteht. Im Abgleich mit den Welterfahrungen, die der junge Mensch in seiner Lebensgeschichte macht, ‚entscheidet' das Gehirn darüber, welche Nervenverbindungen neu entstehen und welche abgeschafft werden – das Gehirn arbeitet *selbstreferentiell.*
Die Pubertät ist eine Entwicklungsphase, in der das Gehirn mit einem solchen *synaptischen Prunging*, einem Umbau der Nervenverbindungen, beschäftigt ist. Anne-Katharina Fladung, ehemals Leitende Klinische Psychologin am Universitätsklinikum Ulm, Klinik für Psychiatrie und Psychotherapie III, und heute Geschäftsführende Leiterin der Hochschulambulanz der Universität Hamburg, spricht von einer „Generalüberholung" des Gehirns (Fladung 2011) und beschreibt das komplexe Ineinandergreifen von Gehirnentwicklung, Umstrukturierung des Hormonhaushalts und Lernen. US-amerikanische Langzeitstudien konnten mithilfe von bildgebenden Verfahren zeigen, wie sich die Hirnmasse strukturell verändert (Lenroot & Giedd 2006). So ist mit bildgebenden Verfahren der Hirnuntersuchung erkennbar, in welchen Funktionsbereichen des Gehirns eine Myelisierung erfolgt. Myelin ist ein lipidreicher Stoff, der gewissermaßen eine Hülle um die Axone der Nervenzelle legt, um deren elektrische Leitfähigkeit zu steigern. Die Kapazität für die Verarbeitung von Außenreizen wird dadurch erhöht. Offenbar erfolgt dieser Prozess aber nicht in spezifischen Hirnregionen gleichermaßen und gleich schnell. Vereinfacht gesagt erfolgt die Entwicklung des für Motivation und Belohnung zuständigen mesolimbischen Systems und des für das Denken, Planen, Urteilen und die Moral zuständigen frontalen Cortex *asynchron* (Fladung 2011). Mit Beginn der Pubertät könnte, so Fladung, „ein schneller und deutlicher Anstieg dopaminerger Aktivität zu einem rapiden Anstieg belohnungssuchenden Verhaltens beitragen, während das kognitive Kontrollsystem, das eine optimierte Selbstregulation erlaubt (...), erst später heranreift (...)" (ebd., 49). Es könnte sein, so folgert Fladung mit vorsichtiger Zurück-

61 Mit Elternimagines bezeichnet die Psychoanalyse die für die Über-Ich-Entwicklung des Kind funktionale Introjektion, d.h. Eingliederung der Bilder von den eigenen Eltern in das Unbewusste auf dem Wege der Identifikation. Nach psychoanalytischer Auffassung steuern sie zu einem Großteil fortwährend unbewusst unser Verhalten und Erleben in der Begegnung mit anderen Menschen (Freud 1932/2000; 31.Vorlesung).

haltung, dass es Jugendlichen aufgrund der Dominanz des emotionsgeleiteten Belohnungssystems „schlicht nicht möglich ist, ihre Motivation für verzögert dargebotene Belohnung erfolgreich aufrechtzuerhalten" (ebd., 50). Das könnte erklären, warum Jugendliche wider besseren Wissens zu risikoreichem Verhalten neigen – nur waghalsige Aktionen wie Rasen im Straßenverkehr, Alkoholmissbrauch, Sprünge vom 10-Meter-Turm und andere Mutproben sorgen anscheinend für den gewünschten spontanen ‚emotionalen Kick'. Es scheint also so zu sein, dass Jugendlichen zwar das Selbstständigwerden gelingt, das Lernen aus Einsicht aber über den Weg starker emotionaler Reize im Kontext sozialer Anerkennung verläuft. Wenn die Schule es sich zur Aufgabe macht, die Autonomieentwicklung des Jugendlichen zu fördern, dann muss sie eine Lernpraxis begünstigen, die im Rahmen sozialer Verantwortung *reiz*-volle Tätigkeiten anbietet. Praktisches Lernen in Projekten, Werkstätten und Theaterarbeit sind in dieser Hinsicht vielversprechender als die einseitig kognitive Beanspruchung durch abstrakte Stoffe.

So einleuchtend die Befunde der Hirnforschung auch seien mögen, so ist ein abschließender kritischer Hinweis angebracht. Es besteht durchaus die Gefahr, dass der Blick der neurobiologischen Forschung auf die ‚Hirnbaustelle' in der Pubertät zu einer reduktionistischen Sicht des Menschen führt, wenn psycho-soziale Dimensionen ausgeblendet werden. Rolf Göppel (2011) hält pointierend fest, dass Eltern es als pädagogische Entlastung empfinden könnten, wenn sie Stimmungsschwankungen, aggressives und aufbrausendes Verhalten ihrer Kinder als bloßes Spiegelbild ihrer Hirnprozesse verstehen, wenn also die „Leiblichkeit" des Jugendlichen auf „Hirnlichkeit" reduziert wird, wie Göppel zuspitzt (ebd., 28). Dann ist auch der Weg bis zu der Erklärung nur noch kurz, das ‚Fehlverhalten' junger Menschen ausschließlich als ‚brain-derived' und sie selbst als *Opfer ihrer hirnorganischen Veränderungen* zu sehen. Das würde wohl auf eine Bankrotterklärung der Pädagogik hinauslaufen, die man sich nicht wünschen mag. Im Übrigen ist darauf hinzuweisen, dass in der überwiegenden Zahl der Fälle die Identitätsentwicklung *erfolgreich* verläuft. Wären die auffälligen Verhaltensweisen lediglich ein Ergebnis der Umbauprozesse im Gehirn, ließen sich gelingende Biografien nicht erklären – es sei denn, man wollte sie als fehlerhafte neuronale Vernetzung im Gehirn verstehen.

7.2.3 Soziale Einbindung und für sich sein können – Ermöglichungsstrukturen durch den Schulraum

Welche Schlüsse sind aus der Kennzeichnung insbesondere der Lebensphase Jugend für die Raumqualität zu ziehen, bedenkend, dass die Bipolarität von *Beisammensein* und *für sich sein* ein Wesensmerkmal dieses entwicklungspsychologisch so bedeutenden Lebensabschnitts ist? Man mag einwenden, dass Jugendliche einen Großteil des Schultages in ihren Klassenzimmern und in Pausenräumen beisammen sind und somit hinreichend Gelegenheit hätten, sich auszutauschen und zu interagieren. In der Tat entsteht im Klassenzimmer ein dichtes Interaktionsgewebe, in dem soziodynamische Prozesse über Sympathie und Antipathie, Inklusion und Exklusion, Positionsunterschiede und soziale Hierarchien, Einfluss und Geltung usw., kurzum: sowohl über die Identitätsentwicklung des Einzelnen als auch die Identität von Gruppen und Cliquen mitbestimmen. All das geschieht jedoch in einem didaktisch präformierten Raum, der der Kontrolle der Lehrperson weitgehend unterworfen ist. Deshalb geschehen identitätssensible soziale Praktiken auf einer zweiten, von der Lehrperson schwer wahrnehmbaren und undurchschaubaren Ebene, auf einer ‚sozialen Hinterbühne' oder eben mit ‚untergründigem' taktischen Verhalten, wie Jürgen Zinnecker bereits in den 1970er Jahren herausgearbeitet hatte (Zinneker 1975).[62] Vieles geschieht heimlich unterhalb der curricular aufbereiteten Realitätsschicht der gut sichtbaren ‚Vorderbühne'. Das Bedürfnis nach Austausch, Zusammensein, Gespräch und Meinungsbildung wird aus dem Unterricht exkludiert, abgedrängt in die Zwischen- und Pausenzeiten und an Orte, die für die Begegnung vorgesehen sind, gleichwohl dem Aufsichtsblick einer Lehrperson nicht prinzipiell entzogen sind – Foyer, Aula, Flure, Schulhof. Von einem besonderen Raum, einem ‚Unort', nämlich den Toiletten, die aus dieser Reihe herausfallen, wird noch die Rede sein.

Insbesondere im Gebäude lässt sich gut beobachten, wie Trauben von Schülern und Schülerinnen beisammenstehen, häufig kreisförmig und den Blick nach innen gerichtet, als gälte es, die Intimität der Gruppe zu schützen und unliebsame Blicke von außen trutzburgähnlich abzuwehren. Manche Architektinnen und Architekten, die einen Umbau von Bestandsbauten zu planen haben, machen sich in der Regel ein genaues Bild von den *Bewegungs- und Aktivitätsmustern* der jungen Menschen (so etwa Verspay & Hausmann 2013). Es zeigt sich regelmäßig das Bild von Gruppen, die nicht etwa in der Mitte der Pausenhalle oder des Schulhofes stehen, sondern sich Schutz suchend an den Rändern aufhalten. Wo eine Pausenhalle ‚Unterschlupf' unter oder neben Treppen bietet, ist dies ein gern aufgesuchter Ort. Ist eine solche Treppe breit genug, wird sie als Sitzgelegenheit wahrgenommen und manchmal – zum Leidwesen der Schulleitung – gut bevölkert. Was dabei zum Ausdruck kommt, ist das Bedürfnis nach Kommunikation, sozialer Nähe und Wir-Sein. Anstatt diese emotionalen Bedürfnisse der Jugendlichen raumplanend aufzunehmen, geraten schulischer Aufsichtsblick und das Bedürfnis, sich als Gruppe zurückzuziehen, in Konflikt.

Bemerkenswert ist, wie die *Digitalisierung der Kommunikation* vor allem durch die sozialen Netzwerke einen starken Einfluss auf die *Jugendkulturen* und das Beziehungsmanagement gewonnen haben (s. ausführlich Kap. 7.4.1). Es ist jederzeit möglich, Kontakt zu anderen Personen herzustellen, mit Terminen und Verabredungen zu hantieren wie mit einem Warenkorb und „die persönlichsten und intimsten Gedanken und Gefühle zu äußern und ‚ins Netz zu stellen'". (Lempp 2012, 138).

62 Es sei zur Verdeutlichung an die bereits genannten videobasierten Analysen zum ‚Schülerjob' von Georg Breidenstein erinnert.

Das Bedürfnis nach Kontakt und Nähe, das Vergnügen am persönlichen Austausch und am Gespräch kann vor allem *rasch* und spontan befriedigt werden. Es scheint aber auch, dass die Beziehungen, die auf diese Weise geführt werden, ‚fluider' und *unverbindlicher* geworden sind. So schnell, wie sie initiiert worden sind, können sie auch wieder abgebrochen werden und flugs wird kurz vor einem Treffen der vereinbarte Termin noch mal eben ‚gecanceled'.[63] Das Vergnügen der Beziehung bleibt letztlich trügerisch, weil das Gegenüber *nicht wirklich erreicht* wird. Bruno W. Reimann spricht aus psychoanalytischem Blickwinkel von einem „imaginary enjoyment" und meint: „Das ‚imaginary enjoyment' ist ein einsames, nazißtisches Erlebnis, in dem der Andere nicht wirklich vorkommt." (Reimann 2011, 139) Zurück bleibt ein entfremdetes, auf sich selbst zurückgeworfenes Subjekt, dem die personale Begegnung nicht wirklich gelingt. Vermutlich ist die Gestaltung einer verlässlichen, die eigene Identitätsentwicklung fördernde Beziehung durch die modernen Kommunikationstechnologien nicht einfacher, sondern *schwieriger* geworden. Umso wichtiger ist es, dass die Schule der *Aufenthaltsqualität ihrer Räume* mehr Aufmerksamkeit schenkt. Es geht darum, ein räumliches Ambiente zu schaffen, das das Beisammensein nicht – wie üblich – verwaltet, sondern das die leibhaftige *Begegnung junger Menschen* und deren Personalisation anregt. Dazu bedarf es der Orte im Schulgebäude mit starker ästhetischer Anziehungskraft, die sich förderlich auf das Sozialverhalten und die Befriedigung kommunikativer Bedürfnisse auswirken. In einer Pausenhalle bspw. lassen sich abgegrenzte Bereiche mit behaglichen Sitzmöbeln einrichten, Erschließungsflächen lassen sich mit gemütlichen, ‚warm' ausgeleuchteten Sitznischen ausstatten, die Aula kann abgegrenzte Sitzgruppen mit bequemen Sitzpolstern erhalten (Majora 2016) und Treppen können baulich so angelegt werden, dass sie als Sitztreppe genutzt werden können – vorausgesetzt, Baurichtlinien und feuerpolizeiliche Vorgaben werden eingehalten. In der Praxis wird das Zugeständnis an die vermehrten Aufenthaltsoptionen jedoch stetig mit der Befürchtung der Verantwortungsträger abgewehrt, die Zugeständnisse an die Jugendlichen und die ‚räumliche Unübersichtlichkeit' würden mit Verhaltensproblemen teuer erkauft. Das Gegenteil ist der Fall, wie internationale Erfahrungen belegen. Mark Dudek hält fest: „Großzügige, gut gestaltete Verkehrsflächen wirken sich förderlich auf das Sozialverhalten aus (…)." (Dudek ³2015b, 20). Und bei Dirk Varbelow findet sich aus Sicht der Gesundheitsforschung der positive Zusammenhang zwischen einer angenehmen Umgebung einerseits und Wohlbefinden sowie Leistung andererseits bestätigt (Varbelow 2003). Generell lässt sich festhalten, dass *Vandalismus* abnimmt, verschwindet oder gar nicht entsteht, wenn der Schulraum jungen Menschen *Wertschätzung* entgegenbringt. Anders gesagt erzieht die hohe Raumqualität zu einem pfleglichen Umgang mit und Respekt vor dem Raum.

---

63 Siehe hierzu die Betrachtungen zum „Bailing", zur Praxis des Versetzens mithilfe der sozialen Netzwerke, von Silke Wichert: „Bleibt's dabei?" In: Süddeutsche Zeitung Nr. 279, 3./4. Dez. 2022, 45.

7.2.3.1 Die Bibliothek – ein Raum (nicht nur) für stilles Arbeiten und Alleinsein

Auf den ersten Blick scheint es abwegig, die *Bibliothek* der Schule in diesem Zusammenhang mit der Befriedigung sozialer Bedürfnisse zu sehen, ist sie doch nach landläufigem Verständnis ein Ort, an dem Bücher gelagert und ausgeliehen werden – ein Bücherausleihort, kaum zum Stöbern und Lesen einladend, eintönig und langweilig. Aber inzwischen verändern sich vielerorts, insbesondere im benachbarten Ausland, die Funktionen und Räumlichkeiten der Schulbibliotheken. Dies ist zu einem erheblichen Teil auf den Umstand zurückzuführen, dass sich die *ganztägige Betreuung* von Heranwachsenden in der Schule immer mehr durchsetzt, aber auch, weil sich die Auffassung von Lernen und Bildung zugunsten der Verselbstständigung junger Menschen verschiebt. Die Schulbibliothek wird als physischer Raum neu definiert. Es ist von „learning commons"[64] (Lese- und Lernzentren), „Lernwerkstätten", „Selbstlernlandschaften", „Lernatelier" oder „Lernbüro" die Rede (vgl. Montag Stiftungen ^{2}2012, 109ff.) Ist das nur Wortgeklingel? Wohl kaum. Vermutlich wird sich in absehbarer Zeit kein anderer Ort in der Schule so radikal verändern wie die Bibliothek. Beispielgebend ist das Land Südtirol, in dem sich seit dem Wirksamwerden des Schulautonomiegesetzes im Jahr 2000 (vgl. Kap. 4.3) die Schullandschaft und das Verständnis von Schule deutlich verändert haben. Das betrifft auch die Schulbibliothek, die mancherorts die Evolution von einer Ausleihstelle zu einem Lern-, Unterrichts-, Lese-, Ruhe- und Begegnungsraum vollzogen hat und darüber hinaus als Dorf- oder Stadtteilbibliothek die Brücke zur jeweiligen Gemeinde geschlagen hat.[65]

Im Anschluss an das Schulautonomiegesetz hat der Landeshauptmann von Südtirol[66] im Jahr 2009 ein Dekret erlassen, dessen Artikel 42 Angaben zur „Multimedialen Schulbibliothek" macht. Darin heißt es wie folgt (hier nur in Auszügen):

1. Die multimediale Schulbibliothek dient Schülern/Schülerinnen und Lehrpersonen als Informations-, Lese-, Lern-, Dokumentations-, Kultur- und Kommunikationszentrum. Dort sind Bücher, Zeitungen und Zeitschriften, didaktische Materialien, elektronische Datenträger und anderes Informationsmaterial sowie audiovisuelle Medien bereitgestellt.

64 Das Wort „Commons" geht auf den im Mittelalter gebräuchlichen Begriff „Allmende" zurück. Damit ist eine Landfläche, ein Gewässer oder ein Waldgebiet als ein gemeinschaftliches Eigentum gemeint, das von der Bevölkerung zweckgebunden genutzt werden darf.

65 Anschaulich gemacht wird das in einer ansprechenden Broschüre: Fritz, Markus & Watschinger, Josef & ASSA (Verband Autonomer Schulen Südtirols) (Hrsg.) (2013): Innovative Schulbibliotheken. Heft 3/2013 der Reihe „Wege zu pädagogisch gestalteten Lehr- und Lernräumen". Ohne Ort.

66 Der Landeshauptmann ist in Südtirol der Vorsitzende der Landesregierung und damit der oberste Beamte vor dem Landesamtsdirektor.

2. Die multimediale Schulbibliothek bietet:
    a. (...)
    b. (...)
    c. Eine angemessene Zahl an informationstechnischen (IT)-Arbeitsplätzen,
    d. OPAC's (elektronischer Bibliothekskatalog),
    e. Präsentationszonen,
    f. Den Ausleihbereich, Leseecken für die Leseförderung und gemütliche Sitzgelegenheiten,
    g. Die Möglichkeit für den Unterricht in der Schulbibliothek, wobei verschiedene Unterrichts- und Arbeitsformen möglich sein sollen. Aus diesem Grund ist eine flexible Möblierung notwendig.
3. Die Bibliothek liegt am Hauptverkehrsstrom der Schüler und Schülerinnen, wenn möglich im Erdgeschoss, leicht erreichbar und in zentraler Lage.[67]

Mit dieser Maßgabe ist der Bibliotheksbau für die Zukunft definiert, die freilich schon begonnen hat. Das Dekret lässt das gesamte Programm der modernen Schulbibliothek in komprimierter Form aufscheinen. Sie wird zu einem Ort des unterrichtlichen und informellen, selbstgesteuerten Lernens und befriedigt sowohl das Bedürfnis nach *Beisammensein*, *sozialer Begegnung* und *Kommunikation einerseits* als auch das Bedürfnis, allein und ganz *für sich zu sein*. Das beschriebene Spannungsverhältnis, wie es für die Bipolarität von Beisammensein und Alleinsein insbesondere in der Adoleszenz besteht, wird ernst genommen und findet im Raumangebot eine Entsprechung. Deshalb lohnt sich eine Betrachtung der räumlichen Arrangements.
Auffallend ist zunächst, dass die moderne Bibliothek „multimedial" sein soll, d.h. sie ist nicht mehr allein auf das Medium Buch festgelegt, sondern hält auch Zeitungen, Zeitschriften, Spiele, Lernmaterial und digitale Medien vor. Einzel- und Gruppenarbeitsplätze, die eigens mit Anschlüssen für Laptops und Tablets versehen sind, gehören zum Standard, denn das Lernen erfolgt häufig auf digitalem Wege (vgl. Kap. 7.4.1). Auch der Weg zum Printmedium führt über eine *digitale Entleihtheke*, die von den Schülern und Schülerinnen mithilfe einer Lesepistole (personalsparend) selbst bedient werden kann. Da die Bibliothek eben auch Schule im konventionellen Sinne sein, also auch *Unterricht* stattfinden soll, benötigt sie auch *Seminarräume*. Sie dienen ggf. auch anderen Veranstaltungen, insbesondere dann, wenn die Bibliothek sich zur schulischen Wohnumgebung öffnet. Dem Bedürfnis nach Kommunikation wird durch behaglich eingerichtete Aufenthaltsräume Genüge getan. Dort befindet sich unterschiedliches Mobiliar: bequeme Sessel ebenso wie Stehtische mit separater Beleuchtung, Sitzsäcke, Gruppentische, Regale und Monitore. Außerdem verfügt die Bibliothek über ein Café, das zum Plaudern bei kleinen Snacks und Getränken einlädt.

67 Schulbaurichtlinien Ausgabe 2010. Dekret des Landeshauptmanns vom 23. Februar 2009. https://www.provinz.bz.it/bildung-sprache/didaktik-beratung/downloads/190910_schulbaurichtlinien_heft.pdf [aufgerufen am 22.02.2023].

Den Gegenpol zu diesen auf das Beisammensein und das gemeinsame Lernen zielende Bereiche bilden Funktionsbereiche für das Sich-zurückziehen, das Alleinsein, die Regeneration und Kontemplation. Dies schließt das konzentrierte Arbeiten, das Sich-versenken in ein Buch und die Beschäftigung mit individuellen Spielen (s. Kap. 7.3.2.1) ein. Vom sozialen Geschehen gut abgeschirmte Lesenischen und -ecken, Ruheräume, ‚Räume der Stille' und Logenplätze, insbesondere in der Peripherie der Bibliothek, sollen eine Atmosphäre schaffen, die es erlaubt, ganz bei sich zu sein. Dieses Angebot ist nicht nur für Heranwachsende mit Autismus-Spektrum-Störung, sondern auch für jene ein Ankerpunkt, die der Hektik des Alltags, dem Druck des Beziehungsmanagements und den Belastungen der Pubertät für eine Weile entfliehen wollen. Generell gilt, dass Jugendliche täglich einem ungeheuren Reizbombardement ausgesetzt sind und in der Gefahr stehen, Außenreize mit einem Mehr an Reizen zu beantworten. In den Ruhezonen der Bibliothek können sie die Erfahrung machen, ganz bei sich zu sein und die innere Unruhe zu kontrollieren. Kindern im „Schulalter" (Erikson) gelingt es leichter, sich gegen Außeneinflüsse abzuschirmen, indem sie ihre ganz eigenen Ruheorte aufzusuchen: Sie ziehen sich in ein Lesezelt, eine Märchenecke oder eine ‚Höhle' aus Pappkartons zurück. Die folgende Abbildung fängt die Atmosphäre einer Grundschulbibliothek ein.

Abb. 11: Die „Leseoase" in der Wartburg-Grundschule, Münster-Gievenbeck (Foto: Schönig 2014)

Zur guten Gestaltung einer multifunktionalen Bibliothek gehört auch ihre *Überschaubarkeit*. Die einzelnen Sektoren sollten farblich voneinander abgesetzt sein, und Leitsysteme in Form von Piktogrammen, Hinweisschildern, farbigen Linien an Böden und Wänden sollten im Sinne der Inklusion auch jenen Menschen die Orientierung im Gebäude erleichtern, die visuelle Wahrnehmungsprobleme haben.

Für Architekten ist es eine ebenso reizvolle wie herausfordernde Aufgabe, solche Bibliotheken zu entwerfen, denn die Anforderungen an die Raumstruktur, die Akustik und die Licht- und Farbwahl sind immens. Die Räume müssen so positioniert sein, dass sie sich nicht gegenseitig beeinträchtigen oder dass die Verkehrswege nicht ungünstig verlaufen. Die Schalldämmung verlangt eine gute Sprachverständlichkeit in einem Bereich bei einem Maximum an Ruhe und Geräuschabschirmung in dem anderen. Zudem soll die Bibliothek so verortet sein, dass sie einladend und wie ein Magnet anziehend wirkt. Man soll nicht ohne weiteres an ihr vorbeikönnen. Dass es sich nicht um ‚die Quadratur des Kreises' handelt, zeigen die inzwischen publizierten internationalen Beispiele gelungener Bibliotheksgebäude (Montag Stiftungen [2]2012, Dudek [3]2015a, Chiles 2015a).

Der Geist, der durch die neuen Schulbibliotheken weht, ist insofern pädagogisch revolutionär zu nennen, als er mit einer im besten Sinne reformpädagogischen Sicht auf den Lernenden verbunden ist. Junge Menschen werden nicht weiterhin als passiv-rezipierend, sondern als *aktiv-suchend* wahrgenommen. Bereits dem Kind als Nutzer der Bibliothek wird Funktionslust, Forscherdrang, Experimentierfreude und Tatendrang zugesprochen.

Ein herausragendes Beispiel für diese Sicht ist „The children's interaktive library" im dänischen Aarhus, auch wenn es sich nicht um eine *Schul*-Bibliothek, sondern um ein öffentliches und experimentell arbeitendes Bibliotheks- und Lernzentrum handelt, das freilich von Schulen genutzt wird. Dem interaktiven Lerndesign wurden fünf Dimensionen zugrunde gelegt, die als wesentlich für die Auseinandersetzung der Kinder mit ihren Umgebungen angesehen werden: reading – learning – inspiration – playing – dialog. In verschiedenen Räumen und Themenfeldern werden die Kinder *multimedial* herausgefordert, sich auf die Suche nach den Antworten auf ihre eigenen Fragen zu begeben. Als ein Beispiel sei das Themenfeld „I-land" angeführt. Hier nähern sich die Kinder mithilfe einer spezifischen Informationstechnologie („ifrd-technology") der Stadtgeschichte von Aarhus. Die Kinder stehen um einen großen Tisch herum, dessen Fläche aus einem Touchscreen besteht. Abgebildet ist die schematisierte Luftaufnahme der Stadt. Auf dem Touchscreen befindet sich die verschiebbare Figur eines Reiseballons. Je nachdem, wo sie platziert wird, öffnen sich den Kindern verschiedene Fenster mit historischen Filmclips. In einem anderen Themenfeld, „story surfer", wird ihnen über einen begehbaren Screen, das Arbeiten in einem digitalen Programm und in einer elektronischen Bildkartei sowie den Ausdruck einer Ausleihkarte der Weg in das Bücherarchiv und zum betreffenden Buch gezeigt usw.[68]

Gerade weil die neuen Bibliotheken als visionär erscheinen, sollte die Frage beantwortet werden, was diese Räume als ‚Pädagogen' auszeichnet. Inwieweit erziehen sie? Wer die Leseräume und -zonen dieser innovativen Bibliotheken betritt, wird durch die Ruhe überrascht: Die Heranwachsenden flüstern. Sie tun das nicht etwa aufgrund von Drill, sondern weil sie verstehen, dass dieser Raum mit dieser bestimmten Funktion einen Anspruch auf Ruhe erhebt. Der Raum mit seinem Interieur und seiner behaglichen Ausstrahlung spricht sie *emotional* an. Die *Wertschätzung*, die er ihnen entgegenbringt, beantworten sie mit einem ebensolchen Respekt vor seinem Angebot und einer Einstellung der *Achtsamkeit*. Der Raum lehrt, dass sie sich in einem Kontext befinden, der ruhiges, rücksichtsvolles und pflegliches Verhalten benötigt. Die Anziehungskraft der Bibliotheksräume als Wissenstransformatoren hält die Neugier und Wissbegier der jungen Menschen wach, weckt ihre Lust, Neues zu entdecken. Sie lernen zudem, dass diese Entdeckungsreisen zum Buch, zur Zeitschrift oder zum digitalen Lernmaterial, zum Lernspiel oder zu netzbasiertem Wissen nur dann gelingt, wenn sie Suchrichtungen *systematisch* verfolgen. So gesehen erzieht der Raum sie zu einer von *innerer Disziplin* geprägten Arbeitshaltung. Er führt sie zu *selbstständigem* Lernen, indem sie üben, Informationen zu suchen, für sich zu nutzen und zu verarbeiten. Sie begreifen, dass sie auf ihrer Suche nach den gewünschten Informationen nur dann Erfolg haben, wenn sie die angebotenen Tools, insbesondere beim digitalen Lernen, methodisch richtig einsetzen. Auf diese Weise stärken sie ihre Methodenkompetenz und erfahren ihre *Selbstwirksamkeit*. Die Bibliothek verlangt ihnen zudem das Erlernen von *Unterscheidungsfähigkeit* ab, denn der Aufenthalt von anderen jungen Menschen mit unterschiedlichen Bedürfnissen ist nur dann befriedigend und effektiv, wenn die Funktionen der unterschiedlichen Zonen für Ruhe, vertiefendes Lesen, Relaxen, Kontemplation und Alleinsein einerseits und Unterhaltung, Austausch, Spaß und gemeinsame Aktivität andererseits *geachtet* werden.

7.2.3.2 Sanitäre Anlagen in der Schule – mehr als Orte für die Toilettengänge

Ein Ort in der Schule, der die Aufmerksamkeit der Pädagogik noch nicht auf sich gezogen hat, sind die *Toilettenanlagen* bzw. *die sanitären Anlagen* der Schule. Über den Zustand von Toilettenanlagen spricht man nicht. Es handelt sich um ein *Tabu-Thema* und die Raumpraktiken bleiben im Verborgenen. Es sei denn, Wut und Aggression hinterlassen ihre Spuren im Raum.

68 Beeindruckend ist der Einblick in die Räumlichkeiten und die Arbeitsweise des „Children's interactive library" durch ein Video unter: https://www.aakb.dk/nyheder/publikationer/the-interactive-childrens-library [aufgerufen am 26.02.2023].

Dies ist in der Schule nicht anders als in der Öffentlichkeit. Zieht man den Schleier vom Thema der Nutzung *öffentlicher Toiletten* in Deutschland weg und betrachtet die empirische Seite, dann offenbart sich dem Betrachter bzw. Nutzer ein fürchterliches Bild. Von Ausnahmen abgesehen sind die Toilettenanlagen *verkommen* – stinkend, verschmutzt, beschädigt und/oder schlecht funktionierend. Die bauliche Qualität ist miserabel und es fehlt jegliche einladende Geste. Zudem mangelt es an Handreinigungsmitteln, Wasser und Toilettenpapier. Wer deutsche Autobahnen befährt und Parkplätze mit Toilettenanlagen aufsucht, weiß ein Lied davon singen. Mitunter sind die Toiletten nicht mehr benutzbar, was Reisende dazu zwingt, ihre Notdurft in der näheren Umgebung zu verrichten, was wiederum die Aufenthaltsqualität auf dem betreffenden Parkplatz mindert. Diese Orte *stoßen ab*, erzeugen Ekel, Zorn und Aggression. In den Städten tritt das Problem hinzu, dass sanitäre Anlagen dünn gesät sind, was sich in Metropolen wie München, Stuttgart oder Hamburg abbildet. Die Suche nach einer Toilette kann insbesondere für jene Menschen zu einer quälenden Odyssee werden, die ein gesundheitliches Problem haben, behindert oder alt und gebrechlich sind. *Obdachlose* werden generell von öffentlichen Toiletten ferngehalten, weil sie den mitunter erforderlichen Obolus nicht entrichten können – die Toilette als Medium sozialer Ausgrenzung.[69]
Dass es auch ganz anders gehen kann, zeigt Laura Weißmüller wiederum am Beispiel Japans.[70] Dort muss im öffentlichen Raum niemand eine Toilette suchen. Mehr noch: er wird sie gerne aufsuchen, denn Toilettengebäude sind *einladend, ästhetisch anregend, gepflegt und kostenfrei*. Wie Weißmüller berichtet, konkurrieren berühmte japanische Architekten um die Beteiligung an Projekten für alternativ designte *Toilettenhäuschen mit hoher Aufenthaltsqualität*. So gibt es in Shibuya, einem Bezirk von Tokyos Innenstadt, 17 Toilettenhäuschen, die durch differierende Bauformen und auffallende Designs auf sich aufmerksam machen und deren Raumangebote auf das *Wohlbefinden* ihrer Nutzer zielen.
Und unsere Schulen? Wie genauer zu zeigen sein wird, ist die Situation in den sanitären Anlagen in etwa spiegelbildlich zum dargelegten Problem öffentlicher sanitärer Anlagen. Die Fachliteratur zum Schulbau behandelt das belastete Toilettenthema entsprechend nur ganz am Rande (vgl. Montag Stiftungen ^{2}2012, 99, 242; Chiles 2015b, 147ff.). Aber es gibt Ausnahmen. Dem österreichische Architekten Franz Ryznar (2017) ist das Thema wichtig. Im Rahmen der Schulbauplanung bezieht er

69 Es sei darauf aufmerksam gemacht, dass diese Diskriminierung den Nachhaltigkeitszielen der Vereinten Nationen fundamental widerspricht, die im Zugang zu Trinkwasser und hygienisch einwandfreien Sanitäranlagen ein Menschenrecht sehen (s. Nachhaltigkeitsziel 6 – sauberes Wasser und Sanitäreinrichtungen).
https://www.bundesregierung.de/breg-de/themen/nachhaltigkeitspolitik/sichere-wasserversorgung-313276 [aufgerufen am 06.11.2023]

70 Laura Weißmüller: Örtchen zum Verlieben. In: Süddeutsche Zeitung Nr. 214 vom 16./17.09.2023, S. 49.

die Betroffenen in die Qualitätsanalysen ein und sieht ein Beteiligungsverfahren vor, das sich speziell an Schüler und Schülerinnen unterschiedlichen Alters, etwa 20 bis 40 der jeweiligen Schule, wendet (vgl. Kap. 9.1). Im Vordergrund stehen dabei die Fragen nach den „Lieblingsplätzen" und den „Nicht-so-gerne-Plätzen" in der Schule. Ryznar trägt Ergebnisse vor, die er aus knapp 400 Schüleräußerungen gewonnen hat. Zwar erhebt die Studie keinen Anspruch auf Wissenschaftlichkeit, sie legt aber einige überraschende Informationen offen, die bei einer konventionellen Bauplanung kaum Interesse finden. Zu den „Nicht-so-gerne-Räumen" zählt das Klassenzimmer, weil man dort viel „sitzen" und „viel lernen muss" (ebd., 141), was auf die einseitige kognitive und physiologische Beanspruchung des Körpers hindeutet. Insbesondere aber die Toiletten sind *emotional aversiv besetzt*, weil es dort „stinkt", „schmutzig" oder „dunkel" ist (ebd.). Im auffälligen Kontrast dazu steht, dass die Toilettenanlagen auch als „Lieblingsorte" angegeben werden. Denn dort ist man für sich und (wähnt sich) unbeobachtet, trifft keine Lehrpersonen, die kontrollieren, und dort ist es „still". Man kann sich „Geheimnisse erzählen" oder auch „Party machen" (ebd.). Die Toiletten – ein intimer Ort des sich Zurückziehens, des Privaten und Unbeobachtetseins.
Solche Rückmeldungen überschneiden sich mit den Beobachtungen und Analysen von German Toilet Organization e. V. Der gemeinnützige Verein ist international in der Entwicklungszusammenarbeit, der humanitären Hilfe, der Gesundheitsvorsorge und dem Umweltschutz tätig.[71] Seine Aktivitäten zielen u. a. auf eine *saubere, sichere und hygienische Schule*. Zu diesem Zweck wurde im Jahr 2019 ein deutschlandweiter Wettbewerb für Schulen ausgeschrieben, an dem sich bis zum Ende der Laufzeit im Jahr 2022 80 Schulen aus 14 Bundesländern beteiligten. Die Aufgabe bestand darin, die hygienischen Verhältnisse ‚rund um das Schulklo' zu analysieren und Konzepte für die Beseitigung von Problemen zu erarbeiten. Drei Schulen aus Berlin, Remscheid und Saarbrücken erhielten Preise, acht weitere Schulen wurden geehrt. Die Arbeit der Preisträger ist im Netz detailliert beschrieben.[72]
Dem Projekt schloss sich eine empirische Studie an, die von German Toilet Organization und dem Institut für Hygiene und Öffentliche Gesundheit (IHPH), Universitätsklinikum Bonn, im zweiten Schulhalbjahr 2022 an 17 weiterführenden Schulen Berlins (6 Gymnasien, 2 Gemeinschaftsschulen, 9 Integrierte Sekundarschulen) durchgeführt wurde.[73] An der Befragung mittels standardisiertem Fragebogen beteiligten sich 949 Schüler und Schülerinnen der 9. Jahrgangsstufe. Jede Schule verfasste einen Steckbrief und bearbeitete eine Checkliste zu Prozessen und Organisation rund um das Thema Sanitäranlagen. Ergänzt wurde eine einzelne Gruppendiskussion. Ziel der Studie ist, verlässliche Daten über den *Zustand* der

71 Vgl. www.germantoilet.org

72 Z. B. 190401_tms-bewerbung-arnulfschule_kopie.pdf [aufgerufen am 30.01.2023].

73 German Toilet Organization & Institut für Hygiene und Öffentliche Gesundheit (IHPH), Universitätsklinikum Bonn (Hrsg.): Toiletten machen Schule®. Studie zu Sanitäranlagen an Berliner Schulen. Berlin: August 2023.

Sanitäranlagen und die *Nutzungsgewohnheiten* der Schüler und Schülerinnen zu gewinnen. Die Herausgeber unterstreichen einführend die Bedeutung der Schultoilette, wenn sie festhalten:

> „Die Schultoilette ist der erste Ort in unserer Gesellschaft, an dem unsere Kinder unbeaufsichtigt von Erwachsenen mit öffentlichem Eigentum umgehen. Der Ort hat einen großen pädagogischen Wert."[74]

Die Durchsicht des statistischen Teils macht unweigerlich klar, dass Zustand und Nutzung der Sanitäranlagen in krassem Gegensatz zu deren behaupteten (leider jedoch nicht explizierten pädagogischen Bedeutung) stehen. Mehr als die Hälfte der untersuchten Sanitäranlagen wiesen *sichtbare Zerstörungen* auf, hatten *Schäden* oder wiesen *Spuren von Vandalismus* auf. Dazu zählen Löcher in Türen und Wänden, Graffiti, nicht funktionierende Türgriffe, beschädigte Toiletten(sitze), nasse Papierhandtücher an Decken und Wänden, verstopfte Urinale etc. Außerdem mangelt es häufig an *Füllgütern*, funktionierenden Seifenspendern und Händetrocknern.[75] Die Mehrheit der Befragten nimmt die sanitären Anlagen negativ wahr. Auffallend ist, dass für 55,3 % der Befragten die Toilette „sehr wichtig" 21,4 % oder „wichtig" (33,9 %) ist. Aber nach Schulnoten für die Toiletten gefragt, vergeben 74,9 % der Befragten Noten unterhalb von 3, nämlich 24,9 % die Note 4, 29,8 % die Note 5 und 19,9 % sogar die Note 6.[76] Die häufigste Antwort auf die Frage, was sie an ihren Schultoiletten „schön finden", ist „nichts".[77]

Die Gründe für diese Befunde liegen auf der Hand. Die Sanitäranlagen werden als „ekelig", „stinkend" und „verkommen", „kalt", „dreckig" und „abweisend" beschrieben. Rückgemeldet wird auch, dass die emotionale Distanz zur Toilette auch von einer schlechten *baulichen Konstruktion* der Toilettenkabinen herrührt. 45,1 % der Befragten klagen darüber, dass sie nicht „in Ruhe" das WC aufsuchen könnten, weil andere sich einen Spaß daraus machen würden, unter oder über der Toilettentür herzuschauen oder durch Schlüssellöcher zu blicken.[78] Hinzu kommt, dass manche Toilettenanlage entlegen ist, also sich etwa in Kellerräumen befindet, und *lange dunkle Wege* bis dorthin zurückgelegt werden müssten. Zu den erschreckendsten Ergebnissen zählt, dass 45,8 % der Schüler und Schülerinnen den Toilettengang *(ver)meiden*, d. h. 11,8 % bis nach Schulschluss ‚einhalten' und 34,0 % „versuchen es zu vermeiden",[79] weil deren Toilettenanlagen in einem erbärmlichen Zustand sind. 65,9 % der Befragten sagen zur Defäkation „Auf gar keinen Fall, nur zu Hause".[80]

74 Ebd., 5.

75 Ebd., 22ff.

76 Ebd., 36ff.

77 Ebd., 42.

78 Ebd., 41.

79 Ebd., 39ff. Es sei nur am Rande erwähnt, dass mit dieser Praxis gesundheitliche Risiken wie z. B. Blasen- und Nierenbeckenentzündungen einhergehen.

80 Ebd.

Umgekehrt ist es nicht überraschend, dass dort *weniger Vandalismus* vorkommt, wo der *Geruch* angenehm ist und die Anlagen in einem akzeptablen Zustand sind.[81] Eine positive Korrelation gibt es auch zwischen den *Partizipationschancen* der Jugendlichen und der Bewertung der jeweiligen Schule: „Werden Schüler*innen in die Entscheidungsfindung und Gestaltung der Schultoiletten einbezogen, sind Verschmutzung und Vandalismus geringer und die Schüler*innen bewerten ihre Toilette besser."[82]
Die Herausgeber der Studie machen einige Vorschläge zur Verbesserung der angespannten Situation, so etwa „mindestens zwei Reinigungszyklen pro Tag", „strukturell verankerte Schülerpartizipation", „transparente und klare Kommunikation für das Melden von Mängeln" und „schnelles Handeln bei der Mängelbeseitigung".[83] Es ist aber unschwer zu erkennen, dass die Lösungsvorschläge primär *verfahrenstechnischer* Natur sind. Wie eine Lösung des Problems an der Schnittlinie von Pädagogik und Architektur aussehen könnte, die die Grundbedürfnisse der Schüler und Schülerinnen betrifft, wird leider nicht diskutiert.
„Toiletten machen Schule" gibt Einblick in einen kleinen Sektor unseres großen Schulwesens und ist deshalb nicht repräsentativ für das deutsche Sekundarschulwesen. Die Studie zeigt aber mehr als nur ein Berliner Spezifikum. Vermutlich werden hier generelle Trends sichtbar, die die Pädagogik grundsätzlich herausfordern. Eine Lehre, die aus der Studie zu ziehen ist, lässt sich mit wenigen Worten pointieren: Wo schulische Sanitäranlagen *vernachlässigt* werden, *verkommen* sind oder gar *bauliche Mängel* haben, provozieren sie geradezu den Unmut ihrer Klientel und in der Folge *Vandalismus*. Es entstehen Subkulturen mit häufig hohem aggressiven Potenzial gegen Sachen – und auch Mitschüler(innen). An Graffiti, Toilettenpapierrollen in WCs, abgerissenen Handtuchhaltern, abgeschlagenen Neonröhren u. ä. ist die gegen die Schule gerichtete Subversion ablesbar. Die *institutionelle Gewalt* der Schule kehrt sich an dieser Stelle um in Aggression von Jugendlichen gegen die Schule und ihre Einrichtungen. Die angestaute Frustration findet ein willkommenes Ventil für aggressive Entladungen insbesondere dort, wo Sanitäranlagen dies begünstigen. So gesehen sind die Toilettenanlagen dieser Art alles andere als „stille Orte".
Daraus ergibt sich, dass verwahrloste und architektonisch schlecht gemachte sanitäre Anlagen in Schulen zu Orten des Mobbings mutieren können. *Schwach beleuchtete* und *verwinkelte Verkehrswege* sowie *abgeschiedene Toiletten* begünstigen, dass Schüler und Schülerinnen belästigt, körperlich attackiert, abgedrängt, bedroht und erpresst werden. Die Ursachen dafür mögen vielfältig sein. Ebenso klar ist aber auch, dass minderwertige Toilettenanlagen sich spiralförmig aufbauende Prozesse aus Aggression, Angst und Vermeidungsverhalten nach sich ziehen können. Deshalb ist die Forderung plausibel, solche Verhaltensketten durch *sichere, emotional ansprechende* und *gut gestaltete Toilettenräume* zu durchtrennen (Chiles 2015b, 150ff.).

81 Ebd., 52.
82 Ebd., 64.
83 Ebd., 71-79.

Zu diesen ernüchternden Befunden steht nicht grundsätzlich im Widerspruch, wie German Toilet zeigt, dass Toilettenräume gerne aufgesucht werden. Kein anderer Ort der Schule lässt die *intime Begegnung* und Auseinandersetzung mit dem eigenen Leib überhaupt zu. Besonders in der Adoleszenz sind Jugendliche, wie oben gezeigt, damit beschäftigt, auf der Suche nach Identität den eigenen Körper „bewohnen" zu lernen (Fend ^{3}2005, 222ff.). Diese Entwicklungsaufgabe wird zugleich durch zahlreiche Konventionen und *Tabus über den Körper* und seine Ausscheidungen erschwert.[84] Sie tragen dazu bei, dass die intimen Bedürfnisse mit einem *Übermaß an Scham und Schuldgefühlen* belegt und körperliche sowie sexuelle Bedürfnisse verdrängt werden. Es sei daran erinnert, dass insbesondere die Reggio-Pädagogik auf die Begegnung mit dem eigenen kindlichen Körper und auf eine harmonische, *den Körper bejahende Erziehung* bedacht ist (vgl. Kap. 2). Gerade in diesem Zusammenhang ist die reggianische Rede vom Raum als dem „dritten Pädagogen" zu sehen. Besonders in Phasen emotionaler Verunsicherung, von Stress und Überlastung ziehen sich Jugendliche gerne zurück, wollen ganz bei sich sein, für einige Zeit ganz abgeschirmt von den sozialen Turbulenzen des Schulalltags.

Noch einmal sei die Frage des German Toilet-Projekts „Wie wichtig ist mir das Schulklo?" aufgegriffen. Eine Schüleräußerung, notiert auf einem runden Papierkuller an einer Pinnwand, ist bedenkenswert: „Wichtig, weil, wenn ich aufs Klo muss, kann ich gehen." Die Mehrdeutigkeit von „kann ich gehen" ist frappierend. Zeigt sie auf der einen Seite doch den Wunsch, an einem anderen Ort zu sein. Vermutlich geht es dem Schüler dabei um mehr als um die Verrichtung seiner Notdurft. Vor allem in Grundschulen haben Lehrpersonen mancherorts die Schwierigkeit, *häufige Toilettengänge von Kindern* zu unterbinden. Beobachtet man die Kinder in den sanitären Einrichtungen, bemerkt man, dass es ihnen eben nicht um die Benutzung des WCs, sondern um das Trödeln, Vor-sich-hin-träumen, Spielen mit Wasser und Spaß mit anderen Kindern geht, die sich ‚rein zufällig' auch dort aufhalten. Auf der anderen Seite mag aber auch die Flucht, das *Weglaufen* vor einem über- oder unterfordernden und bewegungsarmen Unterricht das treibende Motiv sein, denn das „kann ich gehen" kann auch als Wunsch nach *motorischer Betätigung* verstanden werden (vgl. Kap. 7.1).

Toilettenanlagen können aber auch ganz anders sein: inspirierend, farbenfroh, einladend, erheiternd und beruhigend. Wer jemals die Gelegenheit hat, den botanischen Garten der dänischen Stadt Aarhus zu besuchen, sollte zumindest einen Blick auf die dortige Toilettenanlage werfen. Nebeneinander befinden sich mehrere Toilettenkabinen, die *unterschiedliche Klimazonen* des botanischen Gartens repräsentieren. Sobald man die Tür hinter sich schließt, ist man umgeben von Fotowänden, die

84 In aller Deutlichkeit werden die Tabus rund um das Toiletten- und Ausscheidungsthema in einer vorzüglichen Dokumentation behandelt:
https://www.arte.tv/de/videos/083908 000 A/das toiletten tabu/ „Das Toiletten Tabu",
ausgestrahlt auf Arte am 26.11.2022.

die Vegetation der jeweiligen Klimazone *ins Bild setzen*. Zudem ertönen *Geräusche*, wie sie für die Natur der betreffenden Klimazone typisch sind. Vergleichbares findet sich auch in Schulen, wenn auch nur vereinzelt.

Prue Chiles (2015b) stellt einige exemplarische Toilettenanlagen vor. Hervorstechend ist das Beispiel der Grundschule Earlham in London. Mit einigen Projekten haben Schülergruppen *ihre Ideen* für die ästhetische Gestaltung der Toilettenräume eingebracht. Sie wollten sich dort so fühlen wie im benachbarten Wald. Entsprechend wurden fotografische Wandelemente und baumkronenartige Dächer für die Decken der Kabinen verwirklicht. In anderen Kabinen wurden Stadtbilder aus London übernommen. Der Brückenschlag zum *ökologischen Lernen* gelang durch den Einbau von Strom- und Wasserzählern, der die Schülerschaft mit ihrem Verbrauch bekannt macht (Chiles 2015b, 153ff.). Die Räume wirken nun munter, frisch, farbenfroh und sauber. Mit dem Umbau und der Neugestaltung der Toilettenanlagen konnte das Problem der Gewalt in Toilettenräumen erfolgreich angegangen werden (ebd.; vgl. auch das Beispiel der Munkegårdsskolen in Gentofte, Dänemark; ebd., 150-152). Man muss aber nicht ins Ausland reisen, um solch gelungene Schultoiletten zu finden. Ein weiteres Beispiel stammt wiederum aus der Wartburg-Grundschule in Münster-Gievenbeck, das hier gezeigt wird.

Abb. 12: Toilettenräume in der Wartburg-Grundschule, Münster-Gievenbeck (Foto: Schönig 2014)

Die Schule ist auf mehrere miteinander verbundene Bereiche aufgeteilt (ausführlich: Schönig 2015b). Jedes einzelne Gebäude hat seine eigenen Toiletten. Gemeinsam mit einer Künstlerin haben die Kinder ihre *eigenen Themen* gesucht, die in den Räumen *gestalterisch umgesetzt* worden sind. So hat jedes „Haus" sanitäre Anlagen, die dessen jeweilige *Identität* widerspiegeln. Die Kinder identifizieren sich mit ‚ihren' Toilettenräumen und fühlen sich darin wohl. Grundsätzlich ist der Einbezug von Betroffenen in den Planungsprozess und die Gestaltung von Räumen ein gewisser Garant dafür, dass Vandalismus seltene Randerscheinung des Schulalltags ist.

Die Ausführungen zur Bedeutung der sanitären Anlagen im Schulgebäude resümierend und für das Thema der *Erziehung durch den Raum* interpretierend lässt sich das Folgende festhalten. Toilettenräume sind insofern ‚abseitige' Räume im Schulalltag, als sie mit *Tabus* belegt sind und aus dem Fokus der Aufmerksamkeit fallen. Sie machen erst dann auf sich aufmerksam, wenn die Öffentlichkeit über unhaltbare Missstände informiert wird. Weil aber diese Räume insbesondere in der Lebensphase Jugend eine wichtige Funktion für die *Identitätsentwicklung* der Heranwachsenden erfüllen sollen, muss deren Gestaltung bestimmten psychologischen Prinzipien genügen. Sie haben für die Befriedigung der *vitalen Bedürfnisse* junger Menschen, für deren *Wohlbefinden*, die *Kommunikation*[85] und deren *soziale Einbindung* zu sorgen. Sie sind eben nicht nur WCs zur Verrichtung der Notdurft, sondern *Orte mit ästhetischen Botschaften* und für die soziale Begegnung. Wird „das Grundbedürfnis nach ästhetischer Wahrnehmung", von dem Ehrenhard Skiera spricht, befriedigt, werden nicht nur die Sinne geschult, sondern es entsteht eine *positive Gestimmtheit* gegenüber dem Raum (Skiera 2022, 300ff.) und der Schule. Es entsteht das Gefühl, dass der Raum den Nutzer als Person annimmt. Der Raum erzieht zu respektvollem Verhalten, weil er seinerseits die *Grundbedürfnisse des jungen Menschen achtet.* Wider das Bedürfnis zu zerstören kann das Bedürfnis entstehen, den *geschätzten Raum* zu bewahren und pfleglich zu behandeln. Es ist zu erwarten, dass diese *Achtsamkeit gegenüber dem Raum* sich generalisiert, d.h. sich auf andere Räume von hoher Qualität überträgt. Auch wenn der ästhetische Wert der Toilettenräume vom Heranwachsenden nicht rational erfasst wird, entsteht doch ein Gespür für dessen Anmutungsqualität: Hier fühle ich mich gut aufgehoben, deshalb erhalte ich diesen Raum. Dieses Motiv scheint dort besonders ausgeprägt zu sein, wo die Gelegenheit wahrgenommen wurde, den Raum mitzugestalten. Betrifft dies nicht allein einzelne Personen, sondern eine Lerngruppe oder Schulklasse, ist die Chance hoch, dass ein *kollektives Verantwortungsgefühl* für gepflegte sanitäre Anlagen entsteht. Letztlich erzieht eine ästhetisch und funktional anspruchsvolle sanitäre Anlage in der Schule zu *Selbstverantwortung*, *Mitverantwortung* und *ästhetischer Wahrnehmungsfähigkeit.*

85 Ein Rückblick in die römische Kultur vor etwa 2000 Jahren macht die Bedeutung der Besuche öffentlicher Latrinen für die Befriedigung kommunikativer Bedürfnisse transparent. Nebeneinander und einander gegenübersitzend wurden die ‚Klo-Gespräche' auch nach der Erledigung des ‚Geschäfts' fortgesetzt – Gespräche als Bestandteil der Toilettenkultur.

7.3 Individuelles Spielen und Lernen vs. kollektives Spielen und Lernen

Dieses Kapitel geht von der Prämisse aus, dass das Spiel eine große, von der Schule unterschätzte Bedeutung sowohl für das Lernen als auch für die Individualentwicklung hat. Folgt man einem *weiten Lernbegriff*, wie er in Kap. 6.2 expliziert worden ist, dann lässt sich ohne weiteres sagen, dass beim Spielen gelernt wird, sei es, dass einzeln oder gemeinsam gespielt wird. In der handelnden Auseinandersetzung mit der Realität und mit Mitspielern regt es die Fantasie an, fördert die soziale und psychomotorische Entwicklung und verhilft zur konstruktiven Auseinandersetzung mit Alltagsproblemen (Oerter 1993). Vor allem dort, wo gemeinsam gespielt wird, wie etwa im szenischen Spiel, Rollenspiel oder Theaterspiel, fordert das Spiel zudem die Motivation zu Sprechhandlungen heraus und stärkt die sprachliche Kompetenz. Das Spiel kann als ein *Mittel der Weltaneignung*, *Handlungserweiterung* und *Persönlichkeitsentfaltung* verstanden werden.

Die Schule hat einen Erziehungs- und Bildungsauftrag, keinen Spielauftrag. Gleichwohl steht sie vor der Herausforderung, Spiel und Lernen in einer Weise zu verschränken, dass für die Heranwachsenden Lern- und Bildungsprozesse im Sinne der Bereicherung des personalen Wachstums entstehen können. Dieses Thema wird im Folgenden bearbeitet, indem zunächst nach theoretischen Grundlagen und einem für die Bildung tragfähigen *Spielbegriff* gesucht wird (1). Ein Ordnungsschema gibt einen Überblick über Spiele und unterschiedliche Spielformen werden voneinander unterschieden. Die *Bipolarität* von individuellem und kollektivem Spiel wird erklärt und beide Bereiche werden hinsichtlich Ihrer Bedeutung für das schulische Lernen geprüft (2). Schließlich wird summarisch aufgezeigt, wie der erziehende Schulraum auf diesem Tableau der Spiele und des Spielens auszusehen hat (3).

7.3.1 Das Spiel – Begriff, Formen und seine Beiträge zur verstehenden Weltbegegnung

Wer jemals die Gelegenheit hat, das Kunsthistorische Museum in Wien zu besuchen, der sollte sich die eingehende Betrachtung von „Die Kinderspiele" von *Pieter Brueghel d. Ä.* (ca. 1525-1569) aus dem Jahr 1560 nicht entgehen lassen. Das Ölbild, 118 x 161 cm, lenkt den Blick des Betrachters von schräg oben auf den Platz einer kleinen Stadt, die linkerhand von einem Fluss gesäumt wird. Zu sehen sind ca. 250 Kinder, Jungen und Mädchen, die mit allerlei Spielen beschäftigt sind, teils allein, teils zu zweit, in kleineren Gruppen oder gar in Gruppen bis zu etwa 10 Kinder.[86] Das Szenario ist fiktiv. Umso erstaunlicher ist es, dass Brueghel seinen Zeitgenossen das geschäftige Treiben der Kinder vor Augen stellt. Galt doch das Spiel lange Zeit als Zeitverschwendung und

86 Eine ausgezeichnete Abbildung des Kunstwerks findet sich in Wikipedia unter https://wikipedia.org/wiki/Die_Kinderspiele [aufgerufen am 12.10.2022].

Gefahr für die Arbeitsmoral, sodass im 15. und 16. Jh. manche Städte polizeiliche Verordnungen erließen, um Spielarten und -orte zu kontrollieren (Parmentier 2004). Und bis zum Ende des 18. Jh., als Jean-Jacques Rousseau (1712-1778) sich leidenschaftlich für das Spiel einsetzte und die *Kindheit als eigenständige Lebensphase* mit charakteristischen Merkmalen wie u. a. das Spiel proklamierte, sollte noch einige Zeit vergehen, in der es vielfach didaktisch funktionalisiert wurde.

Brueghels Bild lässt sich lesen als Vorbote einer langsam sich dynamisierenden Gesellschaft, in der das Kind mit einer bis dahin nicht bekannten Aufmerksamkeit bedacht wird. Dazu zählt eben auch das Spiel, das mehr und mehr als eine *anthropologische Größe des Aufwachsens* und als bildungsbedeutsam gesehen wird. Mit dem Nachdenken über das Kind ging auch eine allmähliche Theorienentwicklung für das Spiel einher.

Indem Brueghel den Betrachter in die Spielwelt der Kinder mitnimmt, offenbart sich ihm die ganze Variationsbreite von Spielen, die in damaliger Zeit, aber zum Großteil auch heute noch von Kindern gespielt werden. Unübersehbar sind auch die *christlich-ikonografischen Hinweise*, die in manchen Kinderspielen zum Vorschein kommen, so etwa im *Hochzeits-, Tauf-, und Prozessionsspiel* oder im Tanz am Johannisfeuer. Neben diesen christlichen Motiven im Spiel stößt man auf ein weit ausladendes Spielgeschehen, das geheimen Antriebskräften zu folgen scheint. Einige Beispiele aus der Fülle der Spiele sollen angesprochen werden. Kinder, die allein spielen, sind zumeist mit Spielgegenständen wie Spule, Maske, Klapper, Wasserspritze, Puppe, Stelzen, Steckenpferd usw. beschäftigt. Aber auch Bewegungsspiele ohne Spielzeug sind zu finden, so etwa der Handstand oder Purzelbaum, das Klettern auf Baum oder Balken und das Balancieren. Die Spiele zu zweit sind im Bild selten zu finden, so z. B. die Würfel-, Ball- und Flohspiele oder der Ringkampf. Den Löwenanteil machen die Spiele in kleineren Gruppen aus, wobei es sich zu einem erheblichen Teil um konkurrenzorientierte Spielformen handelt, bei denen Gruppen ihre Akteure abwechselnd gegeneinander antreten lassen, so etwa beim Reiterspiel, Bockspringen, Fangen oder Staffellauf. Daneben gibt es Spiele, bei denen es nicht gerade zimperlich zugeht: Ein Junge wird von anderen über eine Bank bugsiert, Kämpfe im Huckepack und sich in den Haaren ziehen. Müßig zu sagen, dass die kampfbetonten Spiele den Jungen vorbehalten sind. Die Mädchen sind bei Blinde Kuh, Prozessionsspielen, Ballspielen, Theatervorführung und der Auswahl von (Heirats?)Kandidaten zu finden. Schließlich gibt es vereinzelte große, auch gemischtgeschlechtliche Spiele mit bis zu etwa zehn Teilnehmern und Teilnehmerinnen wie das Gassenlaufen, das Hüte werfen und wiederum Prozessionsspiele mit verkleideten Akteuren. Bemerkenswert sind auch die Gegenstände, die ins Spiel einbezogen werden: einfache Musikinstrumente wie Trommel, Rassel und Flöte, Reifen, Stöckchen, Bausteine, Nüsse, Hüte, Wasserpistole, Papierfahnen, Schweinsblase, Kaufmannsladen, Bälle, Spielsteinchen, Binsen, Drehspule, Windrad usw.

Angeblich handelt es sich laut Wikipedia um 91 Spiele in Brueghels Bild. Aber ist es ein Spiel, wenn ein Junge Reisig zum Johannisfeuer trägt, ein Mädchen mit einem

Stöckchen in Exkrementen stochert oder ein Junge am Flussufer sitzend seine Beine in den Fluss baumeln lässt? Glaubwürdiger erscheint es, wenn Andreas Flitner im Standardwerk „Spielen – Lernen" von 60 Kinderspielen spricht ([10]1996, 37). Wie dem auch sei, geht man das Thema Spiel wissenschaftlich an, gerät man rasch in die Bredouille, weil sich *nicht einhellig* klären lässt, was wir unter dem *Spielbegriff* zu fassen haben.
In seinem Werk „Das Spiel" systematisiert Hans Scheuerl gut zwei Dutzend Konzepte des Spiels, beginnend mit der Aufklärungsbewegung bis zu den 1970er Jahren. Auch in der 11. Auflage von 1991 ist sein Fazit unmissverständlich. Er sieht den „Gang durch die Geschichte der Spieltheorien [als] einen Weg entlang an Bruchstücken" (Scheuerl [11]1991, 11). Offensichtlich sind die Phänomene des Spiels „so merkwürdig vielgestaltig und wandelbar", dass sich das Spiel „jeder festen begrifflichen Fassung immer wieder überraschend entzieht [...]" (ebd., 9). Scheuerl stellt den Spielenden und den Forscher auf eine Stufe, wenn es darum geht, sich des Charakters des Spiels zu bemächtigen: „Es (das Spiel; der Verfasser) zieht ihn in seinen Bann, erregt und beglückt ihn; aber sobald er es beherrschen, erzwingen oder festhalten will, entwindet es sich seinem Zugriff oder bricht zusammen." (ebd.) Das Spiel – ein Phantom, das immer wieder entschwindet, sobald man ihm nähertritt? Trotz aller Schwierigkeiten der definitorischen Festlegung kommt man nicht umhin, sich zumindest auf ein Minimalset an Bestimmungsstücken und Funktionen des Spiels zu verständigen, wenn der Gegenstand nicht vollends verloren gehen soll. Sich dessen bewusst, bietet Michael Parmentier „noch mit aller Vorsicht" (Parmentier 2004, 930) eine Definition an, an die sich die weiteren Überlegungen anschließen können: Er sieht das Spiel

> „...als eine freie Tätigkeit, die den Zweckzusammenhang des Alltags unterbricht und auf keinen äußeren materiellen oder sonstigen Nutzen bezogen nur sich selbst genügt." (ebd.)

Der Autor legt sich auf eine zentrale Bestimmungsgröße des Spiels, nämlich seine *Unverfügbarkeit*, fest. Das bedeutet: Das Spiel ist *selbstbestimmt*, *freiwillig* und *zweckfrei*. Es ist um seiner selbst willen vorhanden und kann nicht von außen festgelegt oder erzwungen, wohl aber *angeregt* und *unterstützt* werden. Pädagogisch gesehen stellt es sich damit ganz in den Dienst der werdenden Persönlichkeit. Es trägt einen Wert für die Bildung des Heranwachsenden im Vollsinn des Wortes in sich. Damit ist zugleich ein Abgrenzungskriterium z. B. zur *Arbeit* oder zur *erkundenden* Tätigkeit angesprochen. Das Spiel ist den Belastungen des Alltagslebens enthoben. Im Unterschied zum Spiel ist die Arbeit, wie in Kap. 7.5 noch zu sehen sein wird, zweckgebunden und zielgerichtet. Die Arbeit zielt immer auf ein *Produkt*, das zumeist vorab definiert wird. Davon ist das Spiel befreit, sieht man vom Theaterspiel ab. Es generiert sich ganz aus sich heraus, was etwa an dem traumhaft versunkenen Spiel insbesondere der kleinen Kinder ablesbar ist (man prüfe daraufhin das Titelbild des Buches von Eva Kobberrød). Besonders dort ist es deren seelischer Dynamik unterworfen und kann deshalb rasch seine Gestalt und Richtung in *unvorhersehba-*

rer Weise ändern. So ist bspw. zu beobachten, wie ein Dreijähriger einen Turm aus Bausteinen baut, den er plötzlich umstößt, um dann mit dem Ordnen der Bauklötze nach Farben fortzufahren. Vor diesem praktischen Hintergrund der *Veränderlichkeit* und *Vielgestaltigkeit* des Spiels ist nachvollziehbar, dass für Parmentier „Spiel" „allem Anschein nach gar kein richtiger Begriff, sondern ein vibrierender Sammelname" (ebd., 929) ist.

Ähnlich verhält es sich mit dem *Erkunden*, wenngleich nicht übersehen werden kann, dass manches Spiel durchaus Schnittmengen mit dieser Tätigkeit hat. Das Kind in Brueghels Bild, das durch ein Loch in ein hohles Fass hineinruft, mag von dem Klang angetan sein. Vermutlich steht aber sein Interesse im Vordergrund, mehr über die Geräusche des Fasses als Klangraum zu erfahren. Anders als beim Spiel folgt es einem bereits vorhandenen Motiv. Es *will* etwas über die Geräusche im Fass herausfinden. Es handelt sich also nicht um die zufällige, selbstvergessene Tätigkeit des spielenden Kindes als vielmehr um die Perspektive des Forschers, der mehr über einen bestimmten Sachverhalt erfahren und/oder wissen möchte.

Auf der Linie des *freien Spiels* sind auch die Überlegungen von Andreas Flitner ([10]1996) angesiedelt. Er stellt das Spiel vollständig unter den Anspruch der *personalen Entfaltung* des Kindes. Er findet – im Unterschied zum Spielen am Computer – im Spiel „die Offenheit, Gestaltbarkeit, Welthaltigkeit, das Auf und Ab von Spannung und Entspannung, die Abspiegelung der Lebensfülle in eigener Aktivität des Kindes, Aktivierung und Katharsis der Gefühle und anderes mehr (...)" (Flitner [10]1996, 186). Vergleichbar den seelischen Grundbedürfnissen, die von Ehrenhard Skiera vorgestellt werden, u. a. das Bedürfnis nach *Selbstwirksamkeit*, das Bedürfnis nach *ästhetischer Erfahrung* und das Bedürfnis nach *Ausdruck der eigenen inneren Befindlichkeit* (vgl. Skiera 2022, 287 sowie Kap. 6 dieses Buches), unterstreicht Flitner in Anlehnung an Rousseau die Bedeutung des „Glücksverlangens" und „die Ansprüche an das Leben" (ebd.,15) für den gelingenden Bildungsprozess. Im *freien Spiel* könne das Kind zu sich selbst kommen und den inneren Impulsen nachgehen. Die Spielwelt des Kindes erscheint Flitner als ein „intermediärer Bereich" (Winnicott), der zwischen der äußeren und der inneren Welt vermittelt. Im freien Spiel schafft sich das Kind *Symbole*, um die Eindrücke aus der realen Welt zu verarbeiten: der Stuhl wird zum Auto; die Puppe zur Schwester, die gefüttert werden muss; die Blüte einer Kunststoffblume wird zum Schmetterling usw.

Ein Merkmal dieses Spielgeschehens ist „das Auf und Ab von Spannung und Entspannung" (ebd., 186). Auf der einen Seite sucht das Kind im Spiel nach Neuem, nach Überraschung, körperlicher Aktivität und Anregung, um seine Funktionslust zu befriedigen. Auf der anderen Seite hat das Spiel eine entlastende Funktion. Belastende Eindrücke und Erlebnisse, die das Kind beunruhigen und für die es in der Realität keine Lösung zu geben scheint, finden im Spiel auf symbolische Weise ein Ventil. Hier hat das Spiel eine *kathartische, spannungslösende* Wirkung. Im Spiel ‚oszilliert' das Kind zwischen den Polen von Spannung und Entspannung und stellt eine Balance zwischen beiden immer wieder selbst her. Man kann dieses Spiel als einen *Regulator zwischen Spannung und Entspannung* ansehen. Insbesondere das regressive Moment des Spielens, die Spannungsabfuhr und die Lösung innerer Konflikte sind von der Psychoanalytischen Pädagogik, auf die auch Flitner zurückgreift (ebd., 71-93), deutlich hervorgehoben worden – bis hin zur Entwicklung eines spieltherapeutischen Konzepts durch Hans Zulliger (vgl. Rehm [2]1971, 138ff.). Folgt man dem psychoanalytischen Entwicklungsgedanken, stößt man erneut auf Donald W. Winnicott ([3]1985). Er zeigt auf, wie im Spiel die äußeren Eindrücke und Ängste des Kindes mit seiner inneren Welt der Wünsche, Fantasien und Gefühle zusammengehen. Dabei spielt ein Motiv eine bedeutende Rolle, man könnte von einem Urmotiv im Spiel des Kindes sprechen, das seine Wurzeln in der nachgeburtlichen *symbiotischen Beziehung mit der Mutter* hat (vgl. Kap. 6.1). Im Spiel wiederholt sich auf symbolische Weise die frühe Erfahrung des Säuglings, dass seine Mutter verschwindet und wieder erscheint. Dieses *Trennungserlebnis* erzeugt Angst und ist zugleich die Nagelprobe auf die Verlässlichkeit der Mutter. Wenngleich die Entwicklung vom Säugling zum Kleinkind davon begleitet wird, dass das Kind immer weiter und öfter aus der Verschmelzung mit der Mutter heraustritt und zunehmend Autonomie erlangt, so bleibt doch das *Urthema der zeitweiligen Trennung und Wiederkehr* und die damit korrespondierende Angst, wenn auch abgeschwächt, erhalten. Sie wird in der schöpferischen Aktivität des Spiels gebunden.

Besonders beliebt bei Kindern bis ins Grundschulalter und darüber hinaus ist das *Versteckspiel*. Hier dominiert der lustvolle Wechsel von sich verstecken und sich wieder zeigen. Die Trennung und das Heraustreten aus dem Gesichtskreis des anderen wird in hohem Maße als erregend und ängstigend zugleich erlebt – die Psychoanalyse spricht auch von *Angstlust*. Die daraus resultierende Spannung wird bis zu einer gewissen Grenze ausgehalten, bis ein Spielpartner gefunden wird oder er sich selbst zu erkennen gibt. Gesteigert wird der Nervenkitzel in Verbindung mit dem Fangen des wiedergefundenen Spielpartners – man hat sich wie früher wiedergefunden. Das Verschwinden und wieder Hervorholen ereignet sich bereits im individuellen Spiel im Kinderzimmer. Zu beobachten ist, wie Spielgegenstände weggelegt, verdeckt oder versteckt werden, um sie dann wieder zu suchen oder herbeizuholen. Es ist darauf hinzuweisen, dass auch Friedrich Fröbel (1782-1852), gewissermaßen der Urahn des Kindergartens, das Spiel von Verschwinden und Wiederkehren, von Haben und wieder Loslassen geläufig war (vgl. Flitner [10]1996, 17ff., 138ff.). Aus seinen „Spielgaben", Ball, Kugel, Würfel, Walze und geteilter Würfel, steht der Ball an prominenter Stelle („erste Spielgabe"). Der Ball ist auch heute noch Spielmittel in zahlreichen Ballspielen. Immer geht es um das Verschwinden und Loslassen des Balls, um das Nachlaufen, Fangen, Festhalten und Sichern des Balls. Er geht verloren und muss wiedererobert werden, vergleichbar der frühen Mutter-Kind-Bindung, in der sich Säugling und Kleinkind immer wieder der Anwesenheit und Verlässlichkeit der Mutter vergewissern mussten.

Aber das Kind spielt nicht nur dann, wenn es sich, gleichsam in sich selbst versunken, einem Gegenstand zuwendet. Spiel ist nicht gleich Spiel. Die Überlegungen zum Ballspielen in der Gruppe deuten neben dem freien Spiel des *einzelnen Kindes* bereits andere Formen des *gemeinsamen* Spiels an. In der Fachliteratur finden sich Versuche, Ordnung in die Welt des Spiels zu bringen. Ein prominenter Ansatz ist der des berühmten Entwicklungspsychologen Jean Piaget (1896-1980). Er hat eine einfache, aber überzeugende Klassifikation der Spiele im Zusammenhang mit den Entwicklungsphasen des Kindes vorgestellt, wie sie hier kurz besprochen wird (vgl. Piaget 1969, 149ff.).

Piaget beschreibt die soziale, kognitive, moralische und sprachliche Entwicklung mithilfe zweier Funktionsmodi, die er *Akkomodation* und *Assimilation* nennt. Kurz gesagt handelt es sich bei der *Akkomodation* um die Anpassung des Organismus an die Umgebung. Von der Assimilation ist dann zu sprechen, wenn der Organismus die Ereignisse seiner Umgebung aufnimmt und verarbeitet, sodass sie ein Teil seiner inneren Welt werden. Wenn die *Akkomodation* überwiegt, also der Organismus primär damit befasst ist, sich an die äußere Welt anzupassen, verwendet er den Begriff der *Imitation*. Überwiegt der Vorgang der *Assimilation*, also die Weise, von der Realität Besitz zu ergreifen und sie innerlich in den Erfahrungsschatz einzuordnen, spricht Piaget von *Spiel*. Somit gehört das Spiel zu den Verfahren, sich die Welt auch auf symbolische Weise anzueignen. Piaget unterscheidet drei Grundformen bzw. „drei große Typen von Strukturen" (ebd., 146) des Assimilationsvorgangs: das *Übungsspiel*, das *Symbolspiel* und das *Regelspiel*. Diese Klassifikation konnte er aufgrund von mehr als tausend Beobachtungen in Schulen, auf der Straße und an den eigenen Kindern gewinnen (ebd., 140ff.). Diese drei Spieltypen sind von ihm unterschiedlichen Lebensabschnitten bzw. Entwicklungsphasen zugeordnet. Das einfache *Übungsspiel* entwickelt sich bereits während der ersten Lebensmonate, das *Symbolspiel* „schon von den ersten Lebensmonaten des zweiten Lebensjahres an" und das *Regelspiel* zwischen vier und sieben Jahren mit einem Schwerpunkt zwischen dem siebten und elften Lebensjahr (ebd., 183). Piaget ist der Meinung, dass *Übungsspiel* und *Symbolspiel* vom *Regelspiel* weitgehend abgelöst werden. „Dafür", so Piaget, „aber bleibt das Regelspiel das Leben hindurch bestehen und entwickelt sich sogar noch weiter (Sport-, Karten-, Schachspiele usw.), während beim Erwachsenen lediglich einige Reste der einfachen Übungsspiele (z. B. am Radioapparat herumspielen) und der symbolischen Spiele (z. B. eine Geschichte erzählen) bestehenbleiben" (ebd.). Für eine Didaktik des Spiels (in der Schule) wäre demnach wesentlich, dass Kinder in einzelnen Lebensaltern unterschiedlich empfänglich für verschiedene Spieltypen sind. So ist offenbar das Einüben von Regelspielen, gemäß Piaget, erst ab etwa sieben Jahren sinnvoll; eher eingesetzt würde das Kind wohl überfordert.

Beim *Übungsspiel* handelt es sich um die Einübung einfacher sensomotorischer Verhaltensschemata. Das Kleinkind empfindet Freude an bestimmten Bewegungsabläufen, die es immer wieder bis zu einer gewissen Perfektion wiederholt. Dazu Piaget:

„Nur die Funktion definiert diese Spiele: Sie üben diese Strukturen sozusagen ‚leer', ohne ein besonderes Ziel nur aus Vergnügen am Funktionieren." (ebd., 146). Zu denken ist an das Schaukeln (ohne ‚Anschub'), das Springen im Gelände oder das Hüpfen. Solche Bewegungsabläufe werden so lange ritualisiert, bis sie sich in komplexere Schemata einfügen. So ist bspw. das Hinkeln erst dann möglich, wenn das Hüpfen auf einem Bein gelingt. Die „Funktionslust" wird dann nebensächlich, wenn das Übungsspiel in ein Konstruktionsspiel übergeht, d.h. wenn das Kind eigenhändig etwas zusammenfügt, konstruiert. Das kann bspw. der bekannte Turm aus Bausteinen sein. Dann erfährt sich das Kind als *Urheber* des gelingenden Turmbaus und empfindet Freude und Stolz. Zu erinnern ist in diesem Zusammenhang an Ehrenhard Skiera, der von dem „Bedürfnis nach Selbstwirksamkeit" spricht (Skiera 2022, 295ff.; vgl. Kap. 6.2).
Darüber hinaus gewinnt das Kind in dieser Phase erste *Raumvorstellungen und -schemata*. Mit dem Funktionsspiel wird der Grundstein für das *Symbolspiel* gelegt. Das hervorstechende Merkmal dieses Spieltypus ist die Vorstellung einer abwesenden Person oder eines Gegenstands. Vorhandene Gegenstände bekommen, wie oben gezeigt, die Bedeutung herbeigewünschter oder aber bedrohlicher Figuren beigelegt – der Pappkarton ‚ist' das Raumschiff; die zerzauste Puppe ‚ist' die böse Hexe usw. In diesem Spiel lebt das Kind in einer fiktiven Welt, einer Welt der Symbole, die ihm dazu dienen, Bedrohliches abzuwehren und Wünsche erfüllt zu bekommen.
Auf der nächsten Stufe der Spielentwicklung, der Stufe des *Regelspiels*, geht es um die Organisation des Spiels im Hier und Jetzt anhand von Regeln. Das Spiel erfolgt nicht allein, sondern mit einem oder mehr Spielpartnern. Das Kind geht die moralische Verpflichtung ein, sich an die *Regeln* zu halten, gleich, ob es sich um ein kooperatives oder kompetitives Spiel handelt. Diese Spielform ist sowohl kognitiv als auch moralisch anspruchsvoll und verlangt den Kindern vor allem dort ein *Beziehungsmanagement* ab, wo die Regeln nicht von vornherein feststehen, sondern vor dem oder erst im Spiel erfunden und festgelegt werden müssen. Beobachtbar ist, wie die Rollen der Spielenden nach manchmal langwierigen Aushandlungsprozessen immer wieder gewechselt werden (vgl. Kap 7.2).
Andreas Flitner kritisiert an Piagets Ansatz, dass er das Spiel zu sehr den Akkomodationsprozessen unterordne und dadurch der schöpferische Akt, das freie Erfinden und das kreativ-konstruktive Tätigsein vom zweckhaften Handeln verdrängt werde. Gerade das Symbolspiel in der Piaget'sschen Lesart sei zu sehr an der *Reproduktion* bereits vorgedachter Bilder und Schemata orientiert (Flitner [10]1996, 63ff.). Erkennbar ist wiederum die Präferenz, die Flitner dem freien, durch Spontaneität, Freiheit und Zweckentbundenheit bestimmten Spiels einräumt. Dies führt im Umkehrschluss allerdings auch zu einer Ablehnung jeglichen Spiels in der Schule, das seinen *Zweck* darin hat, das Lernen zu fördern: „Spiele zum Lernen, zur Intelligenzförderung, zum Sozialtraining, zur Traditionsförderung *und allen möglichen anderen*

Zwecken sind keine Spiele mehr“ (ebd., 133; Hervorhebung des Verfassers). Vor dem pädagogikgeschichtlichen Hintergrund jener Zeit (die Erstauflage von Flitners „Spielen – Lernen“ ist 1972 erschienen), die einen deutlichen Psychologisierungsschub und die Verselbstständigung von Kommunikationsübungen und -spielen zu verzeichnen hatte, ist Flitners Ablehnung verständlich. Auf der Folie heutiger Fachdidaktiken, die das Spiel als selbstverständliches Medium des Lernens ansehen, ist sie jedoch nicht mehr tragfähig.

7.3.2 Individuelles und kollektives Spielen und Lernen in der Schule

Die vorgestellte Systematik des Spiels bei Jean Piaget bietet ein Grundgerüst für die Einteilung und das Verstehen des Spiels, erschöpft sich aber in der dargelegten dreifachen Typologie. Schaut man auf die Praxis des Spielens im pädagogischen Kontext – von der Elementarpädagogik bis zur Erwachsenenbildung –, dann wird einem die Fülle und Vielfalt über Piaget hinaus bewusst. Sogar die Entwicklungsabteilungen großer Betriebe nutzen das Spiel, hier vor allem das *Planspiel* und das *Simulationsspiel*, um bestimmte Entwicklungsszenarien auf dem Markt durchzuspielen und dadurch Produktplatzierung und Absatz zu verbessern. Die Vielfalt des Spiels bildet sich, wohl eher eingeschränkt, auch in der Schule ab, wobei deutlich zu sehen ist, wie die Spielformen nach der Grundschulzeit komplexer werden. Steht doch in der Grundschule das freie individuelle Spiel des Kindes neben *Kreis- und Versspielen* und zahlreichen *Bewegungsspielen* (vgl. Kap. 7.1) im Vordergrund. Es wird allmählich abgelöst von *Rollen- und Interaktionsspielen*.

Auffallend ist, dass die vormals bewegungsgeprägten Spiele mehr und mehr eine *Domäne des Sportunterrichts* geworden sind (Schmidt [2]1993). Ab der Sekundarstufe I wird, wie Kap. 7.1 zeigt, die Schule bewegungsärmer (Laging 2017), und kognitiv anspruchsvolle Spiele wie das Rollenspiel fügen sich, wenn auch nur vereinzelt, in die Spiellandschaft ein. Insbesondere auf der Sekundarstufe II finden sich dann auch *Plan- und Simulationsspiele*, mit denen gesellschaftliche Problemlagen lösungsorientiert durchgespielt werden. Die Dramatisierung von literarischen Texten, historischen Ereignissen und kulturellen Themen nimmt in der Eingangsstufe der weiterführenden Schulen ihren Anfang und erreicht primär in den sprachlichen Fächern der Sekundarstufe In Form von *szenischen Spielen* und *Theateraufführungen* ein mitunter hohes Qualitätsniveau (vgl. Riegel & Beber [4]2008). Nicht zu übersehen ist zudem die stets wachsende Bedeutung der Digitalisierung des Lernens, die zahlreiche Spiele für die einzelnen Fächer hervorgebracht hat, eine Entwicklung, die aus der Schule nicht mehr wegzudenken ist (vgl. Kap. 7.4.1).

Diese summarische Betrachtung deutet eine gewisse Entwicklungslogik des Spiels an, wie sie bei Piaget grundgelegt worden ist (s. o.). Es ist der Weg vom *Übungsspiel* über das *Symbolspiel* bis zum *gemeinsamen Regelspiel*, der die Entwicklungslinie vom Kind zum Jugendlichen markiert: Das Spiel in der Vereinzelung des Kindes macht immer mehr dem gemeinsamen Spiel Platz. Aus dem freien Spiel des Kindes heraus nimmt das gemeinsame und gemeinschaftliche Spiel Form an. Die Spannung zwischen individuellem und kollektivem Spiel, die mit der Überschrift des Kapitels aufscheint, lässt sich mit dieser Entwicklungslogik erklären. Um überhaupt in den sozialen Zusammenhang des gemeinsamen Spiels eintreten zu können, muss das Kind den eigenen Spiel-Raum ausloten können. Im selbstvergessenen Spiel erzeugt es Verhaltensschemata und entwickelt die Imaginationskraft für die symbolische Wunscherfüllung. Es erlebt sich als Urheber für die Lösung von erlebten Problemen ebenso wie für die symbolische Erfüllung von Wünschen im Spielgeschehen. In der Selbstbezüglichkeit des Spiels öffnet sich dem Kind ein Terrain des omnipotenten Handelns, das das seelische Grundbedürfnis nach Selbstwirksamkeit und Ich-Erleben befriedigt. Wegen dieser *Selbstreferentialität des Spiels* ist es auch pädagogisch illegitim, das freie Spiel didaktisch zu beeinflussen und damit das Kind aus seiner inneren Welt herauszureißen. In der Phase des ungestörten *Symbolspiels* gewinnt das Kind Selbstvertrauen, Erfolgszuversicht und psychische Stabilität. Dies ist nunmehr die Voraussetzung dafür, dass es die Bühne des gemeinsamen *Regelspiels* betreten kann.

Im gemeinsamen Spiel wird das Kind lernen, den eigenen Herrschaftsanspruch und das omnipotente Steuerungsverhalten aufzugeben. Es trifft auf den Widerstand der Mitspieler und Mitspielerinnen, die ihrerseits ihre Wünsche an das Ausfüllen bestimmter Rollen anmelden. Das Spiel kann nur dann *gemeinsames* Spiel werden, wenn Dominanz und Anpassung der Spielenden *ausbalanciert* sind. Dazu bedarf es der Regeln, die entweder vorhanden sind oder aber erfunden und ausgehandelt, in jedem Fall aber zumindest toleriert werden. Es ist gut zu beobachten, wie ein solches Spiel lange Zeit gelingt, bis ein Kind der übernommenen Rolle überdrüssig wird und ‚hinschmeißt'. Das Spiel ist aus und muss neu organisiert werden – mit oder ohne den ‚Aussteiger'.

Diese spannungsgeladene Dynamik zwischen individuellem und kollektivem Spiel lässt es sinnvoll erscheinen, beide Bereiche auf einem Kontinuum zu verorten und separat zu besprechen. Dabei ist zu berücksichtigen, dass beide sowohl im organisierten unterrichtlichen Lernen als auch im informellen Lernen des Schullebens, wie etwa auf dem Pausenhof oder im Schulgebäude, eine Betrachtung wert sind. Zuvor werde ich versuchen, ein wenig Ordnung in die weitläufige Spielwelt zu bringen. Dies ist insofern schwierig, als es, wie gezeigt, *keinen universellen Spielbegriff* und folglich *keinen allgemein verbindlichen Ordnungsrahmen* für Spiele gibt. Auch sind die Schnittmengen zwischen verschiedenen Spielformen erheblich. Deshalb hat das folgende Ordnungsschema heuristischen Charakter und soll zu einer besseren Übersicht über die Spiele in der Schule beitragen. Dabei lehne ich mich an die Systematik von Lothar Scholz (2022) an, der sie für den Politikunterricht entworfen hat. In abgewandelter Form lässt sie sich tabellarisch wiedergeben:

Tab. 2: Ordnungsschema der Spiele in Anlehnung an Lothar Scholz (2022, 23ff.)

Spieltypen	**Aktivitäten im Spielen und Lernen**
Freies Spiel; „Wissensspiele", primär individuell (Rätsel, Quiz, Puzzle, Brett-, Würfel-, Knobel- und Kartenspiele, Lückentexte)	Sich selbst begegnen, experimentieren, erkunden; Wissen aneignen, vertiefen, (sich) üben, Inhalte verknüpfen, transferieren
Assoziations- und Einstiegsspiele (Bildposter, -karteien, -puzzle; Karten- und Würfelspiele; Tonimpulse)	Sich für ein Thema öffnen, motivieren, assoziieren, Empfindungen äußern
Diskussions- und Entscheidungsspiele (Kartenspiele, räumliche Positionsspiele, Verhandlungs- und Konferenzspiele, Pro-Contra-Debatte)	Argumentieren, Positionen beziehen und vergleichen, Konflikte offenlegen, Entscheidungen finden
Interaktions- und Kooperationsspiele	Kommunizieren, interagieren, gemeinsames Handeln einüben, soziale Wahrnehmung schulen
Simulations-, Rollen- und Planspiele	Soziale Rollen kennenlernen und erkunden, Probehandeln, Probleme erkunden, Lösungsvarianten suchen und vergleichen
Szenische Spiele und Theaterspiel	Liter. Stoffe dramatisieren, in Spielrollen schlüpfen, komplexe Inszenierungen zur Aufführung bringen, Stücke produzieren und präsentieren

Schwierig ist es wiederum, Spiel von Nicht-Spiel zu unterscheiden. Der Formenkreis der verschiedenen Handlungs- und Tätigkeitsformen ist zu groß, um Überschneidungsfreiheit zu erzielen. So ist eine gewisse Affinität mit Verfahren des *Sensitivity-Trainings*, der *Präsentationsformen* und der *Moderation* nicht zu übersehen. Zudem bezieht sich Scholz vorrangig auf einen lehrergesteuerten, nach Artikulationsphasen gegliederten Unterricht in Politik und Sozialkunde, sodass Formen des Offenen Unterrichts wie etwa die Freie Arbeit, das Stationenlernen und die Arbeit nach dem Wochenplan nur beiläufig erwähnt werden. Ebenso klammert er das freie Spiel, dessen Bedeutung für die Grundschule nicht zu überschätzen ist (s.u.), aus fachimmanenten Gründen aus seinen Überlegungen aus. Allgemein gesprochen wäre eine Spielesystematik, die sich auf Altersstufen bezieht und die die Schulartunterschiede berücksichtigt, weiterführend.

7.3.2.1 Individuelles Spielen und Lernen in der Schule

Wirft man in *Pausenzeiten* einen Blick in das *Schulgelände*, dann fallen einem Schüler und Schülerinnen auf, die sich dem Spiel der anderen nicht anschließen, sondern für sich allein spielen. Deren Spiel ist insofern bipolar, als eine doppelte Begegnung stattfindet, eine Interaktion mit dem Spielgegenstand (das Spielen „mit etwas") und eine Interaktion mit sich selbst (das Spielen „als etwas") (vgl. Schmidt [2]1993). Im Spielen erfährt der Heranwachsende etwas über die Beschaffenheit der Dinge, ihre eigene sensorische Qualität, Widerständigkeit und ggf. Ästhetik. Zugleich erfährt er sich selbst als Akteur, der mit dem Ding hantiert und ein Verhältnis zu ihm hat. Wie in Kap. 5.1 und Kap. 7.1 gezeigt wurde, ist die motorische Aktivität ein Sinnesreiz, der verschiedene Leibdimensionen anspricht und eine innere Gestimmtheit erzeugt. Der Gegenstand bildet quasi einen *Resonanzboden für die Erfahrung der eigenen Leiblichkeit* – im Gegenstand begegnet sich das Subjekt sich selbst. So können bspw. Erkundungsdrang, Neugier, motorisches Feingefühl, Entdeckerlust, Spielfreude usw., aber auch Ekel, Abneigung, Zorn usw. geweckt werden. Diese Art der Begegnung zwischen Assimilation und Akkomodation führt zu kognitiven Repräsentationen im Gehirn, denen die Bildung und Verinnerlichung von Ordnungs- und Qualitätsschemata folgt. Sie entscheiden künftig darüber, mit welchen *affektiven Tönungen* dem Kind die Welt begegnet. Ein Beispiel mag das Gesagte veranschaulichen.

Ein schöner Herbsttag in einer Grundschule. Die Kinder verbringen ihre Pausenzeit im weitläufigen und gut durchgrünten Schulgelände. Es liegen viele trockene Zweige und Laub herum. Ein Junge aus der 3b stöbert zwischen den Sträuchern und Bäumen und tritt nach einer Weile auf die Rasenfläche, in den Händen dürre Stöckchen. Uninteressiert am Spiel der anderen kniet er nieder und breitet die Hölzer vor sich aus. Dann beginnt er, von jedem trockenen Zweig ein Stück abzubrechen, sodass unterschiedlich lange Zweige entstehen. Danach legt er die Zweige von links nach rechts der Größe nach vertikal vor sich aufs Gras. Nachdenklich schaut er sich sein Gebilde an und entschwindet wieder im Gebüsch. Er kommt zurück mit weiteren Zweigen, diesmal sind sie etwas dicker. Erneut bricht er sie zurecht und legt sie in einem Rechteck um das Sortiment der dünnen Zweige herum. Vielleicht ein Rahmen? Die Zufriedenheit mit seinem ‚Werk' ist ihm anzusehen.

Was ist hier geschehen? Dem Betrachter der Szene erschließt sich der Sinn der Tätigkeit nicht unmittelbar. Offenbar handelt es sich um den *Vorgang des Ordnens*. Vielleicht legt das Kind dem Gebilde aber auch eine ganz eigene, persönliche Bedeutung bei. Es mag sein, dass es sein Produkt gedanklich verknüpft mit bereits vorausgegangenen Erfahrungen. Oder aber es hat einfach Freude daran, die Zweige ‚in Ordnung' zu bringen. Gerade weil die Tätigkeit des Kindes einen *subjektiven Sinn* hat, der von außen nicht zu erkennen ist, wäre es interessant zu wissen, was das Kind *gelernt* haben könnte.

Es liegt auf der Hand, dass sich dieser Vorgang nicht mit einem konventionellen, am symbolisch-abstrakten Lernen orientierten Lernbegriff fassen lässt. Mit dem in Kap. 6.2 explizierten Lernbegriff ist die Aktivität des Kindes jedoch als eine ganzheitliche Auseinandersetzung mit Weltphänomenen zu begreifen. Das Kind verschafft sich einen Zugang zur *Beschaffenheit* seiner natürlichen Umgebung, indem es die Materialqualität der Zweige durch deren Brechen und Kürzen erfährt. Dabei erlebt es auch etwas von der eigenen *motorischen Fähigkeit* und der *Anstrengung*, die dafür erforder-

lich ist, und *übt* sie ein. Zudem gewinnt es ein subjektiv sinnvolles *Ordnungsverständnis*, indem es die Größe der Zweige festlegt und eine Reihenfolge bildet. Unübersehbar ist, dass der Junge *Freude* an seinem Spiel hat und mit seinem Ergebnis *zufrieden* ist. In diesem Fall trägt das Spiel zu einer positiven Grundbefindlichkeit bei, wie sie für den angesprochenen Wellbeing-Ansatz charakteristisch ist (vgl. Kap. 5.1). Es ist damit zu rechnen, dass dieser Junge durch die (beständig wiederholte) *Erfahrung des eigenen Könnens* die Motivation gewinnt, sich fortan den Weltphänomenen mit *Neugier* und Interesse zuzuwenden und eine *proaktive Lernhaltung* zu entwickeln.
Vor allem in der Grundschule sind zahlreiche individuelle Spiele der Kinder anzutreffen, die der Kategorie des *Übungsspiels* zuzuordnen und die mit Bewegung verbunden sind: das Balancieren auf Balken und Baumstämmen, das Klettern und Springen vom Klettergerüst, das Schaukeln, Hüpfen über Hindernisse usw. Erlebt wird der eigene Körper mit seinen Bewegungsmöglichkeiten und -grenzen, der Nervenkitzel und Mut bei gewagten Aktivitäten und die Freude am Gelingen. Sie stehen somit im Dienste der Selbsterfahrung und *Selbstaktualisierung* und führen unbewusst zum *Einüben von Bewegungsabläufen*. Allmählich geschieht ein partieller Übergang zum Regelspiel, wenn es darum geht, sich mit anderen zu vergleichen, deren Anerkennung und Bestätigung des Könnens zu gewinnen. Dann geht es bspw. nicht mehr allein darum, vom Klettergerüst zu springen, sondern dies aus größerer Höhe als andere zu tun. Ein Moment des *Wettbewerbs* macht sich bemerkbar.
Solche individuellen Spiele im Grundschulalter sind insofern anspruchslos, als sie nicht der aufwändigen Spielmittel bedürfen. Zudem sind die Kinder erfinderisch, wenn es um die kreative Selbstbeschäftigung geht. Erst beim Übertritt in das Sekundarschulalter verändert sich auch der Anspruch an die Herausforderung durch das individuelle Spiel. Dann reicht dem Heranwachsenden der Baumstamm zum Balancieren nicht mehr aus, sondern die Slack-line zwischen zwei Baumstämmen wird seinem psychophysiologischen Entwicklungsstand eher gerecht. Da viele dieser selbstbezüglichen Spiele von der Bewegungserfahrung leben und in der gestalteten Natur des Schulraums stattfinden, sei an dieser Stelle auf die Kap. 7.1.2 und 7.4.2.2 verwiesen (vgl. auch die zahlreichen Beispiele in Brägger & Hundeloh & Posse & Städtler 2017).

Anders verhält es sich mit dem individuellen Spiel im *unterrichtlichen Kontext*, wenn es *didaktischen Zwecken* dient. Die in Kap. 4.1.1 angesprochene gesellschaftliche Pluralisierung und Individualisierung bildet sich auch in der Schule ab. Die Pluriformität der Lebenslagen und Erfahrungshintergründe der Heranwachsenden verlangt die Überwindung eines einheitlichen, monomethodischen Unterrichts und fordert stattdessen einen methodisch variantenreichen Unterricht heraus, der die Vielfalt junger Menschen für das Lernen nutzt. Deshalb ist zu klären, wie das Spiel zum Lernen beitragen sollte.
Auch Spiel und Lernen lassen sich nicht sorgfältig voneinander abgrenzen. Vielmehr sind fließende Übergänge zwischen Spiel und Lernen zu konstatieren. Das allenthalben geforderte Kriterium der *Zweckfreiheit* des Spiels ist dann insofern nicht mehr zu erfüllen, als das Spiel mehr oder weniger konsequent als funktionales Mittel zur Erreichung

bestimmter Lernziele zu dienen hat. Nach Rolf Oerter (1993) ist es dann *absichtsvoll, zielorientiert* und *handlungsorientiert*. Wichtig ist gleichwohl, dass es die intrinsische Motivation voraussetzt bzw. erzeugt und somit ein Flow-Erlebnis sichert. So gesehen wird es eingesetzt, um das Lernen freundvoller und ggf. leichter zu machen. Es kommt auch der Inklusion von Heranwachsenden entgegen, die Schwierigkeiten mit dem Lernen haben. Zu denken ist z. B. an Schüler und Schülerinnen mit Migrationshintergrund, die sich mit der deutschen Sprache schwertun. Durch spielerische Zugänge können sie vor Überforderung geschützt und zur Verbesserung der Sprachkompetenz angeregt werden. Der Erleichterung des Lernens steht freilich die o. g. Kritik Flitners ([10]1996) gegenüber, der die Freiheit des Spiels durch dessen Didaktisierung in Gefahr sieht.
Es dürfte kaum ein Fach geben, dem die Verlage keinen spielerischen Zugang zu den Unterrichtsinhalten anbieten. Dies gilt insbesondere für die o. g. *Wissensspiele*. Arbeitsmappen, Arbeitsblätter, Brett-, Würfel- und Legespiele usw. bieten heute ein unerschöpfliches Repertoire an Lernmöglichkeiten durch das Spiel, seit wenigen Jahren auch erweitert durch Lern-Apps und für den Online-Betrieb (s. Kap. 7.4.1). Auch wenn sich die Kulturen der verschiedenen Fächer z. T. erheblich voneinander unterscheiden, so finden sich gleichwohl in den meisten Schulbüchern der Primarstufe und Sekundarstufe I Lernaufgaben, die in Rätsel, Lückentexte und Quiz ansprechend eingekleidet sind – von Mathematik bis Religion. Die meisten von ihnen können allein oder aber in kleinen Gruppen gespielt werden. Auch die Landeszentralen für politische Bildung der einzelnen Bundesländer halten ein breites, durch das jeweilige Kultusministerium genehmigtes Spieleangebot vor.[87] Diese Spiele sind nicht auf die politische Bildung beschränkt (Parteiensystem, Verfassung der BRD, politische Teilhabe usw.), sondern geben z. T. recht vorzügliche Einblicke in landesgeschichtliche und geografische Themen. Der Reiz für die Lernenden besteht beim individuellen Spiel vor allem darin, dass durch die Aufgabenstellung die dem Spiel eigene Spannung entsteht, der Tätigkeitsdrang angesprochen und das Arbeitstempo selbst bestimmt werden kann. Zweifellos sind die verschiedenen Formen des *Offenen Unterrichts* die Domäne des individuellen Spiels. Insbesondere die *Freie Arbeit* und die *Arbeit nach dem Wochenplan* sind ohne wertvolles Lernmaterial mit Spielcharakter nicht vorstellbar. Es führt das Grundschulkind in einem didaktisch abgesicherten Rahmen durch dessen Eigentätigkeit, durch Wahlmöglichkeiten und freie Zeiteinteilung zur *Selbstständigkeit* und *Eigenverantwortlichkeit*. Dazu gehören Rätselspiele. Sie fordern das Begehen von Umwegen heraus,

87 Beispielhaft Baden-Württemberg, Bayern und Nordrhein-Westfalen:
https://www.lpb-bw.de/spiele [aufgerufen am 29.10.2022];
https://www.blz.bayern.de/ [aufgerufen am 28.10.2022];
https://www.politische-bildung.nrw.de/suche?tx_solr%5Bpage%5D=2&tx_solr%5Bq%5D=Spiele [aufgerufen am 03.11.2022].
S. auch die Arbeitsmappen des hessischen Kultusministeriums für den Politikunterricht auf der Sek. I unter
https://kultusministerium.hessen.de/Arbeitsmappe-fuer-den-Politikunterricht [aufgerufen am 03.11.2022].

fördern das kombinatorische Denken und stärken die Methodenkompetenz. Zufriedenheit, Entspannung und Stolz stellen sich ein, wenn das Ergebnis gefunden worden ist. Bei Puzzlespielen ist die *haptische Komponente* anzusprechen. Das Berühren, Legen und Verschieben der Puzzleteile dürfte zu einer besseren Verankerung der Lerninhalte im Gedächtnis führen usw.

Die folgenden beiden Abbildungen zeigen einen Ausschnitt aus einem Geheft, das für den Heimat- und Sachunterricht einer Grundschule erstellt wurde. Es geht um die Verbesserung der Sprach- und Lesekompetenz mithilfe von fantastischen Tieren. Zu sehen ist, dass jede Seite horizontal geteilt ist und durch das Umblättern einer Halbseite die Kombination von zwei unterschiedlichen Tierhälften zu einem ‚Mischwesen' führt. Es entstehen witzige Fabeltiere. Dadurch wird die Kreativität des Kindes angeregt, die Leselust gesteigert, es wird spielerisch mit Verfremdung bekannt gemacht und freudvolles Lernen verstärkt sich.

Abb. 13a und 13b: Lernspiel „Wo gibt's denn so was?" (Quelle: baden württembergische Grundschule; ohne nähere Angaben)

Diese positiven Beispiele sind jedoch nicht repräsentativ für individuelle Lernspiele, denn der Löwenanteil der Spiele zielt nicht auf die Kreativität, Handlungsfähigkeit und Problemlösekompetenz oder den Aufbau von Werthaltungen der Lernenden. Vielmehr geht es zu oft um das Erlernen von Sachinhalten durch kognitive Operationen und um die *Reproduktion vorab festgelegter Sachinhalte und Lernwege*, auch wenn letztere wie beim Rätsel über Umwege führen. Gesucht werden muss ein *bestimmtes* Ergebnis, das nicht austauschbar ist. Ein Lernen, das auf eigenständiges Denken, Urteils- und Analysevermögen abzielt, ist mit diesen Spielformen nicht zu gewinnen (vgl. Scholz 2022). Es besteht der Verdacht, dass durch die ansprechende äußere Form manchen Spiels die dem Lernen grundsätzlich innewohnende Ernsthaftigkeit und Widerständigkeit gleichsam übersprungen wird und spielerisches Lernen in ein bloßes *Entertainment* abgleitet – die Form dominiert den Inhalt.
Andreas Gruschka ist diesem Verdacht nachgegangen und hat mit eigenen Studien gezeigt, wie Schülern eine ‚unbeschwerte' Aneignung von Kenntnissen durch ‚leichte' Aufgabenformate ermöglicht wird. Verlage bieten eben auch zahlreiche Lernmaterialien und Spiele an, die eine *simple schematisierte Vorgehensweise* beabsichtigen. Die Inhalte, so Gruschka, werden dadurch reduziert, handhabbar gemacht und verwaltet, ohne dass wirklich eine Klärung der Sache erfolgt. Dies könne so weit gehen, dass bereits in der Aufgabenstellung von Arbeitsblättern für die Sekundarstufe die Lösung enthalten ist, so etwa in den Fächern Deutsch und Geschichte. Die durch Textanalyse zu erarbeitende Lösung gleiche dann einem Suchlauf, der die Aufmerksamkeit des Lernenden flugs über die Schlüsselbegriffe im Text gleiten lässt – und schon sei die Lösung zusammenmontiert. Lernen gelinge auf diese Weise ‚wie im Spiel'. Aber die *Mühen des Begriffs*, die widerständige Suche nach Bedeutung und Gehalt, das Nachdenken, das Ringen um Erkenntnis und Wahrheit, das eigene Fragen – all das werde zurückgedrängt, werde den jungen Menschen durch die Formalisierung und Erleichterung des Lernens sowie die Simplifizierung der Inhalte ausgetrieben. Wo aber das Fragen und Denken zugunsten rascher Scheinklarheiten aufgegeben werde, habe Bildung aufgehört zu existieren (Gruschka 2011).

7.3.2.2 Kollektives Spielen und Lernen in der Schule

Auch in diesem Unterkapitel wird es zunächst um Spielen und Lernen *außerhalb des Unterrichts* (Schulgelände und Schulhaus), dann um den *Unterricht* gehen. Da wohl die meisten Spiele, die im Außenbereich zu beobachten sind, Bewegungsspiele sind, ergeben sich deutliche Schnittmengen mit den Unterkapiteln 7.1.2 und 7.4.2. Aus diesem Grund wird hier nur exemplarisch auf einzelne Spielformen Bezug genommen und ansonsten die Seite der Intentionen und Kompetenzen des gemeinsamen Spiels beleuchtet. Daraus folgt, dass nicht alle in Tab. 2 enthaltenen Dimensionen besprochen, sondern lediglich die unverzichtbaren Informationen zum gemeinsamen Spiel gegeben werden. Auf den Bereich der „Assoziations- und Einstiegsspiele" wird gänzlich verzichtet, weil es sich hierbei überwiegend um mikrodidaktische

Steuerungsimpulse im Rahmen eines konventionellen lehrerzentrierten oder -gesteuerten Unterrichts dreht. Auch der Bereich der „Interaktions- und Kooperationsspiele" wird vernachlässigt. Dazu sei auf Herbert Gudjons ‚Klassiker' „Spielbuch Interaktionserziehung" verwiesen (Gudjons [6]1997). Demgegenüber werden vor allem komplexere Spielformen betrachtet, die jenseits von schematischen Übungen ein anspruchsvolles Kooperieren der Beteiligten verlangen, damit ein vorgegebenes Problem einer fiktiven Lösung zugeführt werden kann (Rollenspiel, Simulationsspiel und Planspiel) oder literarische, historische und gesellschaftliche Stoffe zur Darstellung gebracht werden, bis hin zur Theateraufführung (szenisches Spiel, darstellendes Spiel, Theaterspiel).

Wie bereits erwähnt begegnet dem Besucher einer Schule ein bunter Reigen von Spielen, die während der Pausenzeiten auf dem Pausenhof und Schulgelände in Erscheinung treten, vor allem in der Grundschule und in den weiterführenden Schulen bis etwa zur siebten Jahrgangsstufe. Danach werden sie mehr und mehr abgelöst durch Gesellungsformen, die durch die Kommunikation in Gruppen bestimmt sind (vgl. Kap. 7.2.2). Vor allem im Grundschulalter sind *körperbetonte Spiele* vorzufinden, die allein oder zu zweit gespielt werden und sich der Piaget'schen Kategorie des *Übungsspiels* zuordnen lassen. Der Beobachter trifft auch auf Spiele, die auf den ersten Blick wie gemeinsame Spiele erscheinen. So sieht man bspw. Kinder in einer Sandgrube damit beschäftigt, Sandburgen und Tunnel zu bauen, ‚Straßen' anzulegen und ‚Berge' zu formen. Bei genauerem Hinsehen bemerkt man aber, dass die Kinder zwar ein *gemeinsames Thema*, das Bauen mit Sand, haben und auch nebeneinander spielen, dass aber jedes Kind seinen *eigenen Spielimpulsen* folgt. Die einzelnen Aktivitäten der Kinder sind *unverbunden*, weil *Kooperation nicht erforderlich* ist. Erst wenn die Gestaltung des einen sich der benachbarten Spielzone des anderen nähert, ist es mit dem Spiel *neben* den anderen Spielern vorbei. Es müssen *Regeln* gefunden werden, wie es weitergehen soll. Kann man sich auf ein gemeinsames Spiel verständigen? In solchen Situationen lernen Kinder, sich zu arrangieren, eigene Spielabsichten zu variieren und sich Regeln zu unterwerfen. Häufig bedarf es dazu längerer Anläufe, denn es entsteht auch Konkurrenz, Rivalität um den besseren ‚Bauplatz' und Streit, der durchaus handfest werden kann. Mitunter beugt sich ein Kind den Spielregeln nicht und verlässt zerknirscht und aufgewühlt den Schauplatz. Wesentlich ist aber, dass Kinder (auch) ohne Zutun der Erwachsenen lernen, solche *gemeinsamen Regeln* für das Spiel zu finden, die zu *kooperativem Verhalten* führen, wie das folgende Beispiel anschaulich macht.

Ein warmer Herbsttag an einer Grundschule. Es hat geregnet und die Kinder verbringen ihre Pause auf dem leicht welligen Schulgelände. Lisa und Jens, vierte Jahrgangsstufe, stellen fest, dass sich an verschiedenen Stellen Pfützen gebildet haben. Jens schaut nachdenklich auf die Pfützen. Es entwickelt sich folgende Szene:

Jens: Schau mal Lisa, da ist 'ne große Pfütze und das Wasser kann nicht weg. Sollen wir 'nen Tunnel bauen? (Gemeint ist ein Kanal.)
Lisa: Au ja! Aber wie?
Jens: Da hinten liegen Stöcker. Damit können wir 'ne Rinne machen. (Beide sammeln einige Stöckchen.)
Jens: Das Wasser muss bergab. Fang du da an! (Lisa ritzt den Boden in einer bestimmten Richtung auf und das Wasser beginnt zu fließen. Nach einer Weile ist sie entmutigt.)
Lisa: Ich komm‘ nicht weiter. Die Erde ist so hart. Es bleibt hier stehen.
Jens: (nach einer Weile des Überlegens) Wir brauchen Schippen. Ich hol‘ welche. (Nach einer Weile kommt er mit zwei kleinen Handschaufeln für die Gartenarbeit zurück und beide setzen ihr Spiel fort.)
Lisa: Prima, so geht's besser. Das Wasser fließt.

Nach wenigen Minuten stehen beide beisammen und beobachten vergnügt, wie sich Wasser in einer benachbarten Mulde sammelt und das Wasser in der großen Pfütze weniger wird.

Gut zu sehen ist, wie sich beide Kinder auf ein gemeinsames Spiel ‚einschwingen'. Beide haben ein gemeinsames Interesse, aber das Spiel kann nur gelingen, weil sich eine bestimmte *komplementäre Rollenverteilung* ergibt, die von beiden stillschweigend *akzeptiert* wird. Jens Dominanz ist ebenso klar wie seine Konstruktivität. Offensichtlich gefällt dies Lisa und sie passt sich gerne an. Abgesehen von diesem *Passungsverhältnis* sind beide Kinder durch das Gefühl verbunden, gemeinsam etwas erreicht zu haben: Das Wasser fließt in ein weiteres ‚Speicherbecken‘ und beide sind zufrieden. Zudem machen sie die praktische Erfahrung der physikalischen Verhältnisse des fließenden Wassers. Es fließt leichter mit zunehmendem Gefälle und das ‚Speicherbecken‘ füllt sich schneller, wenn die Rinne vertieft wird – eine Lernerfahrung, an die der Heimat- und Sachunterricht wunderbar anschließen könnte. Dieses Spiel bereitet also nicht nur Vergnügen, sondern schafft auch wesentliche Lernerfahrung.
Das Beispiel geht davon aus, dass die räumlichen Voraussetzungen für dieses konkrete Spiel durch die Beschaffenheit des Schulgeländes und das Vorhandensein einfacher Gartengeräten erfüllt sind. Die Standardsituation ist jedoch, dass Spiele auf *versiegelten Schulhöfen* stattfinden, die das gemeinsame Spiel auf wenige bestimmte Formen reduzieren. Zumeist finden sich dann Spiele, die auf die Markierung des Asphalts und auf Spielfelder angewiesen sind wie für das Hinkeln, Brennball-, Hockey-, Fußballspiel oder andere Gruppenspiele. Als ein Spiel, das zwei Spielpartnern entgegenkommt, vor allem in der Eingangsstufe der weiterführenden Schulen beliebt ist und zahlreiche Varianten für zwei oder mehr Personen kennt, soll das *Street Racket* kurz angesprochen werden (ausführlich s. Brägger & Hundeloh & Posse & Städtler 2017, 185ff.). Bei diesem Spiel stehen sich die Spieler mit einem kurzen leichten Schläger gegenüber. Zwischen ihnen liegt ein auf dem Boden aufgezeichnetes rechteckiges Spielfeld, das aus drei gleich großen Quadraten von jeweils ca. 2 x 2 Metern besteht. Ein weicher Ball wird so gespielt, dass er im gegnerischen Feld einmal aufprallt, um

dann zurückgespielt zu werden. Der Ball muss dabei über das mittlere Feld hinweg gespielt werden. Wer die wenigsten Spielfehler macht, gewinnt. Selbstverständlich lassen sich Erschwernisse einbauen (diagonal spielen, in markierte Kreisflächen treffen) oder die Regeln verändern (nach dem Abschlag kurz hinsetzen, mit zwei Bällen spielen usw.).
Selbstverständlich ist die Grundform des Spiels für weitere Jungen und Mädchen erweiterbar. Vier bis sechs Spieler können das Spiel im Rundlauf durchführen. Die Spieler sind gleichmäßig um das Spielfeld verteilt. Nach dem Abspielen des Balls läuft die gesamte Gruppe im Uhrzeigersinn um das Feld herum und eine nachgerückte Person nimmt den Ball an usw. Das Ziel ist, den Ball möglichst lange fehlerfrei zu spielen. Dazu kann die Zeit gemessen werden. Schon bei der Grundform lässt sich die Verbesserung der Motorik und des Reaktionsvermögens spielerisch erreichen. Die Beteiligten lernen, dass die Regeln Sinn machen, denn das Spiel macht dann Freude, wenn die Regeln eingehalten werden. So gesehen leistet das Spiel einen Beitrag zum *Regelbewusstsein*. Jeder stellt fest, was er kann und wo seine Grenzen liegen, sodass das Spiel zu einem *realitätsgerechten Leistungsselbstbild* verhelfen kann. Die kooperative Form fördert zudem den Gemeinsinn, das Wir-Gefühl und die Anstrengungsbereitschaft, denn ein jeder und eine jede wird sich nach Kräften bemühen, um zu einem guten Spielergebnis zu kommen. Dazu gehört auch, dass leistungsschwächere Gruppenmitglieder so angespielt werden, dass sie eine reelle Chance haben, den Ball zu erreichen. Somit kommt das Spiel einer *inklusiven Pädagogik* entgegen.
Legt man mehrere Spielfelder in genügend großem Abstand nebeneinander an, können mehrere Gruppen gleichzeitig spielen. Daraus lässt sich ein Wettbewerb (mit Spielleiter) machen, der allen Kindern einen gehörigen Spaß und Nervenkitzel bereitet. Aber nicht jede Gruppe kann gewinnen. Dem Jubel und der Freude auf der einen Seite, stehen Enttäuschung, Protest und vielleicht auch Zorn auf der anderen gegenüber – auch wenn alle fair gespielt haben. Es wäre töricht, diese belastenden Emotionen zu ignorieren, zu banalisieren oder zu verdrängen, denn sie sind eine wichtige Sozialisationserfahrung. Zur Entwicklung einer stabilen Persönlichkeit trägt auch bei, dass Kinder in dem Sinne den Übergang vom Lust- zum Realitätsprinzip vollziehen, als sie *belastende Emotionen als zum Ich gehörig akzeptieren lernen*. So gesehen sind Konflikte um das Spiel herum wichtige Lernanlässe, die im Unterricht pädagogisch aufgegriffen werden sollten.
Heranwachsende unterschiedlichen Alters haben eine Vorliebe für Ballspiele, angefangen beim Ballfangspiel über das Brennballspiel und das Fußballspiel in den Jahrgangsstufen 5 bis 7 bis in hin zum Basketball- und Volleyballspiel in der Sekundarstufe II. Für das Spieleangebot ist freilich der Entwicklungsstand in der jeweiligen Altersgruppe zu berücksichtigen. Spätestens mit Beginn der Pubertät sind bewegungsintensive Spiele wie das Ballspiel nicht mehr ‚in', weil man nicht abgehetzt und verschwitzt ins Klassenzimmer zurückkehren will. Aber prinzipiell

ist das Spiel mit dem Ball nicht einfach ein Bewegungsspiel, weil es einen, wenn auch verdeckten, symbolischen Gehalt und eine starke soziale Komponente hat. Das Verschwinden und Wiederbeschaffen des Balles ist ein Spiegelbild einer *ontogenetisch* tief verwurzelten Urerfahrung, die, wie in Kap. 6.1 und 7.3.1 gezeigt, zu tun hat mit der Verlässlichkeit der frühen Mutter-Kind-Dyade. Der Ball wird ‚gesichert' wie auch in der symbiotischen Mutter-Kind-Beziehung immer wieder aufs Neue Sicherheit für das Kind hergestellt worden ist. Dieses Urmotiv, das im Ballspiel reaktiviert wird, scheint uns das gesamte Leben zu begleiten, denn selbst im Seniorenssport zeigt sich, wie Menschen den Ballspielen zugeneigt sind. Obwohl die genannten Spiele durchaus auf dem Pausenhof gespielt werden könnten, sind sie wegen der Verletzungsgefahren auf asphaltierten Flächen an vielen Schulen tabu. Welch ein Gewinn für das Spielen, wenn der Schule jenseits der Vollversiegelung von Pausenhöfen ein abwechslungsreiches und naturaktives Gelände zur Verfügung steht, denn Schulleitungen fürchten kaum etwas mehr als Spiele auf versiegelten Flächen, die vom Rennen, Toben, Fangen und Raufen geprägt sind: „Das Rennen auf dem Schulhof ist untersagt!" Die Sturz- und Verletzungsgefahr ist dort kein Thema, wo das Schulgelände mit Rasenflächen für Gruppen- und Mannschaftsspiele durchgrünt ist, Sandgruben bspw. für das Volleyballspiel vorhanden sind, Kletterwände einen Untergrund aus Fallschutzkies haben, Hackschnitzelwege weiches und schnelles Laufen erlauben usw. (vgl. 7.3.3). Dann ist zu beobachten, wie die Spiele *geselliger* und großformatiger werden und sich die soziale Atmosphäre verbessert.

Innerhalb des Schulgebäudes haben wir es mit anderen räumlichen Verhältnissen zu tun, im *Schulgebäude selbst* wie im *Unterricht des Klassenzimmers*. Freilich sind die Raumkapazitäten der gewöhnlichen Schulgebäude eng begrenzt. Die Erschließungszonen sind in ihrer Funktion ausschließlich auf den problemlosen Fluss der Schülerströme ausgerichtet und nur selten profitiert eine Schule von einem Schülerrückgang, der die Umnutzung eines überzähligen Klassenzimmers zu einer ‚Spieleoase' gestattet. Deshalb wird auf diesen Punkt im Folgenden Unterkapitel 7.3.3 gesondert eingegangen. Hingegen sind die Möglichkeiten, gemeinsame Spiele in den Unterricht für das Lernen einzubauen, immens.
Für eine qualitativ hochstehende *Grundschulpädagogik* und *-didaktik* ist es selbstverständlich, dass sie sich das Spiel für das unterrichtliche Lernen zu Nutze macht. Kinder rufen sich im Unterricht auf, indem sie sich einen Softball zuwerfen, sie sitzen gruppenweise am Boden und lösen gemeinsam ein Wortergänzungsrätsel, mehrere Kindergruppen erfinden eine fantastische Geschichte über ihr Klassenmaskottchen und spielen dazu eine kleine Szene in der Klasse vor, alle Kinder spielen „Stille Post" usw. Man kann sagen, dass das Spielen in Verbindung mit systematischem Lernen ein Aktivitätsstrom ist, der sich durch sämtliche Fächer des Grundschulunterrichts zieht. Davon ist auch der Mathematikunterricht, der spätestens in den weiterführenden Schulen so vielen Jungen und Mädchen Schwierigkeiten bereitet, nicht aus-

genommen.[88] Womöglich kann der Fachunterricht der Primarstufe der Entstehung von Mathematikangst früh begegnen, wenn er praktisch und spielerisch angelegt ist. Der abgebildete Zahlenteppich ist dafür ein Beispiel:

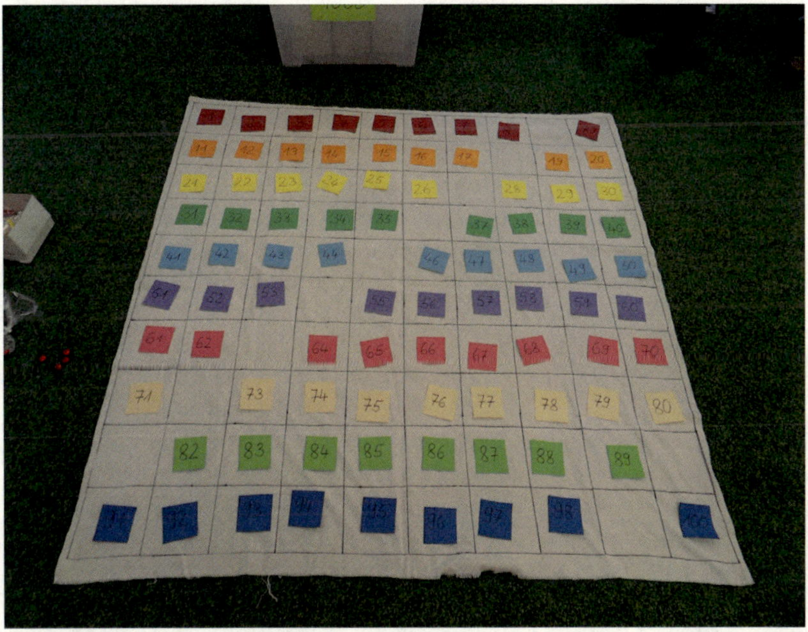

Abb. 14: Der Zahlenteppich im Mathematikunterricht der Jahrgangsstufen 3 und 4 (Foto: Schönig 2018)

Zu sehen ist ein Zahlenteppich mit einhundert farbigen Zahlenkärtchen, der von einer Lehrerin selbst hergestellt worden ist. Er erleichtert den Kindern, räumliche Vorstellungen von Zahlenreihen zu gewinnen, um den *Zehnersprung* zu bewältigen und sich sicherer im Zahlenraum bis hundert zu bewegen. Der Teppich vermittelt eine Anschauung von der Menge der Zahlen sowie deren Abstand zueinander und

88 Es ist nicht nur eine Alltagsbeobachtung im Mathematikunterricht, dass Mädchen besondere Schwierigkeiten mit ihm haben. Dies ist auch durch empirische Studien erhärtet. Bereits der 2003 veröffentlichte PISA-Test zeigt die geringeren Leistungen der 15-jährigen Mädchen gegenüber den gleichaltrigen Jungen in Mathematical Literacy auf. Zudem ist ein Befund auch in den folgenden PISA-Tests stabil geblieben: Mädchen haben in Mathematik geringeres Vertrauen in die eigene Leistungsfähigkeit, sind weniger fachlich motiviert und ausdauernd und haben öfter Angst vor Mathematik als Jungen. Dass Mathematik für Mädchen zu oft ‚ein Buch mit sieben Siegeln' bleibt, wird vor allem mit einem geschlechterunsensiblen Unterricht erklärt (vgl. OECD 2013).

erlaubt einfache Rechenoperationen wie das Addieren und Subtrahieren. Dazu sitzen die Kinder vor oder um den Zahlenteppich herum und helfen sich gegenseitig bei der Lösung von Aufgaben. Das Lernen kann dadurch besonders unterstützt werden, dass der Teppich größer und *begehbar* ist, sodass die räumliche Repräsentanz der Zahlen durch die *körper-, bewegungs- und raumorientierte Arbeit* verstärkt wird. Rechenspiele können mit Bewegung verbunden werden, etwa wenn ein Rhythmus von Kindern geklatscht wird und ein anderes Kind dazu über Zahlenreihen hüpft, vorwärts oder rückwärtsgeht oder bestimmte Zahlen überspringt usw. Die Arbeit kann mit einem angrenzenden Teppich bis ins Tausenderfeld fortgesetzt werden. Vergleichbare Zahlenteppiche gibt es auch für den Zahlenraum bis 20.

Von besonderer Bedeutung für die Kinder ist es, wenn der Sprachunterricht, ggf. in Verbindung mit dem Heimat- und Sachunterricht, durch das *szenische Spiel* erweitert wird und *kleine Theaterprojekte* anvisiert, die dem Elternkreis vorgestellt oder sogar öffentlich aufgeführt werden (s. Tab. 2). Dem hohen didaktischen und organisatorischen Aufwand steht die Bereicherung und Vertiefung des Lernens gegenüber. Bereits Kinder im Grundschulalter spüren die Ernsthaftigkeit des Theaterspielens, wenn es darum geht, in fremde Rollen hineinzuschlüpfen und sich auf die eigene und auf andere Rollen einzustellen. Auch wenn es im Grundschulalter nicht primär auf die Qualität des *Produkts*, sondern auf den *Prozess* ankommt, so wird ihnen beim Üben klar, dass das Produkt nur dann überzeugen kann, wenn sie sich im Spiel aufeinander beziehen. Vertrauen und Sicherheit sind für das Gelingen fundamental, können aber anfangs nicht vorausgesetzt, sondern müssen im Verlauf des Lernens erst entwickelt werden. Ängste vor Bloßstellung, Versagen und Blamage werden behutsam abgebaut, wenn die Kinder die gemeinsame Erfahrung machen, dass sie etwas können. Dies stärkt das Zusammengehörigkeitsgefühl sowie die Klassengemeinschaft und erzeugt eine gewisse Identität der Lerngruppe. Vor der Aufführung erfahren die Kinder die Anspannung, den Nervenkitzel und das Lampenfieber. Erst wenn sie die Anerkennung durch den Applaus entgegennehmen, löst sich die Spannung, Stolz und Freude treten ein. Sie erfahren, dass sie sich – einzeln und als Gruppe – bewährt und andere Menschen beglückt haben. Ein solcher Lernprozess, beginnend beim ersten zaghaften Üben einer Rolle bis hin zum Vortragen einer auswendig gelernten Rolle, lässt die Kinder gemeinsam innerlich wachsen. Es ist offensichtlich, dass die Beziehungen zwischen ihnen den Nährboden für die *Theaterarbeit* abgeben. Das soziale Lernen ist die zentrale Gelingensbedingung für das Stück. Die angesprochenen Kompetenzen dürften schwerlich im Sinne nationaler Bildungsstandards messbar sein, gleichwohl sind sie für die Persönlichkeitsentwicklung junger Menschen unaufgebbar. Bemerkenswert sind Erfahrungsberichte aus der Schulpraxis, denen gemäß das fachliche Lernen, insbesondere das korrekte Erlernen der Sprache, mit dem Theaterspielen leichter geht, ja, mitunter beiläufig erfolgt.

Zur Veranschaulichung sei auf ein Schulentwicklungsprojekt zurückgegriffen, an dem der Autor beteiligt war. Es wird später wieder zur Sprache kommen. Es handelt sich um das Projekt „Praktisches Lernen in der Schule". Es wurde von der Robert Bosch Stiftung gemeinsam mit der Akademie für Bildungsreform in den Jahren 1983 bis 1993 zur Förderung des Praktischen Lernens an Schulen durchgeführt. In diesem Zeitraum hatte die Stiftung 11,6 Mio. DM für Schulen und Beratungsinfrastruktur zur Verfügung gestellt, für die damalige Zeit eine respektable Summe. 381 Schulen in der gesamten Bundesrepublik kamen in den Genuss der finanziellen und fachlichen Unterstützung. Den Projektbetreibern ging es darum, das eindimensionale Lernen in Schulen einzuschränken durch *praktisches Tun*, durch die tätige, *handlungsorientierte Auseinandersetzung* mit Herausforderungen in unterschiedlichen inhaltlichen Dimensionen bzw. Tätigkeitsformen, so etwa im herstellend-instandsetzenden, künstlerisch-gestaltenden, erkundend-erforschenden, ökologisch handelnden, technisch handelnden oder wirtschaftlich handelnden Bereich – so das damalige Projektvokabular (Projektgruppe 1998). In diesem Schulentwicklungsprojekt sind einige Projekte bekannt geworden, die weit über das eingehegte Spiel im Unterricht hinausgegangen sind. Die Projektbeispiele reichen z. T. zeitlich weit zurück, sie sind aber paradigmatisch, weil sie die Ausgangspunkte für Entwicklungstrends im Schulwesen markieren. Manche von ihnen zeigen eindrücklich, wie weit kleinere Formate des Theaterspielens in der Grundschule gehen können, wenn Projekte in deutlicher Verzahnung von Fächern erfolgen und Lehrkräfte eng miteinander und mit außerschulischen Partnern kooperieren. Eines dieser Beispiele sei hier angeführt:

> Lehrkräfte einer Grundschule im württembergischen Blaubeuren haben eine lokale Sage aufgegriffen und sie zu einem Singspiel umgearbeitet. An den Vorarbeiten für die öffentliche Aufführung waren Eltern beteiligt, die die benötigten Kulissen gebaut und Kostüme geschneidert haben. Dann wurde das Singspiel von Schülern und Schülerinnen verschiedener Jahrgangsstufen der Schule in Zusammenarbeit mit dem örtlichen Gesangverein im Rahmen eines Stadtfestes zur öffentlichen Aufführung gebracht. (vgl. Vortisch 1988)

Im *Sekundarschulwesen* gibt es hinsichtlich des Spiels *im Unterricht* eine andere Situation als auf der *Primarstufe*. Mit aufsteigenden Jahrgangsstufen, spätestens aber ab der 7. Jahrgangsstufe rückt das symbolisch-abstrakte und reproduktive Lernen in den Vordergrund und es dominiert eine methodische Monokultur. Die Bedeutung des Spiels für das Lernen, erst recht für das systematische Lernen wird weitgehend verkannt. Dass es wiederum Unterschiede zwischen den einzelnen weiterführenden Schularten und Fächern gibt, sei dahingestellt. Aber es gibt durchaus Schulen, die das Spielen im Zusammenhang mit dem fachlichen Lernen kultivieren.

Das in der Tabelle 2 angeführte *Rollenspiel* hat für das soziale Lernen im Unterricht besonderes Gewicht. Der Begriff der sozialen Rolle ist eine zentrale Kategorie der Soziologie und meint die Summe der gesellschaftlichen Erwartungen an den Inhaber einer sozialen Position. Schon Kinder ab etwa fünf Jahren üben durch *spiele-*

risches Nachahmen von Rollen bestimmte Interaktionsmuster ein, wie etwa beim Eltern-Kind-Spielen, beim Kasperletheater oder Puppenspiel. Mit dieser Begrifflichkeit klingt bereits an, wie wichtig die Rollentheorie auch für die Theaterarbeit ist, denn dort werden Rollen bis zur Perfektion eingeübt und in Szene gesetzt. Aus der von Jacob Levy Moreno (1889-1974) in den 1930er Jahren entwickelten Rollentheorie ist zudem das *Psychodrama* entstanden, das sich bis zur *Gruppentherapie* im psychotherapeutischen Bereich weiterentwickelt hat und heute zahlreiche Spielformen sogar als Bestandteile der *Familientherapie* kennt. Der Hintergrund dieser Genese ist in *widerstreitenden Rollenerwartungen* verschiedener gesellschaftlicher Gruppen und Institutionen – Familie, Beruf, Freundeskreis, Verein, Kirche – zu sehen, die zu erheblichen Rollenwidersprüchen und -konflikten und damit zu inneren Zerreißproben sowie neurotischen Problemen des Individuums führen können.

In der Schule ist das Rollenspiel ein *simulatives Verfahren* bzw. eine Unterrichtsmethode, mit der soziale Konflikte und problematische Entscheidungssituationen nachgespielt und spielerisch ausgestaltet werden können. Indem Schülerinnen und Schüler in die Rollen der am Konflikt beteiligten Personen schlüpfen, wird er erfahrbar und *emotional erlebbar*. Es wird nicht *über* Konflikte gesprochen und damit ein vorwiegend rationaler Zugang geschaffen, sondern sie werden *durchgespielt*. Dies ermöglicht ein Probehandeln in einem sanktionsfreien Handlungsfeld und fordert die Spielpartner auf, sich ‚in die Schuhe des anderen zu stellen'. Dem Durchspielen eines Konflikts kann die kreative Suche und Dramatisierung von Lösungsvarianten folgen. Rollenspiele sind vor allem für jene Fächer geeignet, die sich mit menschlichen Konflikten und gesellschaftlichen Problemalgen befassen, also die Politische Bildung bzw. der Sozialkundeunterricht, Geschichts- und Religionsunterricht und die sprachlichen Fächer.

Dieses gemeinsame Spiel strebt ein breites Zielspektrum an. Es geht primär darum, durch die probeweise Identifikation mit anderen Personen, einen ganzheitlichen Zugang zu deren Problemlagen und emotionalem Befinden zu gewinnen und dadurch ein *tieferes Verstehen* der Gesamtsituation zu erreichen, als es durch ein ‚bloßes Reden über' möglich wäre. Begünstigt wird dieses Begreifen durch den Wechsel von Rollen und die entsprechende *Perspektivenübernahme*. Das *Einfühlungsvermögen*, die *Sensibilität* für den anderen und die *Verbesserung der Wahrnehmungsfähigkeit* sind zentrale Ziele dieser Sozialerziehung. Zudem schulen die Schüler und Schülerinnen ihre Sprachkompetenz. Sie lernen, Argumente zu formulieren, überzeugend vorzutragen und ihren sprachlichen Ausdruck zu verbessern. Dazu zählt auch, dass jedes Rollenspiel ausgewertet werden muss. Dadurch werden die Teilnehmer und Teilnehmerinnen genötigt, ihr Denken und ihre emotionalen Erlebnisinhalte in eine verständliche Sprache zu übersetzen.

An das Rollenspiel können sich andere Spielformen anschließen. So können bspw. Themen aus Rollenspielen wieder aufgegriffen und in *Debatten* und *Streitgesprächen* dialektisch behandelt werden. Das Für und Wider von Lösungsvorschlägen kann eingehend geprüft und argumentativ vorgetragen werden. Es ist erforderlich, dass sich die Kontrahenten aufmerksam *zuhören*, um verschiedene Positionen vergleichen, eine eigene Position bilden und vor allen anderen vortragen zu können. Diese Vorgehensweise verspricht, dass die Schüler und Schülerinnen einen respektvollen Umgang miteinander kultivieren, der sich in den Schulalltag überträgt. Das Urteilsvermögen wird gestärkt.

Nützlich können Methoden des Rollenspiels auch dort sein, wo es um die Durcharbeitung *realer Konflikte* im Schulalltag geht. Zu denken ist an *Streitschlichtungsverfahren,* die insbesondere an problembelasteten Schulen Einzug gehalten haben. Auch hier machen sich die in Konfliktmoderation geschulten Streitschlichter das Verfahren der Perspektivenübernahme zunutze. So haben etwa in Täter-Opfer-Konstellationen von gewalttätigen Auseinandersetzungen beide Seiten die Aufgabe, sich in die Situation des jeweils anderen zu versetzen, um die Vielschichtigkeit des Konflikts und die emotionalen Belastungen besser verstehen zu können

Soweit Rollenspiele im Unterricht nicht spontan entstehen, sollten sie sorgfältig vorbereitet sein. Die Rolleninhalte müssen klar bestimmt, Rollen verteilt, Spielregeln formuliert und Abläufe präzise strukturiert werden. Ein *Skript*, das die Beteiligten erhalten, sorgt für Sicherheit. Es ist nicht selbstverständlich, dass die Lehrkraft die Methode Rollenspiel beherrscht, denn sie ist vielseitig gefordert. Sie hat das Rollenspiel zu *organisieren* und zu *moderieren*, also die Rollen und ggf. Materialien zu verteilen, den Spielverlauf zu beobachten, Regelverletzungen anzusprechen, das Spiel am Laufen zu halten, Positionen zu registrieren und mit den Beteiligten auszuwerten. Deshalb ist es ratsam, dass sie die erforderlichen Kompetenzen durch Fort- oder Weiterbildung erworben hat. Die äußeren Bedingungen des Rollenspiels sind indes einfach. Es reicht ein Raum, der genügend freie Fläche für Spieler und Beobachter bietet. Es empfiehlt sich die Sitzkonstellation, wie man sie beim *fishbowl* vorfindet, einem Moderationsverfahren, bei dem die Gesprächspartner in einem Innenkreis beisammensitzen und die Beobachter einen oder mehrere Außenkreise bilden. So wird eine Fokussierung der Beobachter auf das Geschehen gelenkt und eine abschließende gemeinsame Auswertung sinnvoll. Auch dieses Spiel kann variiert werden, z. B. indem weitere Spieler in den Innenkreis kommen und durch neue Rollen eine weitere Dynamik entfachen.

Anders als beim Rollenspiel, das die Rollen und Positionen einzelner Personen festschreibt, geht es dem *Planspiel* um die Darstellung und Bearbeitung von Konfliktlagen zwischen *Interessengruppen* und *Organisationen* oder gar um *gesellschaftliche Probleme*. Das Planspiel ist inhaltlich, organisatorisch und zeitlich sehr anspruchsvoll. In der Regel wird es über *mehrere Tage* fortgesetzt. Das deutet bereits an, dass es den üblichen *Organisationsrahmen des Unterrichts sprengt*. Im Schulalltag ist es vor allem aus diesem Grund kaum anzutreffen. Geeignet ist es dem intellektuellen Anspruch entsprechend primär für die gesellschaftswissenschaftlichen Fächer der Sekundarstufe II. Vorzugsweise wird es in der *beruflichen Bildung*, der *politischen Bil-*

dung und der *Erwachsenenbildung* als Methode genutzt, um komplexe Problemkonstellationen zu analysieren, zu beschreiben, unterschiedliche Positionen zu vermitteln und die Probleme einer Lösung zuzuführen. Die beteiligten Personen(gruppen) lernen dabei sowohl auf der inhaltlich-fachlichen Ebene als auch im sozialen Miteinander, denn sie müssen kommunizieren, disponieren, verhandeln und vor allem in der jeweiligen Gruppe zusammenarbeiten. Da es in den meisten Fällen auch darum geht, Machtkonstellationen zu durchleuchten, die das jeweilige Problem aufrechterhalten, ist es von zentraler Bedeutung, Gegenpositionen so transparent und fachlich untermauert darzulegen, dass sie überzeugen können. Folgende Problemszenarien und Fragen sind für Planspiele in der Schule denkbar: Wie sollte man politisch reagieren, wenn es aufgrund kriegerischer Auseinandersetzungen (s. den russischen Überfall der Ukraine) zu einem provozierten Stromausfall kommt? Sind die Farbangriffe auf Kunstwerke durch die „Letzte Generation“ zu rechtfertigen? Wie könnte die CO^2-Produktion durch Wohnungsbau vermindert werden? Haben Tiere Rechte und welche Konsequenzen sollten aus der Verletzung des Tierwohls gezogen werden? Welche Strategien taugen zur Bekämpfung einer Pandemie usw.?
Zwar ist das Planspiel *ergebnisoffen*, aber es ist *strukturell recht geschlossen*. Tobias Polsfuß und Michael Stroh (2016) verdeutlichen unter Rückgriff auf die Fachliteratur, insbesondere auf die englischsprachigen *Game Studies*, die Systematik erfolgreicher Planspiele. Die Autoren beschreiben u. a. einen *Magic Circle* aus vier Spielphasen nach Kolb (1984):

> „In der Phase *Active Experimentation (AE)* versucht die lernende Person, das eigene Wissen planvoll anzuwenden und umzusetzen. Dadurch macht sie in der Phase *Concrete Experience (CE)* individuelle Erfahrungen mit dieser Handlung. In der folgenden Phase *Reflective Observation (RO)* erfolgt eine gründliche Reflexion über inhaltliche und emotionale Aspekte des Erlebten. Im Anschluss nimmt der oder die Lernende in der Phase *Abstract Conceptualisation (AC)* eine Bewertung vor, löst die Erkenntnisse durch eine Generalisierung von der konkreten Situation und zieht Konsequenzen für das weitere Handeln. Da der Prozess zyklisch verläuft, kann prinzipiell an jeder Stelle begonnen werden.“ (Polsfuß & Stroh 2016, 243)

Dieser *Experiental Learning Circle* wird in erfolgreichen Planspielen gewissermaßen doppelt durchlaufen. Zum einen begibt sich jede(r) einzelne Lernende in diesen Lernzirkel, zum anderen wird er von jeder Gruppe durchlaufen, um eine *Strukturgleichheit des Lernens* zu gewährleisten. Auch wenn dieser Ansatz durch den strikten Organisationsrahmen ‚technologisch‘ erscheinen mag, liegt sein Vorteil gerade in dieser *Ambivalenz von Führung und Offenheit*. Freilich steht und fällt das Planspiel mit der Moderation der Lernprozesse. Die Instruktionen und Regeln müssen transparent und nachvollziehbar sein, der Unterstützungsbedarf muss in jeder Spielphase befriedigt werden, gruppenspezifische Besonderheiten müssen respektiert, Materialien passgenau vorgelegt und Reflexionsphasen visuell begleitet werden. Polsfuß und Stroh vertreten die Auffassung, dass der Ansatz auch für die Inklusion gut geeignet ist.

Abschließend werde ich an die Ausführungen zum szenischen Spiel und zu kleinen Theaterimprovisationen in der Grundschule anknüpfen und das *Theaterspiel* in der Sekundarstufe betrachten. Dabei wird das Projekt Praktisches Lernen in der Schule durch Beispiele punktuell wieder zur Sprache kommen. Eigentlich hat das Theaterspiel an deutschen Schulen eine lange Tradition. Eine Traditionswurzel reicht zurück zur Reformpädagogik, genauer: zur *Landerziehungsheimbewegung* der 1910er bis 1930er Jahre. Es war Martin Luserke, Leiter der „Freien Schulgemeinde Wickersdorf" in den Jahren 1910 bis 1924 und Gründer der „Schule am Meer" auf der Insel Juist, der den pädagogischen Wert des Theaterspiels erkannte. In der „Schule am Meer" errichtete er ein Gebäude eigens für das Theaterspiel. Durch die geografische Nähe zu Hamburg ist es nicht überraschend, dass dort das Theaterspiel seinen Niederschlag als Unterrichtsfach Darstellendes Spiel in der Gegenwart gefunden hat. Es ist seit dem Schuljahr 2011/12 Pflichtfach in den Grundschulen, wird in der Eingangsstufe der weiterführenden Schulen einstündig unterrichtet und kann auf der gymnasialen Oberstufe als prüfungsrelevantes drittes künstlerische Fach gewählt werden. Aber diese Traditionslinie ist singulär, denn Darstellendes Spiel als Unterrichtsfach taucht darüber hinaus nur selten auf. Es gibt nur wenige Lehramtsstudiengänge, die Darstellendes Spiel beinhalten, so etwa für weiterführende Schularten erst seit Wintersemester 2014/15 an der Universität Koblenz-Landau.

Unterhalb der Ebene der Verfachlichung des Theaterspiels trifft man freilich an zahlreichen weiterführenden Schulen auf theaterpädagogische Aktivitäten. Im Unterschied zum *Rollenspiel* und *Planspiel* ist das *Theaterspiel* ein ganzheitlicher Ansatz, der die Arbeit mit dem gesamten Körper verlangt. Interaktion mit den Spielpartnern, Mimik, Gestik, sprachlicher Ausdruck und Bewegung müssen im Einklang stehen, damit die mit der jeweiligen Rolle darzustellen Charaktere treffend wiedergegeben werden können. Komplexität, Anspruch und Organisationsabläufe gehen also weit über *Stegreifspiele, szenische Spiele* und *Sketsche* hinaus. Auch das Spektrum der Ziele verschiebt sich mit zunehmendem Alter der Spieler und Spielerinnen tendenziell vom Prozess zum Produkt. Umgekehrt verlangt die überzeugende Produktion eines Theaterstücks ein Höchstmaß an Übung, *präzise Rollenerfassung* und *sensibles sich Einstimmen* auf die Mitspieler. Einer Klasse, Theater-AG oder Lerngruppe verlangt das Theater viel Disziplin ab, denn bis zum zusammenhängenden Stück ist viel mühevolle Kleinarbeit und Disziplin erforderlich. Helmut Schafhausen (1995) hat für das Theaterkonzept der Integrierten Gesamtschule Dortmund Scharnhorst (Nordrhein-Westfalen) eine breite Palette an Übungen zum Atem-, Stimm- und Bewegungstraining, zur Vertrauensbildung und Sensibilisierung, zur Verbesserung des Ausdrucksvermögens und der sprachlichen Artikulation präsentiert, Übungen, die keinen Selbstzweck haben, sondern funktional sind für die exakte Beherrschung einzelner Szenen. Es sind langsam zu gehende Zwischenschritte zum Stück, denen man schnell überdrüssig werden kann. Deshalb muss die Belastung durch das Spiel für die verschiedenen Alters- und Jahrgangsstufen behutsam abgewogen werden.

Am Beispiel des Altinger Konzepts der Grund- und Hauptschule Ammerbuch-Altingen (Baden-Württemberg), das ein ausgefeiltes Theaterkonzept repräsentiert, hat Ulrich Scheufele die unterschiedlichen Schwerpunkte des Theaterspielens für die Jahrgangsstufen 5 und 7 verdeutlicht. In der 5. Klasse stehen mythische Stoffe im Vordergrund (Gilgamesch-Epos, Odyssee, David) und es wird die Intention verfolgt, die *Klassengemeinschaft* zu festigen, ein Gefühl der Sicherheit in der neuen Schule und Selbstvertrauen zu vermitteln und den eigenen Körper wahrzunehmen. Der Prozess des gemeinsamen Tuns steht im Mittelpunkt. Einstudiert und vorgeführt wird das jeweilige Stück vor ‚kleinem Publikum' im Klassenzimmer, das den Kindern eine heimische Atmosphäre und Schutz vor zu viel Öffentlichkeit bietet. Anders in der 7. Klasse, wo sich das Produkt, eine professionelle Vorführung vor größerem Publikum, in den Vordergrund der Aufmerksamkeit schiebt. Schwierigere und differenzierte Stoffe (z. B. Krabat) sind nun im Programm und die Herstellung von Requisiten, Kostümen und Bühnenbild wird komplizierter. Die Vorführung findet nicht mehr im Klassenraum, sondern in der voll bestuhlten Turnhalle statt. Wichtig für das Gelingen ist zudem die Zusammenarbeit zwischen der Schule und einer Rhythmiklehrerin, einem Berufsmusiker sowie Theaterfachleuten. Sie verstehen es, die Rollen für den Heranwachsenden passend zu verteilen und individuell zurechtzuschneiden (Scheufele 1997).

Bemerkenswert sind Berichte, die – komplementär zum Inklusionsthema – ein bezeichnendes Licht auf Heranwachsende werfen, die es mit dem konventionellen Lernen in der Schule schwer haben und leicht als ‚Schulversager' etikettiert werden (Schafhausen 1995, 22ff.; Riegel & Beber [4]2008, 129-134). Für Schüler und Schülerinnen, die aus dem disziplinarischen Rahmen der Schule ausscheren, Konzentrationsprobleme haben oder mit Lese-Rechtschreibproblemen kämpfen, kann das Theaterspielen dann eine Hilfe sein, wenn Ihnen die Rollen ‚auf den Leib geschneidert' werden (Scheufele 1997, 73ff., 122ff.; Schafhausen 1995, 22ff.). Dann öffnet ihnen die imaginäre oder die reale Bühne einen Spiel-Raum, in dem im Sinne der seelischen Grundbedürfnisse nach *Anerkennung* und nach *Selbstwirksamkeit* die Erfahrung gemacht wird, etwas zu können und in den Augen der anderen etwas *wert* zu sein (vgl. Kap. 6 sowie Skiera 2022, 229ff.).

Es ist allerdings auch festzuhalten, dass ebenso das Bedürfnis des Heranwachsenden nach Schutz, Sicherheit und Rückzug zu respektieren ist. Kinder und Jugendliche, die eine starke Scheu empfinden und sich schämen, vor Mitschülern oder Zuschauern aufzutreten, sollten vor Misserfolg bewahrt werden – sie sollten nicht auf die Bühne. Aber auch für sie gibt es gangbare Wege und Zwischenschritte zum Theaterspielen. Ein solcher Weg kann das Schattenspiel sein. Es ermöglicht den Spielenden hinter einer durchleuchteten Leinwand zu spielen. Salopp gesagt sind sie zwar da, aber zugleich nur als Silhouette sichtbar – niemand kann ihnen ins Gesicht sehen und sie ‚erkennen'. In diesem Sinne ist auch das Schwarzlichttheater, das sich inzwischen zahlreiche Schulen zu eigen gemacht haben, eine vorzügliche Spielform. Wiederum aus dem

Kontext des Projekts Praktisches Lernen in der Schule sei hier ein Beispiel gegeben:

Anfang der 1990er Jahre entschließen sich Lehrkräfte des Gymnasiums Finkenwerden (Hamburg) dazu, einen Klassenraum für das Schwarzlichttheater[89] zunächst vorwiegend für die Jahrgänge 8 bis 13 umzubauen. Unter Beteiligung von Schülern und Schülerinnen wird eine Bühne mit Schleusen gebaut, Vorhänge aus schwarzem Stoff werden hergestellt, Wand- und Deckenverkleidungen schwarz angestrichen, schwarzer Teppichboden verlegt, Fenster und Türen abgedichtet... Dann werden erste kleine Spielszenen eingeübt: farbige Hände, Stäbe, Tücher und Körperteile gehen auseinander und fügen sich wieder zusammen, Abstände werden mal größer, mal kleiner. Niemand auf der Bühne ist zu sehen, aber alles scheint sich zu verselbstständigen – eine beindruckende Bewegungsillusion. Bei der Werkstattaufführung ist es soweit: Ein „Buchstabentanz" wird vorgeführt. Die Buchstaben R, S, T, E, C, W, Z, A und H wirbeln durcheinander, fügen sich zusammen, bilden Wortfetzen und schließlich die Formation SCHWARZES THEATER.

Das Schwarzlichttheater wurde curricular im Fach Darstellendes Spiel verankert und machte zahlreichen Schülern und Schülerinnen das Angebot, auf der Bühne angstfrei zu agieren. Dies ist vor allem für die Phase der Pubertät, die von Selbstwertproblemen begleitet sein kann, besonders wertvoll: Die Akteure spielen auf der Bühne und können sich zugleich verbergen. Das Spiel soll ihnen zu einer positiven Einstellung zur eigenen Körperlichkeit verhelfen. (Vgl. Jäger & Stolze 1991) Es ist im Text verschiedentlich angeklungen, dass passende Raum-Zeit-Konstellationen für das Lernen durch Spielen fundamental sind, insbesondere wenn es sich um komplexe kooperative Spiele handelt. Deshalb soll die Frage nach der erzieherischen Kraft des Raums im Folgenden separat aufgegriffen werden.

7.3.3 Spiel-Räume für Lernen und Bildung in der Schule

Entsprechend der Systematik des voranstehenden Textes soll nun Schritt für Schritt geklärt werden, welche raum-zeitlichen Bedingungen im Sinne des Raums als dem dritten Erzieher für die jeweilige Spielform erfüllt werden müssen, beginnend mit dem Schulgelände der Grundschule.

Wo immer möglich, sollte das Schulgelände für eine ‚bewegte Pause' eingerichtet sein. Wer Kinder auf einem versiegelten Pausenhof spielen sieht, kann beobachten, wie sehr deren Aktionsradius und die Spielformen reduziert sind. Die wenigen Spiele, die mit

89 Von Schwarzlichttheater ist dann die Rede, wenn in einem komplett abgedunkelten Raum fluoreszierende Farben auf Gegenständen und den Körpern der Spielenden mittels spezieller Schwarzlichtlampen zum Leuchten gebracht werden. Da der übrige Raum dunkel bleibt, lassen sich fantastische spielerische Szenen und Wirkungen erzeugen.

Vergnügen gespielt werden, wie Gummitwist (‚für die Mädchen'), Hinkeln, Tischtennis (welche Schule hat keine Tischtennisplatte?) und – soweit erlaubt – Basketball und Fußball (‚für die Jungen') können nicht darüber hinwegtäuschen, dass es sich um Spiele mit mehr oder weniger engem Regelwerk handelt. Selbstverständlich können die Regeln von den Kindern auch geändert werden, aber diese Spiele lassen ein *exploratives, kreatives* und *sinnliches Spielverhalten* nur sehr eingeschränkt zu. Dem Verfasser wurde aus der Offenen Schule Waldau (Kassel) berichtet, wie sich das Spielverhalten von Kindern (hier der Jahrgangsstufen 5 und 6) veränderte, nachdem das Schulgelände in einem bestimmten Randbereich entsiegelt wurde und durch Aufschüttungen des Geländes eine kleine Hügellandschaft entstand. Begrünte Mulden und Höhen mit unterschiedlichen Neigungswinkeln, Sitzquader, Buschgruppen und eine Fläche mit Kletterstangen bildeten fortan ein Ensemble, das die Spielformen diversifizierte. Die Kinder begannen zu balancieren, saßen vermehrt in Gruppen beisammen und spielten vermehrt Ball, Fangen und vor allem Verstecken. Das weiter oben mit Winnicott (1973) beschriebene psychodynamische Urmotiv des Weggehens und Wiederfindens konnte nunmehr in einem *qualitativ neuen Bewegungsraum* durch Verfolgungs- und Versteckspiele befriedigt werden. Mit der vielfältigen Aktivierung des Körpers konnte der Anspruch an die persönliche Entfaltung des Kindes leichter erfüllt werden. Insgesamt verteilte und entspannte sich durch die Dezentralisierung des Schulgeländes das vormals räumlich stark fokussierte Spielgeschehen merklich.

Das unter 7.3.2.2 berichtete Pfützenspiel von Lisa und Jens ist ein Fingerzeig in Richtung *Wasser*. Es ist eine Bereicherung für das Spielen und Lernen, wenn Kinder sich mit dem Element Wasser, dem Urbild für alles Lebende, befassen können. Wasser und hauptsächlich fließendes Wasser übt eine starke Faszination aus und hat eine magische Anziehungskraft auf Kinder. Das Aufstauen des Wassers und wieder Fließenlassen, das Kontrollieren der Fließrichtung und -intensität, das ‚Befahren' des Wassers mit schwimmenden Gegenständen, das Formen und Bauen mit lehmigem Matsch, das Suchen nach geheimnisvollen Dingen im Wasser – all das befeuert die Fantasie des Kindes, befriedigt seinen Gestaltungsdrang und sein „seelisches Grundbedürfnis nach neuen Erfahrungen" (Skiera 2022, 292ff.). Im Spiel mit dem Wasser begegnet das Kind der Natur und sich selbst als Baumeister eines eigenen kleinen Kosmos. Es weckt die Neugier, mehr über die Naturphänomene zu erfahren: Das Spiel mit dem Wasser erzieht zur Wissbegier und zur tätigen Auseinandersetzung mit den Weltphänomenen. Es legt einen Grundstein für das spätere proaktive Lernen in naturwissenschaftlichen Fächern, für den Respekt vor der Natur und womöglich für naturästhetisches Interesse. Daraus ergibt sich der Schluss, dass in einem Grundschulgelände ein *Bachlauf*, teils mit Steinen eingefasst, teils naturbelassen, eine pädagogische Bereicherung ist. Ihn einzurichten ist keine technische Herausforderung. Wenn ein Bachbett gegraben und ein Wasseranschluss gelegt sind, sorgen Umwälzpumpe und Auffanggrube für einen Wasserkreislauf. Dann fehlen nur noch Sand und Handgeräte.

Alles, was man zum Spielen am Wasserlauf benötigt, sollte im erwähnten Gerätehaus verwahrt werden, der an zentraler Stelle auf dem Schulhof bzw. im Schulgelände positioniert ist. Die Ausgabe von Spielzeugen und Handgeräten kann sogar schon von Grundschulkindern, ggf. unterstützt durch Praktikanten und Praktikantinnen, durchgeführt werden. Sie verdienen sich dadurch nicht nur den Respekt der anderen, sondern sorgen auch dafür, dass die Leihgegenstände in gutem Zustand wieder an ihren angestammten Platz kommen. Wer für sein Spiel am Wasser etwas benötigt, lernt rasch, dass er nur dann seine Spielausstattung erhält, wenn er sich zur pünktlichen Rückgabe der Gegenstände in tadellosem Zustand verpflichtet. Entsprechende Formulare mit Unterschriftenfeld geben der ganzen Ausleihprozedur den Anstrich der Wichtigkeit und Geschäftsmäßigkeit. So gesehen erzieht der Pavillon als Raum dazu, *festgelegte Ordnungsstrukturen zu akzeptieren*: Gespielt wird erst, wenn man sich an Regeln hält. Das System aus Spiel und Spieleausstattung schafft eine mentale Struktur, die *zu Disziplin erzieht*. Im Übrigen sollte ein solcher Pavillon sämtliche Spieleutensilien beherbergen, die auf dem Schulgelände zum Einsatz kommen – Springseile, Bälle, Eimer, Schubkarren, Schaufeln usw.

Ein Vorausblick auf das Kapitel 7.4.2.2 bietet eine Öffnung des Fokus für die Naturerfahrung an. Schulteich, Totholzhaufen, Steinehaufen, Gebüsche und Gartenbeete regen zur erkundenden Beschäftigung an und öffnen für die Kinder ein Fenster zur Natur im Jahreslauf. Darüber hinaus gilt, was in Kapitel 7.1.2 zu Bewegung und Ruhe gesagt worden ist. Zusammenfassend kann für das Spiel des Kindes festgehalten werden: Der Pausenhof mit Rutsche, Tischtennisplatte, Schaukel und Klettervorrichtungen wird für Kinder rasch langweilig und ein erzieherischer Effekt ist von ihm kaum zu erwarten. Es sollte vielmehr auf eine ‚Evolution' des Pausenhofs zum anregenden Schulgelände geachtet werden. Zumeist sind es einfache Bestandteile eines naturaktiven Schulgeländes, das die Kinder zum individuellen Spiel einlädt: Balancierstämme und Wackellabyrinth für die Erfahrung des Gleichgewichts, Seilparcours für die Koordination, „Spinnennetz" aus Gummifäden zur Verbesserung der läuferischen Geschicklichkeit usw. Die erzieherische Kraft solcher Spiel- und Bewegungsangebote dürfte darin bestehen, dass das Kind seinen Körper erfährt und bejaht und dadurch ein adäquates Körperbewusstsein entsteht.

Wenn sich die Blickrichtung vom individuellen Spiel *außerhalb* des Schulgebäudes auf das Spielen im *unterrichtlichen* Lernzusammenhang richtet, dann stellt sich wiederholt die Frage: Wohin mit dem Spielmaterial? Für gewöhnlich gibt es in jedem Klassenzimmer einen Bereich, in dem Container oder Regale für dessen Unterbringung vorhanden sind. Aber die Raumkapazität ist schnell erschöpft, wenn ein gewisses Sortiment an Spielen, Lernspielen und Freiarbeitsmaterialien zur Verfügung gestellt werden soll. Es kommt in Grundschulen erschwerend hinzu, dass Schränke und Regale nicht höher als 90 Zentimeter sein sollten, damit das *Material in Griffhöhe* erreichbar ist. Abhilfe kann ein „Reprogramming" des Klassenzimmers in Bestandsgebäuden bringen, wie der Architekt Adrian Krawczyk, tätig für die Behörde für Schule und Berufsbildung in Hamburg, es beschreibt. Ihm geht es darum, durch geschickte Ausnutzung des Raums, verborgene Raumkapazitäten zu nutzen, um eine optimale Raumauslastung zu erzielen. *Schubladenwürfel*, die auch als Podeste dienen, können gebaut werden. *Lochplatten an den Wänden* nehmen kleine Behälter mit Spielen, Bastelmaterialien und Werkzeugen auf und sind optisch gut erkennbar geordnet usw. (Krawczyk 2016). Darüber hinaus bleibt die vermeintliche Option, das Spielmaterial in Schränken und Containern auf dem Flur zu deponieren. Dieser Weg ist aber nur dort gangbar, wo ein genehmigtes Brandschutzkonzept vorliegt (vgl. das Thalmässinger Beispiel). Manch einer Lehrkraft ist aber gerade dies ein Dorn im Auge, weil sie Disziplinkonflikte durch den häufigen Raumwechsel der Kinder befürchtet, die sich ihre Spiele oder anderes Lernmaterial heranholen und zurückbringen. Dagegen ist mit Peter Petersen einzuwenden, dass Kinder lernen müssen, solche Wege leise und rücksichtvoll und nur dann zurückzulegen, wenn es erforderlich ist. Im begründenden Eingangsteil dieses Kapitels ist Petersen ausführlich zur Sprache gekommen (s. Seite 101ff.). Er sieht auch in solchen Bewegungen der Kinder eine „starke seelenformende Kraft des Raums“ (Petersen [10]1971/1984, 56). Das „tägliche Üben“ (ebd.), von dem er spricht, kann freilich nur dort gelingen, wo es ein verbindliches und möglichst im Klassenraum visualisiertes Regelwerk gibt, das *gemeinsam erarbeitet* worden ist. Zudem braucht es ein von den Kindern rasch durchschaubares, möglichst farbiges Ordnungssystem für die Ablage des Spielematerials außerhalb des Klassenzimmers. Jene Schulen sind in einer günstigen Lage, die über die Raumstruktur eines „Klassenraum plus“ oder gar eines „Clusters“ verfügen können. Dann entspannt sich die Situation nicht nur merklich, sondern es ist auch gut zu beobachten, wie Kinder das großzügige Raumangebot für sich nutzen, um ungestört spielen zu können. Wo flexibles Mobiliar gebräuchlich ist, sieht man öfter, dass Kinder einen Tisch an eine Wand schieben und mit dem Gesicht zur Wand ins Spiel und Lernen versinken – sie lassen alles andere buchstäblich hinter sich (s. die Lernsituation in der Grundschule Welsberg, Watschinger 2013). Der Raum hat im besten Sinne eine disziplinierende Funktion, er erzieht die Kinder zu *Konzentration*, *Rücksichtnahme*, *regelkonformem Verhalten* und *selbstständiger Arbeitsweise*.

Anders stellt sich die Situation in den Schulen der *Sekundarstufe* dar. Sie können an die erzieherische Leistung der Grundschulen anschließen und ein zumindest rudimentäres Raumbewusstsein von Schülern und Schülerinnen voraussetzen. Auch ist die Fülle des Lern- und Spielmaterials geringer und Regalwände können auch über die besagten 90 Zentimeter Höhe hinaus leichter genutzt werden. Jedoch haben Schulen mit offenen Lernzonen oder Lerninseln gegenüber dem konventionellen Schulbau einen erheblichen Vorteil, weil sie die Klassenzimmer von diesem Material weitgehend freihalten können. Das im Text immer wieder angesprochene Gymnasium Oettingen hat beim Umbau der Schule darauf geachtet. Die Wände der Klassenzimmer sind als Kassettenwände angelegt, die von innen (Klassenzimmer) und von außen (offener Lernbereich des ehemaligen Flurs) befüllt sind. Da das Lernen und materialbezogene Spielen in der gesamten Lernlandschaft stattfindet und sie akustisch beruhigt ist, stellt sich das oben angesprochene Problem des störenden ‚Pendelbetriebs' im Offenen Unterricht nicht.

Abb. 15: Ordnungssystem zur Unterbringung des Lern- und Spielmaterials im Offenen Lernbereich des Albrecht Ernst Gymnasiums Oettingen (Foto: Schönig 2019)

Szenisches Spiel und *Rollenspiel* brauchen Platz. Eine Fläche von mindestens 15 Quadratmetern sollte zur Verfügung stehen. Schulklassen mit Stuhl- und Tischreihen sind dafür kaum geeignet. Das Umräumen und Rückbauen des Mobiliars verschwendet Lernzeit und ist bei Schülern und Schülerinnen emotional aversiv belegt. Flexibles Mobiliar ist, wie in Kapitel 7.1, Seite 110ff. ausführlich besprochen, eine große Hilfe, zumal es auch leichter für das Spiel verwendet werden kann. Es erzieht Schüler und Schülerinnen zu einer bedarfsgerechten Raumnutzung und somit zu einer *eigenverantwortlichen Arbeitsorganisation*. Freilich kann die in vielen Schulen vorhandene Begrenzung des szenischen Spiels und Rollenspiels auf das Klassenzimmer nicht darüber hinwegtäuschen, dass eine emotional ansprechende Spielatmosphäre kaum zustande kommt. Geht das Spiel über kurze, in den Unterricht integrierte Einheiten hinaus, dann ist ein separater Raum ergänzend zum Klassenzimmer wünschenswert. Beim Neubau einer Schule kann eine multifunktionale Raumnutzung, wie sie vom Modell des „Klassenraum plus", dem

„Cluster" oder der „Lernlandschaft" bedacht wird, genügend Spiel-Raum bieten. Das kommt vor allem dem *Planspiel* entgegen, das auf eine länger währende Raumnutzung angewiesen ist und als gruppenpädagogisches Verfahren diverse Räume braucht, in die sich Spielgruppen zurückziehen können. Auch Raumteiler, die kleine Räume im großen Raum einrichten (Marin 2016), kommen dem Planspiel entgegen. Erziehungstheoretisch gesehen erfahren die Gruppen, dass ihnen ein eigenverantwortliches Handeln fernab von pädagogischer Bevormundung und Dauerbeobachtung zugetraut wird, was *Selbstbewusstsein* und *Spielfreude* fördern dürfte.

Im Allgemeinen ist das *Theaterspielen* eine ausgesprochen anspruchsvolle Form der Kulturauseinandersetzung und -aneignung, wobei das „-spiel" den Sachverhalt der Ernsthaftigkeit in der Auseinandersetzung mit dem Stoff und der partnerschaftlichen Begegnung mit Spielpartnern verschleiert. Dies gilt erst recht, wenn Theater in der Schule gespielt wird. Das oben angeführte Beispiel der Marburger Grundschule signalisiert etwas von der Vehemenz, die eine ganze Schule erfasst hat. Zweifellos hat dieses Theaterprojekt bei den Beteiligten einen starken Nachhall gehabt, aber es ist singulär geblieben. Die Theaterarbeit hat – zumindest in dieser komplexen Form – keine Verstetigung im Schulalltag gefunden. Erfahrungsgemäß sprengen größere Theaterprojekte den *räumlichen* und *zeitlichen Rahmen der Schule* und es bedarf äußerster Anstrengungen, um das Theaterspiel fachlich, organisatorisch und curricular in Schulkonzept und Praxis dauerhaft unterzubringen. Die Schwierigkeiten beginnen beim Raummangel, denn Theaterarbeit ist expansiv, braucht zwingend Räume für Proben und Aufführungen. Schulen, die dieses Problem dauerhaft gelöst haben, haben zwei unterschiedliche Pfade eingeschlagen. Entweder es ist ihnen gelungen, *zusätzlichen Raum* anzukaufen und für das Theaterspiel herzurichten. Oder es wurde eine *innere Neuorganisation des Schulraums* gefunden, die das Theaterspielen begünstigt. Dies werde ich im Folgenden an je einem Beispiel aus dem Reformkontext des Praktischen Lernens demonstrieren.

Mitunter hat eine Schule das Glück, mithilfe von Sponsoren *zusätzliche Räume* zu erwerben und für das Theaterspiel umzubauen, wie das Beispiel der Schloss-Schule Kirchberg an der Jagst, ein Landerziehungsheim in der Nähe von Schwäbisch Hall im Nordosten Baden-Württembergs, zeigt:

> Die Schloss-Schule Kirchberg hat eine verwahrloste ehemalige Skifabrik aufgekauft und aufwendig aus- und umgebaut. Entstanden ist ein Werkstatt- und Kulturzentrum, das sowohl von der Schule als auch von der Gemeinde genutzt wird. Das Zentrum schlägt eine Brücke zwischen schulischer Bildung und Erwachsenenbildung. Es gibt Werkstätten für das Arbeiten mit Holz, Ton, Textilien und Metall. Es kann gekocht und auf der permanenten Bühne des kleinen Saals natürlich auch Theater und Marionettentheater gespielt werden. Vorträge, Diskussionsveranstaltungen, Theaterabende, Filmvorführungen und Feste stehen auf dem Programm. Durch seine Gelenkfunktion ist das Zentrum zu einer Institution für Jung und Alt geworden. (vgl. Seeber 1989)

Anders die folgenden beiden Beispiele. Die Helene-Lange-Schule Wiesbaden ist eine Integrierte Gesamtschule bis zur zehnten Jahrgangsstufe und heute eine der renommiertesten Schulen Deutschlands (vgl. Riegel & Beber [4]2008) Außer zahlreiche Auszeichnungen erhielt sie 2007 den Deutschen Schulpreis. Interessant ist, dass sie ein Raumprogramm vorweggenommen hat, wie es heute mit dem Cluster-Begriff propagiert wird. Mitte der 1980er Jahre hatte sich die Schule von einem Gymnasium zu einer Gesamtschule umgewandelt. Auf einer Tagung der Akademie für Bildungsreform und der Robert Bosch Stiftung im Mai 1991 äußerte sich die damalige Schulleiterin Enja Riegel zu diesem spatial turn wie folgt: „Wir haben für jeden Jahrgang einen jahrgangsbezogenen Bereich geschaffen, der aus vier Klassenräumen, einem kleinen Lehrerzimmer und einem großen Raum besteht, in den sich diese Räume öffnen, den Schülertreff."[90] Dem Schülertreff wurde ein Klassenzimmer der ehemaligen Flurschule geopfert. Mit dem heutigen Vokabular würde man von einer „Lerninsel", einer „Lernoase" oder einer „offenen Lernzone" sprechen. Der Schülertreff steht jederzeit für differenziertes Lernen zur Verfügung und ist gut ausgestattet, u. a. mit einem fahrbaren Experimentierwagen für die Naturwissenschaften und einer *mobilen Theaterbühne*. Es besteht also die Möglichkeit, dass sowohl im Klassenzimmer als auch im Schülertreff Theaterszenen einstudiert werden, die später als Theaterstück auf der Bühne der Aula wieder erscheinen.

Es wurde aber rasch deutlich, dass noch ein weiteres Kriterium für die Theaterarbeit erfüllt werden musste, der andere Umgang mit Lernzeit. In Anlehnung an Peter Petersens Wochenplan wurden andere Lernzeitpartituren eingeführt, die sich als „Jahresarbeitsplan" auf ein ganzes Schuljahr erstrecken. Das Prinzip dieses Organisationsschemas ist, *von Projektthemen auszugehen*, die über mehrere Wochen von einzelnen Fächern bedient werden. Die *übliche curriculare Struktur*, die von Fachinhalten ausgeht, steht gewissermaßen *auf dem Kopf*. Die einzelnen Fächer werden daraufhin geprüft, inwieweit sie einen *Beitrag* zum jeweiligen Projekt leisten können. Für die sechste Jahrgangsstufe sind bspw. die Projekte „Wald" und „Theater" fest in den Plan eingeschrieben. Das bedeutet für das Projekt „Theater" konkret, dass es über *sieben bis acht Wochen* durchgeführt wird. Inhaltlich gefüllt wird es in dieser Zeit von den Fächern Deutsch, Gesellschaftslehre, Offenes Lernen (ein vierstündiger Fächerkomplex von Gesellschaftslehre, Polytechnik und Naturwissenschaft), Kunst und Musik. Minutiöse Planung, Organisation und *Teamarbeit* sind zwingend. Eine Kontinuitätslinie des Theaterspielens setzt sich in den folgenden Schuljahren fort, sodass sich vom Theaterspiel als einem zentralen Baustein des Schulkonzepts sprechen lässt.

Diesem Organisationsprinzip in Anlehnung an die Jena-Plan-Pädagogik Petersens folgt auch die schon öfter zitierte Grund- und Hauptschule Ammerbuch-Altingen,

90 Riegel, Enja: Die Helene-Lange-Schule in Wiesbaden. In: Akademie für Bildungsreform & Robert Bosch Stiftung: Praktisches Lernen als Schulkonzept. Erfahrungen und Perspektiven. Tagung vom 2. bis 4. Mai 1991 in der Helene-Lange-Schule Wiesbaden, 20.

wo das Theaterspiel auf die Jahrgänge 5 und 7 konzentriert ist. Das Planungsschema heißt dort „Integrierter Stoffverteilungsplan". Er wird heruntergebrochen auf den „Wochenplan" und den „Arbeitsplan". Beide verschaffen für die einzelnen Arbeitswochen auf unterschiedlichen Konkretionsstufen klare Übersichten für die Schüler und Schülerinnen über die Arbeiten, die bis zum jeweiligen Wochenende selbstständig erledigt sein sollten (vgl. Scheufele 1997, 158ff.). Auf diese Weise ist auch die Komplexität des Theaterspielens leichter zu bewältigen. Kommt ein Theaterstück zur Aufführung, fügen sich die Inhalte und Themen des Stücks, die beteiligten Fächer, Kunst und Musik zu einer Einheit zusammen – eine Art Gesamtkunstwerk entsteht. Anzumerken ist, dass die Lehrplaninhalte durch das Theaterspiel abgedeckt werden. Der fächerverbindende und fächerübergreifende Unterricht, wie er vielfach gegen die Parzellierung der Fachinhalte gefordert wird, kommt in Wiesbaden wie auch in Altingen ideal zur Geltung.

Was ist an den beiden Beispielen abzulesen? Wenn das Theaterspiel von seiner *Zufälligkeit und Singularität* im Unterricht befreit und seine pädagogische Wirkmacht zur Entfaltung gebracht werden soll, dann ist es in einen besonderen raum-zeitlichen Rahmen zu integrieren. Er weist dann weit über punktuelle methodische Veränderungen im Unterricht hinaus und sorgt für ein *integratives Fächerverständnis*, das an die Schulentwicklung im Ganzen gebunden ist und im Schulprogramm eine Funktion als tragende Säule hat.

Der Dreh- und Angelpunkt dieses Theaterspiels ist die *Bühne* in der einen oder anderen Form. Lern- und erziehungstheoretisch gesehen ist die Bühne im Bewusstsein der Schüler und Schülerinnen der Ort, an dem sich ihre Lernanstrengungen letztlich festmachen. Allein das Vorhandensein des Bühnenraums erzeugt *Respekt*. Er ist ein magischer Ort, dessen Anziehungskraft die emotionalen Mixturen der Angstlust im Zusammentreffen von Neugier und Spielfreude einerseits und Versagensangst andererseits erzeugt. Im Üben von Szenen werden sich die Spieler und Spielerinnen klar darüber, wie ernst das Theaterspielen ist, weil es um sie persönlich geht – um jeden einzelnen und um deren Zusammenwirken als Gruppe. Ein jeder hat sich zu bewähren und weiß, dass er im Rampenlicht stehen wird und sein Bestes zu geben hat. Der ganze Körper ist davon betroffen – Sprache, Mimik, Gestik, Bewegung, Koordination usw. Genau das unterscheidet dieses Theaterspiel von einem üblichen Unterricht, der im symbolisch-abstrakten Lernen und der Künstlichkeit der Als-Ob-Situationen, dem Simulativen, verharrt. Es ist die *Präsenz der Bühne als Spielort*, die zu einem praktischen und ganzheitlichen Lernen erzieht. Die Künstlichkeit des üblichen Unterrichts wird zurückgelassen, wenn das Stück auf die Bühne gebracht werden muss, denn dort spielt ‚das wahre Leben', wird der Kultur zur vollen Anschauung verholfen.

Durch Kostüme, Requisiten, Beleuchtung und musikalische Untermalung wird der Spielort zu einem *ästhetisch gestalteten Abenteuer*, dessen Teilhabende die Heranwachsenden sind. Sie werden zur ästhetischen Wahrnehmung erzogen, indem sie in ihre Garderobe schlüpfen, die ein *authentisches Spielen* von ihnen verlangt. Es ist die Unverwechselbarkeit dieses Aktionsraums mit all seinen systemisch zusammenspielenden künstlerischen Elementen, die eine konkrete erzieherische Kraft ausübt. Der gestaltete Bühnenraum kommt dem Grundbedürfnis der jungen Menschen nach ästhetischer Wahrnehmung und Erfahrung (vgl. Skiera 2022, 302ff.) entgegen und macht sie sensibel für die Qualität der Dinge. Dies gilt umso mehr, als sie in die Herstellung der Requisiten, dem Schneidern der Kostüme und ggf. der Produktion der Musik einbezogen werden. Lernen, Arbeiten und Spiel fließen im schöpferischen Gestaltungsakt zusammen und bilden zugleich eine Gegenwelt zur ästhetischen Tristesse des üblichen Unterrichts.[91] Die gestaltete Bühne, der Raum des Spiels, vermittelt einen Qualitätsanspruch, der sich im Spielen der Akteure widerspiegelt. Allen Beteiligten wird klar, dass sie ein Produkt vorzustellen haben, das sich diesen Ansprüchen fügt. Ihnen wird zugleich bewusst, dass sie den Ansprüchen des Spiels und der Bühne nur dann genügen können, wenn sie gemeinsam und *gemeinschaftlich die Verantwortung für das Gelingen des Theaterspiels übernehmen*. Empathisches Eingehen auf die Spielpartner, gegenseitige Hilfe und Unterstützung, gemeinsame Suche nach optimaler Rolleninterpretation, Geduld mit den Schwächen und Toleranz gegenüber Fehlern und Missgeschick – all das schweißt die Spielenden zu einer Gemeinschaft zusammen. Jeder kann sich im Raum des Spiels mit seiner Rolle verwirklichen bzw. selbstwirksam werden, aber dies geht nur im Kontext des kollektiven Lernens und Zusammenspielens.

Bleibt abschließend noch ein Seitenblick auf die Erwachsenen – Lehrer, Lehrerinnen und ggf. weitere Fachleute. Anfang der 1980er Jahre hatte sich Thomas Ziehe in einer scharfsinnigen Analyse zum Motivationsproblem an der Schule und zur gesellschaftlichen Entwertung der Lehrerarbeit Stellung genommen. Ziehe beschreibt, wie die einstige Aura der Schule und ihre gesellschaftlich verbürgte Autorität verlorengegangen sind. Es sei ein Autoritätsvakuum entstanden, in dem Schüler und Schülerinnen die Lehrbemühungen ihrer Lehrkräfte als sinn-los erlebten. Rückzug in die innere Immigration, Desmotivation und Ablehnung des Unterrichts seien die logische Folge. Lehrerarbeit könne nur noch durch gute „Beziehungsarbeit“ zum Erfolg führen (Ziehe 1983). Diese Beziehungsarbeit wird im Theaterspiel geleistet. Lehrkräfte sind nicht mehr bloß Vermittler von Stoffen, sondern *gemeinsam mit den Lernenden Akteure in einem gemeinsamen Spiel*. Sie begegnen sich ‚auf Augenhöhe‘, sind *Partner* in einem Projekt, dessen Risiko des Scheiterns sie gemeinsam tragen. Das Lehren erhält mehr die Züge von Moderation, das Lernen erfüllt sich mit subjektivem Sinn. Betrachtet man das Theaterspielen im Ganzen als einen sich öffnenden Raum für Lernen und Bildung, so bleibt festzuhalten, dass er zum tatkräftigen

91 Zu empfehlen ist die Lektüre einer beeindrucken Passage in Ulrich Scheufeles Buch, die den durch Schreiner und Lernende gemeinsamen Bau eines Mühlrads für das Stück „Krabat“ beschreibt (Scheufele 1997, 72-86).

Handeln, zur *Selbst- und Mitverantwortung*, zur *Fähigkeit des Selbstausdrucks*, zur *Kooperationsfähigkeit* und *Empathie* sowie zur *ästhetischen Wahrnehmung* erzieht.

7.4 Lernen mit digitalen Medien vs. Natur erfahren und sich gesund ernähren

Das Kapitel 7.4 befasst sich wiederum mit einem antinomischen Spannungsfeld. Auf der einen Seite geht es um den *Gebrauch von digitalen Medien* in den räumlichen Kontexten des schulischen Lernens, auf der anderen Seite um die Bereicherung des schulischen Erfahrungsraums durch den *verstärkten Einbezug der Natur* und die vitale Funktion der *Ernährung* in einem durch kulturelle Normen und Regeln bestimmten Umfeld. Technik und Informationstechnologie einerseits und Natur, Gesundheit und Ökologie andererseits stehen sich einander gegenüber. Von einem antinomischen Verhältnis, also von einem scheinbaren Gegensatz bei gleichzeitiger wechselseitiger Abhängigkeit, kann deshalb gesprochen werden, weil beide Seiten einander brauchen. In einer mehr und mehr digitalisierten Welt darf sich auch die Schule der Verwendung der Neuen Medien für die Erschließung von digital vermittelten Informationen, deren technischer *Beherrschung* und deren *verantwortungsvoller Verwendung* nicht verschließen. Ermöglicht werden Sekundärerfahrungen, die Kommunikation in Jetztzeit im Worldwide Web und das Eintauchen in virtuelle Welten. Primär angesprochen sind der Seh- und Hörsinn, während andere Sinne wie der Eigenbewegungs-, der Tast-, Geruchs- und Geschmackssinn usw. weitgehend auf ‚stand by' geschaltet sind. Demgegenüber geht es vor allem bei der Naturerfahrung um die multisensorische Wahrnehmung in einem *analogen* Setting oder: um einen ganzheitlichen Zugang des Körpers zu den Weltphänomenen. Beide ‚Pole' brauchen einander. Das Lernen in der Zweiten Moderne kann nicht hinter die *digitale* Informationsverarbeitung und virtuelle Sekundärerfahrung zurückfallen, aber sie braucht als Gegengewicht *die direkte, unmittelbare Primärerfahrung im materialen Raum* – und umgekehrt. Es ist wohl eine der schwierigsten Herausforderungen der Schule, eine Balance zwischen beiden herzustellen. Nach den räumlichen Bedingungen dafür ist zu suchen.

Der Text informiert zunächst über den Ausbaustand der Digitalisierung mit einer Länderübersicht. Anschließend gibt er einen Einblick in die sich drastisch verändert habenden Kommunikations- und Mediennutzungsgewohnheiten junger Menschen mithilfe empirischer Studien. Dabei werden kritische Akzente gesetzt, um die Herausforderungen für die schulische Bildung vor dem Hintergrund der Ausstattung der Schulen mit digitalen Geräten und deren Finanzierung zu verdeutlichen. Thematisiert wird, wie Schüler und Schülerinnen von, mit und über digitale Medien lernen und welche Bedingungen im Schulkonzept dafür erfüllt werden müssen. Raumtheoretisch wird die ‚doppelte Verräumlichung der Lernenden' im realen und im virtuellen Raum diskutiert (7.4.1). Wie wichtig die Naturerfahrung in der Schule für das Lernen und Aufwachsen junger Menschen ist, wird im folgenden Unterkapitel erörtert.

Ausgehend von der Verwendung von Holz *als natürlichem Baustoff* werden die Chancen des Holzbaus für die Eindämmung des Klimaproblems und die Holzausstattung von Schulgebäuden in ihrer Bedeutung für Wohlbefinden und Lernen angesprochen. Die Begrünung von Innen- und Außenräumen der Schule sowie der Bildungswert von Schulgärten wird als Zielperspektive einer behaglichen und ‚gesunden Schule' vorgestellt. Philosophische und öko-psychologische Überlegungen zum Verhältnis zwischen Natur und Mensch führen zu Vorschlägen für eine aktive Naturerfahrung in der Schule. Dazu zählt auch das Verhältnis zum Tier. Abschließend wird die Situation des Essens in der Schulmensa untersucht. Der Auffassung folgend, dass die Einnahme von Mahlzeiten ein Bestandteil der Natur und Kultur des Menschen ist, wird der Anspruch an eine Erziehung zur Genussfähigkeit unterstrichen, der in der Schulmensa in der Regel verfehlt wird. Es wird aufgezeigt, welchen Beitrag der Raum zu einer gelingenden Esskultur leisten kann, wenn bestimmte Organisationsprinzipien und Raumparameter berücksichtigt werden (7.4.2).

7.4.1 Lernen mit digitalen Medien

Von einer Herausforderung ist mit dem Fokus auf die Digitalisierung deshalb zu sprechen, weil sie den modernen Menschen und eben auch die Schüler und Schülerinnen allenthalben begleitet und die Kommunikation prägt. Wir zahlen digital, Finanztransfers erfolgen in Echtzeit rund um den Globus, beim Fahren bedienen wir ein Navigationsgerät und die Funktionen von smarten Gebäuden lassen sich aus der Ferne steuern. Die sozialen Netzwerke im Web haben unerschöpfliche Ressourcen für erdumspannende Chats bereitgestellt – mit allen *negativen Begleiterscheinungen* wie Cybermobbing, Betrug, Datendiebstahl und Manipulation durch die Verbreitung von Fake-News. Allerdings kann von einem einheitlichen Ausbaustand der Digitalisierung in den verschiedenen Ländern nicht die Rede sein. Wallstreet:online zitiert einen UN-Bericht des Jahres 2021, der alle zwei Jahre die UN-Mitgliedsstaaten hinsichtlich ihrer digitalen Angebote für die Bevölkerung vergleicht. Geprüft wurde u. a., inwieweit Online-Beratungsportale für die Teilnahme an Sozialprogrammen, digitale Bildungsangebote oder digitale Plattformen für die Steuerklärung vorhanden sind. Das Angebot hat sich zwar in den letzten Jahren insgesamt deutlich verbessert, der *Abstand zwischen den Ländern* und der Nachholbedarf sind jedoch eklatant. Die beste digitale Infrastruktur haben Dänemark (s. u.), Finnland und Südkorea, gefolgt von Neuseeland, Schweden, Island, Australien, Estland, die Niederlande, die USA und weitere, vor Deutschland auf dem 22. Platz.[92] Es ist zu erwarten, dass dieser unterschiedliche Ausbaustand digitaler Infrastruktur auch auf das Schulwesen abfärbt.

Grundsätzlich sind Web-basierte Medien für das schulische Lernen eine Bereicherung, denn benötigte Informationen sind jederzeit abrufbar, noch dazu ansprechend

92 Wallstreet:online: Dänemark, Finnland und Südkorea mit bester digitaler Infrastruktur. https://wallstreet-online.de/_print/nachricht/15991695-un [aufgreufen am 02.10.2022].

aufbereitet. Musste die Beantwortung von Schülerfragen im konventionellen Unterricht mit der Entschuldigung der Lehrkraft und dem Hinweis auf den nächsten Tag verschoben werden, das müsse man (die Lehrkraft) zuhause erst einmal nachschlagen, so steht die gewünschte Information nun im Prinzip sofort per Mouse-Click bereit. Das permanente Informationsangebot *prägt* freilich vor jeglichem schulischen Lernen das *Privatleben durchgreifend*. Für viele ist die Handyabstinenz eine Ausnahme, und sie wird von Jugendlichen als eine quälende Strafe empfunden. Peter Vorderer, Präsident des Weltverbandes der Kommunikationswissenschaftler (ICA), und Christoph Klimmt, Leiter des Instituts für Journalistik und Kommunikationswissenschaft an der Hochschule für Musik, Theater und Medien, Hannover, beschreiben, wie uns, und damit auch die jungen Menschen, die Online-Kommunikation ergriffen hat. Sie sprechen von einem „permanently online – permantently connected" (POPC) und zeigen dessen Praxis und Folgen auf, wie im Folgenden zusammenfassend wiedergegeben wird.
Gesprächen mit dem Handy mangelt der Zusammenhalt und die Effizienz, weil sie jederzeit *abgebrochen* und irgendwann und *irgendwo fortgesetzt* werden können. Die *Enträumlichung der Kommunikation* macht es möglich, dass wir überall und zu jeder Zeit erreichbar sind, aber auch selbst ‚grenzenlos' telefonieren können, wobei die *Verbindlichkeit abnimmt*. Schnell ist etwas widerrufen, was schon verabredet war. Ein Treffen kann auch Minuten vorher noch abgesagt werden, weil es zeitlich „leider nicht mehr langt" oder weil „etwas Wichtiges dazwischengekommen ist". Restaurants wissen ein Lied von dieser Art der ‚neuen Unverbindlichkeit' zu singen, weil Tischreservierungen extrem kurzfristig storniert werden. Dazu steht freilich nicht im Widerspruch, dass „Smileys" und „likes" salopp verteilt werden und dem Adressaten Aufmerksamkeit signalisieren, allerdings bei *schwindender Ernsthaftigkeit* und Wertschätzung. Der Nutzer verlässt sich zudem im digitalen Modus der Informationssuche auf aufbereitetes Wissen, anstatt einer Sache selbst auf den Grund zu gehen – eine böse Falle für das schulische Lernen. Und: Durch die permanente Kommunikationsbereitschaft entsteht zugleich der Zwang, etwas *von sich preiszugeben*, sich selbst zu präsentieren, Kontrolle durch den Gesprächspartner inbegriffen usw. *POPC verändert Beziehungen, die Formen der Problemlösung und unser Selbst*.[93]
Das ist nicht nur ein Erwachsenenproblem, sondern betrifft eben auch die Kommunikationsweisen unserer Schüler und Schülerinnen, denn POPC beginnt bereits im *Grundschulalter*. Bereits für die 10-Jährigen ist zu vermerken, dass drei Viertel von ihnen über ein I-Phone/Smartphone verfügen. Die Daten zur Mediennutzung werfen ein grelles Licht auf die Mediennutzungsgewohnheiten junger Menschen. Die JIM-Studie des Jahres 2022 des Medienpädagogischen Forschungsverbundes Südwest (für die 12- bis 19-jährigen) verdeutlicht, dass 94 % der 12- bis 13-jährigen

93 Peter Vorderholzer & Christoph Klimmt: Das neue Normal. In: DIE ZEIT Nr. 5 vom 28. Januar 2016, 33.

im Besitz eines I-Phones/Smartphones sind und damit fast die Gruppe der 18- bis 19-jährigen (96%) erreichen. Über alle Altersgruppen hinweg haben 73% einen Computer, 58% ein Laptop, 51% ein Tablet, 58% einen Fernseher (in der Regel mit Internetanschluss) und 51% eine fest installierte Spielkonsole. Radiogerät, Kassette und MP3-Player haben seit Jahren eine schwindende Bedeutung (Medienpädagogischer Forschungsverbund Südwest 2022, 6ff.). Die moderne Familie hat nahezu eine Vollausstattung mit Smartphones, Laptop/Computer und Fernsehgeräten und gut drei Viertel von Ihnen haben ein Streaming-Abonnement bei Netflix, Amazon Prime oder Spotify (ebd., 45ff.). Die Mediennutzung ist hauptsächlich an das Internet gekoppelt. 96% der Befragten nutzen „täglich/mehrmals pro Woche" das Smartphone, 94% das Internet; 89% hören Musik, 78% sehen fern, 76% sehen Videos im Internet; 76% beschäftigen sich mit digitalen Spielen und 67% nehmen Streaming-Dienste in Anspruch (ebd., 15ff.).

Fragt man nach der Dauer der Beschäftigung mit digitalen Medien in der Freizeit, so ergibt sich folgendes Bild. Durch die Corona-Krise mitbedingt hatte die tägliche Nutzung der Online-Angebote mit durchschnittlich 251 Minuten im Jahr 2019 ihren Höhepunkt erreicht, fiel im Jahr 2020 auf 241 Minuten ab und lag im Jahr 2022 bei 204 Minuten täglich (ebd., 27ff.). Bevorzugt werden (in hierarchischer Reihenfolge) die Apps WhatsApp, Instagram und TikTok (ebd., 26ff.). Bezieht man digitale Spiele in die Analyse ein, dann fällt auf, dass die 12- bis 13-jährigen die stärksten Nutzer sind. 84% von ihnen geben an, „täglich/mehrmals pro Woche" im Internet zu spielen. Das Gymnasium und die Haupt- und Realschule (in der Studie beide zusammengefasst) liegen in etwa gleichauf mit drei Vierteln der Befragten, die angeben „täglich/mehrmals pro Woche" zu spielen (ebd., 68ff.). Im Vordergrund stehen dabei Spiele wie „Minekraft", „FIFA" und „Fortnite" (Ebd., 54ff.) 56% der Befragten haben die Erfahrung von *Fake News* gemacht, ein Drittel hat *Hassbotschaften* erlebt und 16% haben *Beleidigungen und/oder Anfeindungen* gegen sich persönlich im Netz erfahren müssen (ebd., 55). Komplementär zur Häufigkeit des Internetgebrauchs hält die bereits angesprochene Bewegungsstudie Active Healthy Kids Germany (2022) fest, dass im Untersuchungszeitraum 50% der Mädchen und 43% der Jungen mehr als zwei Stunden täglich *sitzend vor den Bildschirmen digitaler Endgeräte* verbracht haben, zur Zeit der Corona-Pandemie sogar 80% der Jungen und 73% der Mädchen. Sie erfüllen somit die Soll-Vorstellungen der WHO hinsichtlich der gesunden Bewegungshäufigkeit bei weitem nicht und stehen deshalb in der Gefahr, eine Adipositas zu entwickeln und an Herz-Kreislaufproblemen zu erkranken (ebd., 4).

Die Schule kann diese z. T. besorgniserregenden Befunde nicht ignorieren. Sie hat die Aufgabe, die *Medienkompetenz* der Schüler und Schülerinnen zu stärken und die digitalen Medien für das Lernen und *im Horizont der Gesundheitserziehung* effektiv einzusetzen. Aber sie arbeitet in einigen Ländern noch reaktiv, den Problemen ‚nachlaufend', denn es ist keineswegs so, dass sie die dafür erforderliche *technische Ausstattung* zur Verfügung hat. Deutlich wird das in der im Fünf-Jahresturnus stattfindenden „International Computer and Information Literacy Study“ (ICILS). Im Jahr 2018 hat diese Schulleistungsstudie Daten zum Gebrauch der neuen Medien durch Schüler und Schülerinnen sowie ihre Lehrkräfte vorgelegt (Eickelmann & Bos & Gerick & Goldhammer u. a. 2019).[94] Besonders gut abgeschnitten hat das Land Dänemark. Während in Deutschland etwa ein Viertel der Achtklässler und Achtklässlerinnen eine Schule besuchen, in der sie und ihre Lehrkräfte Zugang zu einem schulischen WLAN haben, sind es im EU-Durchschnitt 67,6 %, in Dänemark 100 %. Der Anteil an mobilen Endgeräten ist an deutschen Schulen unterdurchschnittlich. 90,7 % der dänischen Achtklässler und Achtklässlerinnen bringen ihre mobilen Endgeräte von zuhause mit, gegenüber 15,1 % der deutschen. Die Schülerbefragung hat ergeben, dass 81 % der dänischen Schüler und Schülerinnen angeben, täglich mit digitalen Medien zu arbeiten, an deutschen Schulen waren es nur 4,4 % der Befragten (EU-Mittelwert 17,1 %) usw. (Zahlen ebd.). Birgit Stöber (2021, 232-245) berichtet, dass an dänischen Schulen *Breitbandverbindungen mit 50 Mbit/s* seit längerem Standard sind. Das Ziel der deutschen Regierung, diesen Ausbaustandard bis 2018 zu erreichen, wurde verfehlt. Das politische Ziel der dänischen Regierung hingegen, die Breitbandverbindung bis zum Jahr 2020 auf 100 Mbit/s auszubauen, wurde in jenem Jahr bereits zu 95 % erreicht (ebd., 232). Deshalb ist das Lernen im Netz für dänische Lernende und ihre Lehrkräfte Routine.[95]

Deutsche Schüler und Schülerinnen sind also noch ein gutes Stück von der selbstverständlichen Nutzung digitaler Medien im bzw. für den Unterricht entfernt. Das ist auch an einem im September 2022 veröffentlichten Bericht ablesbar. Die Ständige Konferenz der Kultusminister der Länder hat eine aus hochrangigen Wissenschaftlern bestehende „Ständige Wissenschaftliche Kommission der Kultusministerkonferenz“ (SWK) gebildet, die sich ausgiebig mit der Digitalisierung im Bildungssystem befasst (SWK 2022). Die Kommission ist überzeugt von der *Leistungsfähigkeit und Überlegenheit* des digitalen Lernens in manchen Domänen gegenüber konventionellen Medien und hält fest, dass wir „mittlerweile sehr viel empirisch gestütztes Wissen über Designprinzipien von lernwirksamen digitalen Tools im Fachunterricht“ haben. Aber: „Trotz dieses Wissens verfügen wir in Deutschland bislang nur über wenige digitale Anwendungen, die den Designprinzipien gerecht werden und medien- und fachdidaktisch treffsicher in den fachlichen Unterricht integriert werden.“ (SWK 2022, 45). Offenbar klaffen Wissen über Digitalisierung und praktische Anwendung digitaler Medien noch weit auseinander. Die schleppende Ausstattung deutscher Schulen dürfte auch etwas mit der staatlichen Finanzierung zu tun haben, die sich für die 16 Bundesländer als Herausforderung dargestellt hat. Im Kern ist die

94 https://www.pedocs.de/volltexte/2019/18166/pdf/Eickelmann_et_al_2019_ICILS_2018_Deutschland.pdf.

95 Der Fairness halber sollte angemerkt sein, dass Dänemark mit 5,8 Mio. Einwohnern nicht einmal 13 % der Einwohnerzahl Deutschlands hat.

Ausstattung Aufgabe der Sachaufwandsträger. Aber mit dem „DigitalPakt Schule" 2019 bis 2024 hat die Bundesregierung für fünf Jahre 5 Mrd. Euro für die Einrichtung der digitalen Infrastruktur und die Anschaffung von Hard- und Software zur Verfügung gestellt, um die Digitalisierung in den Schulen zügig voranzutreiben. Aufgrund der Corona-Krise hatte sich der Handlungsbedarf in den Schulen durch das häusliche digitale Lernen noch einmal erheblich verstärkt, sodass der Betrag um weitere 1,5 Mrd. Euro auf insgesamt 6,5 Mrd. Euro erhöht worden ist. Nach einem bestimmten Berechnungsschlüssel, dem *Königsteiner Schlüssel*[96], wurden den Bundesländern unterschiedlich hohe Summen zur Verfügung gestellt. An der Spitze stehen Nordrhein-Westfalen, das bevölkerungsreichste Bundesland, mit 1,05 Mdr. und Bayern mit 778 Mio. Euro (Bundesministerium 2022). Alle Bundesländer sind von der Bundesregierung verpflichtet worden, selbst einen Betrag von insgesamt 550 Mio. Euro einzubringen, um eigene landesspezifische Digitalisierungsprojekte umzusetzen. So hat bspw. Bayern einen Masterplan BAYERN DIGITAL II auf den Weg gebracht, der den Schulen die Anschaffung von IT-Hard- und Software für Klassenzimmer unter 10 %iger Eigenbeteiligung des Sachaufwandsträgers nahelegte. Ausgenommen war die Förderung von Druckern, Accsess Points, WLAN-Controllern, Routern sowie schuleigene Geräte.[97] Inzwischen führt das Bayerische Kultusministerium das Pilotprojekt „Digitale Schule der Zukunft" (seit Schuljahr 2022/23) durch, das 250 Schulen (von ca. 3.859 allgemeinbildenden staatlichen Schulen) ermöglicht, Schülern und Schülerinnen der 5. bis 9. Jahrgangsstufe ein *Tablet incl. Lern-Apps* für die schulische und häusliche Anwendung zur Verfügung zu stellen. Für weiteres Zubehör müssen die Eltern selbst aufkommen. Des Weiteren sind laut Auskunft des Bayerischen Kultusministeriums bereits 50.000 Klassenzimmer mit Internet, Schulnetz WLAN, Großbildmonitor und Dokumentenkamera ausgestattet worden.[98]

Solche Erfolgsmeldungen täuschen allerdings darüber hinweg, dass die zur Verfügung gestellten Mittel nur sehr *zögerlich abgerufen* werden (genaue Zahlen dazu liegen nicht vor). Dies ist z. T. als Preis zu sehen, der für die Corona-Pandemie, für durchtrennte Lieferketten bei der Lieferung der IT-Ausstattung und für den *Mangel an Fachkräften* für deren Einrichtung zu zahlen ist. Aber auch das *unübersichtliche und komplizierte Antragswesen* zur Erlangung der Fördermittel mag dazu führen, dass manche Schulleitung die Finger von der Digitalisierung lässt. Und schließlich sind die etablierten Lehr- und Lernkulturen in den Schulen dafür verantwortlich,

96 Der Königsteiner Schlüssel ist ein Finanzierungs- und Mittelverteilungsprinzip des Bundes, das bei der Mittelvergabe an die Bundesländer deren Steueraufkommen und Bevölkerungszahl zugrunde legt.

97 S. die Informationen im Amtsblatt unter https://www.verkuendung-bayern.de/amtsblatt/dokument/kwmbl-2018-8-234-2/ [aufgerufen am 20.09.2021].

98 https://www.km.bayern.de/ministerium/meldung/7337/bereits-50000-digitale-klassenzimmer-im-freistaat-eingerichtet.html [aufgerufen am 13.11.2022].

dass mehr oder weniger Widerstand von Lehrkräften gegen die Entwicklung neuer Unterrichtspraktiken erzeugt wird. Wie im Kapitel 9 zu zeigen sein wird, ist eine solche gewaltige Schulreform mehr als die Einführung neuer Technologien. Sie betrifft vielmehr die *pädagogischen Grundüberzeugungen* der unmittelbar Betroffenen.
Deutsche Schüler und Schülerinnen kommen zwar nicht als digitale Novizen in die Schule, so lässt sich zusammenfassend sagen, sie finden aber in der Schule leider vielerorts noch keine hinreichenden Bedingungen für das digitale Lernen vor. Zu sehen ist eine *weit geöffnete Schere zwischen privaten Nutzungsgewohnheiten und schulischem digitalen Lernen*. Jenseits dieser Problembeschreibung kann man gleichwohl zu den Formen und pädagogischen Zielen des digitalen Lernens und seiner Verortung im Raum Auskunft geben.
Das Spektrum der digitalen Medien hat sich rasant entwickelt. Waren es vor etwa 15 Jahren einzelne Computer und wenige interaktive Whiteboards, in manchen Schularten wie Realschule und Berufsschule auch Computerräume für wechselnde Schulklassen, so gibt es heute darüber hinaus mobile Endgeräte wie Laptop, Tablet und Handy. Die Nutzung des Handys für das unterrichtliche Lernen ist freilich durch die Kultusministerien Länder nicht einheitlich und klar geregelt. Während in Bayern die Nutzung privater Handys in der Schule verboten ist, ist sie für unterrichtliches Lernen erlaubt. Aber auch unter Lehrkräften ist sie umstritten, denn die Möglichkeiten des „Spickens", z. B. während Prüfungssituationen in Toilettenanlagen, erweitern sich erheblich, während das Einsammeln von Handys im Sinne einer Sicherheitsverwahrung juristisch problematisch ist. Es drängen sich also *Rechts- und Gerechtigkeitsfragen* auf: Kann sichergestellt werden, dass alle Lernenden Handys mit gleich hoher Qualität haben? Was geschieht, wenn sich im Unterricht zeigt, dass das Datenvolumen eines Nutzers plötzlich nicht mehr reicht? Was geschieht, wenn das Handy in der Schule beschädigt wird oder verloren geht? Wer begleicht überhaupt die Nutzungsgebühren? Streng genommen müssten die Kosten durch die staatlich eingerichtete Lernmittelfreiheit gedeckt werden. Durch die Bereitstellung der Mittel aus dem Digitalpakt hatte die Bundesregierung zwar dafür gesorgt, dass Schulen allmählich zur Anschaffung von digitalen Medien übergehen, freilich ohne die Kostenübernahme für den Handybetrieb. Fraglich ist auch die Inanspruchnahme von Instant Massaging-Diensten wie z. B. WhatsApp. Während sie in Baden-Württemberg, Rheinland-Pfalz und im Saarland verboten ist, sind anderswo keine Verbote oder Einschränkungen vorhanden.
Zur Veränderung der Medienlandschaft gehört auch, dass vielerorts die Kreidetafeln aus Schulen entsorgt und komplett gegen *interaktive Whiteboards* ausgetauscht worden sind. Das hat nicht an allen Schulen Begeisterungsstürme ausgelöst, denn die ‚Bedienungsanleitung' für deren effektiven Gebrauch in Form von Lehrerfortbildung wurde nicht gleich mitgeliefert. Häufig fühl(t)en sich Lehrer und Lehrerinnen auf sich zurückgeworfen und organisier(t)en informell ihre schulinterne Fortbildung. Das hat nur wenig dazu geführt, dass das Potenzial der Whiteboards trotz vie-

lerorts vorhandenen WLANs annähernd ausgeschöpft wird. Auch heute noch ist zu beobachten, dass sie lediglich als *Ersatz für die Kreidetafel*, also als Schreibmedium eingesetzt werden. Das interaktive Moment kommt dann nicht zum Zuge und das Smartboard mit der dazu gehörenden NOTEBOOK-Datei wird von Schülerinnen nicht als Arbeitsinstrument eingesetzt, geschweige denn für das Arbeiten im Web genutzt.

Will man den Kern des Arbeitens mit digitalen Medien umreißen, so kann man vereinfachend eine dreifache Intention angeben. Schüler und Schülerinnen sollen *von*, *mit* und *über* digitale Medien lernen. *Von* Medien lernen sie, indem sie die Arbeitsstruktur erkennen, denn das ist eine Voraussetzung für das disziplinierte, technisch sorgfältige und strukturierte Arbeiten. Erst wenn die Architektur des Geräts weitgehend verstanden wird, lässt sich effektiv mit ihm arbeiten. Es wäre ein weites Spektrum an Zielen und Kompetenzen zu nennen, wenn es um das Arbeiten *mit* dem Medium geht. Nur einige seien genannt: Texte verfassen und Bilder einbinden, Dateien anlegen, Power-Point-Präsentationen erstellen und Ergebnisse am Whiteboard vorstellen, im Internet recherchieren, einfache Algorithmen verstehen, mit Audiodateien arbeiten usw. Laut der SWK der KMK „erlaubt vor allem das Internet den Zugriff auf diverse, möglicherweise konträre Informationen, die eine Auseinandersetzung mit unterschiedlichen (z. B. politischen oder kulturellen) Perspektiven auf Inhalte, deren kritische Reflexion, Validierung sowie Integration ermöglichen" (SWK 2022, 39; Hervorhebung im Original). Darüber hinaus „erlauben einige digitale Medien gegenüber klassischen Lernmaterialien eine *stärkere Kontextualisierung schulischer Lerngegenstände* bzw. eine Erweiterung des für den Unterricht normalerweise zur Verfügung stehenden Erfahrungsbereiches. Dreidimensionale Rekonstruktionen historischer Orte können z. B. im Geschichtsunterricht eingesetzt werden, um das historische Geschehen auch visuell zu verorten" (ebd.).
Eine solche Vorgehensweise im Bereich von Extended Reality oder Virtual Reality scheint insbesondere dort angemessen, wo die Inhalte eine direkte Erfahrung nicht ermöglichen. Bemerkenswert, weil vor wenigen Jahren noch undenkbar, ist auch, dass sich mithilfe digitaler Medien in Verbindung mit dem Internet *soziale Kontakte über die Ländergrenzen hinweg* pflegen lassen. Über den nach wie vor wichtigen Schüleraustausch hinaus ist es heute möglich, in Jetztzeit mit Partnerklassen im Ausland *via Skype* zu kommunizieren und gemeinsam Projekte durchzuführen. So kann bspw. der Sprachkompetenz zugearbeitet werden, indem Kooperationspartner im Ausland in den fremdsprachlichen Unterricht einbezogen werden. Zudem können außerschulische Lernorte wie *Museen* oder *Science Center* an beliebigem Ort *digital aufgesucht* werden. Prinzipiell eröffnen sich durch die neue Verortung bzw. die *räumliche Entgrenzung des Lernens* unerschöpfliche Möglichkeiten.
Medienpädagogisch elementar ist auch, dass Schüler und Schülerinnen *über* digitale Medien, insbesondere über ihre Wirkungsweisen und Gefahren Bescheid wis-

sen. Dies ist die Grundlage für die Kompetenz, digitale Medien *gezielt, überlegt* und *verantwortungsvoll* einzusetzen, und zwar nicht nur in der Schule, sondern auch im Alltagsleben (Schaumburg & Prasse 2019; Tulodziecki & Herzig & Grafe 2021).
In einem solchen weiten Kompetenzspektrum lassen sich unschwer hohe Bildungsansprüche erkennen. Fähigkeiten und Fertigkeiten lassen sich nicht einfach erzeugen, sondern müssen beginnend in der Grundschule angebahnt werden. Ist hier noch die Aufgabe, Kinder mit digitalen Medien vertraut zu machen und ihnen einfache technische Fertigkeiten wie etwa Führen der Mouse, Dateien öffnen, schließen und anlegen, eine Suchmaschine öffnen usw., nimmt die Komplexität der Arbeiten mit zunehmendem Alter auf der Sekundarstufe naturgemäß zu. Dies sei deshalb so lapidar angesprochen, weil es für jede Schule sinnvoll ist, ein *medienbezogenes Curriculum* zu kreieren, das den gewünschten Mehrwert von Jahrgangsstufe zu Jahrgangsstufe festhält. Das macht es möglich, die erworbenen Kompetenzen zu überprüfen und z. B. in einem von Schülern und Schülerinnen geschätzten „Medienführerschein" zu dokumentieren. Letztlich sollen sie durch die individuelle Arbeitsweise und Eigentätigkeit zu einer verantwortungsbewussten und eigenverantwortlichen Arbeitsweise geführt werden.
Der Erfolg sollte selbstverständlich nicht bei der Hardware allein gesucht werden, denn jedes digitale Medium ist nur so gut wie seine Arbeitsprogramme und die Professionalität der Lehrenden. Das Projekt digitales Lernen steht und fällt mit der Bereitschaft und Medienkompetenz der Lehrkräfte, denen völlig neue Zugangsweisen zum Lehr-Lernprozess, ja, ein regelrechter Bruch mit den Konventionen des Lehrens und den vertrauten Routinen abverlangt wird. Auf deren Laptops bspw. sollte eine Notebookdatei installiert sein, die ihnen erlaubt, die *Arbeiten* der Schüler und Schülerinnen zu *verwalten*, und die den Lernenden Zugänge zu Links, gekoppelt mit Lernprogrammen, und learning apps für das selbstständige Arbeiten verschafft.
Der pädagogische Gewinn der digitalen Endgeräte und Programme liegt ohne Zweifel in der *Individualisierung des Lernens*. Aber das digitalisierte individuelle Lernen ist kein Selbstläufer, sondern muss geschult werden. Es soll das selbstständige Denken anregen, das Medium kann aber auch zur bloßen Unterhaltung *verführen*. Diese Gefahr besteht auch dann, wenn die Lernenden mit ihren Aufgaben nicht zurechtkommen und ‚auf den Berieselungsmodus umschalten'. Die angebotenen Interaktionsmöglichkeiten ziehen nicht automatisch eine hinreichende kognitive Aktivität nach sich. In der Praxis werden Hilfestellungen des jeweiligen Mediums mitunter nicht genutzt, Lernmöglichkeiten nicht konsequent genug bis zum Ziel beschritten oder falsche Lernentscheidungen gefällt. Durch die zahlreichen Handlungsoptionen können die Lernenden „oftmals kognitiv überfordert, abgelenkt oder desorientiert" (SWK 2022, 42) sein. Allein der angesprochene forcierte Ausbau mit digitalen Medien im jeweiligen Land ist also kein Garant für gutes Lernen. Erschreckend ist das Beispiel Schweden, wo die Digitalisierung der Schulen ins Extrem getrieben worden ist. Dort haben digitale Medien gedruckte Lehr- und Schulbücher weitgehend

verdrängt – mit schlimmen Folgen für die Lernerträge, wie die jüngsten schlechten PISA-Ergebnisse gezeigt haben.[99]
Gefragt sind also Lehrkräfte, die die Arbeit mit dem digitalen Medium in sinnvollem Umfang nutzen und *gewissenhaft moderieren*, ohne die verschiedenen Medien gegeneinander auszuspielen. Schüler und Schülerinnen, die den eigenverantwortlichen Umgang mit dem Medium gelernt haben, trauen sich dann auch das selbsttätige und selbstständige Lernen zu. Dann machen sie konstruktiv Gebrauch davon, sich mit Laptop oder Tablet im Schulhaus zurückziehen und keinem Zeitdiktat ausgesetzt zu sein. Das Medium bietet ihnen die Chance, der *Eigenzeit* für das Lernen genügend Raum zu geben und trägt dadurch zu einer Entschleunigung und Beruhigung des Lernens bei. Mittels der angesprochenen Notebookdateien können die Lernergebnisse von der jeweiligen Lehrkraft individuell eingesehen werden, um sie mit der betreffenden Person zu reflektieren. Wie bei jeder *Differenzierung des Unterrichts* will also auch das digitale Lernen von den Lehrkräften begleitet und *lerndiagnostisch* genutzt werden. Damit wäre auch ein wichtiger Schritt zu einem schon lange geforderten pädagogischen Leistungsbegriff und zur Individualisierung der prozessorientierten Leistungsbeurteilung gemacht. Das digitale Medium wird dann zum Anwalt einer ermutigenden Lernerfolgsrückmeldung (zur ermutigenden pädagogischen Leistungsbeurteilung s. z. B. Hecker 2020). Diese Praxis ist nicht gleichzusetzen mit der Verhaltenskontrolle der Lernenden. Vielmehr bedarf es einer vertrauensvollen Atmosphäre, die es überhaupt erst erlaubt, dass die Heranwachsenden sich auf diese Praxis einstellen.

Was hat das aber mit dem Raum (in) der Schule zu tun? Nimmt man die sehr erfolgreiche kleine Grund- und Mittelschule Thalmässing mit ca. 340 Schülern und Schülerinnen (vgl. Schmidtlein-Mauderer 2015a) als Beispiel für einen guten Ausbaustand mit digitalen Medien und ein *überzeugendes Medienkonzept*, dann sieht das so aus:

> Im Mittelschulteil verfügt sie über Internetanschlüsse in allen Klassenzimmern und Fachräumen, über 105 PCs, 20 Laptops. Zudem hat jeder Klassenraum ein interaktives Whiteboard, drei davon mit 86" Display, sowie sieben Dokumentenkameras. Drei Informatikräume sind mit 50 Computer-Arbeitsplätzen ausgestattet. Die Aula hat ein großes Display und WLAN-Anschluss; im Grundschulteil gibt es zwei Informatikräume mit 20 Arbeitsplätzen. Die Software für das Lernen ist vielseitig. Dazu zählt Lernsoftware wie Kostis, Lernwerkstatt 10, Blitzrechnen (Mathematik Grundschule); Schreiblabor (Phonologische Bewusstheit); Gut 1 und Gut 2 (Rechtschreibung in Deutsch); elfe und mathis (Lesen in Deutsch) usw. Die Schüler und Schülerinnen lernen den Gebrauch der Anwendersoftware Word, Excel, Powerpoint, Audactivity (Aufnahme von Tondokumenten) und Mindmanager (Strukturierung von Themen und Einträgen).

99 Alex Rühle & Lilith Volkert: „Einseitige Fixierung". In: Süddeutsche Zeitung Nr. 296 vom 23./24./25./26. Dez. 2023, 7.

Diese bloße Aufzählung erhält erst dann einen Sinn, wenn sie im Zusammenhang mit dem Schulkonzept gesehen wird. Das Kollegium zielt darauf, die Selbstständigkeit der Heranwachsenden durch Eigenaktivität ab der Grundschulzeit zu fördern entsprechend dem Leitgedanken „Stärken stärken durch eigenaktives und gemeinsames Lernen". Das Kollegium verpflichtet sich dazu, durch die Nutzung unterschiedlicher Unterrichtmethoden das Potenzial eines jeden Schülers und einer jeden Schülerin zur Entfaltung zu bringen. In diesem Zusammenhang werden analoges und digitales Lernen in ein konstruktives Verhältnis gesetzt. Dies geschieht nicht im Sinne des sprichwörtlichen Lehrerindividualismus, demgemäß jede Lehrperson ein Medium nach Belieben einem Stundenthema zuordnet. Stattdessen hat das Kollegium eine Art ‚digitales Curriculum' entwickelt, in dessen Zentrum eine „Kompetenzcloud" steht. Sie wird ab der ersten Jahrgangsstufe der Grundschule nach und nach mit digitalen Basiskompetenzen gefüllt, die wiederum fortlaufend erweitert und vertieft werden. Dadurch wird digitale Kompetenz eine Aufgabe der alltäglichen Unterrichtsarbeit einer jeden Lehrkraft. Auf jeder Jahrgangsstufe wird auf der jeweiligen „Kompetenzleiter" visualisiert, welche Kompetenzen anzustreben sind. In einem „Kompetenzführerschein" der von der ersten bis zur neunten Jahrgangsstufe reicht, wird dokumentiert, welche Kompetenzen auf der „Kompetenzleiter" jeder einzelne erreicht hat – Medienarbeit als Querschnittaufgabe für das gesamte Kollegium. So gesehen ist die konzeptionelle Mediennutzung und -erziehung ein Eckstein der Schulentwicklung in Thalmässing (vgl. Kap. 9.2).
Methodisch gesehen kommt dabei dem Konzept des *Flipped Classroom* eine prominente Stellung zu. Flipped Classroom lässt sich mit „umgekehrter Unterricht" übersetzen. Die „Umkehr" geschieht dadurch, dass nicht etwa wie bei den Hausaufgaben Unterrichtsinhalte zuhause nachbereitet und geübt werden, sondern vielmehr der nächste Unterricht zuhause vorbereitet wird. Für das Gelingen ist es wiederum essentiell, dass die zu erarbeitenden Inhalte von der Lehrerin bzw. dem Lehrer sorgfältig vorbereitet und klar strukturiert werden. Auch digitales Lehrmaterial, wie bspw. Lehrvideos, gehört dazu. Der Vorteil besteht darin, dass jede(r) Lernende die Lerninhalte entsprechend seinem eigenen Lerntempo erschließen kann. Der Lernraum ist der häusliche Arbeitsplatz.
Die Lernergebnisse werden digital dokumentiert und in das schulische Lernen eingebracht. Ein besonderes Merkmal des Schulkonzepts, die *„Freie Lernzeit"* (FLZ), ist dabei behilflich. Es handelt sich, ähnlich der individualisierten Arbeit nach dem Wochenplan, um eine mehrstündige geblockte Lernzeit pro Woche, die den Lernenden zur selbstständigen Erarbeitung von Fachinhalten bereitgestellt wird. Mittels einer Notebookdatei werden die Arbeitsergebnisse digital verwaltet und entweder im Klassenunterricht am Smartboard oder durch individuelle oder gruppenweise Betreuung besprochen, ergänzt und korrigiert. Ohne ein besonderes Raumkonzept wäre diese Arbeitsweise nicht möglich, denn dank eines ausgetüftelten und

behördlich genehmigten Brandschutzkonzepts werden die Flure als Lernraum für die innere Differenzierung genutzt (vgl. Abb. 4, Seite 113).

Das nächste Bildbeispiel zeigt, wie digitales und analoges Lernen im Klassenverband miteinander verbunden werden können; Sitzkreis, Schülerpräsentation am interaktiven Whiteboard, Schülergespräch und gemeinsames Arbeiten sind aufeinander eingespielte Unterrichtsmethoden.

Abb. 16: Gemeinsames Lernen am und mit dem interaktiven Whiteboard in der 6. Jahrgangsstufe der Mittelschule Thalmässing (Foto: Schönig 2019)

Zieht man aus dem Beispiel der Grund- und Mittelschule Thalmässing ein Fazit, so stößt man auf die *hohe Bedeutung der Schulentwicklung für das digitale Lernen*. Wenn digitales Lernen nicht halbherzig betrieben und in die didaktische Beliebigkeit einzelner Lehrkräfte gestellt sein soll, dann muss es in ein stimmiges Schulkonzept eingebettet sein, in dem die Interdependenz mit weiteren Komponenten von Lernen und Bildung klar bestimmt ist. Eine solche Komponente ist zweifelsohne die *architektonische Öffnung des Raums* für die Erweiterung des eigenverantwortlichen selbstständigen Lernens im Horizont des Analogen und Digitalen. Ohne ein

Verständnis für die Schule als Gesamtinszenierung keine Schulentwicklung, und ohne Schulentwicklung keine solide Fundierung des digitalen Lernens!
Generell scheint sich durch die Digitalisierung des Lernens ein Entwicklungstrend abzuzeichnen, der auch an den Schulen nicht vorbeiziehen wird. Die für die Zukunft absehbare weitere architektonische Öffnung von Schulen wird eine Enträumlichung des Lernens und die *Entgrenzung des monopolhaften Schulraums* begünstigen. Tablets können an beliebige Orte des Schulhauses mitgenommen und Laptops sowie Digitalkameras auf Rollcontainern an die gewünschten Plätze gebracht werden. Damit löst sich die fixe Verortung der Schüler und Schülerinnen im Raum temporär auf, sie werden *mobiler* und freier in ihrem Bewegungsfeld. Die eingangs angesprochenen KIM- und JIM-Studien deuten diese Entwicklung an. Bemerkenswert ist, dass mit dem Lernen im virtuellen Raum, also beim Eintauchen in die (Bild)Welten des Internets, gewissermaßen eine *Verdoppelung des Raums* erfolgt (Jakob 2009). Der Nutzer ist in zwei Räumen gleichzeitig vorhanden, im physikalisch vorhandenen Raum seiner Lernumgebung und im geistigen Horizont des virtuellen Raums. Damit begibt er sich auf den doppelten Boden der Architektur im dreidimensionalen realen Raum einerseits und der virtuellen Architektur des medial vermittelten Raums andererseits. Letzterer wird gleichsam grenzenlos, er kann von den physikalischen Gesetzen frei sein, Schwerkraft und Raumgrenzen sind dann außer Kraft gesetzt: Autos können durch die Luft fliegen, Menschen durch Wände steigen und aus größter Höhe unverletzt zu Fall kommen. Mit bestimmten technischen Vorkehrungen („Head-Mounted-Display") können virtuelle Welten so dargeboten werden, dass Betrachter das Gefühl haben, selbst ein Teil dieser Welten zu sein. Man denke nur an den Kinofilm, der mit einer 3-D-Brille angeschaut wird (Jakob 2009). Begriffe wie „Cyberspace", „virtuelle Realität" und „virtuelle Architektur" sind bezeichnend für diese Sachverhalte. Wie diese Seherfahrung im Kontext der Verräumlichung im realen Raum einerseits und der virtuellen Raumarchitekturen andererseits auf junge Menschen wirkt, wissen wir nicht exakt. Allerdings machen Kinder- und Jugendpsychiater, die mit ADHS, sog. Amokläufern, Borderline-Störungen und anderen Entwicklungsstörungen und psychischen Belastungen zu tun haben, auf das Problem aufmerksam, dass in einer beträchtlichen Zahl der Diagnosen die Betroffenen beide Wirklichkeitsebenen nicht klar auseinanderhalten können (so etwa Reinhart Lempp 2012). Auf den ersten Blick mag das für das schulische Lernen bedeutungslos sein. Eine Schule aber, die auch *medienkritisch* mit Neuen Medien umgeht, wird dieses Thema im Sinne einer aufklärenden Pädagogik und der Elternarbeit nicht links liegen lassen können.
Zusammenfassend gesagt ist die erzieherische Kraft beim Lernen mit digitalen Medien weniger im realen dreidimensionalen Raum der Schule als vielmehr im jeweiligen Medium und seinen Programmen zu suchen. Der Raum, in dem sich die Lernenden bewegen, hat aber selbstverständlich die Voraussetzungen für die Anwendung der Medien sicherzustellen und darüber hinaus ein Ambiente zu bie-

ten, in dem sie sich wohlfühlen und effektiv arbeiten können. Die Schule sollte Arbeitsbedingungen schaffen, die dem Anspruch an Komfort, ergonomische Standards und technische Exzellenz genügen. Aber anders als bspw. bei der Erfahrung mit dem Naturraum in der Schule geht die Wirkung des realen Raums beim Lernen mit digitalen Medien nicht unmittelbar von ihm aus.

7.4.2 Natur in der Schule und gesunde Ernährung

„Grün im Inneren der Schulen ist weit mehr als Dekoration." (Parade 2012, 7). Gemessen daran, dass Menschen Teil der Natur, ja selbst Naturwesen sind, ist der Anteil von Natur in der Schule äußerst gering. Sie taucht in Biologiebüchern, in demonstrativ zur Schau gestellten Blumenkübeln und üblicherweise Aquarien im Foyer auf. Aber in den schmucklosen Klassenzimmern hört der Naturbezug schon wieder auf. Die Pflege von Grünpflanzen wird mit dem Argument abgewehrt, dass sie in den Sommerferien nicht versorgt werden könnten. Auch die ökologische Frage schwebt bedrohlich über der Schule. Angesichts der Klimakrise und der von der Bundesregierung vereinbarten Klimaziele bis über die 2030er Jahre hinaus sollte die Schule ein *Vorbild für den praktischen Umgang mit der Natur* sein. Aber welchen Beitrag leistet sie für umweltbewusstes Handeln? Wenn einerseits Generationen von Schülerinnen und Schülern durch die Schule einen respektvollen Umgang mit der Natur erlernen sollen, andererseits die Natur als Unterrichtsgegenstand nur in Form von ‚Konserven', d. h. Modellen aus der Biologiesammlung, aus digitalem Bildmaterial und Biologiebüchern auf die Bühne des Lernens tritt, dann macht sie sich unglaubwürdig. Zudem ergibt sich die Frage, inwieweit Lernen, Wohlbefinden und Leistung in einer von der Natur mitbestimmten Lernumgebung der Schule beeinflusst werden können und sollen. Dass das Thema der gesunden Ernährung in diesen Kontext gehört, erscheint insofern schlüssig, als die heutigen Ess- und Konsumgewohnheiten junger Menschen sie mitunter von ihrer ‚inneren Natur' entfremdet und die Frage nach einer ‚natürlichen Ernährung' in der Schule aufwirft.

7.4.2.1 Die Natur ins Schulhaus holen

Natur in der Schule – dabei geht es nicht allein um die *Begrünung*. Der Einzug der Natur ins Schulgebäude beginnt bereits bei den *natürlichen Baustoffen* und der Raumausstattung und endet bei der *Tierhaltung*. Im Hausbau ist seit Jahren die zunehmende Verwendung von *Holz* festzustellen, sei es, dass Häuser komplett aus Holz gebaut werden, sei es, dass Holz für den Innenausbau verwendet wird. Holz feiert geradezu eine Renaissance und bringt bisweilen spektakuläre Bauten hervor. So soll das höchste Holzhaus in Berlin gebaut werden, mit 98 Metern Höhe, 29 Etagen und 150 Wohneinheiten – ein Hochhaus aus Holz.[100] Dass mit der Verwen-

100 Anja Martin: Mission Baumhaus. In: Süddeutsche Zeitung Nr. 293, 18./19.12. 2021.

dung von Holz als Baustoff ein Beitrag zur Bewältigung der Klimakrise geleistet werden soll, liegt auf der Hand. Auch im Schulbau werden seit Jahren und vermehrt Schulen aus Holz errichtet, vor allem in Frankreich. Meistens werden für den Bau einige Holzarten wie Esche, Weißtanne, Lärche und Fichte verwendet, überwiegend helle Holzarten mit feiner Maserung. Beispielsweise ist die 2016 vollständig aus Holz errichtete Erzbischöfliche Pater-Rupert-Mayer-Volksschule Pullach mit einer Gebäudehülle aus Weißtanne versehen (s. Kap. 7.1.1, Seite 117). Auch innen wirkt das Gebäude durch die Auskleidung mit diesem Holz hell und frisch. Der in Kap. 4.3 vorgestellte Südtiroler Architekt Matteo Thun wettert gegen die industrielle „Zementmafia“[101] und damit gegen den konventionellen, aber *ökologisch* nicht mehr zu vertretenden Bau von Häusern vor allem aus *Stahlbeton*, Stein und massiven Dämmmaterialien. Für Thun ist Holz „der Werkstoff des Jahrhunderts. Er ist der nachhaltigste Werkstoff, der präziseste Werkstoff“. Und er fügt noch eine wesentliche, nämlich emotionale bzw. ästhetische Dimension hinzu: „Holz ist das einzige Baumaterial, das über Jahrhunderte immer schöner wird.“[102]

Auch für Thun ist ein hervorstechendes Merkmal und wesentlicher Grund für die Verwendung von Holz als Baustoff dessen Fähigkeit zum *Speichern von* CO_2. Thun spricht verschiedentlich von „den 3 ZERO“ – zero Kilometer, zero Waste und zero Emission. Er meint mit „zero Kilometer“, dass Gebäude möglichst aus *regional vorhandenen natürlichen Baustoffen* erstellt werden sollen, um dadurch lange und emissionsträchtige Transportwege zu vermeiden. Das Kriterium „zero Waste“ ist dann erfüllt, wenn *wiederverwendbare bzw. recycelbare* Baumaterialen verwendet werden, anstatt Gebäude mit beträchtlichem Energieaufwand zu entsorgen. Und schließlich steht das „zero Emission“ für das Bestreben, generell durch den Bau und die Baumaterialien so wenig Emissionen wie möglich zu erzeugen.[103]

Angesichts der Klimaziele zur Reduzierung der CO_2-Emissionen ist eine Trendwende im Hausbau dringend geboten. Einer der weltweit renommiertesten Klimaforscher ist der Gründer und ehemalige Direktor des „Potsdam Institut für Klimaforschung“ Hans Joachim Schellnhuber. Laut Schellnhuber entstehen 40 % der Klimaemissionen durch das Bauen. Er geht mit seinen Entwicklungsszenarien davon aus, dass ein weiteres starkes *Anwachsen der Weltbevölkerung* zu erwarten ist, für die 750 Millionen neue Wohnungen gebaut werden müssten. Schellnhuber rechnet vor:

101 Art of Magazin, 04.08.2020; https://artofmagazine.com/matteo-thun-der-magier-der-natur-architektur/ [aufgerufen am 20.20.2023].

102 Dokumentationsreihe, Teil 2: „Wunderstoffe. Von Holz zu Bambus.“ Ausgestrahlt von Arte am 24.06.2023, 22.45 Uhr.

103 Art of Magazin, 04.08.2020; https://artofmagazine.com/matteo-thun-der-magier-der-natur-architektur/ [aufgerufen am 20.20.2023].

> „Würden Sie für die noch zu erwartenden 2,5 Milliarden Menschen auf diesem Planeten überwiegend in Stahlbeton bauen, dann haben Sie gigantische Mengen von zusätzlichen Emissionen, geschätzt 70 Milliarden Tonnen CO_2 zusätzlich. [...] Ich gehe davon aus, dass wir uns längst im Klimanotstand befinden und dass Klimaneutralität gar nicht mehr ausreichen wird. Wir müssen netto der Atmosphäre wieder CO_2 entziehen, um ungefähr bei 2 Grad zu landen am Schluss. Und der Königsweg dazu ist die organische Architektur."[104]

Gut zu sehen ist, wie die Argumentationslinien von Thun und Schellnhuber – unabhängig voneinander – zugunsten eines ‚natürlichen' Bauens zusammenlaufen. Anschaulicher werden solche Modellrechnungen an Beispielen aus der Holzbaubranche, die für die hohe *Energieeffizienz* und das große *CO_2-Vermeidungspotenzial* innerhalb des Lebenszyklus von Wohngebäuden wirbt. Die Fördergesellschaft des Zimmerer- und Holzbaugewerbes mbH, München hat eine Studie vorlegt, die drei mehrgeschossige Wohngebäude aus Holz (Salzburg, Erlangen, München) mit Referenzgebäuden aus mineralischem Baumaterial vergleicht. Das Fazit lautet, dass sich beim Bauen mit Holz pro Euro Baukosten erheblich mehr CO_2 einsparen lässt (CO_2-Vermeidungskosten) als beim konventionellen Bau. Dabei kann die Holzbauweise sogar *kostengünstiger* sein, und selbst bei CO_2-intensivem Heizen mit Gas im Holzgebäude ist die CO_2-Vermeidungsbilanz im Ganzen noch positiver als im ‚mineralischen Gebäude'. Das bedeutet: Ein erhebliches CO_2-Vermeidungspotenzial liegt *im Baustoff Holz selbst*. Aus einer anderen Perspektive formuliert: „Durch Bauen mit Holz lässt sich kurzfristig eine vielfach höhere CO_2-Menge vermeiden als in den Konsumbereichen, die als die großen CO_2-Verursacher gelten."[105] Daraus sollte natürlich nicht der Fehlschluss gezogen werden, dass die einzelnen Felder mit CO_2-Einsparpotenzial gegeneinander ausgespielt werden können und sollten. Zu bedenken ist ferner, dass der ökologische Vorteil des Bauens mit Holz nicht durch die Verwendung von tropischen Harthölzern wieder verspielt werden sollte. Die u. a. von Thun propagierten *heimische Hölzer* an Gebäudefassaden bieten zwar nicht per se denselben Schutz gegen Schimmel-, Pilz- und Insektenbefall wie tropische Hölzer, es gibt jedoch erprobte Verfahren, Holz für den Außenbereich besser nutzbar zu machen. Durch die thermische Behandlung des Holzes mit Temperaturen zwischen 160 und 230° C verändert sich die Struktur des Holzes. Dieses thermisch modifizierte Holz (thermally modified timber, TMT) ist widerstandsfähiger gegen Außeneinflüsse, härter und langlebiger, ohne dass bei diesem Trocknungsverfahren chemische Stoffe mit im Spiel sind.

Die Verwendung von Holz als Baustoff in Schulen macht sich inzwischen auch beim jährlich vergebenen Holzbaupreis, dem Branchenpreis der deutschen Forst- und Holzwirtschaft, bemerkbar. Beim Holzbaupreis 2019 mit 157 Teilnehmern erhielt die Integrierte *Gesamtschule Kalbach-Riedberg* in Frankfurt eine Anerkennung. Für

104 Dokumentationsreihe, Teil 2: „Wunderstoffe. Von Holz zu Bambus." Ausgestrahlt von Arte am 24.06.2023, 22.45 Uhr.

105 Fördergesellschaft des Zimmerer- und Holzbaugewerbes (Hrsg.) (2018): Klimagerechtes Bauen. CO_2-Wende. München, 27. (als Download erhältlich unter www.stopco2.jetzt).

die Konstruktion wurde Buchen-Furnierschichtholz, für die Fassade rohe Douglasie verwendet. Holz als Baustoff allein bürgt natürlich nicht für die Gesamtqualität eines Gebäudes. Erschreckend ist, dass bei aller baulichen ‚Modernität' dieses Gebäudes wieder einmal ein Riegelbau errichtet wurde. Im Kommentar heißt es: „Am Übergang einer Siedlungsstruktur zu einem Grünzug entstand ein eigenständiger Baukörper mit einer charmanten Fassade. Zwei gegeneinander verschobene Gebäuderiegel sind über einen länglichen, Aufenthaltsqualität bietenden Flur verbunden."[106] In einem der angefügten Fotos ist ein langer kahler Flur zu sehen, in dem Kinder auf einigen Sitzkissen am Boden Platz genommen haben. Es drängt sich der Eindruck auf, dass es den Architekten mehr um den ‚Charme' des Gebäudes als um eine lebendige Pädagogik ging. Hier feiert das in Kap. 4.3 beschriebene *Problem der Entzweiung von Pädagogik und Architektur* fröhliche Urstände.

Neben der hohen Co_2-Speicherkapazität des Holzes ist zu erwähnen, dass sich Holzgebäude leichter und preisgünstiger als andere recyceln lassen (vgl. Thun). Gerade für den *pädagogischen Zusammenhang* sind weiter Merkmale anzusprechen: Holz ist *atmungsaktiv*, *bindet Wärmeenergie*, hat eine *starke Anmutungsqualität* und erzielt sehr *gute Schallschutzwerte*. Es trägt zum Wohlbefinden und zur Gesunderhaltung bei. Bereits angesprochen wurde die Studie von Maximilian Moser, mit der die positive Wirkung auf den Parasympathikus der Herz-Kreislauf-Regulation durch holzverschalte Klassenzimmer sowie ein günstiger Einfluss auf Wohlbefinden, Disziplin und Lernverhalten nachgewiesen worden ist (Moser 2013; vgl. Kap. 5.1, Seite 71).

Im Einklang mit der Innenraumgestaltung mittels Holzes steht die Wirkung von Grünpflanzen. Andreas Raith und Armin Lude (2014) gehen der Frage nach, wie die Naturerfahrung die Entwicklung des Kindes fördert. Vier Kategorien stehen im Mittelpunkt: die mentale, soziale und physische Entwicklung sowie die Entwicklung des Umweltbewusstseins. Aus einem Fundus von 15.000 wissenschaftlichen Veröffentlichungen haben sie 115 Studien ausgewählt, die zum Zusammenhang dieser Kategorien mit der *Naturerfahrung* nachgehen. Einige davon beziehen auch die Schule mit ein. Herausgegriffen sei die bereits zitierte taiwanesische Studie zur Wirkung von *Grünpflanzen im Klassenzimmer* (Ke-Tsung Han 2009; Kap. 5.1, Seite 71). Es wurde herausgefunden: Allein das Vorhandensein der Pflanzen führte zu messbaren Ergebnissen in den Dimensionen *Freundlichkeit und Wohlbefinden*. Auch konnten *weniger Krankheitszeiten und Disziplinarmaßnahmen* festgestellt werden. Erinnert sei auch an die erwiesenermaßen positive Wirkung des „Waldbadens" (s. Kap. 5.1, Seite 69ff.).

Was mag geschehen, wenn eine Schule begrünt wird, wenn also die Schüler und Schülerinnen im Foyer von „lebenden Wänden" empfangen werden, wenn Treppen von Pflanzen gesäumt werden und plätschernde Brunnen von Pflanzbeeten umschlossen

106 Broschüre: Deutscher Holzbau Preis 2019, herausgegeben von Holzbau Deutschland – Bund Deutscher Zimmermeister im Zentralverband des Deutschen Baugewerbes, Mai 2019, 26, 27.

werden, wenn also die Natur an die Schüler und Schülerinnen heranrückt? Christoph Parade (2012) führt als Beispiel die Integrierte Gesamtschule Wuppertal an. Dort sind Brunnen und benachbarte Sitznischen im Foyer Hauptanziehungspunkte im Schulgebäude geworden. Vandalismus kommt nicht vor, auch kein Waschpulver im Brunnen. Die Schüler und Schülerinnen wissen den Pflanzenreichtum zu schätzen und identifizieren sich mit ihrer Umgebung – es sind *ihre* Pflanzen. Zudem ist das Raumklima ohne technischen Aufwand, z. B. Befeuchtung der Atemluft, deutlich besser als in Schulen ohne Pflanzen. Die Schulgemeinde lebt buchstäblich *mit der Natur unter einem Dach* und hat Gelegenheit, die Veränderungen in der Natur im Jahreslauf zu beobachten. Das bietet vorzügliche Lernanlässe für das praktische Lernen im Fachunterricht. Das ‚persönliche Curriculum' kann vor allem dann durch leibhaftige Erfahrungen bereichert werden, wenn die Schüler und Schülerinnen Aufgaben der *Pflanzenpflege* und *gärtnerischen Arbeit* übernehmen. Das stärkt ihre Verantwortung gegenüber der Natur und macht sie besser begreifbar. Die Natur wandert quasi durch die Hand in den Verstand.

Wenn von der Natur in der Schule die Rede ist, muss das nicht auf Pflanzen beschränkt sein. Aquarien sind für viele Schulen schon lange eine Selbstverständlichkeit, wenn auch selten pädagogisch-konzeptionell in den Schulalltag eingebunden. Kaum anzutreffen, aber inspirierend und ein weites Lernfeld sind *Tiere in der Schule*. Ein nach wie vor lesenswertes Beispiel gibt Ulrich Scheufele mit dem „Hühnerprojekt". Markant ist, dass das Projektlernen systematisch in mehreren, miteinander verzahnten Fächern curricular verankert ist. Es sei im Folgenden gerafft wiedergeben (original: Scheufele 1997, 133-156):

In der sechsten Klasse der damaligen Grund- und Hauptschule Altingen (BW) wird die Idee geboren, Hühnereier in einem Brutapparat auszubrüten, um dann die Entwicklung der Tiere zu beobachten und zu dokumentieren. Ein weites Feld, denn beteiligt wurden in enger Korrespondenz die Fächer Technik, Biologie, Deutsch, Mathematik und Religion. Nachdem alles inhaltlich und technisch sorgfältig vorbereitet war und die Eier im Brutkasten lagen, konnte es losgehen. Für alle Schüler und Schülerinnen war es wohl das erste Mal, dass sie Zeuge einer Geburt wurden, als das erste Ei am 22. Tag Risse bekam. Nach und nach kamen alle Küken zur Welt – welch ein Ereignis. Im Religionsunterricht gingen die Kinder den Fragen nach Geburt und Tod, Enge und Weite, Geborgenheit und Einsamkeit nach. Und: Wie ist es möglich, dass diese kleinen Kreaturen als Massenware verarbeitet oder ‚entsorgt' werden, wenn sie keine Hähnchen sind? Da die Kinder Experten für die Ernährung von Küken wurden, konnten alle Hühnchen überleben und heranreifen. Wie viel Futter werden sie wohl verbrauchen, wenn sie weiterwachsen? Lässt sich die Futtermenge in Abhängigkeit von Körpergewicht und -größe bestimmen? Wiegen und berechnen – die Mathematik war gefragt. Und dann der erste Piepser. Was wollte er mitteilen?

Hatte das Tier Angst? Fühlte es sich verlassen? War es auf der Suche? Hatte es sich erschrocken? Allmählich verstanden die Kinder die Sprache der Hühner und gewannen sie lieb. Umso schlimmer, dass an einem Schulmorgen ein Küken tot im Käfig lag, getötet von seinesgleichen. Traurigkeit, Zorn, Hilflosigkeit und Fragen entstanden. Warum gibt es in der Natur eine Hackordnung? Aus den Küken wurden neun prächtige Vögel, die nun bald ein neues Zuhause brauchten. Der Abschied fiel den Kindern schwer. Aber sie hatten die Hühner noch immer vor Augen, denn sie hatten das gesamte Projekt minutiös dokumentiert. So ist es folgerichtig, dass der Öffentlichkeit eine hochwertige Ausstellung präsentiert wurde.

Nur selten dringt die Erfahrung mit Tieren so tief in das Erleben der Heranwachsenden ein wie in Altingen. Aber schon die tägliche Präsenz von Tieren kann ein Gefühl der *Verbundenheit* mit ihnen schaffen, wie sie von Corine Pelluchon (2019) gefordert wird (s. u.; Kap. 7.4.2.2, Seite 219). So ist bspw. ein Lichthof mit einer Volière mit verschiedenen Vögeln zumeist von mehreren Seiten einsehbar und regt zum Verweilen an. In manchem Innenhof wäre sogar Hühnerhaltung durchführbar… Wesentlich für das Funktionieren solcher ‚Haltestellen' im Schulalltag ist freilich, dass Verantwortlichkeiten und Zuständigkeiten klar geregelt sind und die Tierhaltung *mit dem Curriculum verzahnt* ist. Die bereits angesprochene Erich-Kästner-Schule in Hamburg-Farmsen ist ein Beispiel für gelingende Tierhaltung. Im dortigen kleinen Zoo wird nicht nur gestreichelt, sondern Schüler und Schülerinnen treffen dort auf Betreuungs- und Pflegeaufgaben sowie auf anspruchsvolle Aufgabenkarten zu den einzelnen Tieren, die zu bearbeiten sind (vgl. Schönig 2015a).

7.4.2.2 Naturerfahrung im Außenbereich der Schule

Zur Gestaltung des Schulgeländes für die Erfüllung der Aktivitäts- und Bewegungsfunktion einerseits und die Ruhe- und Entspannungsfunktion andererseits wurde bereits Auskunft gegeben (s. Kap. 7.1.2). Diese Überlegungen werden im Folgenden um den Aspekt der Naturerfahrung erweitert. Maßgeblich für die Aufmerksamkeit gegenüber der Natur ist die Attraktivität und emotionale Anmutung des Geländes. Es muss die *Schönheit der Natur* zum Ausdruck bringen und die Aktivität der Kinder und Jugendlichen begünstigen. Als ein inspirierendes Beispiel sei die Montessori-Schule in Ingolstadt-Hollerstauden angesprochen.[107] Sie wurde 1996 auf der Grundlage der Entwürfe der Architekten Behnisch & Partner, Stuttgart, errichtet. Für verschiedene Jahrgangsstufen der Schule sowie des Kindergartens wurden unterschiedliche Gebäudeformen zu einem Campus koordiniert. Ein besonderes Merkmal der Schule sind die fließenden Übergänge zwischen Innen- und Außenräumen. Jeder Klassenraum kann sein eigenes Beet bewirtschaften und jeder Jahrgangsgruppe sind Schatten spendende Bäume zugeordnet, die deren Identität unterstreichen sollen. So wird versucht, eine Annäherung der Heranwachsenden an die Natur zu bewirken (vgl. Dudek ^{3}2015,

107 https://www.montessori-ingolstadt.de/ueber-uns [aufgerufen am 15.02.2023].

172,173). Raith und Lude (2014) machen darauf aufmerksam, dass die Begegnung mit der Natur bei Kindern Vorstellungen und innere Bilder von ihr wecken, die eng mit den Körperwahrnehmungen verknüpft sind. Gleichwohl ist es hilfreich, wenn dem Kind für die *Versprachlichung* davon, was Natur ist, eine kulturelle und *soziale Vermittlungsinstanz* zur Verfügung steht (Raith & Lude 2014, 46ff.). Das können Eltern, Geschwister, Freunde oder die Lehrkräfte sein. Da die Lehrpersonen unmittelbare Bezugspersonen im Schulalltag sind und ihnen eine Modellfunktion zukommt, ist es für die Naturerfahrung des Kindes wichtig, mit welcher Einstellung ihm die Natur vermittelt wird. Die Identifikation der Lehrkraft mit dem Naturraum in der Schule sollte für die emotionale und kognitive Naturverarbeitung des Kindes eine Schlüsselfunktion erfüllen, während Gleichgültigkeit oder Desinteresse der Lehrkraft die Bedeutung der Naturerfahrung für das Kind schwächen dürfte.

Herausragende Bedeutung für den Zugang zur Natur, für das emotionale Angerührtsein und die kognitive Verarbeitung der Naturerfahrung ist zweifelsohne die Tätigkeit im eigenen *Schulgarten*. Aussaat, Pflegearbeiten und Ernte sind Aufgaben, die die Heranwachsenden unmittelbar mit den Vorgängen in der Natur in Verbindung bringen, die das Verstehen der natürlichen Kreisläufe begünstigen und durch das *Staunen* über Vorgänge in der Natur immer wieder auch *Respekt* erzeugen. Diese unmittelbaren Erfahrungen werfen zudem Fragen auf an die Produktionsbedingungen unserer eigenen Nahrung und wecken Interesse, sich mit Problemen der Ökologie und den Wertschöpfungsketten der Nahrungsindustrie zu befassen (s. u.).

Ein Schulgarten kann vieles beinhalten, aber er muss sorgfältig geplant werden, damit die Bewirtschaftung gelingt. Es braucht ein Wegesystem zwischen Beeten, Wasseranschlüsse, einen Schuppen für die Gartengeräte, Schatten spendende Pflanzen, Sitzgelegenheiten, ggf. Hochbeete und vieles mehr. Trockenholzhaufen, Steinhaufen, Gartenteich und Bienenstände können ein Übriges tun, um die Naturbeobachtung zu fördern und jungen Menschen die Schönheit der Natur erlebbar zu machen. Für den Erfolg des jeweiligen Konzepts braucht es Gewährsleute mit fachlicher Expertise. Zu erinnern ist an das in Kap. 7.3.2 vorgestellte Projekt Praktisches Lernen in der Schule. Von den 381 unterstützten Projekten entfielen 58 Projekte auf den ökologischen Bereich, darunter eine Reihe von Schulgarten-Projekten. Die Projektbetreiber, konnten damals feststellen, dass es zwei wesentliche *Erfolgsindikatoren* gibt. Zum einen braucht es stabile personelle Verhältnisse. Es müssen Personen da sein, die einen Schulgarten ‚mit Herzblut' bewirtschaften und möglichst lange an der Schule bleiben. Fallen sie aus, gerät das Projekt rasch ins Wanken oder verwahrlost. Zum anderen ist für das Ausschöpfen des Potenzials eines Schulgartens erheblich, dass es *curricular verankert* ist, d. h., dass Lehrplaninhalte auf die Arbeit und das Lernen im Schulgarten zugeschnitten sind, denn es sollte nicht bei bloßer Anschauung und romantizistischem Ergriffensein bleiben, sondern die Erfahrungen bedurfen der *emotionalen und fachlichen Aufarbeitung* (Projektgruppe 1998).

An dieser Stelle sei auf das „Gaining-Ground-Projekt" in Toronto von Janet Dyment (2005) zurückgegriffen (s. Kap. 5.1, Seite 72). Hier hatte die Umgestaltung verödeter und versiegelter Schulhöfe zu Grünanlagen z.T. mit *Zier- und Nutzgartenanteilen, Erholungsflächen* und *Freiluftklassenräumen* an 45 Schulen respektable Ergebnisse erzielt. Die Schulgärten wurden zum Katalysator für die Integration und die Kooperation der Kinder, die Umgangsformen wurden freundlicher, Kreativität, Lernmotivation und Behaltensleistungen hatten zugenommen. Es gab eine bessere Aufenthaltsqualität und mehr Wohlbefinden durch mehr Schatten, weniger Übergriffe auf andere Schüler und Schülerinnen und die Unfallzahlen gingen zurück. Die Inklusion von „Kindern mit besonderen Bedürfnissen" gelang leichter. *Umweltbewusstsein* und *umweltfreundliches Handeln* hatten zugenommen. Auch die Motivation der Lehrkräfte, außerhalb des Gebäudes zu unterrichten, war gestiegen (Dyment 2005, 18-38).
Auch wenn die Rahmenbedingungen kanadischer Schulen andere sind als die deutscher Schulen, so sind die Ergebnisse doch exemplarisch. Sie verraten einiges von der Wirkkraft naturnaher Schulhöfe bzw. Schulgelände. Wenn solche Projekte eingebettet sind in Schulentwicklungsprogramme, lässt sich der Blickwinkel weiter öffnen und die einzelne Schule sich als ökologische Gesamtinszenierung begreifen – von der Anschauung und dem Verstehen der Naturphänomene im kleinen Maßstab zu den Aufgaben des wertschätzenden Umgangs mit den natürlichen Ressourcen einer endlichen Welt und einem gerechten ökologischen Entwicklungsmodell im großen Maßstab. Nach dem Motto „Global denken, lokal handeln!" ist auch die Schularchitektur herausgefordert, bauliche Antworten auf die Brennpunkte der Ökologie zu bieten.
Das angesprochene Bauen mit Holz, also mit einem regenerativen Rohstoff, geht in diese Richtung. Aber das Schulhaus aus Holz steht gewissermaßen nur da und teilt den Lernenden nichts über die Ursachen seiner Existenz mit. Es spricht nicht ökologisch mit seinen Nutzern, sagt nichts über den Energieeintrag durch Sonnenlicht, die Aufnahme und Abgabe von Feuchtigkeit oder die Speicherung von CO_2, nichts über die natürlichen Kreisläufe im Gebäude. Die abschließenden Hinweise sollen das Gemeinte verdeutlichen:
Warum wird der Energieverbrauch in Schulen in Abhängigkeit vom Wetter nicht gut sichtbar an verschiedenen Stellen des Schulgebäudes angezeigt? Er wäre ein ausgezeichneter Anlass, sich in Mathematik, Physik und anderen Fächern damit auseinanderzusetzen. Warum wird Regenwasser zu Abwasser, während auf anderen Kontinenten Dürren herrschen? In vielen japanischen Kindergärten lernen bereits kleine Kinder, sich spielerisch und im praktischen Umgang mit dem Wasser mit dessen Herkunft auseinanderzusetzen (s. das Bildbeispiel bei Holder 2015, 231), während es in deutschen Schulen buchstäblich weggeschüttet wird, d.h. für die Toilettenspülung verwendet wird. Es mag zwar unkonventionell sein, ab es ist ein Leichtes, Regenwasser aufzufangen und für die Toilettenspülung zu nutzen oder in Teichen des Schulgartens zu sammeln oder auch für die Begrünung von Flachdächern zu nutzen (s. das Beispiel der Integrierten Gesamtschule Wuppertal bei Parade 2012). Und wo es wenig Wasser gibt, können auch *Kom-*

posttoiletten einen ‚sauberen' Dienst verrichten. Ist es angesichts der einschneidenden Klimakrise noch abwegig darüber nachzudenken, ob das Abwasser aus Handwaschbecken in einem Teich mit Schilfbestand aufgefangen und gereinigt werden kann? Warum werden Baumaterialien für den Schulbau aus der Ferne teuer herantransportiert und hinterlassen auf dem Weg bis zum Bauplatz Schule einen riesigen ökologischen Fußabdruck? An vielen Orten bietet es sich stattdessen an, Baumaterial aus der nahen Natur zu nutzen und damit eine Verbindung zwischen Schule und ihrer natürlichen Umgebung herzustellen (Care 2015). Des Weiteren: Wie viel Körperwärme entsteht in einer Schulklasse? Kann man sie messen und vielleicht sogar nutzen? Was ‚macht' die regenerativ gewonnene Energie mit dem Schulgebäude? Verbessert sich die Sensibilität der Schüler und Schülerinnen für ökologische Probleme, wenn Strom- und Wasserzähler den Verbrauch messen und für alle sichtbar machen, bspw. in den sanitären Anlagen. Angesichts des bedrohten Weltklimas handelt es sich bei diesen Problemanzeigen um die *offenen Flanken des derzeitigen Schulbaus*. Offensichtlich ist aber, dass die deutsche Schularchitektur heute (noch) weit von der Beantwortung dieser und weiterer Fragen entfernt ist. Dieser Sachverhalt führt zu einer abschließenden Bilanz zum Thema Natur in der Schule, die mit einer philosophischen Betrachtung beginnen mag.

Die französische Philosophin Corine Pelluchon hat mit ihrer „Ethik der Wertschätzung" viel Aufmerksamkeit erzeugt (Pelluchon 2019). Sie greift, kurzgefasst, die brennenden Probleme der Bio-, Tier- und Umweltethik auf und erarbeitet ein Konzept für den achtsamen Umgang mit den natürlichen Ressourcen unserer Erde, weil Umwelt- und Klimakrise den Menschen an Abgründe geführt haben. Pelluchon sieht die über Generationen hinweg entstandene *Verbundenheit des Menschen mit dem Natürlichen*, mit allen Lebewesen der Weltgemeinschaft, die aufgrund seiner Entfremdung von der Natur kaum mehr gesehen wird. Sie beschreibt die Möglichkeit der Einfühlung in den anderen und in sein Leiden – Mensch wie Tier – um die Wertschätzung ihm gegenüber zu erneuern. Der Weg dorthin führt allerdings durch das Erkennen der eigenen *Verwundbarkeit* hindurch. Erst wenn der Mensch seine eigene Zerbrechlichkeit und Endlichkeit respektiert, anstatt sie intrapsychisch abzuwehren, öffnet er sich für die Einfühlung in den anderen und in die Natur: „So schützt der Mensch nicht die Natur, um sich zu verwirklichen; er verwirklicht sich, indem er die Natur schützt." (Pelluchon 2019, 99) Im vertieften Verhältnis zu sich selbst liegt der Schlüssel zum anderen und zur Natur. Im Gegenüber spiegelt sich gleichsam die eigene Vulnerabilität. Pelluchon stellt heraus: „[...] meine Sterblichkeit macht, dass ich von dem, was dem anderen wegen seiner Unfertigkeit und Zerbrechlichkeit seiner Existenz widerfährt, betroffen fühle" (ebd., 119)

Nun wird man manchen Heranwachsenden in der Blütezeit ihres Lebens wohl eher verständnislose Kommentare entlocken, wenn man sie auf ihre anthropologisch gegebene Verletzlichkeit anspricht. Aber Heranwachsende können durch den naturnahen Schulraum durchaus eine *respektvolle Einstellung* gegenuber der Natur erlangen. Freilich wird man nach dem Alter der Lernenden differenzieren müssen und unterschiedliche didaktische Zugänge zu wählen haben. Das Grundschulkind wird man eher emotional ansprechen, während auf der Oberstufe wissenschaftlich-rationale Zugänge angemessen erscheinen. Jedenfalls sind die vorgestellten Hinweise zu den Erkenntnismöglichkeiten in der Schule gegenüber den Naturphänomenen und der Zerbrechlichkeit der Natur insgesamt recht ermutigend. Denn die angesprochenen Erfahrungen und Forschungsergebnisse zeigen einhellig, dass die Bemühungen der Umweltbildung bzw. -erziehung auch im Sinne eines verantwortungsvollen Handelns Früchte tragen können. Allerdings dürfen sie nicht den Kurs der Vermittlung von Faktenwissen einschlagen, sondern müssen *sinnliche Erfahrungen* ermöglichen. Raith und Lude konstatieren, „dass in der Umweltbildung Strategien erfolgversprechend sind, die von unmittelbaren Erfahrungen der Kinder ausgehen und den Kindern einen Zugang verschaffen, in dem sie selbst handelnd aktiv sind" (Raith & Lude 2014, 55). Die aufgezeigten Ansatzpunkte der Naturwahrnehmung und Erfahrungsverarbeitung im naturnahen Schulhaus wie im gestalteten Schulgelände bieten dazu reichlich Gelegenheit.

Abschließend sei erziehungstheoretisch herausgestellt, was die Naturerfahrung im Raum der Schule bewirkt. Es ist offensichtlich, dass das aktive Lernen an und mit der Natur in der Schule ein gewisses Gegengewicht bilden kann zum überwiegend artifiziellen urbanen Leben, das bereits junge Menschen von der Natur und damit auch von der eigenen Natur abschneidet und entfremdet. Corine Pelluchon (2019, 243ff.) gibt zu bedenken, dass manche Konzentrationsschwierigkeit, Frustration und aggressive Verhaltensweise Jugendlicher sich nicht durch Perspektivlosigkeit erklären lässt, sondern damit, „dass sie um eine essentielle Dimension des Seins, die mit der Natur, den Tieren und den mit ihnen verbundenen Gefühlen zusammenhängt, betrogen werden" (ebd.). Gegen diesen „Betrug" kann die naturnahe Schule wirksam antreten. Das Leitziel der Erziehung ist demzufolge, junge Menschen durch die Naturerfahrung zur Verantwortung für das Leben und zu einer *vertieften Selbsterkenntnis* zu führen. Die Natur macht vor, dass alles Lebende seine Eigenzeit hat und eingebunden ist in Entwicklungsrhythmen zwischen Entstehung, Entwicklung, Reifung und Vergehen. Die Natur, deren Teil junge Menschen sind, hat ihre eigene Sprache. Ihre aufmerksame Betrachtung macht ihnen ihre Verbundenheit mit der Biosphäre bewusst. Dies betrifft auch die angesprochene Tierhaltung. Der Kontakt mit einem Tier kann die Bedingung dafür schaffen, dass dessen Empfindungen wahrgenommen werden, denn anders als der Mensch kann sich das Tier mit seinen Äußerungen nicht verstellen, es ‚schummelt' nicht. Deshalb ist das *Tier ein Modell für authentische Kommunikation*. Sie kommt ohne die Wahrnehmung der eigenen Körpersignale nicht aus, die letztlich beim jungen Menschen zu einem Mehr an *Selbstachtung* und *Selbstvertrauen* führen kann. So gesehen können Tiere ‚gute Pädagogen' sein. Wer den Respekt vor der Seinsweise des Tiers verspürt, steht unweigerlich auch vor den Fragen des Arten-, Umwelt- und Klimaschutzes, die die Körpererfahrung des Lernenden auf ein kognitives Niveau heben. Wie kann es bspw. angehen, dass Tiere eine qualvolle Odyssee von Tausenden Transportkilometern erleiden müssen, um im Ausland geschlachtet zu werden, weil sich so die Fleischpreise senken lassen? Der Raum kann für die existenzielle Annäherung an diesen speziellen Fragenhorizont ein spezieller Vermittler sein. Er sollte die unmittelbare Verbindung mit dem Tier und das praktische Lernen anbieten: Tiere müssen versorgt werden, sie brauchen Futter, Kontakt, saubere Ställe usw. Ein Raum, der die Beobachtungssituation eines Zoos erzeugt, ist für die Mensch-Tier-Verbindung nicht geeignet; er schafft Distanz, errichtet psychologische Barrieren, verhindert Einfühlung und trennt.

Auch jenseits dieser philosophischen und öko-psychologischen Reflexionen konnte mit empirischen Belegen gezeigt werden: Die Offerten, die der mit Natur angereicherte Schulraum macht, können zu einer Reihe von positiven Effekten führen. Auf der Verhaltensebene konnte empirisch nachgewiesen werden, dass sich mehr Ausgeglichenheit, Kooperation und Freundlichkeit gegenüber Mitschülern und Mitschülerinnen durch die aktive Naturerfahrung bemerkbar machen. Allein die Gestaltung des Schulhauses mit Grünpflanzen sorgt für mehr Gelassenheit, senkt die Aggressionsbereitschaft und wirkt dem Vandalismus entgegen. Die Lernmotivation und das Wohlbefinden erhöhen sich durch den Aufenthalt auf ‚grünen Schulhöfen'. Die durchschnittlichen Schulleistungen verbessern sich, wenn sich die Lernenden mit der Natur *praktisch* auseinandersetzen; das betrifft auch die Gedächtnisleistungen. Dieser Effekt ist hirnphysiologisch zu erklären, denn durch das praktische Lernen und die mit ihm verbundene *multisensorische Wahrnehmung* werden die betreffenden Hirnareale besser aktiviert. Allerdings führt die Information über Naturphänomene und die Gefährdung der natürlichen Lebensgrundlagen nicht automatisch zu besserem Umweltbewusstsein und Umwelthandeln. Auch hier ergeben sich positive Effekte erst *in Korrespondenz mit eigener Tätigkeit.* Ebenso kann die Sprachkompetenz im Lernen durch eine ‚grüne Schule' gesteigert werden. Raith und Lude erklären diesen Effekt damit, dass die „anregungsreiche Umgebung komplexere sprachliche Ausdrucksformen mit einem größeren Vokabular notwendig [macht]" (ebd., 25). Insgesamt kann man den Eindruck gewinnen, dass in keiner anderen Domäne so offensichtlich ist, was „der Raum als dritter Erzieher" bedeutet, wie bei der Vermittlung von Naturerfahrung in der Schule.

7.4.2.3 Organisiertes Essen in der Schule – mehr als bloße Nahrungsaufnahme in der Schulmensa

Dass das Thema des Schulessens in die Überlegungen einbezogen wird, mag auf den ersten Blick verwundern. Zwei Gründe sind dafür ausschlaggebend. Zum einen geht es darum, junge Menschen mithilfe des Essens zu einer *gesundheitsbewussten Ernährung*, einem aufgeklärten Verhältnis zum eigenen Körper und zur Habitualisierung von *Geschmackserfahrung* zu führen. Zudem bietet das gemeinsame Essen eine wichtige Grundlage für die Sozialerfahrung – ist die gemeinsame Mahlzeit doch das „Urmodell von Kultur" (Zirfas 2011, 26). Zum anderen werden immer mehr Schulen, wie in Kap. 4.1.3 gezeigt, im *Ganztagsbetrieb* geführt. Die Angaben zu den Schüleranteilen in Ganztagsschulen differieren zwar zwischen 40 % und 60 %, was auf unterschiedliche

Zählweisen zurückzuführen ist, und auch die Ganztagsschulquoten schwanken zwischen den Bundesländern je nach bildungspolitischen Bestrebungen erheblich. Es kann aber kein Zweifel daran bestehen, dass wir es mit einem durchgreifenden Ganztagsschultrend zu tun haben, der, wie im Folgenden zu zeigen ist, schwerwiegende Fragen an die schulische Infrastruktur aufwirft.
Schon heute essen knapp 50 % der Schüler und Schülerinnen in der Schule (Rose & Seehaus 2019, 10). Bis zum Jahr 2025 hat jedes Grundschulkind einen Rechtsanspruch auf ganztägige Betreuung. Dies entspricht der Definition von Ganztagsschule, wie sie von der Ständigen Konferenz der Kultusminister der Länder der BRD (KMK) grundgelegt worden ist (vgl. Kap. 4.1.3, Seite 48-51).

Grundsätzlich sind Ganztagsschulen also in die Pflicht genommen, ein Mittagessen zu organisieren. Für den Einfluss der Pädagogik ist es aber nicht unerheblich, welches *Verpflegungssystem* und welches *Ausgabesystem* bevorzugt werden. Bei den Verpflegungssystemen sind vier Organisationsformen zu unterscheiden:

- *Mischküche*. Produktion und Ausgabe finden direkt ‚vor Ort' statt (eigene Schulküche).
- *Cook & Chill*. Nach der Herstellung der Speisen werden diese auf 2 bis 4° C abgekühlt, an die Schule ausgeliefert und dort nur noch regeneriert.
- *Tiefkühlkost*. Abgesehen von Salaten und Desserts liefert ein professioneller Anbieter die fertigen Speisen im tiefgekühlten Zustand.
- *Warmverpflegung*. Die fertig zubereiteten Speisen werden warm in Thermoporten (Warmhalteboxen) angeliefert und müssen nur noch ausgegeben werden.

Zu bedenken ist, dass bei diesen Systemen die Kosten und der Raumbedarf erheblich variieren können. So sind z. B. beim Cook & Chill-System eine Relaisküche, Arbeitstische, Gemüsespüle, Arbeitsbretter und ein entsprechender Raum erforderlich.[108]
Wie das Essen bei den Schülern und Schülerinnen ‚ankommt', hängt wiederum vom Ausgabesystem ab. Drei Formen sind zu unterscheiden:

- *Cafeteria-Line*. An einem langen Tresen ist am Anfang das Hauptgericht erhältlich. Im weiteren Verlauf stehen weitere, fertig portionierte Zutaten bereit, die die Schüler und Schülerinnen sich selbstständig nehmen.
- *Free Flow-System*. Je nach Raumgröße stehen einzelne Ausgabeinseln oder ein zusammenhängendes Buffet zur Verfügung. Ergänzt wird das Angebot durch Aktionstresen, z. B. für asiatische Gerichte oder Pasta. Die Schüler und Schülerinnen stellen sich ihr Essen aus den einzelnen Komponenten zusammen.
- *Tischgemeinschaften*. Das fertige Essen wird in Schüsseln, Töpfen und auf Platten an die Tische gefahren. Dort bedient sich jeder (reihum) selbst. Lehrkräfte sitzen ebenfalls in kleinen Gruppen an ihren Tischen oder bei den Schülern und Schülerinnen.

108 Vgl. dazu ausführlich mit Kostenberechnungen: in form (Hrsg.): Studie zu Kosten- und Preisstrukturen in der Schulverpflegung. KuPS Abschlussbericht. Veröffentlicht am 12.11.2019.

Deutschlands Initiative für gesunde Ernährung und mehr Bewegung (in form) ist sich der Bedeutung des Schulessens bewusst, denn es heißt:

> „Eine positive Essatmosphäre schafft Raum für Gespräche und Informationsaustausch sowie den *Genuss* (Hervorhebung des Verfassers) der Mahlzeiten. Dabei spielen vor allem die Faktoren Essenszeit und Raumgestaltung eine wesentliche Rolle… Die gemeinsame Einnahme der Mahlzeit ist eine pädagogische Aufgabe, in der Verhaltensregeln, Kommunikationsregeln und Kulturtechniken vermittelt werden."[109]

In der Tat ist die Einnahme des Essens mehr als die technische Zuführung von Nährstoffen – erst recht, wenn es sich um die Mahlzeit in der Gruppe handelt. Von jeher hat das Essen, soweit es nicht individuell erfolgt, eine starke *symbolische Aufladung*. Das gemeinsame Essen und insbesondere das *Teilen* bringt in symbolischer Form den Zusammenhalt der Gruppe und die Zugehörigkeit zur Gemeinschaft (communio) zum Ausdruck, besonders betont durch das Sakrament der Kommunion in der Katholischen Kirche. Im gemeinsamen Essen findet der Übergang vom einzelnen Essen zum gemeinschaftlichen Handeln statt (Zirfas 2011). Es ist „eine Verkehrsform des Menschen" (Pazzini 1989, 544). Diese Sozialisation ist insofern eine Enkulturation, ein *Hineinleben in die kulturellen Gepflogenheiten einer Institution*, als sie von jedem einzelnen eine hohe Anpassungsleistung an Regelsysteme verlangt. Das ist in der Schule nicht anders. Man isst eben nicht vom Teller des anderen und benutzt ein Besteck anstatt die Finger. „Das Essen", so formuliert es Jörg Zirfas, „ist die pädagogische Veranstaltung der gemeinsamen Selbstbeherrschung" (Zirfas 2011, 30). Wie sehr sie in der Schule misslingt und was das mit dem Raum zu tun hat, wird noch zu zeigen sein.

Auch für die Individuation hat das Essen eine erhebliche Bedeutung, denn das Schulessen soll einen Beitrag zur Entwicklung des Geschmacks leisten. Psychoanalytisch gesehen ist die Einverleibung „ein Grundmuster für jegliche Aneignungsweise der Äußeren Natur" (Pazzini 1989, 545). Für das Neugeborene ist der Mund dasjenige Sinnesorgan, durch das die Welt erfahren wird, angefangen beim Stillen über das Saugen an Händen und Füßen bis hin zur Nahrungsaufnahme. Mit dem Essen begegnet es der inneren und äußeren Natur – eine ständige Grenzverschiebung zwischen innen und außen. So gesehen ist *Essen Teil der Personwerdung*.

Im Vorgang des Essens erlernt der junge Mensch ein *ästhetisches Vermögen* durch Differenzerfahrungen. Er entwickelt die Fähigkeit, Geschmacksunterschiede und -ähnlichkeiten festzustellen und seine ästhetischen Erfahrungen zu benennen (Liebau & Zirfas 2011), womöglich sogar seine *Genussfähigkeit* zu entwickeln. Im Genießen kommt der Mensch zu sich selbst und findet ein besonders inniges Verhältnis zu den Speisen und seinen Zutaten. Jörg Zirfas hält dazu fest: „Im Genuss hat der

---

109 In form: DGE- Qualitätsstandard für die Schulverpflegung. 4. Auflage, dritter korrigierter Nachdruck, 23, Bonn. Der Qualitätsstandard wurde von der Deutsche Gesellschaft für Ernährung e. V. erarbeitet. In form wurde 2008 initiert vom Bundesministerium für Ernährung und Landwirtschaft (BMEL) und vom Bundesministerium für Gesundheit (BMG).

Geschmack Zeit, seine Qualitäten hinsichtlich von Anziehung und Abstoßung zu entfalten; der Genuss gibt den Speisen und Getränken die Gegenwart, Geschmackserlebnisse sinnlich-intensiv zur Kenntnis zu nehmen, seine Geschmackslust auszukosten." (Zirfas 2011, 33) Wer die Unterschiede zwischen der Fertigkost und dem frisch zubereiteten Essen wahrnimmt, steht buchstäblich vor der Frage, *woher* das kommt. Damit ist die ethische Dimension der Ernährung angesprochen, denn wer genießt, begegnet seinem Essen mit Wertschätzung. Somit steht auch der *Wert* der Nahrung innerhalb einer Wertschöpfungskette zur Disposition.

Die Leistung der Schule mit Blick auf das Schulessen sollte darin bestehen, den Weg der Geschmacksbildung und Genussfähigkeit junger Menschen anzubahnen und *Regelsysteme für ein kultiviertes Essverhalten* zu implementieren. Angesichts der Pluralisierung der Essstile und jugendkulturellen Ästhetisierungsformen des Essens ist das eine Herkulesaufgabe. Wer Einblick in die Esskulturen der Schulspeisung gewinnt, muss mit einiger Ernüchterung feststellen, dass die Hinweise von *in form* durch die Wirklichkeit konterkariert werden – und dies ist den Heranwachsenden nicht einmal anzulasten. Wer mittags eine beliebige Schulmensa betritt, fühlt sich eher an einen Futterautomaten erinnert als an ein kultiviertes Essgeschehen. Meist gleicht der Raum einer Werkshalle ohne räumliche Differenzierung, es ist hektisch, laut und hallig, die Stühle sind unbequem, Rückzugsmöglichkeiten gibt es nicht, immer wieder kommt es zu kleineren ‚Unfällen' beim Wegräumen des Geschirrs... Insbesondere in der Eingangsstufe der Sekundarstufe I ist unsicheren Kindern ihr Unbehagen, ihre Isolation und Verunsicherung deutlich anzusehen. Dies betrifft keineswegs nur ältere Schulgebäude, über die häufig geklagt wird. Verblüffend ist vielmehr, dass Schulneubauten ebenso von diesem Desaster betroffen sind. Offenbar gibt es Architekten, die moderne Clusterschulen entwerfen, ohne sich Vorstellungen davon zu machen, wie eine ansprechende, den genannten Zielen gerecht werdende Mensa auszusehen hat – Fehlplanung par excellence. Solche Einzelbeobachten werden durch empirische Untersuchungen untermauert, die den Eindruck erzeugen, dass sich die *Rationalität schulischer Organisationsprinzipien* behauptet und es um das ‚Durchschleusen' möglichst vieler Schüler in kurzer Zeit geht. Denn je größer die Schule, desto mehr Schülergruppen müssen versorgt werden. Der Zeittakt bestimmt die Essgeschwindigkeit.

Ulrike Arens-Azevedo, Mitautorin der DGE-Qualitätsstandards, gibt an, dass in 61,2 % aller untersuchten Schulen mit Mittagsverpflegung die Mittagspause kürzer als 45 Minuten ist (Arens-Azevedo 2020, 9). Meine eigenen Beobachtungen zeigen, dass selbst in Grundschulen und Landerziehungsheimen die Essenszeit häufig nicht mehr als 30 Minuten beträgt. Dies widerspricht nicht nur den klaren Empfehlungen der DGE von *einer Stunde*, sondern eindeutig auch ernährungsphysiologischen Erkenntnissen. Klar ist, dass die Verdauung im Mund beginnt. Dort werden mit dem Kauen Verdauungsenzyme produziert. Langes Kauen fördert die gesunde Verdauung, Herunterschlingen der Nahrung behindert sie. Die Appetitlosigkeit und das Desinteresse mancher Kinder am Essen mag hier eine Wurzel haben.

Diese Befunde können den Eindruck erwecken, dass die Rahmenbedingungen des Essens als Basis für die pädagogische Einflussnahme und die Ernährungsbildung vernachlässigt, wenn nicht gar aus dem Fachdiskurs ausgeblendet werden. Jochen Lange gibt zu bedenken, dass die Diskussion über gutes Schulessen von einer trophologischen, d.h. medizinisch-präventiven Perspektive dominiert wird, die sich primär den *Inhaltsstoffen der Nahrung* und der gesunden Ernährung verschreibt (Lange 2021). Wenn man stattdessen das tatsächliche Geschehen beim Schulessen erfassen möchte, ist ein *mikrosoziologisches Untersuchungsdesign*, wie es von Lotte Rose und Rhea Seehaus (2019) genutzt wird, zielführend. Die Forscherinnen haben ethnographische Studien an 7 Schulen verschiedener Schularten durchgeführt. Fasst man die differenzierte Analyse zusammen, so lässt sich feststellen, dass das Mittagessen eine symbolisch hoch aufgeladene Situation mit zahlreichen *Konfliktzonen* ist, die den Eindruck erwecken, dass der Alltag des Schulessens weit entfernt ist sowohl von ernährungsbildender Zielerreichung als auch von sozialerzieherischer Beeinflussung. Es beginnt bereits damit, dass dem Essen mit Widerwillen, Misstrauen und Skepsis begegnet wird. Viele Heranwachsende, besonders im Grundschulalter wollen „nichts Gemischtes" (ebd., 31ff.), aber gerne wissen, was im Essen „drin ist". Die Abwehr des Schulessens ist immer wieder verknüpft mit der Abwehr des schulischen Reglements. Was die Schule möchte, nämlich das Erlernen eines gesitteten, kulturell angepassten und – in den höheren Jahrgangsstufen ernährungsphysiologisch bewussten – Essverhaltens wird *sabotiert*. Die gewünschte Triebkontrolle (z.B. „Mit Essen spielt man nicht!") bricht, häufig und täglich beobachtbar, in sich zusammen. Dies kommt durch die folgenden Verhaltensweisen zum Ausdruck: Das Essen wird für allerlei Spiele verwendet, um die Aufmerksamkeit der Gleichaltrigen auf sich zu lenken und dadurch die Eintrittskarte in die Peergroup zu erhalten: Essverhalten verläuft an der Grenze von Inklusion und Exklusion. Um begehrtes Essen wie den Nachtisch wird konkurriert, nicht schmeckende Komponenten werden dem Nachbarn auf den Teller geschoben. Bestandteile der Mahlzeit werden abgegeben, verschenkt oder erbettelt. Manches fällt herunter und es werden Berge von Abfall, d.h. von nicht gegessenem Essen produziert – das Essen in der Schulmensa: ein Spannungsfeld.

Was hat das alles nun mit dem Raum und der Erwartung zu tun, dass der Raum eine erzieherische Energie freisetzen sollte? Zwar haben Lotte Rose und Rhea Seehaus ihre Aufmerksamkeit nicht explizit auf die Raumwirkung gelenkt, es ist aber zu erkennen, dass insbesondere das Ausgabesystem Cafeteria-Line störanfällig ist. Die Nadelöhrsituation führt leicht zu Staus und daraus resultierend zu Ungeduld, Gereiztheit und Konflikten. Die Dezentralisierung durch die Essensausgabe an Inseln ist deutlich spannungsärmer, macht aber die Aufsicht durch das Lehrpersonal schwieriger, wenn sie denn überhaupt als wichtig erachtet wird. Zudem kommt es vornehmlich dort zu einer unproduktiven *Trennung der Generationen*, wo nicht in Tischgemeinschaften gegessen wird. Da Rose und Seehaus einen machttheoretischen Blick auf das Geschehen werfen, sehen sie die Tischgemeinschaft wiederum als Ort der hierarchischen Kontrolle durch die Lehrkräfte. Leider wird durch diese theoretische Fokussierung die Chance der pädagogischen Arbeit am Generationenverhältnis ausgeblendet.

Wenn die Schulmensa ein Ort sein soll, der durch seine Wirkung positive Verhaltensweisen auslöst und langfristig gewünschte Einstellungen für eine Kultur des Kulinarischen und der ökologischen Verantwortung anbahnen soll, dann muss er als erstes eine bestimmte *Anmutungsqualität* haben: Er muss *einladend* wirken. Er sollte Gastlichkeit ausstrahlen, die seinen Besucher umfängt. Insbesondere Kinder, die die Übergangsschwelle von der Grundschule zur Sekundarstufe I überschritten haben, also sich in der Eingangsstufe der Jahrgänge 5 und 6 befinden, fühlen sich in der üblichen Mensa isoliert und unwohl. Anders als in australischer Fachliteratur (vgl. Hughes & Franz u. a. 2019), wird dieses Thema der „mangelnden Beheimatung" der 10- bis 12jährigen[110] im Schulgebäude in deutschen Schriften nicht behandelt (lediglich für die Grundschule liegt eine Dissertation vor; Zschiesche 2019). Die „Beheimatung" beginnt bereits beim Betreten des Raums, der durch eine gedämpfte Akustik, zurückhaltende Farbgebung und Naturmaterialien die Sinne anspricht und das Gefühl von Geborgenheit und Zugehörigkeit vermittelt. Schon hier sollte das Essen durch appetitliche Präsentation *Genusswünsche wecken*. Die Beleuchtungstechnik sollte warmes farbiges Licht vorsehen. Die lineare Aufstellung der Tische in Reihen – die gängigste und besonders verstörende Form – sollte überwunden werden durch die Einrichtung von Sitzecken, Nischen und Gruppentischen, die ein gemeinsames Speisen bei Gesprächen erst möglich machen. Für einen verständigen Architekten ist es keine Herausforderung, solche „Inseln" auf unterschiedlichen Niveaus anzulegen. Allerdings: Dieses Konzept braucht viel Platz. Zu empfehlen ist zudem, die Betroffenen in die Planung einzubeziehen (das Buch von Beate Weyland & Josef Watschinger (2017) ist voll mit überzeugenden Beispielen für die Teilhabe der Lernenden an der Planung). Dabei müssen die Schüler und Schülerinnen keine passiven Nutzer ihrer Mensa sein. Vor allem dort, wo das Verpflegungssystem *Mischküche* etabliert ist, öffnen sich pädagogisch wertvolle Möglichkeiten der *Schülerbeteiligung*. In der Küche fallen zahlreiche Arbeiten an, die von Heranwachsenden übernommen werden können, z. B. die Essensvorbereitung, die Portionierung des Essens und schließlich das Bedienen und die Hilfe bei der Geschirrrückgabe in der Mensa. Solche Tätigkeiten fördern den bewussten Umgang mit dem Essen und sorgen für die sozialintegrative Einbindung in die Schulgemeinschaft. Beispiele finden sich im Münchener Lernhauskonzept[111] und in der Integrierten Gesamtschule Offene Schule Waldau in Kassel (Schönig 2015c). Eine Voraussetzung für das Gelingen ist, dass die

110 Hinzuweisen ist darauf, dass die Grundstufe in Australien bis zur 6. Jahrgangsstufe reicht, also der Übergang von der Primary School in die High School im Alter von etwa 12 Jahren erfolgt.

111 Im Internet hat die Landeshauptstadt München, Referat für Bildung und Sport, das „Praxisbuch Münchener LERNHAUS" (2016) abgelegt unter: https://schulen-planen-und-bauen.de/wp-content/uploads/2017/01/lernhaus_Broschu_re_web_ohne_Vorwort.pdf.

Aktivitäten konzeptionell und curricular eingebunden sind. In der Waldauer Schule werden wechselnde Gruppen aus Schülern und Schülerinnen für den Mensadienst eingesetzt. Sie sind zuständig für die reibungslosen Abläufe, die Reinigung der Plätze, die Geschirrrückgabe und die Hilfe beim Spülen. Im Foto unten sind diese Personen an ihrer roten Kleidung zu erkennen. Die Kleidung wird wiederum von Schülern und Schülerinnen gewaschen, die auf der 9. Jahrgangsstufe ein Betriebspraktikum durchführen. Auf diese Weise lernen die Beteiligten, Verantwortung für andere zu übernehmen, Hilfsbereitschaft einzuüben und Sensibilität im Kontext der Inklusion zu entwickeln. Zudem erfahren sie selbst Wertschätzung durch ihre geleistete Arbeit. Die katalytische Funktion des Raums ist augenfällig. Durch die lockere Anordnung der Tische schafft er die Voraussetzung für die Möglichkeit, ein solches Konzept zu etablieren. Zu erwähnen ist, dass mit dem Mensadienst den Personalkosten entgegengearbeitet wird.

Abb. 17: Die Mensa der Integrierten Gesamtschule Waldau (Kassel) zu Betriebszeiten (Foto: Moritz 2014)

Es ist verständlich, dass ein Sachaufwandsträger die Kosten für Bau und Betrieb der Mensa im Blick haben muss. Ihm stellen sich Fragen nach der Raumgröße, nach Fremdbewirtschaftung versus Eigenbewirtschaftung, nach dem Verpflegungssystem und dem Ausgabesystem. Aus den genannten pädagogischen Gründen sind die Mischküche, die Tischgemeinschaft und das Free-Flow-System zu bevorzugen. Die Mischküche zeichnet sich durch höhere Flexiblität und Essensqualität aus, *ohne teuer zu sein*. Der KuPS- Abschlussbericht rechnet vor, dass sie ab 300 Essen pro Tag mit den anderen Verpflegungssystemen konkurrieren kann. Dabei muss die Fremdbewirtschaftung keineswegs teurer sein, die Eigenbewirtschaftung lässt aber, wie gezeigt, unterschiedliche Möglichkeiten des Personaleinsatzes, des ehrenamtlichen Engagements, der Elternmitwirkung und der Förderung durch Vereine zu. Was die Tischgemeinschaft angeht, so zeigen die Berechnungen von KuPS, dass die einzelne Mahlzeit 19 Cent günstiger ist als das Essen in der Cafeteria-Line und gar 27 Cent günstiger als im Free-Flow-Modell.[112] Freilich kann der zusätzliche Flächenbedarf von 20 % im Free-Flow-Modell (und ggf. im Modell Tischgemeinsaft) den Sachaufwandsträger argwöhnisch machen, aber bei einer Abschreibung eines Mensaneubaus innerhalb von 25 Jahren und einer teilweisen Umlage der Baukosten auf die laufenden Essenskosten ist das Kosten-Nutzen-Verhältnis durchaus ein Rechenexempel wert.

7.5 Arbeiten vs. Feiern

In diesem Kapitel geht es zunächst um die Erarbeitung eines pädagogisch gehaltvollen *Arbeitsbegriffs*. Es wird der These nachgegangen, dass die tätige Auseinandersetzung mit den Dingen im Sinne der Hervorbringung eines Produkts mit körperlichen Erfahrungen und intellektuellen Prozessen verbunden ist, die für die personale Entfaltung des Heranwachsenden von großem Wert sind. Dazu wird auf die *Reformpädagogik*, insbesondere auf die *Arbeitsschulbewegung* zurückgegriffen, als deren Schlüsselfigur Georg Kerschensteiner (1854-1932) gilt. Kerschensteiners Kernideen der Arbeitsschule und der *staatsbürgerlichen Erziehung* werden vorgestellt und die historischen Vorläufer Arbeitsschulidee angesprochen, jedoch nicht, ohne einige gesellschaftliche und konzeptionelle Konfliktlinien zu benennen. Nachdem der pädagogische Sinn der Arbeit in der Schule bestimmt worden ist, wird aufgezeigt, wie im Zusammenspiel von Arbeit und Raum ein erzieherischer Ertrag entstehen kann (Kap. 7.5.1). Es folgt unter Kap. 7.5.2 eine Annäherung an ein wenig bearbeitetes Thema der Schulpädagogik, das *Feiern* in der Schule. Um eine semantische Präzisierung von Feiern in der Schule zu erzielen, ist eine historische Betrachtung angezeigt (Kap. 7.5.2.1). Danach lässt sich eine Unterscheidung von *Schulfest* und *Schulfeier* und der pädagogische Kern des Feierns in der Schule darlegen. Das Feiern wird als ein spezifisches *Ritual* zur Unterstützung der *Gemeinschaftsbildung* im Kontext räumlicher Bezüge vorgestellt (Kap. 7.5.2.2).

7.5.1 Das Arbeiten in der Schule als eine Form des Weltzugangs

In der Schulpraxis wird vom Arbeitsbegriff vielfältig Gebrauch gemacht. Es wird von Schularbeiten, Hausarbeiten, Arbeitsgemeinschaften, Arbeitsgruppen, Gruppenar-

112 in form (Hrsg.): Studie zu Kosten- und Preisstrukturen in der Schulverpflegung. KuPS Abschlussbericht. Veröffentlicht am 12.11.2019, 70ff.

beit, dem Fach Arbeitslehre usw. gesprochen. Im allgemeinen Sprachgebrauch wird Arbeit assoziiert mit beruflicher Tätigkeit, Gelderwerb, *Lebensunterhalt*, und – ethnologisch gesehen – mit der Beherrschung und ‚Kultivierung' der Natur; aber auch mit *Daseinserfüllung und Bedürfnisbefriedigung*. Der Arbeitsbegriff ist also mit unterschiedlichen Sinnzuschreibungen belegt, ist aber deutlich vom Spielbegriff unterschieden, der, wie gezeigt, eine lustvolle, ergebnisoffene und zumeist auch zweckfreie Tätigkeit meint. Für den pädagogischen Kontext ist vor allem ein Merkmal von Arbeit anzusprechen, weil es für den Bildungserwerb eine dominante Rolle spielt: eine Tätigkeit oder Handlung, die mit *Kraftanstrengung* und *Überwindung eines Hindernisses* verbunden ist. Denn lern- und bildungstheoretisch gesehen ist ein Fortschritt der persönlichen Entwicklung nur dann zu erwarten, wenn der Heranwachsende sich der Sperrigkeit der Phänomene stellt, sich gewissermaßen an ihnen abarbeitet, um sie zu durchdringen und zu Erkenntnissen über deren Qualität zu gelangen.

Die einführenden Hinweise in das 7. Kapitel hatten bereits auf Peter Petersen Bezug genommen, der zwar den Arbeitsbegriff gebraucht, ihn aber als Sammelbegriff für verschiedene Lernaktivitäten, vor allem in der Gruppe, und in Abgrenzung von der *Erwerbsarbeit* versteht. Im Unterschied zu Petersens Jena-Plan-Pädagogik ist das Konzept von Georg Kerschensteiner zu nennen. Kerschensteiner gilt als eine der prominentesten Persönlichkeiten der Schulreformen der Weimarer Zeit und als Promotor einer Richtung, die aus der Reformpädagogik entstand und hinausführt bis in das *moderne Berufsschulwesen* und zur Arbeitslehre als Schulfach: die „Arbeitsschulbewegung". Er war von 1895 bis 1925 Stadtschulrat von München und damit verantwortlich für sämtliche Schulen Münchens. Kerschensteiner folgte in besonderer Weise dem Art. 148 der Weimarer Verfassung, der die Durchführung von „Arbeitsunterricht" an allen Schulen verlangte. Unter namhaften Reformpädagogen war unumstritten, dass die „Arbeit" eine unverzichtbare Dimension von Schule und Unterricht sei. „Arbeit" sei ein zentraler Bezugspunkt des Lebens und müsse deshalb sowohl Thema des berufskundlichen Lernens als auch Teil der praktischen Erfahrung sein (Flitner 1999, 77ff., Gonon 1992). Kerschensteiner zielte in seinem Wirkungskreis München intensiv auf die Einrichtung des Berufsschulwesens und die Durchsetzung der Berufsschulpflicht, auch bekannt geworden als „Münchener Modell". An entsprechender räumlicher Ausstattung der Schulen sollte es nicht fehlen. Schulküchen, Werkstätten, Laboratorien, Zeichensäle usw. sollten die Herstellung von Produkten in den Bereichen Handwerk, Technik, Kunst und Hauswirtschaft sowie entsprechende praktische Erfahrungen ermöglichen.

Genau genommen wäre davon zu sprechen, dass es sich um die *Wiederbelebung* der „Arbeitsschule" handelte, wenngleich sie bei Kerschensteiner eine spezifische Gestalt und historisch-gesellschaftliche Einbettung erfuhr, denn die Idee der Erziehung zur Arbeit durch Arbeit hatte schon Ende des 18. Jh. mit den „Industrieschulen" eine unübersehbare Bedeutung erreicht. Allerdings zielt der missverständliche Begriff der *„Industrieschule"* nicht etwa auf ein Lernen im Industriebetrieb wie etwa

bei Pawel Petrowitsch Blonskij (s. u.), sondern auf die *Haltung der „Industriosität“*. Das Erziehungsideal der Industriosität war der Erwerb von Arbeitstugenden wie Produktivität, Fleiß, Genauigkeit, Geschäftigkeit, Ordnungssinn, Geschicklichkeit (industria) und ökonomischer Einsatz der körperlichen Kräfte. Mit der Förderung der persönlichen Arbeitszufriedenheit und „Glückseligkeit“ sollte zugleich der *Wohlstand der Bevölkerung* gesteigert werden. Das Konzept sah die innige Verschränkung von individuellem *Lebensglück* durch Arbeit und *gesellschaftlicher Nützlichkeit* vor. Aber die Tätigkeiten waren noch weitgehend auf das *Handwerk* und die *Landwirtschaft* beschränkt. Im Vordergrund standen der Obst- und Gemüseanbau, das Spinnen und Nähen, weitere Handarbeiten und Hausarbeiten sowie handwerkliche Tätigkeiten. Das pädagogische Programm jener Jahre dürfte sich im staatlichen Schulwesen nur wenig verbreitet haben. Hervorstechende Beispiele sind vielmehr einige private Erziehungsanstalten der Philanthropen[113], besonders das 1774 von Johann Bernhard Basedow (1724-1790) in Dessau und das von Christian G. Salzmann (1744-1811) in Schnepfental errichtete *Philanthropin*. Die Philanthropen waren von der Gutheit des Kindes und dessen Lern- und Wachstumsbedürfnis überzeugt und wehrten sich gegen eine auf Wort- und Buchwissen basierende Belehrung. Die Lerngegenstände sollten leicht fasslich, anschaulich, anregend und ‚ganzheitlich‘ sein. Zum Zuge kamen die didaktischen Prinzipen der *Veranschaulichung* und der *Selbsttätigkeit*. Bebilderte Fibeln und bildreiches Arbeitsmaterial hielten Einzug in die Anstalten (Stach 1984; Geißler 2011, 71ff.) und es wurde Wert auf die Körperertüchtigung durch das *Turnen* gelegt.
Raumtheoretisch interessant an dieser aufklärungspädagogischen Bewegung ist die Öffnung des Raums, der nunmehr mit Sammlungen, Naturalienkabinetten, Tierpräparaten, Modellen, Herbarien, Pflanzen und locker verteilten Arbeitsplätzen ausgestattet wurde. Naturphänomene konnten beobachtet und naturwissenschaftliche Experimente – auch in Verbindung mit Exkursionen – durchgeführt werden. Technische Erfindungen wurden im Schulraum erfahrbar. Der *Raum als Lehrender* sollte zum Lernen anregen und den Lehrer ein Stück weit ersetzen (Göhlich 2013). Selbstredend, dass diese Anstalten dem sich formierenden bildungsbeflissenen Bürgertum vorbehalten blieben.
Paradoxerweise wurden solchen Entwicklungen mit den sich immer stärker durchsetzenden *industriellen Fertigungsverfahren* im 19. Jh. in die Schranken verwiesen. Die sich entfachende Dynamik durch die Industrialisierung brachte eine neue Auffassung von Arbeit und „Arbeitsschule“ mit sich. Mehr und mehr wird Arbeit

113 Der Begriff „Philanthrop“ kann mit „Menschenfreund“ übersetzt werden. Er ist angelehnt an das von Basedow gegründete Dessauer Philanthropin. Zweifellos war Basedow einer der führenden Aufklärungspädagogen, die die Kindheit als eine eigenständige Lebensphase und Erziehung als Notwendigkeit postulierten. Richtungweisend war Basedows vierbändiges „Elementarwerk“, eine reich bebilderte Enzyklopädie für Kinder, die ihnen umfängliches Wissen buchstäblich vor Augen gestellt, also anschaulich gemacht hat.

als *Erwerbsarbeit* verstanden, die den Gesetzen des sich *kapitalistisch* formierenden Arbeitsmarktes unterworfen wurde – die Arbeitskraft wird zur Ware. Die sich rasch ausdehnende Industrialisierung vor allem in den großen Städten machte eine Anpassung des Schulwesens, insbesondere der Volksschule, an den neuen Qualifikationsbedarf unumgänglich. Außer der Einführung neuer Fächer wie *technisches Zeichnen* und *Buchhaltung* und zusätzliche Beschulung kristallisierte sich allmählich ein eigenständiges Berufsschulwesen heraus, wie es sich wenig später Kerschensteiner für München zur Aufgabe machen sollte. Die Jahre 1870 bis 1920 brachten zusehends *Fortbildungsschulen* als Wegbereiter der Berufsschule hervor. Die wirtschaftliche Prosperität legte zugleich einen Konflikt offen, der den Spagat zwischen Bildungsansprüchen einerseits und Qualifikationsanforderungen andererseits betrifft. Personen, die sich für die Stärkung *konventioneller Arbeitstugenden* einsetzten, standen jenen gegenüber, die auf *Qualifikation* im Sinne der Anschlussfähigkeit und Anpassung des jungen Menschen an den Tätigkeitsbedarf des Produktionssektors setzten (Gonon 1992, Blankertz 1983, 143-210). Deutlich zu sehen ist auch die geschlechtsspezifische curriculare Ausdifferenzierung des Volksschulwesens. Die „Arbeitsschule" der sich beschleunigenden Industrialisierung sorgte dafür, dass Jungen mit der Arbeit in Werkstätten für Stein-, Holz-, Papp- und Metallarbeiten, Mädchen mit Häkeln, Stricken, Nähen und Kochen vertraut gemacht wurden.

Es kann nicht unberücksichtigt bleiben, dass Kerschensteiner Anfang des 20. Jh. sein Konzept der Arbeitsschule zu einer Zeit popularisierte, als die kapitalistische Produktionsweise und die fortwährende Beschleunigung der Güterproduktion jenseits aller Pädagogisierungsbemühungen ihre hässlichste Seite offenbarten: die Ausbeutung der Arbeitskraft des Kindes in Form von *systematischer Kinderarbeit*. Es handelt sich um einen von der Politik hingenommenen Skandal, der fast ein Jahrhundert lang bestand und die Etablierung der von Kerschensteiner gewollten Berufsschulpflicht aus heutiger Sicht durchaus als heiklen Drahtseilakt lässt erscheinen.

Ab 1901 veröffentlichte Wilhelm Rein (1847-1929), der Vorgänger Peter Petersens auf dem Jenaer Lehrstuhl für Erziehungswissenschaft bis 1923, ein umfängliches neunbändiges „Encyklopädisches Handbuch der Pädagogik". In Band 4 des Jahres 1906 findet sich eine detaillierte, zahlenreiche und ebenso erschreckende, von Karl Agahd verfasste Beschreibung der Situation in allen deutschen Provinzen. Agahd bringt das umfassende Zahlenmaterial auf den Punkt:

> „Tausenden von Kindern wurde der Sonntag, ihr „Sonnentag", geraubt. Wo sollte die Zeit herkommen zu Spiel und ausreichendem Schlafe? […] Trotz entsetzlich langer Arbeitsdauer, vielfach Unterernährung, und dazu diese Arbeitsräume, die jeder Hygiene Hohn sprechen – auch ein Ausblick auf das Schlagwort: „Jahrhundert des Kindes!" Die Verbilligung der Produktion machte den Arbeitgeber skrupellos. Er stellte das Kind in „Werkstätten", in die es wegen ihrer Gesundheitsschädlichkeit und Gesundheitsgefährlichkeit überhaupt nicht gehörte, und die deswegen der Kinderarbeit schon längst hätten verschlossen bzw. verboten werden müssen." (Agahd 1906, 829)

Was aber heißt „Kinderarbeit“ konkret? Renate Hinz geht der Frage nach und legt ausführliches Zahlenmaterial vor. Sie bezieht sich u. a. auf eine Initiative des Preußischen Kultusministers Altenstein des Jahres 1824, die Aufschluss über den Gesundheitszustand der in Fabriken arbeitenden Kinder in den rheinischen Gebieten geben sollte. Hinz zitiert aus dem betreffenden Bericht aus dem Jahr 1824 für den besonders industriereichen Regierungsbezirk Düsseldorf:

> „Als das Alter, von welchem an man die Kinder in Fabriken aufnimmt, wird das 7te oder 8te Jahr angegeben, im Kreise Geldern aber das vierte. Die Regierung glaubt indessen, daß in den meisten Fabriken schon Kinder unter 6 Jahren angenommen werden. Die Zahl der Arbeitsstunden beträgt täglich 10, 11, 12, auch an manchen Orten 15 und 16 Stunden. Die Regierung glaubt, daß die Geldgier in diesem Puncte sehr weit gehe; indem, wenn die Waare im Handel sehr begehrt wird, der Fabrikant gewiß die Kinder über die gewöhnlichen Tagesstunden fortarbeiten läßt, so lange keine gesetzlichen Bestimmungen sie beschränken.“ (zitiert nach Hinz 2011, 101)

Der Bericht fährt mit einer Beschreibung der Erkrankungen und gesundheitlichen Einschränkungen fort, die ein erschütterndes Bild vom Gesundheitszustand dieser ausgebeuteten Kinder zeichnen. Sie werden hauptsächlich in Eisenhütten und Bergwerken (Untertagebau), im Heimgewerbe, in der Fabrikation und als Dienstboten eingesetzt. Und selbstverständlich in der Landwirtschaft, denn auch am Ende des 19. Jh. war in Preußen der weit überwiegende Teil der Bevölkerung *Land*bevölkerung. Betroffen von der „Kindersklaverei“ (Ahahd) waren selbstredend die Elementarschulen bzw. Volksschulen, denn 90 % der Heranwachsenden besuchten diese Schulart. Die Schulen standen vor dem Problem, dass die im Königreich Preußen bereits 1717 durch König Wilhelm I mit den Principia Regulativa erlassene *Schulpflicht* an der Kinderarbeit abprallte, genauer gesagt an den Eltern. Ohnehin war die Schulpflicht zunächst nichts weiter als eine Absichtserklärung. Agahd stellt ernüchtert fest: „Wenn abertausende von Kindern das Ziel der Volksschule nicht erreichten, so trägt dazu die Kinderarbeit ein gut Teil bei.“ (Agahd 1906, 831) Und weiter: „In den besten Lehrjahren werden die Schüler drei Sommer der Schule entzogen; [...].“ (ebd., 836)

Laut Auskunft von Renate Hinz, die sich auf eine amtliche Erhebung aus dem Jahr 1904 stützt, haben im Deutschen Reich Anfang des 20. Jh. ca. 1,76 Mio. Kinder in der Landwirtschaft gearbeitet, davon gut 1 Mio. Kinder unter 12 Jahren. Das entspricht etwa 20 % aller schulpflichtigen Kinder (Hinz 2011, 28ff.). Dass Kinder auf dem Bauernhof der Eltern mitarbeiteten, war völlig selbstverständlich, und dass sie ihre Arbeitskraft zusätzlich in Wirtschaftsbetrieben einsetzten, war ein *notweniges Übel, um die Existenz der Familie überhaupt zu sichern*. Angesichts dieser Situation ist leicht nachvollziehbar, dass es noch bis in das 20 Jh. dauerte, bis der Staat die Schulpflicht durchsetzen konnte. Offensichtlich ist er selbst dieser Verpflichtung Jahrzehnte lang nicht nachgekommen. Schon die Verschärfung des „Zweiten Kinderschutzgesetzes“ aus dem Jahr 1853 brachte keinen durchschlagenden Erfolg, sodass

wiederum Agahd für das letzte Drittel des 19. Jh. konstatierte: „Der wirtschaftliche Aufschwung des geeinten Deutschland hat von 1870 ab eine Verbesserung der Lage der in den Fabriken arbeitenden Kinder nicht gebracht. [...] Leider blieb der Ruf um Abhilfe ein „Schrei in der Wüste“ (1875). Seitens des Staates geschah nichts. Bismarck war keine Freund des Arbeiter- und Kinderschutzes.“ (ebd., 839)
Vermutlich hat diese skandalöse Situation den Anstoß dazu gegeben, dass Kerschensteiner mit seinem neuen Konzept der „Arbeitsschule“ einen großen Bogen um die rapide sich verändernde Arbeitswelt und die Industrialisierung gemacht hat. Er wusste von den ökonomischen Verhältnissen, wollte sie aber aus seiner Arbeitsschule weitgehend heraushalten. Anfangs schwebte ihm eine Schule der *praktischen Aktivität* vor, in der Heranwachsende lernen, ein eigenes *Werkstück* zu fertigen. Arbeit wurde von ihm gleichgesetzt mit *handwerklicher Tätigkeit*. Kerschensteiner versprach sich vom manuellen Tun die Förderung von „Selbstständigkeit“, „Selbstbehauptung“, „Unternehmungslust“, die „Lust, zu beobachten und zu prüfen“ und den „Mut, Neues und Ungewohntes anzugreifen“ (Kerschensteiner 1908/1968, 26). Die Buch-und-Stoff-Schule, die Kerschensteiner vorfand, schien ihm dazu nicht der Lage zu sein. Er war überzeugt, dass die praktische Tätigkeit die *geistige* Auseinandersetzung mit der Sache fördern würde. So hält er fest:

> „Wenn ich die fröhlichen Augen, die geröteten Wangen und die unstillbare Arbeitsfreude der Knaben und Mädchen in unseren Werkstätten und Laboratorien, Schulküchen und Schulgärten sehe, so fühle ich darin die beste Bestätigung, daß wir auf dem richtigen Weg sind. Hier wachen auch jene auf, die hinter den Schulbänken für faul, dumm oder nachlässig gegolten haben und zweifellos in Förderklassen verwiesen worden wären, hätten wir solche besessen.“ (ebd., 28)

Ein wesentliches Strukturmoment seines Konzepts war die *Selbstprüfung* – wir würden heute vielleicht von Evaluation sprechen. Denn die Arbeit am konkreten Werkstück ist mit bestimmten *Qualitätsanforderungen* verbunden, die vom Werkstück gleichsam mitgeliefert werden. Es erzieht den Lernenden zu einer akkuraten Arbeitsweise. Der vielzitierte Starenkasten ist eben nur dann in Ordnung, wenn seine Bauteile sorgfältig vermessen, erarbeitet und passend zusammengefügt worden sind. Andernfalls ist er missraten, Pfusch, der den Lernenden unzufrieden zurücklässt. In dem 1912 veröffentlichten Buch Kerschensteiners „Begriff der Arbeitsschule“ heißt es:

> „Nur eines kann die Arbeitsschule in meinem Sinne stempeln: die *auf der Möglichkeit der Selbstprüfung ruhende, immer mehr ausgreifende sachliche Einstellung der Schüler*. Jeder Zögling muß imstande sein und sich innerlich dazu genötigt fühlen, seine Arbeit, mag sie theoretischer oder praktischer Natur sein, bei jedem Schritt ihrer Durchführung auf ihre Übereinstimmung mit den Forderungen zu prüfen.“ (Kerschensteiner 1912, 55; Hervorhebung im Original)

Im Zitat klingt bereits eine Veränderung der Arbeitstheorie an, denn: „Aus der „Arbeit“ wurde so etwas wie ein methodisches Prinzip, das sich auf manuelle, auf planerische, organisatorische, künstlerische, aber auch auf rein intellektuelle Arbeit

richten konnte." (Flitner 1999, 82) Mit dieser Position wird sein Ansatz zwar für das Lernen weiter geöffnet, aber zugleich auch verwässert, weil Kerschensteiner den ursprünglichen Arbeitsbegriff verlässt.
Eine weitere Bestimmungsgröße seiner Arbeitsschule sind die Kooperationsverhältnisse, denn Kerschensteiner hatte erkannt, dass gelingende, d.h. durch *Sachlichkeit* geprägte *Zusammenarbeit* für eine Gesellschaft fundamental ist. Damit ist Arbeit nicht nur praktische und intellektuelle Auseinandersetzung, sondern eben auch *sittliches Prinzip*. Ähnlich wie in der Theorie John Deweys wird das gemeinschaftliche Arbeiten in der Schule als Modell für die Gesellschaft gedacht. Bildung im Sinne Kerschensteiners kann nur dort stattfinden, wo die Arbeitsschule einen gesellschaftlich-sittlichen *Zweck* erfüllt. Seine Pädagogik mündet ein in eine Philosophie des Staatsbürgertums mit affirmativem Charakter. Im Original klingt das so:

> „*Der Sinn des Lebens ist nicht herrschen, sondern dienen.* Erst wenn die Schularbeit dieses Adelswappen trägt, kann sie Grundlage der staatsbürgerlichen Erziehung werden, einer Erziehung, die alle Volksgenossen zuerst und vor allem von der Schule fordern müssen [...] Erst aus der gemeinsamen Arbeit wächst das Gefühl der Notwendigkeit der Unterordnung unter gemeinsame Zwecke. Mit ihr greift die Kette des sozialen Lebens in die Schule hinein [...]." (Kerschensteiner 1908/1968, 31; Hervorhebung im Original)

Hinter dem „Dienen", der „Unterordnung", der „Hingebung", der „Dankbarkeit" und „uneigennützigen Liebe" (ebd.) verblassen die persönlichen Wünsche und Entwicklungsbedürfnisse des jungen Menschen. Die *Verquickung von Arbeitsschulidee und staatsbürgerlichem Unterricht* degradiert die Erziehungsaufgabe letztlich zu einem *Vergesellschaftungsprozess*. Curricular ablesbar ist das an der Vorsortierung der Lerngegenstände. Sie werden so ausgesucht, dass sie den moralischen Ansprüchen der staatsbürgerlichen Erziehung genügen können.
Besonders geschätzt wurden Kerschensteiners Arbeitsschule und die Vorstellungen von einer Fortbildungsschule in den USA, wo er beides 1910 auf einer zehnwöchigen Reise mit einigen Vorträgen und Schulbesuchen erfolgreich vertrat – zum Ärger von John Dewey (vgl. Knoll 2018). Deweys Konzept der „laboratory school" stand Kerschensteiners Arbeitsschulkonzept in manchen Punkten diametral gegenüber und Dewey machte keinen Hehl aus seiner Geringschätzung Kerschensteiners. Seine Kritik setzt bereits bei der *Inhaltsauswahl* an. Dewey vertritt die Auffassung, dass die Lernenden Gelegenheit erhalten müssten, die Phänomene *selbst zu entdecken*, *zu untersuchen*, *zu prüfen* und *zu experimentieren*. Eine moralische Vorsortierung der Dinge schied für Dewey aus. Schwerwiegender aber ist seine Kritik an Kerschensteiners Anliegen, mithilfe von Arbeitsschule und staatsbürgerlicher Erziehung *brauchbare Staatsbürger* zu erziehen. Er empfand Kerschensteiners Konzept als ideologisch, anti-demokratisch, sozial diskriminierend und systemstabilisiert. Es sei nicht auf den Zugewinn von Freiheit, sondern auf die *Anpassung* junger Menschen an das kapitalistische Wirtschafts- und Gesellschaftssystem aus (vgl. Knoll 2018). Auch Herwart

Kemper kommt angesichts Kerschensteiners staatsfunktionalistischer Pädagogik zu einem drastischen Resümee:

> „Aufgrund der methodisch bedingten mangelhaften Unterscheidung zwischen Sein und Sollen in Politik und Pädagogik hatten jedenfalls Kerschensteiners pädagogischer Arbeitsbegriff und seine staatsbürgerliche Erziehungsidee der Gefahr substantiell und methodisch nichts entgegenzusetzen, auch zu unsittlichen Zwecken, nämlich zur Stabilisierung der überkommenen sozialen Ungleichheit und zur Rechtfertigung unterschiedlicher staatlicher Herrschaftsansprüche in Dienst genommen zu werden." (Kemper 2001,125)

Letztlich ist Kerschensteiners Konzept der Arbeitsschule in *zeitlich überholten Vorstellungen* von handwerklicher Arbeit und Arbeitserziehung stecken geblieben. Er wollte nicht wahrhaben, dass im Zeitalter der maschinellen Produktion und umstürzenden Verhältnisse in der Ökonomie andere Zugänge zu den dominanten Feldern der Arbeit notwendig gewesen wären. Das hat ihm der sowjetische Pädagoge Pawel Petrowitsch Bloskij (1884-1941) besonders vorgeworfen. Blonskij selbst hatte sich 1921 mit einem eigenen Ansatz, beschrieben in dem Buch „Die Arbeitsschule", zu Wort gemeldet. Ohne auf ihn näher einzugehen, seien doch zumindest ein paar Eckpunkte des Konzepts angedeutet. Blonskij übernahm einige Grundzüge des *Marxismus*, u. a. die Vorstellung von der Unterwerfung der Natur durch menschliche Arbeit, die *„Polytechnische Bildung"*[114] und die frühe Einbindung von Kindern in die Arbeitserziehung, und machte sich für die enge *Verklammerung von Unterricht und betrieblicher Produktion* stark. Er war der Auffassung, dass Arbeit in der Schule simulativen Charakter habe und deshalb keine realistische Vorstellung von der *tatsächlichen Arbeitswelt*, insbesondere von der Industriearbeit vermitteln könne. Deshalb ging Blonskij, dem Industrieoptimismus seiner Zeit folgend, so weit, Jugendliche in die Produktion einzubeziehen. Seine Vorstellungen von einer „polytechnischen Bildung" haben deutliche Spuren in einigen sozialistischen Ländern hinterlassen. Nicht zuletzt in der Deutschen Demokratischen Republik (DDR), deren Regierung 1964 den „Unterrichtstag in der Produktion" einführte. Die Stundentafeln der zehnjährigen Polytechnischen Oberschule (POS) hatten seit Schuljahr 1971/72 ab der Jahrgangsstufe 7 jeweils mehrere Wochenstunden „Produktive Arbeit" und „Einführung in die sozialistische Produktion" ausgewiesen, insgesamt, einschließlich „Technisches Zeichnen", unter dem Etikett „Polytechnischer Unterricht" mit vier bis fünf Wochenstunden (Hörner 1990).
Bei all der (bisweilen scharfen) Kritik an Kerschensteiners Arbeitsschulkonzept sollte dessen pädagogischer Wert nicht übersehen werden. Ist der ideologisch-politische Überbau ausgeblendet, stößt man auf den pädagogischen Kern einer

114 Der Begriff bringt zum Ausdruck, dass das Prinzip der Allseitigkeit (= „poly") mit dem Prinzip der technischen Produktion verbunden wird. In der POS der DDR erfuhr das Lernen eine Ausdifferenzierung in einen theoretischen Unterricht in Technologie mit der Bezeichnung „Einführung in die sozialistische Produktion" und die Arbeit im Betrieb mit der Bezeichnung „Produktive Arbeit". Die Arbeit fand entweder in den Polytechnischen Zentren der Betriebe, vergleichbar mit Lehrwerkstätten, oder unmittelbar in der Produktion statt.

Arbeitspraxis, die seit seinem Arbeitsschulkonzept nachhaltigen Einfluss auf die Schulpädagogik hat(te), angefangen bei den Schulkonzepten der *Landerziehungsheime*, der *Berufsschule* und dem *System der dualen Berufsausbildung* über die Etablierung praktischer Schulfächer wie *Technisches Zeichnen*, *Werken* und *Arbeitslehre* bis hin zur Grundierung von namhaften Reformansätzen in den letzten Jahrzehnten wie *das Praktische Lernen*, *der handlungsorientierte Unterricht* oder *der offene Unterricht* usw. Der eigentliche Dollpunkt seines pädagogischen Arbeitskonzepts ist ein *lern- und bildungstheoretischer*.

Lerntheoretisch betrachtet erweist sich die Hand in der tätigen Begegnung mit dem Ding, wie in Kap. 5 und 7.1 herausgearbeitet, als ein Organ des Lernens. Der Ansatz der „embodied cognition" zeigt entgegen der Annullierung des Körpers aus dem Lernen überzeugend auf, dass die kognitive Repräsentation und Verarbeitung der Außenwelt zu symbolischen Formen in enger Verbindung mit den Körperempfindungen geschieht. Der Körper fungiert wie ein *Resonanzboden*, auf dem die inneren Bilder, Vorstellungsinhalte und Abstraktionen im Gehirn erst entstehen. Sei es, dass ein Werkstück bearbeitet, ein Garten bewirtschaftet, eine Kulisse gebaut oder eine Mahlzeit zubereitet wird – die Hand gleicht einem Sensorium, das Auskunft über die Beschaffenheit des konkreten Gegenstands gibt. Dies ist auch, wie in Kap. 6 gezeigt, ontogenetisch gut nachvollziehbar: Bereits der Säugling erfährt in einer frühen Phase seines Lebens die Welt durch die orale Wahrnehmung all jener Dinge, die es in den Mund steckt, später dann mit ihnen hantiert. Er lernt etwas über die Weltphänomene in seinem begrenzten Aktionskreis, indem er sie be*fühlt*, betastet, deren Form, Härte, Gewicht usw. erfährt und sich von ihnen ‚ein Bild macht'. Die Entwicklung verläuft von der taktilen Erfahrung der Hand zum Begreifen oder anders gesagt „Von der Hand zum Verstand"[115].

Bildungstheoretisch gesehen begegnet der Mensch in der Auseinandersetzung mit den Weltphänomenen sich selbst. Zwar lernt er etwas über die Beschaffenheit eines Gegenstandes, z. B. eines Werkstücks, so etwa über sein Gewicht, seine Härte, Elastizität usw. Zugleich signalisiert der Körper aber auch, wie viel Widerstand er der Bearbeitung bietet, anders gesagt: wie viel Körperkraft, Geschicklichkeit, motorisches Feingefühl und Ausdauer aufgewendet werden muss, um ihn zielgenau zu bearbeiten. Dabei teilt sich der Gegenstand von selbst mit. So merkt man bspw. bei beim Bau einer Holzbox, ob der Deckel richtig schließt, die Verzinkungen passen oder Bauteile auf gleiche Stärke gehobelt wurden. Fehler melden sich unweigerlich – man sieht sie. In der *Korrespondenz* zwischen dem jungen Menschen und seinem Werkstück erfährt ersterer etwas über seine Abhängigkeit vom Material und seinem eigenen Können. Er stellt fest, wie viel Widerstand das Material ihm entgegenge-

115 So der Titel einer Handreichung, die das Bayerische Staatsministerium für Unterricht und Kultus gemeinsam mit der Hermann Gutmann Stiftung im Jahr 2008 zur Förderung von Lernwerkstätten herausgegeben hatte.

setzt und wie viel Muskelkraft er aufwenden muss. Er stellt fest, ob sein Augenmaß ‚stimmt' und das Werkzeug richtig geführt wird usw. Auf diese Weise erfährt er seine *Selbstwirksamkeit*, sein Vermögen und Können, aber auch seine Grenzen und Schwächen. In der Bearbeitung des Gegenstandes ist er sich selbst nah – begleitet von all jenen Gefühlen der Freude, Spannung und Erregung, dem Stolz über das Gelingen, aber auch von Enttäuschung beim Misslingen, von Selbstzweifel und sogar Verbitterung, die den Produktionsprozess begleiten können. Gemäß Ehrenhard Skiera ist die Erfahrung, selbst etwas zu bewirken, *Urheber* von Handlungen zu sein, *Grund von etwas* zu sein, ein *seelisches Grundbedürfnis*, dessen Befriedigung fundamental für die personale Entwicklung ist (Skiera 2022, 295ff.) Darum geht es auch bei Kerschensteiner. Auch wenn ihm unser modernes begriffliches Instrumentarium nicht zur Verfügung stand, war ihm dieses bildende Potenzial der Produktion, des Schaffens, der Arbeit eben, klar. Selbst wenn das Arbeiten sich auch als methodisches Prinzip verstehen lässt, das auf organisatorische und intellektuelle Vorgänge beziehbar ist, so liegen in den Formen der „handgreiflich-körperlichen Weltbearbeitung" (Rumpf 1991, 87) vermutlich besondere Chancen für die Bildung des jungen Menschen.

Dieses Prinzip der Arbeit bildet sich heute in vielen reformorientierten Schulen ab, gleich, ob sie ihr Schulkonzept explizit an Kerschensteiner festmachen oder nicht. Ganz im Sinne des Kapitels 9.2, das sich der Schulentwicklung zuwendet, soll das Gesagte an zwei Beispielen verdeutlicht werden, der Arbeit in der *Waldorfpädagogik* und der Arbeit im Konzept des *Marchtaler Plans*.

Wohl kein anderes Schulkonzept der Gegenwart hat die Arbeit derart systematisch integriert wie die Waldorfschule. Sie ist eng verklammert mit Rudolf Steiners (1861-1925) *Anthroposophie* und Entwicklungsanthropologie bzw. -psychologie. Die Anthroposophie darf als das erkenntnistheoretische Grundgerüst der Waldorfpädagogik schlechthin gesehen werden, die wegen ihrer spekulativen und esoterischen Elemente auf vielfache Ablehnung gestoßen ist, was hier nicht weiter kommentiert wird. Steiners Konzeption der Entwicklung des Menschen folgt seiner Vorstellung, dass sie sich in von der Natur festgelegte Phasen, sog. „Jahrsiebte", gliedern lässt (vgl. Wehr 1977, Gabriel 1996). Auch wenn man sich solcher Entwicklungslehre nicht anschließen mag, so ist doch auffallend, wie die Entwicklungsrhythmen hinsichtlich der Arbeit im Kontext eines praktischen Lernens berücksichtigt werden. Horst Rumpf, den man nicht gerade den Verfechtern der Waldorfpädagogik und -schule zuzählen kann, berichtet über die praktischen Tätigkeiten an der Hiberniaschule[116] und hält dafür den Schlüsselbegriff „Körper-Curriculum" bereit. Mit Rückgriff

116 Die Hiberniaschule in Herne/Wanne-Eickel ist eine 1952 gegründete Waldorfschule, die der beruflichen Qualifizierung besondere Aufmerksamkeit schenkt. Anders als die frei gegründeten Waldorfschulen in Steinerscher Tradition ist sie aus der Lehrlingsausbildung eines Chemiekonzerns im Ruhrgebiet und somit aus der Industriearbeit hervorgegangen. Es sei jedoch angemerkt, dass Waldorfschulen der Verbindung von Arbeit und Lernen auf der Basis eines bestimmten Verständnisses von der Entwicklung des Menschen generell viel Beachtung im Curriculum schenken.

auf den Lehrplan der Schule beschreibt er die Tätigkeiten der Heranwachsenden im Zusammenhang mit dem handwerklichen Tun, das von einem Schuljahr zum nächsten komplexer wird und den Entwicklungsschritten der jungen Menschen entsprechend eine erhebliche Variationsbreite von Werkstoffen und Materialien berücksichtigt: „Die Anforderungen entwickeln sich […] – von mehr phantasiegetragenen und im Spiel zu verwendenden Holzfiguren hin zu Gebrauchsgegenständen, deren Qualität an ihrer Verwendbarkeit objektiv zu überprüfen ist“ (ebd. 89). Sind die handwerklichen Tätigkeitsformen in den ersten vier Schuljahren – nach Schwierigkeitsgrad steigend – noch auf die Bearbeitung von Stoffen und Textilien mittels Häkeln, 10-Finger-Stricken, Sticken und die Mitarbeit beim Backen, Ackerbau und Hausbau konzentriert, so findet ab dem fünften Schuljahr ein Wechsel zu schwereren und härteren Werkstoffen und zu Werkzeugen statt, die mehr Körperkraft verlangen. Im fünften Schuljahr wird die Handhabung des Schnitzmessers gelernt, wenn das Holzstück in der anderen Hand gehalten wird. Im sechsten Schuljahr kommt der Gebrauch des Schraubstocks hinzu, damit Holzfiguren hergestellt werden. Die 12 bis 13-Jährigen erlernen das Schneiden mit dem Ziehmesser, das Spalten und genaue Sägen von Holz, das Hacken, Beilen, Schleifen und Raspeln. Zudem erleben alle Sechstklässler eine „Forstepoche im Schullandheim“, wo sie mit der Forstpflege vertrautgemacht werden. Vom 14. bis 16. Lebensjahr an wird die Holzarbeit auf höherem Anspruchsniveau fortgesetzt – es entstehen zunächst Hocker und Arzneimittelkästen – um nach dem achten Schuljahr von den Arbeiten mit Metall abgelöst zu werden: Teller und Schmuckstücke werden aus Kupferblechplatten herausgetrieben. Im neunten und zehnten Schuljahr wird die Metallbearbeitung in der Schmiede fortgesetzt. Das Arbeiten mit Schmiedehammer, Amboss und glühendem Werkstück verlangt nun hohen Kraftaufwand bei gleichzeitiger präziser Auge-Hand-Koordination… Da die Schule einen doppelt qualifizierenden Abschluss anbietet, ist bis zum Ende des 12. Schuljahrs eine Qualifikation als Facharbeiter möglich. In der Schreinerei bspw. werden auf dieser Basis Auftragsarbeiten (Bau von Möbeln) durchgeführt.

Zu erkennen ist, wie die Lernenden einer Entwicklungslogik folgend mit unterschiedlichen Materialien und Werkzeugen bekannt und vertraut gemacht werden. Mit dem Wechsel des Materials und Werkstoffs von der Qualitätsstufe „weich/leicht“ zur -stufe „hart/schwer“ ändern sich zugleich die Anforderungen an die Bearbeitungstechniken. Die Heranwachsenden lernen in der Begegnung mit dem Material dessen Eigenschaften und ‚Wesen‘ kennen und geben ihm durch dessen Bearbeitung eine andere, ansprechende Form – ein Akt der Kultivierung vorfindlicher Natur. Dabei erfahren sie sich selbst als Urheber eines Produkts und als *kreative Schöpfer* eines Gebrauchsguts oder kunsthandwerklichen Gegenstands. Das Lernen, bleibt nicht an der Oberfläche stehen, sondern der Lernende geht den Dingen auf den Grund, versucht, durch den Gebrauch seiner Sinne mehr über sich selbst und sein Gegenüber, die Sache, herauszufinden.

Das zweite Beispiel macht sich am katholischen Schulwesen fest. Vor allem im süddeutschen Raum hat der *Marchtaler Plan* in den letzten Jahren vermehrtes Interesse katholischer Schulen gefunden. Die Bezeichnung *Marchtaler Plan* geht zurück auf eine Reforminitiative, die Anfang der 1970er Jahre im Kloster Obermarchtal – daher der Name – ins Leben gerufen wurde, als die Neuordnung des Schulwesens im Bundesland Baden-Württemberg und eine deutlichere *Profilierung* der katholischen Schulen notwendig wurden (vgl. Schönig 2014b). Orientiert an der christlichen Anthropologie zielt der Marchtaler Plan auf ein umfassendes Bildungskonzept, in dem vier Dimensionen inhaltlich und schulorganisatorisch konsequent aufeinander bezogen werden: die *soziale*, die *ethische*, die *religiöse* und die *personale Dimension*. Um den Bildungsansprüchen gerecht zu werden, wird u. a. das Konzept des *Vernetzten Unterrichts* umgesetzt. Das bedeutet, dass i. d. R. die meisten Fächer außer Englisch, Sport, Technik und Hauswirtschaft (in der Hauptschule bzw. Werkrealschule) im Fächerverbund unterrichtet werden. Weitere wesentliche Bestandteile des Konzepts sind die *Freie Stillarbeit*, das Lernen in *Epochen* und *Projekten* sowie die *Rhythmisierung* des Ganztagsschulbetriebs (vgl. Kap. 4.1.3). Es ist unverkennbar, dass die *Montessori-Pädagogik*, die *Jena-Plan-Pädagogik* Peter Petersens und die *Arbeitsschule* Hugo Gaudigs (1860-1923) für den Marchtaler Plan Pate gestanden haben. Was die Konzepttreue angeht, wird der Marchtaler Plan von den Schulen unterschiedlich stark umgesetzt. Eine Schule mit Modellcharakter ist die *Bodensee-Schule St. Martin* in Friedrichshafen, eine Grund-, Haupt- und Werkrealschule[117] und Ganztagsschule in gebundener Form. Die Praxis dieser Schule zeigt, dass es sich beim Marchtaler Plan um mehr als nur einen ‚Plan' handelt. Er ist eine *ausgefeilte Schulkomposition*, die auf die konzeptionelle Verzahnung von körperlicher Tätigkeit und geistiger Arbeit Wert legt (ebd.). Die Profilbereiche *Technik* und *Hauswirtschaft* repräsentieren die *Handwerkserziehung* und sind ganz auf das Arbeiten in seinen unterschiedlichen Varianten abgestellt. Der ehemalige Schulleiter Gerhard Schöll listet die curricularen Schwerpunkte auf und schreibt dazu:

> „Wir haben für unsere Schüler der Haupt- und Werkrealschule folgende für alle verpflichtenden Bereiche entwickelt:
> 5. Schuljahr: Arbeiten mit Ton, Arbeiten mit Papier, Arbeiten mit Drucktechniken
> 6. Schuljahr: Arbeiten in der Natur, Arbeiten mit Textilien, Bauen
> 7. Schuljahr: Arbeiten mit Holz, Arbeiten mit Metall, Buchbinden
> 8. Schuljahr: Soziales Arbeiten in der Betreuergruppe, im Schulsanitätsdienst, in der Seniorenbetreuung, mit Behinderten, Arbeiten im Wald und im Betriebspraktikum
> 9. Schuljahr: Anfertigen einer Jahresarbeit mit freier Themen- und Partnerwahl
> 10. Schuljahr: Zweiwöchiges Sozialpraktikum; Anfertigen einer Projektarbeit"
> (Schöll 2009, 6)

117 Vgl. https://bodensee-schule-st-martin.de/ [aufgerufen am 28.03.2023].
Der Terminus Werkrealschule steht für das 10. Schuljahr, das Schüler und Schülerinnen baden-württembergischer Hauptschulen an einer benachbarten Realschule absolvieren können, um den Mittleren Schulabschluss zu erlangen.

Auch wenn sich die Praxis inzwischen in einigen Punkten geändert hat, so ist doch das Charakteristische, nämlich die durchgängige Orientierung am Arbeitsschulgedanken erhalten geblieben und unverkennbar. Augenfällig sind auch die (zufälligen) Parallelen mit der handwerklich-praktischen Ausrichtung der oben angesprochenen Waldorfpädagogik. Bei aller Unterschiedlichkeit der weltanschaulichen und theoretischen Positionen beider Ansätze springt doch eine Gemeinsamkeit hervor: Will man mit der Arbeit im Sinne einer die leibhaftige Erfahrung bewirkenden praktischen Tätigkeit ernst machen, so ist ein *über die Altersstufen hinweg kontinuierliches praktisches Lernangebot* indiziert.

Räume sollen erziehen! Das war die Ausgangsüberlegung. Dieser Forderung ist abschließend mit Bezug auf das Arbeitsthema nachzugehen. Zu erinnern ist an die Definition des *erziehenden Schulraums*, wie sie mit Kap. 6 erarbeitet worden ist. Es geht nach diesem Begriffsverständnis darum, durch den Raum in einer Weise entwicklungsförderliche Bedingungen zu schaffen, dass die seelischen Grundbedürfnisse des jungen Menschen befriedigt werden. Die Räume der Schule sollen für eine Auseinandersetzung mit sich selbst sowie mit der sozialen und materialen Umwelt geeignet sein.
Der Rückblick auf die angesprochenen reformpädagogischen Konzepte verweist auf den mitunter hohen Aufwand, der für die Einrichtung von Räumen für die Realisierung von Arbeit betrieben wird. Dies gilt generell für die Waldorfpädagogik, die seit der Gründung der ersten Waldorfschule durch Rudolf Steiner immer schon einen ungewöhnlichen Anspruch nicht nur an die Funktionalität, sondern auch an die *Ästhetik des Raums* hatte. Die unverkennbare Architektur, die Steiner geschaffen hatte und die heute in vielen Waldorfschulen fortlebt, bildet eine Einheit mit den pädagogisch-anthroposophischen Grundauffassungen. Räume wirken – das wusste Steiner sehr genau (Schuyt & Effers & Ferger 1980). Aber Schulen wären überfordert, wollten sie ein Raumprogramm wie die Waldorfpädagogik verwirklichen. Schmiede, Werkstatt für die Metallbearbeitung, Schreinerei, Töpferei, Atelier usw. einzurichten und Wiesen für den Obstbau sowie Äcker für die landwirtschaftliche Arbeit anzulegen, erscheint illusorisch. Es geht vielmehr darum, dass Schulen, die es mit dem Konnex von Arbeit und Lernen ernst meinen, diejenigen räumlichen Bedingungen schaffen, die zu ihrem Schulkonzept passen. Das muss nicht der Bau einer zusätzlichen Werkstatt sein. Häufig sind es eher Veränderungen im Kleinen, die gleichwohl hohe Wirkung auf das Lernen haben, so etwa, wenn bislang brachliegende oder versiegelte Flächen im Schulgelände umgenutzt und kultiviert werden.
Die pädagogische Bedeutung des Schulgeländes, insbesondere des Schulgartens wurde in Kap. 7.4.2.2 ausführlich besprochen. Deshalb sollen hier einige Hinweise am Beispiel des Schulgartens genügen.
Ist ein Schulgarten erst einmal angelegt und in die unterrichtliche Arbeit integriert (!), spüren die Heranwachsenden schnell, dass sich dieses Stück kultivierte Natur mit bestimmten Ansprüchen an sie wendet. Vor allem die Kinder im „Schulalter“ (Erik-

son), d.h. zwischen etwa der fünften und siebten Jahrgangsstufe nehmen sehr genau wahr, wenn im Garten etwas nicht ‚in Ordnung' ist, wenn Schädlinge Pflanzen befallen, Unkraut zarte Gewächse am Wachsen hindert, die Sommerhitze Setzlinge mit Wassermangel bedroht, Wildwuchs der Obstbäume eine gute Ernte einschränkt usw. Der Schulgarten soll „schön" sein, er spricht das Grundbedürfnis der Schüler und Schülerinnen nach *ästhetischer Wahrnehmung* an. Und sie wollen als ‚junge Forscher' in ‚ihrem' Garten auf Entdeckungsreise gehen. Das setzt die Pflege des Gartens voraus. Ein ungepflegter Garten zieht nicht an, lässt das Interesse kalt. Weil selbst Kinder das schon bemerken, wollen sie etwas tun, *Verantwortung* für das Gedeihen des Gartens übernehmen. Ein Blumenbeet muss geharkt, die Wege und Beete müssen von Unkraut befreit, das Efeu gestutzt, Hecken, Sträucher und Obstbäume zurückgeschnitten, Pflanzen gegossen, Nistkästen repariert, Humus eingebracht werden usw. Das erfordert motorische Geschicklichkeit, Körperkraft, Ausdauer, gezielten Einsatz von Gartenwerkzeugen und Organisation der Arbeit. All diese Tätigkeiten werden mit Stolz und der *Grunderfahrung* belohnt, dass man etwas *bewirkt* hat, Urheber einer gestalteten, ansprechenden Umgebung ist. Lernen heißt hier: Im Dialog mit der Natur die Erfahrung der *Selbstwirksamkeit* und der Abläufe im Naturraum machen. Ein naturnahes Schulgelände und ein in das fachliche und praktische Lernen einbezogener Schulgarten können zur gesteigerten Aufgeschlossenheit gegenüber Naturphänomenen, zur intrinsisch motivierten Arbeit und zum verantwortlichen Handeln gegenüber der Natur erziehen.

Wo Schulen keine Gelegenheit haben, ein naturnahes Schulgelände anzulegen und zu bewirtschaften, mag es, wie die beiden Beispiele oben ansprechen, andere Formen geben, die Natur und sich selbst durch das Arbeiten zu erfahren. Es mag sein, dass sich der Aufenthalt im Schullandheim mit Projekten verbinden lässt, die *gemeinsam mit dem Forstamt* durchgeführt werden: Pflanzen werden bestimmt, Tiere beobachtet, Tierspuren gelesen, Gewölle von Eulen untersucht, Setzlinge ausgebracht, Baumfällarbeiten beobachtet, kranke Bäume identifiziert, Moose und Flechten als Bioindikatoren kennengelernt, Reparaturarbeiten an Zäunen und Hochständen durchgeführt usw. Hier haben die Lernenden Gelegenheit, den Weg des Holzes vom jungen Bäumchen bis zum Werkstück im Werkraum ihrer Schule nachzuvollziehen und ggf. eine innere Verbindung mit dem natürlichen Rohstoff Holz herzustellen (s. die praktischen Beispiele von Specht 1991 sowie Utpott & Bonnowitz & Kreusler 1991). Ähnlich gelagert sind *Bachpatenschaften*, die von Schulklassen übernommen werden können. Auch hier lassen sich unter einen weiten Arbeitsbegriff zahlreiche Tätigkeiten subsummieren, die der *Umweltbildung* und dem Erfahrungsrepertoire der Schüler und Schülerinnen zugutekommen. Sie erkennen: Verschmutze Bäche wollen von Müll befreit werden, den Bachlauf behindernde Äste beseitigt und abreißende Uferböschungen befestigt werden. Wasserproben werden entnommen und im Chemieraum der Schule auf Giftstoffe untersucht. Kleinstlebewesen werden mikroskopisch untersucht und geben Aufschluss über das Mikroklima des Wassers

usw. Der Naturraum gibt die Impulse für ein *forschendes Lernen*, das nicht im Abstrakten stehen bleibt, sondern den Körper aktiviert. Das Lernen wird sinnlich, leibhaftig und ‚ganzheitlich'.
Es erscheint trivial, Arbeitsmöglichkeiten im Schulgebäude anzusprechen, die durch Fachräume gegeben sind. Werkräume, Zeichensäle, Schulküchen, Chemiesäle und Fotolabore sind der jeweiligen Schulart entsprechend für viele Schulen eine Selbstverständlichkeit. Mancherorts werden sie ergänzt von Tonstudios oder Druckereien. Aber erzeugen diese Räume auch die gewünschten erzieherischen Effekte? Mitunter schrecken sie die Lernenden eher ab, als dass sie vom Raum zum Arbeiten eingeladen würden. Ein Werkraum, dessen Werkzeuge unvollständig oder ungeordnet verwahrt sind, lässt keine Neugier und Arbeitsdisziplin erwarten. Ein Zeichensaal, der die Atmosphäre eines Lagerraums verströmt, obwohl er für künstlerische und kreative Tätigkeiten sensibilisieren sollte, schreckt ab, lässt kein ästhetisches Gespür entstehen und schränkt die Neugier für die Sache ein usw. Es mag sein, dass solche Missstände etwas mit der allgemeinen Geringschätzung mancher Fächer innerhalb der Fächerhierarchie und des Systems der Leistungsbeurteilung zu tun haben: Was kann man beim Kochen in der Hauptschule schon lernen?
Manchmal sind es auch *Probleme der Raumorganisation*, die den Raum nicht zum Sprechen bringen. Zu denken ist bspw. an die Arbeit einer Schülerfirma in der 9. Klasse einer bayerischen Mittelschule, die im Sinne eines berufsvorbereitenden Projekts „ein komplexes Werkstück" konstruieren und bauen soll, z. B. auf der Sitzfläche mit Baumwollstoff bespannte, befüllbare und mit Deckel verschließbare Sitzkästen aus Holz für Kindergärten[118]. Es kommt darauf an, den gesamten Arbeitsprozess von den ersten Ideenskizzen über das technische Zeichnen der Entwürfe und den Produktionsprozess bis zur Vermarktung des Produkts zu gliedern. Es besteht die Gefahr, dass der Werkraum für diesen vielschichtigen Arbeitsprozess nicht hinreichend klar und für die Schülerinnen und Schüler *gut erkennbar organisiert* ist. ‚Betriebsstörungen' in Form von Disziplinkonflikten und Unterrichtsstörungen sind dann einprogrammiert, die Motivation nimmt ab und die Arbeit ist mit ‚Reibungsverlusten' verbunden. Anders ist es, wenn der Raum wie eine Produktionsstraße gegliedert ist: eine räumliche Einheit für das Sägen des Holzes, eine für das Bohren und Schleifen der Bauteile, eine weitere für das Verleimen und Dübeln, die nächste für das Anschrauben der Scharniere usw. Die einzelnen Arbeitsabschnitte springen dann deutlich ins Auge und die Beteiligten erkennen auf den ersten Blick, dass es auf die *Zusammenarbeit* innerhalb und zwischen den einzelnen Stationen ankommt. Der vorbereitete Raum begegnet ihnen mit der *Geste*, dass hier die Kooperation gelingen muss, wenn am Ende des Arbeitsprozesses ein präsentables

118 S. hierzu die Angaben im Lehrplan zu den Fächern Technik und Wirtschaft und Beruf unter https://www.lehrplanplus.bayern.de/jahrgangsstufenprofil/mittelschule/9/auspraegung/mittlere-reife-klasse [aufgerufen am 29.03.2023].

und marktfähiges Produkt stehen soll. Das erfahren sie auch während der Arbeit, wenn an einer Station nicht exakt gearbeitet worden ist: Wenn bspw. ein Seitenteil nicht präzise gesägt worden ist, hat die nächste Gruppe Probleme mit dem Zusammenbau; das Bauteil geht zurück, der Arbeitsprozess gerät ins Stocken, das Produkt verteuert sich und es kommt Unmut auf. Demgegenüber kann der Arbeitsprozess dann gelingen, wenn die Struktur und Ausstattung des Raums einerseits und die Anforderungen des Arbeitsprozesses andererseits in einem guten Passungsverhältnis stehen. Die Aufteilung der Werkbänke, die installierten Maschinen und die Werkzeuge, die bereitliegenden Werkstoffe, die abgestimmte Beleuchtung – all das signalisiert den Gruppen, dass von ihnen etwas Besonderes verlangt wird. Es ist der Raum, der eine *Erwartung an die vorausliegende Arbeit* und eine produktive Stimmung erzeugt. Gegenüber der Gruppenarbeit im Lernbetrieb des Schulalltags, die wegen ihres simulativen Charakters nicht gerade geschätzt wird, spricht die Arbeit die *Sprache der Ernsthaftigkeit*. Ein jeder spürt, dass es auch auf seinen Beitrag und auf wechselseitige Unterstützung ankommt, damit ansehnliche Sitzkisten entstehen. Der Raum schafft die Bedingung dafür, dass die Grundbedürfnisse nach *sozialer Eingebundenheit, Zugehörigkeit und Anerkennung* befriedigt werden können (vgl. Skiera 2022, 287ff., Krapp 2005). Kommt ein gutes Arbeitsergebnis zustande, ist den Heranwachsenden Anerkennung ihres Könnens von außen sicher. Die Folge ist Stolz, Freude, Hebung des Selbstwertgefühls und der Mut, neue Arbeiten anzugehen. So gesehen hat der Raum zumindest einen erzieherischen Beitrag zu einer *konstruktiven Arbeitshaltung*, zur Stärkung der *Kompetenz* (Selbstwirksamkeit) und *Handlungskraft* geleistet.

Abschließend sei das Thema Lernwerkstätten noch einmal aufgegriffen, weil die Lernwerkstatt als *spezieller Raumtypus* ein großes Potenzial für die Bildung der Heranwachsenden hat, ein Thema, das ein eigenes Kapitel wert wäre (vgl. Hiebl 2021). Die Einrichtung einer Lernwerkstatt ist dort zu empfehlen, wo Lehrpersonen, besser: das gesamte Kollegium, einen offenen Unterricht praktizieren und ein überzähliger oder nicht sinnvoll genutzter Raum vorhanden ist – etwa durch eine rückläufige demografische Entwicklung.

Ihre Keimzelle haben die Lernwerkstätten in der Lehreraus- und -fortbildung der 1970er Jahre. Es wurde von den Reformkräften im Schulwesen, allen voran in der Grundschulpädagogik, erkannt, dass es nicht ausreicht, wenn Lehrpersonen den Kindern Lernmaterial für die *selbsttätige, forschende Auseinandersetzung* mit einzelnen Themen anbieten, ohne *selbst erfahren* zu haben, wie das Material funktioniert und Verfahrensweisen wie Freie Arbeit, Arbeit nach dem Wochenplan, Stationenlernen usw. funktionieren. Deshalb wurden zunächst in der regionalen Lehrerfortbildung Werkstätten eingerichtet, in denen die Lehrpersonen das Material und sich selbst auf die Probe stellen konnten. Die Idee, einen separaten *material- und anregungsreichen* sowie *ästhetischen Raum* für das individualisierte und gemeinschaftliche Lernen zu nutzen, wurde nachfolgend auch von Schulen aufgegriffen. Heute ist vielerorts eine

ansehnliche Praxis vorzufinden (ebd.). Die Stoßrichtung des Konzepts ist deutlich beschrieben worden. So hält Eva-Maria Kirschhock fest: „Wie bereits im Werkstattbegriff verankert, soll eine Brücke zur Arbeitswelt geschlagen werden und damit einhergehend eine lebensweltlich orientierte Bedeutsamkeit des praktischen Lernens." (Kirschhock 2008, 20). Dazu wird den Nutzern eine Lernumgebung präsentiert, die *reich* an unterschiedlichen Lernangeboten ist: Karteikästen, Bildbände, Spiele, Werkzeuge und Werkmaterial, digitale und andere Medien, Dokumentationen usw. Der Raum ist in Funktionsbereiche oder Zonen unterteilt, die zum Forschen, Experimentieren, handwerklich-künstlerischen Tun, Produzieren, aber auch zum Ausruhen und Träumen animieren. Für das Insgesamt dieses praktischen Lernens wird der Arbeitsbegriff verwendet (Hiebl 2021).
Auch hier ist der Raum eine Kraftquelle für das Lernen. Er erzieht dazu, die *eigenen Lernwege* zu suchen, sich zu *erproben*, *eigene Interessen* in der Begegnung mit den Materialien zu finden und/oder zu festigen und *autonome Entscheidungen* über das Lernen – allein oder mit anderen – zu treffen und *zu verantworten*. All das schließt das systematische Lernen im Fachunterricht nicht aus, es bildet aber einen Gegenpol, mit dem das Selbstständigwerden im Lernen gefördert werden kann.

7.5.2 Gemeinschaftsbildende Ritualisierung: Die Feier als Erfahrungsfeld für die Vergewisserung des erfolgreichen Schulalltags und ihr Bezug zum Raum

Wer sich dem Thema des Feierns in der Schule systematisch nähern möchte, stößt auf den erstaunlichen Befund, dass die zeitgenössische erziehungswissenschaftliche Fachliteratur nicht mehr als eine Leerstelle anbietet. Eine kenntnisreiche Auseinandersetzung zum Thema findet sich lediglich bei Peter Kraft (1979). Er stellt fest, dass eine *Theorie schulischer Feste und Feiern* nicht existiert. Folglich sind Veröffentlichungen zum Themenkomplex der Feier und des Fests in der Schule von einem praktischen Zugriff geprägt, der Handreichungen für die Vorbereitung und Durchführungen von feierlichen, festlichen und spielerischen Schulveranstaltungen bietet, die sich wiederum aus der Schulpraxis generieren (so z. B. Bartl & Bartl 1988). Dies ist umso verwunderlicher, als das Feiern ein zentraler und selbstverständlicher Bestandteil unserer Kultur und häufig eben auch der Schulkultur ist. Unübersehbar ist aber auch, dass Feiern und Feste eine deutliche *Bedeutungsverschiebung* durch die Jahrhunderte hinnehmen mussten. So ist das moderne ‚Party machen' und eine ‚love parade' etwas Anderes als die von Heldenverehrung bestimmte vaterländische Feier im Deutschen Kaiserreich.
Ablesen lassen sich zeitgeschichtlich bedingte kulturelle Prägungen der Feier mithilfe etymologischer Klärungen, bspw. am Bedeutungswandel des geläufigen Begriffs *Feierabend*. Seit dem 12. Jh. stand das „vîrâbent" für den Vorabend eines Feiertags, der im christlichen Kontext zumeist mit gottesdienstlichen Handlungen begangen wurde. Nach dem 16. Jh. kam durch den Einfluss von Handwerkerzünften ein Bedeutungswandel des Begriffs zustande. „Feierabend" wurde nunmehr verstan-

den als die *Ruhezeit* am Abend, d.h. *nach getaner Arbeit*. In diesem Sinne ist unser landläufiges „Feierabend" erhalten geblieben. Wir „machen Feierabend", haben also genug gearbeitet und trinken unser „Feierabendbier"; ein Arbeitnehmer geht nach langjähriger beruflicher Tätigkeit in „seinen wohlverdienten Feierabend" usw. In solchen Formulierungen klingt an, dass es beim Feierabend um eine Art anderen Betriebsmodus geht: Man gewinnt Abstand vom (beruflichen) Alltag, ruht aus und blickt aus der Beobachterperspektive auf eine erbrachte Leistung zurück, die es ggf. wert ist gefeiert zu werden.

Zu prüfen ist, inwieweit es beim Feiern (in der Schule) einen systematischen Zusammenhang zwischen einem Produkt, z.B. einem Lernerfolg oder einer erbrachten Leistung einerseits, und dessen Wertschätzung durch entsprechende *kollektive rituelle Verfahren* andererseits gibt. Dies betrifft auch den Charakter und Sinn des Feierns in der Schule, die sich beide im Verlauf der Geschichte mehrmals verändert haben. Diese Spuren lassen sich im Folgenden mit einem skizzenhaften historischen Rückblick aufnehmen (7.5.2.1), um zum Wesenskern des Feierns in der Schule vorzudringen und dessen begriffliche Präzisierung zu erreichen. Überlegungen zur Bedeutung des Raums schließen den Text ab (7.5.2.2).

7.5.2.1 Historische Skizzen zum Bedeutungsgehalt von (Schul)Feiern und (Schul)Festen

Es wäre herausfordernd, die Geschichte des Feierns bis ins Mittelalter, zumindest aber bis in den Barock zurückzuverfolgen. Das würde den Rahmen des Kapitels ohne Zweifel sprengen. Vielversprechender hinsichtlich der Fragestellung ist es vielmehr, das Augenmerk auf einen historischen Wendepunkt, nämlich auf den *Übergang vom Deutschen Kaiserreich zur Weimarer Republik* zu lenken, denn der Erste Weltkrieg und in dessen Folge die veränderten politischen und kulturellen Verhältnisse haben gut erkennbar zu einem *neuen Verständnis des Feierns* und eben auch der *Schulfeier* geführt. Abzulesen ist dies an einigen für die Pädagogik relevanten Beiträgen in renommierten pädagogischen Lexika und Handbüchern, die Ende der 1920er, Anfang der 1930er Jahre erschienen sind.

Eine klare Unterscheidung zwischen *Schulfest* und *Schulfeier*, dies sei vorausgeschickt, ist allerdings an keiner Stelle zu finden. So überschreibt B. Bergmann (1932) seinen Lexikonartikel mit „Schulfeste und Schulfeiern", spricht aber durchgängig von „Schulfest". Bergmann erkennt in der Nachkriegszeit einen Wendepunkt, wenn er für die „neuzeitliche Schule" eine Abkehr von der allgemein etablierten Kultur des Feierns sieht. Die Schule „sieht im S. nicht einen lästigen Fremdkörper oder ein formloses Anhängsel, etwa lediglich Schaustück für die Öffentlichkeit, Zugabe zur Schmackhaftmachung des Lernens oder nur den behördlich verordneten Festakt" (Bergmann 1932, 832; Hervorhebung im Original). Schärfer noch formuliert D. Eberhard, die Schule habe sich „von der grassierenden Festseuche freizuhalten", und er betont: „Aber gerade diese obligaten Feiern mit ihrem amtlichen Stempel und dem streng geregelten Verlauf sind uns immer mehr fraglich geworden, zumal wenn die Rollen derart verteilt sind, daß [...] die Lehrer die Handelnden und die Schüler die Zuschauer sind" (Eberhard 1931, 422). Und Heinrich Deiters unterstreicht den neuen pädagogischen Leitgedanken, daß „der Weg in der erzieherischen Formung einer Klasse *von der Masse zur Gemeinschaft* [gehe]" (Deiters 1928/1966, 29; Hervorhebung im Original). Die Spitze der Kritik richtet sich gegen die zurückliegende Kaiserzeit, die sich die patriotische Gesinnungsbildung auf ihre Fahnen geschrieben hatte. Es wurden vornehmlich vaterländische Gedenktage, die Geburtstage von Landesfürsten und des Kaisers sowie kirchliche Feste gefeiert. Entsprechend dienten auch die Schulfeiern bzw. -feste der *Festigung vaterländischen Bewusstseins*. Die Heranwachsenden hatten sich an heldenhaften Vorbildern für das Volk zu orientieren, Pflichtbewusstsein, Dankbarkeit und Demut zu lernen sowie Opferbereitschaft gegenüber den Mitschülern und -schülerinnen zu praktizieren. Die Abläufe der Schulfeiern mussten durch strenge Rituale sicherstellen, dass die gleichgerichtete patriotische Gesinnungsbildung aller erfolgen konnte: Ansprachen an die Schülerschaft, gemeinschaftlicher Auszug der Gruppen mit Gesang, patriotische Lieder, Turnen und Freiübungen, Fahnenschwenken, Wettspiele, Preisvergaben usw. (vgl. Kraft 1979, 8ff.).

Mit diesen Ritualen volkstümlicher Unterwerfung mittels Feierkultur sollte in den Schulen nun Schluss sein. Zwar ist nicht zu erkennen, dass eine neue Praxis des Feierns die alte Feierkultur rasch abgelöst hätte, aber ein neuer pädagogischer Geist macht sich in der wissenschaftlichen Pädagogik und Schulpraxis bemerkbar. B. Bergmann formuliert pathetisch:

> „Die echten S.e sind der Schule nicht äußerlich u. wesensfremd aufgeklebt, sondern wachsen nach Anlaß, Stoffwahl u. Stoffgestaltung, nach Vorbereitung u. Ausführung organisch aus der Arbeit der Schule u. ihrem natürl. Leben u. den Bedürfnissen der Jugend heraus. Ihr Charakter ist schlicht, schön, familienhaft abgestimmt, der Schüler nicht aufnehmendes Objekt, sondern fröhlich schaffendes u. gestaltendes Subjekt." (Bergmann 1932, 832)

Im Gleichklang mit Bergmann hält auch Eberhard fest, es solle „doch das *Schulleben* sein, das hier gestaltet und alle Glieder vom Eintritt des Neulings bis zur Entlassung des Reifgewordenen zur Erlebnisgemeinschaft zusammenschließt" Eberhard 1931, 421; Hervorhebung im Original). Und mit Bezug auf Hugo Gaudig, einen der wesentlichen Promotoren der Arbeitsschulbewegung, fügt er – leider ohne einen Nachweis anzuführen – hinzu: „'Die feiernde Schule ist eine notwendige Ergänzung der arbeitenden Schule' (Gaudig); erst der Wechsel von Arbeitsgang und Feierstunde schafft den tiefen, gesund erhaltenden Lebensrhythmus, aus dem das Gemeinschaftsgefühl Herzlichkeit schöpft und dem Unterricht Befruchtung zuwächst." (ebd.) Gemeinschaft, Orientierung am Lernenden, Erlebnisgemeinschaft, Selbsttätigkeit und Arbeitsschule – das sind Begriffe, die fortan zur sich etablierenden Reformpädagogischen Bewegung gehören. Und für Eberhard ist das Feiern kein aus dem Schulalltag herausgehobenes Ereignis, sondern *Bestandteil der Unterrichtskultur*, wenn er reformpädagogisch akzentuiert: „[...] gerade die Einstellung auf freiere Arbeitsweise und selbsttätiges Schaffen gibt Gelegenheit zur Durchflechtung des Unterrichts mit Feiermomenten" (ebd). Zusammengenommen ist an dieser Literatur ablesbar, wie der Umschwung von der Feier im Sinne der Formung der Massen zu einer Feier im Sinne der *Gemeinschaftserziehung* durch die Feier, die aus dem Schulleben erwächst, propagiert wird. Wie sehr die Orientierung an der Gruppe und der Gemeinschaftsbildung auch ideologisch verbrämt wird, lässt sich ebenso wenig übersehen. Heinrich Deiters spricht gar vom „Trieb des Menschen zur Gruppenbildung", der „im Schulleben seinen Raum" finde (Deiters 1928/1966, 46).

In diesem Kontext ist auch Peter Petersens Konzeption der Jena-Plan-Pädagogik zu verorten, das ja wesentliche Anregungen für dieses Buch gegeben hat (vgl. die Einführung in das 7. Kap.). Petersen war der Auffassung, dass Individualitätsbildung und Erziehung durch die Gemeinschaft keinen Gegensatz bilden, sondern vielmehr das Leben und Lernen in der Gemeinschaft einer Gruppe die Grundlage für die Persönlichkeitsentwicklung des Einzelnen ist. Er unterscheidet „Gesellschaft" von „Gemeinschaft". „Gesellschaft" ist gemäß Petersen eine Sozialform, die durch „geschlossene Organisation", „Machtinteressen" und „äußere Lebensnot" bestimmt ist – sie ist ein „Kampfverband" (Petersen 1927/[64]2011, 24), während die Gemeinschaft ausgehend von einer geistigen Idee sich aus sich selbst heraus entwickelt. Sie folgt einer „freien Dynamik" (ebd.) und einem Beziehungsgeschehen, in dem die Beteiligten die Würde des anderen respektieren und Verantwortung für dessen Wohlergehen übernehmen (ebd., 24ff.). Die Feier in Petersens Konzeption ist ein unverzichtbarer Eckpfeiler dieser Erziehung zur Gemeinschaft (s. u.). Es sei angemerkt, dass dieser Ansatz unter dem Ideologieverdacht von Franz Wellendorf steht, der aus der Blickrichtung des Symbolischen Interaktionismus die Feier der Jena-Plan-Pädagogik als quasi-religiösen Versuch betrachtet, die Heranwachsenden durch ein System szenischer Arrangements in die „Gemeinschaft" hineinzusozialisieren. Dadurch, so Wellendorf, würde lediglich der *Schein* der harmonischen Gemeinschaft erzeugt, mit dem sich die Spannungen und *Widersprüche* des Interaktionssystems Schule *verdecken* lassen (Wellendorf [3]1975, 65ff., 256ff.). Wellendorfs Kritik wäre im Einzelnen zu prüfen (was hier nicht geleistet werden kann). Sie macht es gleichwohl nicht überflüssig, nach den Bestandteilen und dem Wesenskern der Schulfeier zu fragen. Die bereits herangezogenen Beiträge geben dazu Auskunft. Bergmann (1932) zählt ein weites Spektrum der „Gestaltungsformen" der Schulfeste bzw. -feiern auf. Sie sollen Auskunft darüber geben, was in Schule und Unterricht erarbeitet worden ist: musikalische Darbietungen, Vorträge, Aufsagen von Gedichten und Sprechchöre, Spiel- und Kinderlieder, szenisches Spiel, Puppentheater, Tänze usw. (ebd., 833). Eberhard (1931) stellt das „Bühnenspiel" und „das dramatische Spiel" heraus, weil diese Formen das „Gestalten eigenen Erlebens" (ebd., 422) besonders begünstigten. Seine Hinweise korrespondieren deutlich mit den Überlegungen zum Spiel, wie sie in Kap. 7.3 vorgetragen worden sind. Die Anlässe für das Feiern in der Schule sind ebenso zahlreich, wobei Bergmann zwischen öffentlichen Feiern mit der gesamten „Schulgemeinschaft", mit der „Klassenelterngemeinschaft" einerseits (Eltern, Lehrpersonen und Heranwachsende) und der „Schulfeierstunde" in der jeweiligen Klasse andererseits unterscheidet. Außerdem lassen sich Feiern durch den Jahreslauf unterscheiden. Summarisch zu nennen sind: Schulaufnahme- und Entlassfeier, Frühlingsfest, „Volkslieder- Heimat- oder Märchenabend im kalten Winter", Martins-, Nikolaus-, Advents- und Weihnachtsfeier, Gedächtnisfeiern für Persönlichkeiten aus Regierung, Kunst, Religion und Wissenschaft (ebd., 833). Selbstverständlich zählen auch die Geburtstagsfeiern und Feiern zum Wochenausklang dazu, was wiederum Petersen besonders wichtig ist. Er unterstreicht zudem die Bedeutung des Zusammenhangs von geleisteter schulischer Arbeit und dem Feiern: „Feiern, die aus den verschiedensten Stoffgebieten während der Arbeit an ihnen entstehen und zu dramatischer Gestaltung Anlaß geben." (Petersen 1927/[64]2011, 100) Petersen denkt hier insbesondere an die „Sonnabendsfeiern", Feiern zum Ausklang der Schulwoche, mit denen das Geleistete für alle sichtbar gemacht wird.

Ein eindrückliches Beispiel, das den Charakter der ‚neuen Feier' erfasst, findet sich erneut bei Petersen, vorgetragen von Hans Wolf[119]. Es beschreibt die Weihnachtsfeier der Jena-Plan-Schule am 20.12.1924 mit Kindern im Alter von 7 bis 10 Jahren und ihren Eltern. Auch die langwierigen Vorbereitungen einschließlich der Proben und Bastelarbeiten werden ausführlich wiedergegeben. Eine Schlüsselszene macht auf den Umgang mit Schwierigkeiten beim Probeablauf aufmerksam:

> „Die Worte waren fast bei jeder Probe andre. Die *Beweglichkeit* und *freie Gestaltungsmöglichkeit* blieben daher offen. Als dann bei der Aufführung eine Verzögerung eintrat, daß sich das Christkind nicht schnell genug umkleiden konnte, zeigten sich Karl und Erich, die als Weihnachtsmann und Winter gerade auf das Christkind warteten, der peinlichen Lage im Nu gewachsen, indem sie durch ein *völlig neugeschöpftes*, witziges Gespräch die Lücke füllten; eine nicht zu tief einzuschätzende Leistung angesichts der vielen erwartungsvoll auf sie gerichteten Gesichter." (Wolff 1925, 124, 125; Hervorhebungen des Verfassers)

Unübersehbar ist das viel beschworene Ideal der Heranwachsenden als „gestaltende Subjekte" (Bergmann), die durch selbsttätiges Handeln Verantwortung übernehmen. Die ‚neue Feier' wird somit zum Synonym für den Ausbruch aus den starren Schemata vorgestanzter Feierformen der Vorkriegszeit. Die Loslösung von vorab festgelegten rigiden Abläufen kommt auch zum Ausdruck, wenn Wolff für die Weihnachtsfeier anmerkt: „Die Kinder bewegten sich völlig frei in dem überfüllten Raume ohne eine vorher festgesetzte ‚Aufsicht' u. dgl." (ebd., 127). Auch wenn man Pathos und Idealisierung wegdenkt, bleibt die neue Sicht auf die Feier und auf das Subjekt sichtbar. Die Schüler und Schülerinnen sollen befreit werden von den ihnen ‚vorgesetzten' Autoritäten und lernen, *von der Selbsttätigkeit zur Selbstständigkeit*

119 Petersens Kollege Hans Wolff war der erste Lehrer an der Jena-Plan-Schule ab 1924.

zu gelangen. Die Feier erscheint als derjenige Ort, an dem sie *Akteure* werden und Verantwortung für deren Gestaltung übernehmen – modern ausgedrückt würden wir von Schülerorientierung sprechen. Die Feier selbst wird zu einem reformpädagogischen Vehikel, mit dem die seelischen Grundbedürfnisse des jungen Menschen nach neuen Erfahrungen, Zugehörigkeit und Selbstwirksamkeit (Skiera 2022, 287) erfüllt werden und der ‚neue Mensch' auf das vorausliegende Zeitalter erzieherisch vorbereitet wird.

7.5.2.2 Feiern in der Schule – Wesensmerkmale und Kontextualisierung für den Raum

Die voranstehende historische Analyse hat erwartungsgemäß zwar substanzielle Hinweise, jedoch keine hinreichende Klärung des Feierbegriffs erbringen können. Auch sprachanalytische Betrachtungen sind in dieser Hinsicht nicht weiterführend. Es ist merkwürdig, dass wir zwar für das Substantiv Feier ein Verb, nämlich feiern, haben, nicht aber für das Substativ Fest. Wir können feiern, nicht aber festen. Die Grenzen zwischen Feier und Fest sind fließend. Almuth und Manfred Bartl (1988, 10ff.) nehmen die folgende grobe Unterscheidung vor. Ihrer Auffassung gemäß ist die Feier an einem Leitgedanken orientiert, der innere Teilnahme und Übereinstimmung der Teilnehmer mit den Inhalten verlangt. Sie ist, so Bartl und Bartl würdevoll, erhaben, ergreifend und besinnlich. Dies trifft z. B. auf die patriotische Feier im Kaiserreich zu, etwa auf die Feier der Geburts- und Todestage der Kaiser Friedrich des Großen und Wilhelm I. In der Schule begegnen uns bspw. die Entlassfeier der Abiturienten und die Feier anlässlich des Geburtstags des Namengebers der Schule. Im Unterschied zur Feier ist das Fest, so Bartl und Bartl, ungezwungen, fröhlich, offen, unterhaltsam und bunt. Es ist nicht auf einen Inhalt fixiert und hält Spielräume für Spontaneität und Kreativität bereit. Diese Unterscheidung greift aber dann nicht mehr, wenn man auf manche reformpädagogische Schulkonzepte schaut. Bei Petersen hat die „Feier" eher die Merkmale, die Bartl und Bartl für das Fest in Anspruch nehmen usw. Gemeinsam scheint beiden zu sein, dass die Menschen *aus dem Alltag heraustreten*, ihn hinter sich lassen, *verweilen* und dafür eine besondere Ausdrucks- und Organisationsform wählen. Dem begrifflichen Wirrwarr könnte man wohl nur entkommen, wenn man sich an eine Theorie des Fests und der Feier halten könnte. Immerhin hat die historische Betrachtung einige Bestimmungsstücke für das Feiern in der Schule zu Tage gefördert.

Für den Fortgang der Überlegungen werde ich – gleich ob Schulfest oder Schulfeier – recht pauschal von *Feiern in der Schule* sprechen. Darunter verstehe ich sämtliche *organisierte Aktivitäten*, die sich, gestalttheoretisch gesprochen, wie Figuren aus dem Hintergrund hervorheben, sich also vom alltäglichen Lehr-Lerngeschehen unterscheiden und mehr oder weniger entweder eine *erzieherische Funktion* für die Heranwachsenden oder eine Funktion für die *konzeptionelle Stabilität* der jeweiligen Schule in ihrem gesellschaftlichen Kontext (institutionelle Funktion) erfüllen.

Diese zugegebenermaßen vereinfachende Vorgehensweise erlaubt, ein breites Spektrum an Aktivitäten zu berücksichtigen und ein wenig Ordnung zu schaffen. Beide, *erzieherische Funktion* und *institutionelle Funktion*, werden im Folgenden getrennt behandelt.

Erzieherische Funktion des Feierns in der Schule. Hier sind sämtliche Tätigkeiten und Handlungen im Rahmen des Feierns gemeint, die das Verhalten und Erleben des jungen Menschen im Sinne des weiten, in Kap. 6 vorgestellten Erziehungsbegriffs positiv beeinflussen, sodass ein Effekt für dessen Persönlichkeitsentwicklung (Bildung) zu erwarten ist.

- Die erzieherische Bedeutung gewinnt eine Feier in der Schule, z. B. eine Nikolausfeier in der Schulklasse, nicht erst am Tag ihrer Durchführung, sondern bereits durch ihre *Vorbereitung*. Es müssen Räume umorganisiert, ggf. eine Bühne aufgebaut, Raumschmuck hergestellt, die Beleuchtung verändert, musikalische Darbietungen und szenische Aufführungen geprobt werden usw. Zu beobachten ist dabei, dass einzelne Kinder und auch Jugendliche über sich hinauswachsen und sich von einer Seite zeigen, die den anderen bisher fremd war. Es öffnet sich ein Feld, in dem der Einzelne zeigen kann, was er jenseits der unterrichtlichen Routine zu leisten im Stande ist. Mit der Erfahrung der *Urheberschaft* kann das Selbst- und Weltvertrauen wachsen (Skiera 2022, 295ff.). Der junge Mensch erlebt, dass er durch seine Leistung etwas bewirken, der Grund eines Produkts sein kann. Es entsteht die Freude darüber, etwas Unverwechselbares, Eigenes geschaffen zu haben.
- Es muss aber nicht unbedingt die ausgewiesene Feier ‚auf großer Bühne' sein. Im Schulalltag bieten sich zahlreiche Gelegenheiten, dem einzelnen Heranwachsenden Anerkennung und empathische Zuwendung zu schenken, um sein Selbstbewusstsein und -vertrauen zu stärken. Vor allem die Grundschulpädagogik ist reich an Feierritualen, die *in den Lernalltag integriert* sind oder aus dem Unterricht herauswachsen: Ein Kind war lange Zeit krank und wird bei seiner Rückkehr in die Klasse mit einem Lied begrüßt; Kinder backen Plätzchen für eine kleine Feierstunde anlässlich des St. Martin-Tages; eine Kindergruppe hat durch eine caritative Sammelaktion von sich Reden gemacht und wird mit der Vergabe eines kleinen Geschenks gewürdigt usw. Mitunter entstehen kleine Feiern auch spontan aus dem Unterrichtsgeschehen heraus und unterstreichen damit das Besondere, nicht Alltägliche, so etwa, wenn eine ungewöhnliche Leistung eines Kindes das Lerngeschehen der gesamten Gruppe bereichert hat.
- Ob bei der Vorbereitung oder der Durchführung einer Feier, die Leistung des Einzelnen ist zumeist auch gerahmt durch den *kooperativen Kontext*. Die gemeinsame Präsentation auf einer Feier mit Gästen, setzt voraus, dass die Beteiligten aufeinander bezogen sind, sich wechselseitig respektieren, Verantwortung für sich und den anderen übernehmen und auf ein gemeinsames Ziel hinarbeiten. Das Bedürfnis dazuzugehören und Teil einer Gruppe zu sein sowie das Bedürfnis nach Anerkennung können befriedigt werden (ebd., 287ff.). Die angesprochene

Fachliteratur der 1930er Jahre beschwört (auch aus historisch nachvollziehbaren Gründen) geradezu den *Gemeinschaftsgedanken* (Bergmann 1932, Deiters 1931). Das mag auf den ersten Blick befremden. Jedoch bedienen sich aktuelle Lehrpläne, ministerielle Broschüren und praxisorientierte Veröffentlichungen fleißig des alten begrifflichen Instrumentariums. Allenthalben ist von „Schulgemeinschaft", „Schulgemeinde", „Gemeinschaft der Lernenden" die Rede. Die bildungspolitischen Intentionen und damit implizierten Werte seien hier nicht kommentiert. Pädagogisch wesentlich ist indes der Kooperationsgedanke: Im Zusammenwirken können grundlegende Sozialerfahrungen entstehen, die Vertrauen in die Gruppe und/oder die Schulklasse stiften und ein Zusammengehörigkeitsgefühl bewirken: „Das ist unsere Gruppe/Klasse", „Das haben wir geschafft!". Es war wiederum Peter Petersen, der sich der Tatsache bewusst war, dass die *gemeinschaftskonstituierende Funktion der Feier* dort besonders wirkmächtig wird, wo sie durch regelmäßige Durchführung *ritualisiert* wird. Von Petersen angeregt findet auch heute in den Jena-Plan-Schulen des In- und Auslandes regelmäßig die Wochenabschlussfeier (bei Petersen „Sonnabendsfeier") entweder für die gesamte Schülerschaft oder für die einzelnen Schulklassen statt. Durch die wiederholte Partizipation an den Feierritualen erleben die Beteiligten einen Orientierungs- und Ordnungsrahmen, der sie an die Werte der Schule bindet. Der psychoanalytisch orientierte Sozialist und Heimgründer Siegried Bernfeld hatte bereits in seinem 1925 erschienen Buch „Sisyphos oder die Grenzen der Erziehung" kritisierend herausgestellt: Die Schule als Institution erzieht! (Bernfeld 1925). Er meinte damit die prägenden Kräfte der schulischen Rahmenbedingungen (Organisation, Ausstattung, finanzielle Ressourcen usw.), die er vor die erziehende Wirkung der Lehrpersonen stellte (kritisch auch: Wellendorf [3]1975). Aus psychologischer Sicht erfüllen die Rituale der Feier für das einzelne Individuum wesentliche, wenn auch zweischneidige psychologische Aufgaben ‚nach innen'. Sie dienen der Selbstvergewisserung im sozialen Geschehen, signalisieren Zugehörigkeit, *entlasten* von Unsicherheit und Angst und helfen bei der Identitätsentwicklung. Aufnahmefeiern stellen den Neuling in den Mittelpunkt und zeigen an, dass er geschätzt wird und dazugehört – freilich um den Preis, dass er sich dem Regel- und Normensystem der Schule anpasst.

Die gemeinschaftsbildenden Momente des Feierns, wie sie hier angesprochen wurden, haben über ihre *erzieherische Funktion* hinaus aber auch eine unabweisbare Bedeutung für die *Schulgemeinde* und die *Identität der Schule* als Ganze. Sie können nach innen stabilisierend für das *Konzept der Schule* und nach außen, in die soziale Umgebung und Öffentlichkeit hinein, Repräsentationsaufgaben erfüllen und den Stellenwert der Schule als Teil des öffentlichen Lebens stärken. So gesehen sind sie ein wichtiger Bezugspunkt für die Schulentwicklung, weshalb hier von der *institutionellen Funktion des Feierns* gesprochen wird.

- Ein großes Defizit deutscher Schulen insbesondere im Sekundarbereich ist der Mangel an *konzeptionell abgesicherter* Elternarbeit. Lehrpersonen stehen Eltern eher reserviert gegenüber und erleben die individualrechtlichen Ansprüche an die Schule eher als Belastung denn als Bereicherung des pädagogischen Geschehens. Deshalb ist es verständlich, dass ihnen ein Perspektivenwechsel von der individuellen Kommunikation mit Eltern zu einer *Verantwortungsgemeinschaft*, die die Elternschaft als Ganze einbezieht, schwerfällt. In der Regel betrachten sie Eltern aufgrund der quasi-parlamentarischen Verfassung der Schule bei gleichzeitig eingeschränkten unterrichtlichen Mitwirkungsrechten eher distanziert. Zugespitzt formuliert: Würstchenbraten auf dem Sommerfest, ja! Einblick in die Lernqualität der Schule als Ganzer und echte Mitwirkung, nein! Feiern können dies ändern, wenn sie Eltern einen profunden *Einblick in die Leistung der Schule* geben. Dabei geht es nicht etwa um ein jährlich auftauchendes geselliges Highlight, ein pompöses Spektakel, das die Schule mithilfe der Medien werbewirksam zu vermarkten weiß – was man dann „ein gelungenes Schulfest" nennt. Vielmehr sollte es sich um eine regelmäßig stattfindende Feier drehen, mit der die Schülerschaft den Eltern *Einblick gewährt in die geleistete Arbeit*. Der Sinn der von Petersen etablierten Feier zum Wochenausklang liegt genau darin: Die Schüler und Schülerinnen sollen sich selbst über ihre Wochenleistung jenseits des Zensurenschematismus Rechenschaft abgeben und den Eltern etwas von der Lebendigkeit und Vielfalt schulischer Lernqualität vermitteln. Dies kann durch die Präsentation von Arbeitsergebnissen für die gesamte *Schulgemeinde* geschehen, wobei Schulklassen sich wochenweise abwechseln, oder aber auf der Ebene der einzelnen Klasse, der „Klassenelterngemeinschaft" (Bergmann 1932, 831) ihre Arbeiten präsentieren. Die Rede von der *Schulgemeinde*, macht nur dann Sinn, wenn die Elternschaft prinzipiell als deren substanzieller Bestandteil anerkannt wird. Wichtig ist, dass solche Veranstaltungen zwanglos, heiter, bunt und ohne ‚Etikette' sind, um den Gästen etwas von der Lernfreude in der Schule zu vermitteln.
- Für die Schule als Institution hat der rituelle Charakter des Feierns eine *systemstabilisierende Bedeutung*. Das Feiern führt Menschen zusammen, stiftet und pflegt Beziehungen und sorgt dadurch für Identifikationsmöglichkeiten mit der Schule. Es kann, wie oben dargelegt, ein Gefühl der Verbundenheit und Zusammengehörigkeit entstehen, das nicht nur den Einzelnen trägt, sondern auch in die Schule hineinwirkt und Identifikationsmöglichkeiten im Sinne eines „Wir und unsere Schule" anbietet. Die Organisationskultur der Schule, von der in Kap. 9.2 noch ausführlich gesprochen wird, verschafft eine verlässliche Basis für konstruktive Kommunikation und Kooperation, Orientierungssicherheit sowie Vertrauen und reduziert Unsicherheit, Zweifel, Ängste und Minderwertigkeitserleben. Eine starke Kultur, die die verschiedenen Interessengruppen – Lehrkräfte, Lernende und Eltern – zu einer Gemeinschaft verbindet, ist zudem leichter in der Lage,

Angriffe und Gerüchte aus der Umgebung abzuwehren sowie Interessen vor dem Schulträger, der Öffentlichkeit und Sponsoren leichter zu vertreten. Letztlich kann also das Feiern in der Schule im Dienste der *Schulentwicklung* stehen.

Was bedeuten diese Überlegungen für den *erziehenden Raum*? Zwischen den Zeilen ist angeklungen, dass zwar in (fast) jedem Raum gefeiert werden kann, aber nicht jeder Raum zum Anlass des Feierns passt. Häufig sind es pädagogische Erwägungen, die über den Raum entscheiden. Sollte das mühsam erarbeitete Theaterspiel der Sechstklässler in einer Feierstunde im Klassenraum oder gleich vor großem Publikum auf der Bühne des Foyers zur Aufführung kommen? Fühlen sich die Kinder in einem großen Raum noch geborgen oder werden die pädagogischen Intentionen durch die Raumgröße eher konterkariert? Sind die Rahmenbedingungen dergestalt, dass eine Aufführung vor Publikum einen reibungslosen Ablauf garantiert, der das Beschämen von Akteuren verhindert usw.? Am zitierten Beispiel der Weihnachtsfeier in der Jena-Plan-Schule (Wolff 1925) ist abzulesen, was passiert, wenn solche Kriterien nicht erfüllt sind. Dort heißt es pathetisch: „Eine feierliche Stimmung schwebte über allen, während einzelner Darbietungen nur durch aus blanken Augen strahlende Freude abgelöst." Und dann: „Der sehr knappe Raum hemmte die Bewegung der Kinder und stellte für ihre Selbstregierung keine knappe Aufgabe, die sie aber ohne große Eingriffe lösten." (Wolff 1925, 126). Zweifellos wird hier ein Konflikt zwischen der Atmosphäre, die die Kinder ergriffen hat, und dem *räumlichen Missmanagement* offensichtlich. Wer so ein Geschehen kennt, weiß, dass eine solche Veranstaltung leicht ‚auf der Kippe' steht und das Ziel, die Kinder für die Feier zu begeistern rasch in das Ziel umschlagen kann, für Disziplin zu sorgen – die eigentliche pädagogische Intention ist dann verfehlt. Wolff hingegen überspielt das Problem lässig, indem er die Kompetenzen der Kinder hervorhebt und ansonsten das Problem „ohne große Eingriffe" (ebd.) löst.
Genau darum sollte es beim erziehenden Raum aber gehen: Der Raum selbst soll die Heranwachsenden zur emotionalen Bereitschaft, zur erwartungsvollen Gestimmtheit, Konzentration und inneren Ordnung für die Auseinandersetzung mit den Gegenständen oder, mit Horst Rumpf gesprochen, zu einer besonderen „Weltaufmerksamkeit" führen, ohne (!) dass „große Eingriffe" angezeigt wären. Wer feiern möchte, der muss also dafür Sorge tragen, dass der Raum dem Anlass und den Teilnehmern und Teilnehmerinnen entsprechend ausgewählt und vorbereitet wird. Wenn etwa Schulanfänger in der Schule, auch in der weiterführenden Schule, im Rahmen einer Feierstunde begrüßt werden, dann muss durch die *Symbolik des Raums* für den Heranwachsenden begreifbar sein, dass er in seiner neuen Umgebung willkommen ist. Das Kind, dass durch einen auf der Bühne aufgebauten Torbogen zum Schulleiter geht, um von ihm empfangen zu werden (s. das Beispiel in Kap. 6.2, Seite 91), spürt, dass es um es selbst geht und sein *seelisches Grundbedürfnis nach Zugehörigkeit* (Skiera 2022, 287) in dieser Schule ernst genommen wird. Mit

dem Durchschreiten des Torbogens beginnt eine neue Bildungs- und Entwicklungsphase, der gewohnte pädagogische Kontext bleibt zurück. Das räumliche Arrangement fordert das Kind auf, den Blick nach vorne zu richten auf eine Schule, in der es *beheimatet* werden soll.

Wenn eine Lerngruppe die Geschichte eines Ortes in eine szenische Darstellung übersetzt, die beim Schulfest vor zahlreichen Zuschauern zur Aufführung gebracht werden soll, dann bedarf es bereits bei den Proben einer Raumatmosphäre, die das Stück tragen und den Akteuren signalisieren kann, dass sie schon jetzt vollständig präsent sein, d. h. eben auch emotional in die Handlung ‚eintauchen' sollen. Dann sind bestimmte Requisiten, angepasste Beleuchtung, Kostüme, ggf. eine räumliche Gliederung und musikalische Untermalung usw. unverzichtbar. Wenn das gemeinsame Feiern darauf zielt, den Sinn für die Gemeinschaft zu festigen, dann ist es vielleicht angezeigt, ein paar einfache Speisen zuzubereiten, die man in einem feierlich hergerichteten Raum der Schule gemeinsam verzehrt. Das bedeutet, Tische, um die herum man sich gruppiert, sind mit Tischdecken, Kerzen, farbenfrohen Servietten, Blumenschmuck usw. festlich gedeckt. Es erklingt getragene, ruhige Musik und die indirekte Beleuchtung zaubert interessante Lichteffekte. In diesem Ambiente erfahren die Heranwachsenden gemeinsame Esskultur (vgl. Kap. 7.4.2.3), bringen sich mit ihren selbst zubereiteten Speisen ein und tauschen sich darüber aus. Das Essen wird zum *Speisen* und jeder hat die Chance, durch seinen eigenen Beitrag *Anerkennung* und *Selbstwirksamkeit* zu erfahren. Der Raum ist gestimmt wie ein Musikinstrument und (ver)führt dazu, sich durch die Feierstimmung und außerhalb der schulischen Anforderungen zu *begegnen*. Diese Beispiele ließen sich beliebig vermehren und weiter ‚ausbuchstabieren'. Sie sollten zeigen, wie sehr systemisch verwoben Erziehungsziele, das Feiern und der Raum sein können.

8 Inklusive Pädagogik als Spezialfall für Bau, Sanierung und Gestaltung schulischer Lern- und Lebensräume?

Der Inklusionsbegriff ist seit der Veröffentlichung der UN-Behindertenrechtskonvention (UN-BRK) im Jahr 2006 in den Sprachgebrauch zumindest der beruflich tätigen Pädagoginnen und Pädagogen eingesickert. Aber er wird weder einheitlich interpretiert, noch sind die Folgen der semantischen Breite für die pädagogische Praxis hinreichend reflektiert worden. Mehr noch: Im pädagogischen Diskurs ist der Inklusionsbegriff nicht nur ein Reformbegriff, sondern auch ein *Kampfbegriff*. Da „Inklusion" diffus ist, geht es eben auch um die Deutungshoheit über den ‚passenden' Inklusionsbegriff. Und dies ist keineswegs banal, weil mit dem Inklusionsverständnis auch Vorstellungen davon mitschwingen, wie das Raumangebot von Schulen auszusehen hat, die sich Inklusion auf die Fahnen schreiben. Oder kann inklusive Pädagogik gar auf ein spezielles Raumprogramm verzichten? Logisch gesehen müssten dann auch unsere Förderschulen nicht mit höheren Flächenansätzen und besonderen Ausstattungen bedacht werden.

Selbstverständlich kann der polarisierte Diskurs um Inklusion hier nicht umfänglich aufgegriffen werden. So müssen die Strukturfragen, die sich auf die Kontroverse darüber beziehen, ob die Förderschule als eigenständige Schulart zugunsten einer *vollständigen Inklusion* von Heranwachsenden mit sonderpädagogischem Förderbedarf an allgemeinbildenden Regelschulen aufgegeben wird oder gar die *Doppelstruktur* von Förderschule und inklusiver Regelschule erhalten bleiben soll, weitgehend ausgeklammert werden. Es ist vielmehr das Ziel, den Inklusionsdiskurs nur insoweit zu bemühen, dass die anstehenden Zusammenhänge von Raum, Inklusion und Pädagogik geklärt werden können, die Pädagogik also ins Zentrum gestellt wird. Deshalb sei kurz an das von der UN-BRK formuliert Grundanliegen erinnert.

Die UN-BRK wurde am 26. März 2009 von der Regierung der Bundesrepublik Deutschland in Kraft gesetzt (vgl. Beauftragte 2014). Sie ist seitdem Bundesgesetz und in die Schulgesetze der Bundesländer eingeflossen – mit weitreichenden Folgen für die Beschulung von Heranwachsenden mit Handicaps in Regelschulen. Im September 2011 wurde der „Nationale Aktionsplan" zur Umsetzung der Konvention veröffentlicht (vgl. Bundesministerium für Arbeit und Soziales 2011). Die UN-BRK ist darüber hinaus ein völkerrechtlicher Vertrag, dem sich mehr als 180 Staaten durch Ratifikation angeschlossen haben. In 50 Artikeln werden die Rechte von Menschen mit Behinderungen differenziert dargelegt. In Artikel 26 („Habilitation und Rehabilitation") werden die zentralen Ziele deutlich markiert:

„(1) Die Vertragsstaaten treffen wirksame und geeignete Maßnahmen, einschließlich durch peer support, um Menschen mit Behinderung in die Lage zu versetzen, ein Höchstmaß an Selbstbestimmung, umfassende körperliche, geistige, soziale und berufliche Fähigkeiten sowie die volle Einbeziehung in alle Aspekte des Lebens und die Teilhabe an allen Aspekten des Lebens zu erreichen und zu bewahren (...)“ (Beauftragte 2014, 40).

Die *Gesellschaft im Ganzen* ist aufgefordert, alles zu unternehmen, damit Menschen mit Behinderungen bzw. erhöhtem Förderbedarf vollumfänglich in den Genuss der gesellschaftlichen Ressourcen gelangen können. Dies schließt, negativ formuliert, jegliche Form der Ausgrenzung, Diskriminierung und Benachteiligung, auch in der Schule, aus (Exklusion). Es sollen „wirksame und geeignete Maßnahmen“ ergriffen werden, um die Dichotomie einer ‚Zwei-Klassengesellschaft‘, bestehend aus behinderten und nichtbehinderten Menschen, zu überwinden. Die Konvention setzt auf den Abbau von Schranken, von sozialer Ungleichheit und Ausgrenzung sowie auf die Solidarität mit durch Behinderung benachteiligte Menschen. Sie ist auf den Behinderungsbegriff fokussiert, radikal gedacht als *Großprojekt der Gesellschaftsreform* und geprägt von *visionären Ansprüchen*. Entsprechend wird sie getragen von einem *hohen moralischen Anspruch*, der an der Erfüllung humaner Lebensverhältnisse Maß nimmt. Die Würde des Einzelnen, personale Entfaltung, Freiheit und Unverfügbarkeit der eigenen Lebensführung sind die Topoi, die sich als Argumentationsstränge durch die Konvention ziehen.

Gleichwohl: Trotz ihres hohen pädagogischen Impetus ist sie *kein pädagogischer Text.* Das Pädagogische schwingt eher mit, ist verborgen oder verdeckt. Sie gibt vielmehr einen ordnungspolitischen und sozialpolitischen Rahmen vor, in dem sich Pädagogik verwirklichen soll. Es ist markant, dass Pädagogik und Bildung explizit nur in Artikel 24 aufscheinen – wohl der in den Erziehungswissenschaften am häufigsten zitierte Artikel. Dort wird Menschen mit Behinderungen das Recht auf Bildung „ohne Diskriminierung und auf der Grundlage von Chancengleichheit“ zugesprochen. Dies soll in einem „inklusive[n] Bildungssystem auf allen Ebenen“ geschehen, damit sie „ihre Persönlichkeit, ihre Begabungen und ihre Kreativität sowie ihre geistigen und körperlichen Fähigkeiten voll zur Entfaltung bringen“ können. Sogar „der Besuch weiterführender Schulen darf nicht ausgeschlossen werden“ (ebd., 35, 36). Eltern haben seitdem ein *Wahlrecht* bzw. einen prinzipiellen Rechtsanspruch darauf, dass ihr behindertes Kind an einer allgemeinen Regelschule beschult wird. Ob dieser Rechtsanspruch eingelöst wird, hängt freilich in manchen Bundesländern vom Ressourcenvorbehalt ab (vgl. Klemm 2021).

Soweit die visionären Ansprüche. Inzwischen sind die anfängliche Euphorie, Beglückungsutopien und Machbarkeitsfantasien von den Problemen des Alltags und einer deutlichen *Ermüdung* eingeholt worden. Uwe Becker stellt die politische Ernsthaftigkeit des Inklusionsprojekts vor allem mit Blick auf den Arbeitsmarkt in Frage und siedelt es auf der Ebene von Symbolpolitik an, die den hohen Preis der „Bagatellisierung“ und „Banalisierung der Inklusion“ habe (Becker 2020). Diese Ermüdung

bildet sich empirisch in der deutlich spürbaren bildungs- und strukturpolitischen Umsetzung der gewünschten Maßnahmen in der Schulpraxis ab. So bestätigt Klaus Klemm in einer Bilanz für die Bundesrepublik, dass „sich eine Reihe der deutschen Bundesländer in den vergangenen Jahren vom Ziel einer inklusiven Schule verabschiedet [hat]", obwohl „keine Studie der empirischen Bildungsforschung eine Grundlage für die These [bietet], Inklusion sei gescheitert" (Klemm 2021, 85; vgl. die gründliche Forschungsübersicht bei Beer 2021). Dies ist ernüchternd, stehen Lehrkräfte doch tagein, tagaus vor der praktischen Aufgabe, Inklusion in den vier Wänden ihrer konkreten Schule gestalten zu müssen.
Offensichtlich driften die Inklusionspraktiken in einzelnen Bundesländern aufgrund politischen Willens, unterschiedlicher struktureller Rahmenbedingungen, kultureller Eigenheiten und Inklusionsauffassungen auseinander, und im Bundesdurchschnitt kann man wie Birgit Herz von einer „inclusion light" reden (Herz 2016, 97; für die bayerischen Schulen s. Schönig 2020). Aber gerade weil das Pädagogische im Getöse der Inklusionsrhetorik verloren zu gehen droht, muss nach einem Inklusionsverständnis gesucht werden, das einerseits am pädagogisch Notwendigen Maß nimmt, andererseits in verschiedene Richtungen offen ist, sodass das Thema des Raums als dem dritten Pädagogen konstruktiv behandelt werden kann. Dazu wird im Folgenden auf den Inklusionsdiskurs insoweit Bezug genommen, als einer der Grundkonflikte, die Auseinandersetzung um den Behinderungsbegriff, erörtert und ein *offener Inklusionsbegriff* favorisiert wird (8.1). Danach wird dieses Inklusionsverständnis konkretisiert, um Vertretern und Vertreterinnen einer „full inclusion" die Illusion zu nehmen, dass eine verantwortungsvolle inklusive Pädagogik ohne speziell angepasste Raumprogramme realisierbar sei (8.2).

8.1 Inklusion im Spannungsfeld von Förderpädagogik und Allgemeiner Schulpädagogik

Eine inklusive Schule hat *besondere Vorkehrungen* für die ihr anvertrauten Schüler und Schülerinnen zu treffen. Dies gilt für Heranwachsende mit pädagogischem Förderbedarf, erst recht aber für solche mit *sonder*pädagogischem Förderbedarf. Wie letzterer definiert wird, obliegt den Schulgesetzen der verschiedenen Bundesländer. So erzeugen bspw. Dyskalkulie und ADHS in der Regelschule des Freistaates Bayern keinen *sonderpädagogischen Förderbedarf* und erlauben somit keinen *Nachteilsausgleich* durch zusätzliche Ressourcen (mehr Zeit, zusätzliches Material usw.) in Prüfungssituationen (zur Problematik der Leistungsbeurteilung im inklusiven Unterricht vgl. ausführlich Münzer 2020). Die fachliche Kontroverse entzündet(e) sich vor allem am Behinderungsbegriff, wie er der Sonderpädagogik zugrunde gelegt worden ist und der die Einteilung der Heranwachsenden mit sonderpädagogischem Förderbedarf nach sechs bis sieben *Förderschwerpunkten* sowie die Zuweisung zu den entsprechenden Förderschulen zulässt (Kategorisierung). Inklusion in diesem

Sinne ist eine *Behindertenkategorie*. In Anlehnung an Christian Lindmeier und Birgit Lütje-Klose (2015) bietet sich eine dreifache kategoriale Fassung des Inklusionsbegriffs und somit eine Unterscheidung nach dem eben angesprochenen *engen behinderungsbezogenen*, einem *weiten diversitätsbezogenen* und einem *offenen verletzlichkeitsbezogenen* Inklusionsbegriff an.

Folgt man dem *engen* Begriffsverständnis, dann ergibt sich daraus, dass man weitgehend *diagnostisch zweifelsfrei* feststellen kann, welche Menschen von einer Behinderung betroffen sind, und welche nicht. Zugleich macht eine solche *Trennlinie*, die zwischen behinderten und nichtbehinderten Menschen gezogen wird, die Einrichtung eines separaten Sonder- bzw. Förderschulsystem neben einem allgemeinen Regelschulsystem erst *möglich*. Damit ist die Erwartung verbunden, dass die Entwicklung junger behinderter Menschen und deren Vorbereitung auf die Wahrnehmung ihrer gesellschaftlichen Rechte im ‚Schonraum' separater institutioneller Settings am besten gefördert werden könnten. Der prominente Vertreter dieser Position Otto Speck gibt zu bedenken: „Durch den Wechsel aus dem sozialen Schutzraum einer speziellen Lerngemeinschaft in das allgemeine Schulsystem dürften behinderte Kinder in einem Getriebe gnadenloser Konkurrenz um Selbstdurchsetzung, Status und Geld landen, wo ihnen ein Höchstmaß an Flexibilität, Mobilität und Eigenenergie abverlangt wird, dem sie im Allgemeinen nicht gewachsen sind." (Speck 2016, 190, 191). Die Einwände gegen eine solche „Zwei-Gruppen-Theorie" von Behinderten und Nichtbehinderten sind ebenso deutlich formuliert worden (Dorrance & Dannenbeck 2016, Schöler 2002, Prengel 2006, 2012). Es ist eine zentrale Argumentationsfigur der Gegner einer separaten Beschulung, dass sie an sich schon *diskriminierend* sei, weil die Betroffenen durch die Trennung von normal entwickelten Gleichaltrigen wesentlicher Erfahrungs- und Bildungsmöglichkeiten beraubt würden. Zudem sei die Bezeichnung eines Menschen als „behindert" bereits das Ergebnis eines Etikettierungsprozesses auf der Grundlage eines fragwürdigen sonderpädagogischen Kategorienrasters. Die Festlegung auf „Behinderung" sei das Ergebnis einer *sozialen Kategorisierung* bzw. eines „doing disability". So gesehen ist „Behinderung" nicht einfach nur vorhanden, sondern sie wird ‚gemacht' – Ergebnis eines sozialen Konstruktionsprozesses. Auf dieser Argumentationslinie ist es dann auch nur ein kleiner Schritt bis zur Forderung, den Behinderungsbegriff ebenso aufzugeben wie die Förderschule.

In der Bildungsforschung und Schulpädagogik scheint sich indessen ein Inklusionsverständnis durchzusetzen, das den Gleichheitsgrundsatz favorisiert, dem gemäß es „normal" sei, anders zu sein. Dieser Zugang zur Inklusion korrespondiert mit einem *weiten Inklusionsbegriff*, der Inklusion als *Heterogenitätskategorie* fasst. Demgemäß wird es als „normal" angesehen, wenn behinderte Heranwachsende gewissermaßen ‚unterschiedslos' in die Schulgemeinschaft integriert werden (Schöler 2002, Hinz 2009). In Annedore Prengels „Pädagogik der Vielfalt" (Prengel 2006) wird die Behinderung als *ein Fall von zunehmender Heterogenität* aufgefasst. So wie der Scheidungswaise, das

Flüchtlingskind, das hochbegabte Mädchen, das in seiner Sprachentwicklung rückständige Kind oder der rechenschwache Jugendliche der individuellen Zuwendung bedürfen, so auch das behinderte Kind – das autistische ebenso wie das gehörlose, das körperbehinderte oder das Kind mit Down-Syndrom. Damit wird die Behinderung nicht nur „zu einer Besonderheit unter anderen", wie Bernd Ahrbeck (2012, 69) es ironisierend ausdrückt, sie soll auch als solche nicht mehr mit der Begrifflichkeit der Sonderpädagogik kategorial erfasst werden, weil dies dem Anliegen der Inklusion diametral entgegenstehe. Prominente Vertreterinnen und Vertreter eines solchen radikalisierten Inklusionsverständnisses wie etwa Jutta Schöler (2002), Andreas Hinz (2016) oder Hans Wocken (2006) legen den Behinderungsbegriff ab und plädieren entsprechend für die *Dekategorisierung*, d.h. für die Auflösung der behindertenspezifischen Kategorien, die mit den sonderpädagogischen Förderschwerpunkten assoziiert sind. Ahrbeck (2012, 2014) tritt dieser Position entgegen und warnt davor, das Kind mit dem Bade auszuschütten, die Förderschule als einen „unerträglichen Zustand" und die dortige Gemeinsamkeit der Heranwachsenden als eine „Zumutung" zu bewerten sowie das pädagogische Potenzial der Förderschule leichtfertig aufs Spiel zu setzen (Ahrbeck 2012, 75). Er macht auf das Problem aufmerksam, dass der jeweilige *besondere* Unterstützungsbedarf eines behinderten Kindes oder Jugendlichen dann nicht mehr angemessen gesehen wird, wenn sich der pädagogische Blick für alle möglichen Formen des Besonderen *gleichermaßen* öffnet. Stattdessen hält er am Behinderungsbegriff fest und plädiert für die sorgfältige Wahrnehmung unterschiedlicher Behinderungsarten. Die angesprochene Diskriminierung ist auch Ahrbeck geläufig, aber er weist darauf hin, dass eine Behinderung bereits diesseits der Bezeichnung und kategorialen Bewertung des Phänomens bestehe und *nicht ausschließlich ein Etikettierungsprodukt* sein könne. Hilfreich könne sein, so Ahrbeck, dass der Unterschied, der durch eine Behinderung zwischen behinderten und nichtbehinderten Menschen besteht, ehrlich benannt wird.[120] Dies sei auch im Sinn der Feststellung des sonderpädagogischen Förderbedarfs geboten. Eine *pauschale* Zuweisung von Fördermitteln für eine dekategorisierte Inklusion könne den behinderten Menschen nicht gerecht werden und würde auch die Lehrpersonen in Schwierigkeiten bringen. Für eine präzise Diagnostik führt Ahrbeck an:

> „Ohne elaborierte, überprüfbare Kriterien ist dies [eine gerechte Entscheidungslegitimation; Anm. d. Verf.] schwerlich möglich. Ansonsten wird die Vergabe besonderer Mittel in das subjektive Belieben einzelner Lehrerinnen und Lehrer gestellt, einem versteckten Kriterienkatalog gehorchend oder hochpersönlichen Bewertungen und Neigungen folgend." (Ahrbeck 2012, 78)

Zwar sind auch manche Gegner der Kategorisierung gegen „die Beseitigung, Ignorierung oder Nivellierung von Verschiedenheit" (Hinz 2016, 38), aber sie lassen offen,

120 Vgl. das Interview mit Bernd Ahrbeck »Am Rand stehen ist schrecklich«. In: DER SPIEGEL 34/2014, S. 38-40.

wie man zu diagnostischen Kriterien als *Grundlage für Förderung* und die Abfassung von *individuellen Förderplänen* gelangt. So gesehen erscheint die Klassifizierung von Einschränkungen ein pädagogisch probates Mittel, um überhaupt Förderpläne konzipieren zu können. Im Ganzen zeigt die gereizte Diskussion, wie „der Schwarze Peter" beliebig hin und hergeschoben wird; mal wird den einen *Gleichmacherei* und pädagogische Naivität, mal den anderen affirmatives Verhalten und die sprichwörtliche *Institutionenblindheit der Pädagogik* vorgeworfen.

Zwischen den beiden polarisierenden Inklusionsbegriffen ist nach Lindmeier und Lütje-Klose (2015) noch ein dritter, vermittelnder Inklusionsbegriff anzusiedeln, der hier als *offener Inklusionsbegriff* bezeichnet werden soll. Er spricht ein Inklusionsverständnis an, das *vulnerable Gruppen* besonders berücksichtigt.

Damit kommt man um eine Diagnostik und kategoriale Erfassung von Handicaps zwar nicht herum, aber der Aufmerksamkeitsfokus verschiebt sich und ist dadurch nicht mehr auf die Behinderungskategorie *fixiert.* Nach wie vor steht bei dieser Sichtweise das Ziel im Vordergrund, die Partizipationschancen von Menschen zu erhöhen bzw. deren Risiko des Scheiterns herabzusetzen. Allerdings macht sich dieses Anliegen grundsätzlich an Menschen fest, die aufgrund bestimmter Merkmale *besonderen* Risiken der Diskriminierung und Ausgrenzung ausgesetzt sind. Neben den Menschen mit Behinderungen zählen also auch andere Personen(gruppen), die besonders verletzlich sind, zum Kreis derjenigen, die einer gesteigerten (pädagogischen) Aufmerksamkeit bedürfen. Zu denken ist beispielsweise an problembelastete Kinder und Jugendliche, die unserem Engagement im pädagogischen Feld leicht entgehen. So etwa ADS, Essstörungen, Pubertätsmagersucht, Fluchttraumata, Übergewicht, Adipositas und zahlreiche Erkrankungen, die auch in der Schule medikamentös behandelt werden müssen – man denke nur an an Typ-I-Diabetes erkrankte Kinder. Mitunter droht ihnen psychophysische Überlastung auf Lerngängen oder im Sport oder sie wollen bzw. können sich an Spielen mit Gleichaltrigen nicht beteiligen usw. In der Praxis ist zu beobachten, dass für sie keine (räumlichen) *Vorkehrungen* getroffen werden, sodass sie sich in dieser Situation unbetreut und unbeaufsichtigt im Schulgebäude aufhalten oder zu einer anderen Lehrkraft in den Unterricht geschickt werden.

Resümierend lässt sich festhalten, dass der Streit um die ‚bessere' Schulart nicht weiterführend ist, weil er sich im Gestrüpp strukturtheoretischer, ordnungs- und bildungspolitischer, ressourcensensibler, fiskalischer und bildungssoziologischer Fragen verfängt und das eigentliche Pädagogische zu weit außen vor lässt. Im Übrigen sei an dieser Stelle zumindest erwähnt, dass der Vorwurf einer ‚Schonraumpädagogik' in der Förderschule insofern nicht stichhaltig ist, als selbst Förderschulen dem Anspruch der Inklusion folgen. Jede gute Förderschule verfolgt eine Pädagogik, die ihrer Klientel zu einer umfänglichen Teilhabe am gesellschaftlichen Leben in Gegenwart und Zukunft verhelfen will. Von der Warte der Pädagogik aus betrachtet ist die am Behinderungsbegriff festgemachte Frontstellung zwischen *engem* und *weitem* Inklusionsbegriff nicht hilfreich, weil jeweils bestimmte Personengruppen ‚durch die Maschen fallen'. Sind es beim engen Inklusionsbegriff all jene, die sich außerhalb behinderungskategorialer Zuschreibung befinden, so sind es beim weiten Inklusionsbegriff Menschen mit ausgeprägten Handicaps, die in ihrem spezifischen So-Sein nicht hinreichend wahrgenommen werden. Vor diesem Dilemma kann womöglich ein *offener* Inklusionsbegriff schützen, der die Fülle von unterschiedlichen Fähigkeitseinschränkungen nicht nivelliert, sondern pädagogisch zu berücksichtigen erlaubt. Dass sich auch in diesem Szenario die Fragen der Ressourcenbeimessung stellen, soll damit nicht ignoriert werden. Aber sie stellen sich anders, wenn sie sich bildungsphilosophisch und gerechtigkeitstheoretisch als Suche nach dem moralischen Respekt gegenüber den jungen Menschen genieren (Stojanov 2011). Dann verschiebt sich die Perspektive von Kategorien der *Hierarchisierung* im Schulsystem im Sinne von besser/schlechter, oben/unten, leistungsstark/leistungsschwach, erfolgreich/erfolglos usw. zu den *qualitativen Anforderungen an das pädagogische Geschehen*, wozu auch der erziehende Raum gehört. Dieter Katzenbach spricht auch von einer „egalitären Differenz" und betont damit die Wahrnehmung und das Ernstnehmen von Unterschieden zwischen Menschen ohne diese „Differenzen" zu bewerten und *hierarchisch* zu erfassen (Katzenbach 2016, 20ff.). Diese Umkehrung der Perspektive zugunsten der pädagogischen Qualität erlaubt es auch, die bereits erörterten „seelischen Grundbedürfnisse" (Skiera 2022) der Heranwachsenden in Betracht zu ziehen und das Anliegen des erziehenden Schulraums für die Inklusion schärfer zu fassen.

8.2 Desillusionierung oder: Inklusion in der Schule verlangt angepasste Raumprogramme

Es ist erstaunlich, dass die Bedeutung des Schulraums für die inklusive Pädagogik und Schulentwicklung trotz der Fülle an Fachliteratur nicht systematisch behandelt wird, ja, in zahlreichen Veröffentlichungen nicht einmal eine Randnotiz wert zu sein scheint. Womöglich liegt dies an der Präferenz des weiten Inklusionsverständnisses, das durch den Fokus auf der ‚Normalität des Andersseins' den besonderen Bedürfnissen von Menschen mit Handicaps zu wenig Aufmerksamkeit widmet und das Raumthema als trivial ansieht. Eine der wenigen Ausnahmen findet sich bei Carmen Dorrance und Clemens Dannenbeck (2016), beide Vertreter eines weiten Inklusionsverständnisses. Sie gehen von dem Legitimationsinteresse der Sonderpädagogik an der strukturellen Beibehaltung eines „Schonraums" für Heranwachsende mit sonderpädagogischem Förderbedarf aus, sehen im Schonraumargument aber einen allgemeinpädagogischen Anspruch, der in einem *Gemeinsamen Unterricht* in der allgemeinen Regelschule zu realisieren sei. Sie sehen „das Bedürfnis von Schülerinnen und Schülern, die situations- und kontextabhängig, auch möglicherweise entwicklungsabhängig und phasenweise in mehr oder weniger starkem Umfang Räume der Selbstbestimmung und des Rückzugs für sich reklamieren" (Dorrance & Dannenbeck 2016, 43). Hier stehen also das Recht auf eine *selbstbestimmte Lebensführung* im Kontext der Beschulung und die *Partizipationschancen* als Prinzipien inklusiver Pädagogik im Mittelpunkt. Die Korrespondenz mit dem *Bedürfnis nach Selbst- und Mitverantwortung* sowie nach *Anerkennung*, wie ich sie beide in Anlehnung an Skieras „responsive Pädagogik" gekennzeichnet habe (vgl. Kap. 6), ist unverkennbar. Dorrance und Dannenbeck halten einen „Schonraum" in diesem genuin pädagogischen Sinne für einen differenzierenden inklusiven Unterricht und für die Schule als Lebensraum für wichtig, knüpfen ihn aber an die Bedingung, „dass ein solchermaßen gestaltetes Raumkonzept allen jungen Menschen gleichermaßen zugänglich ist und keine unreflektierten Zuweisungsmuster wirksam sind" (ebd., 43, 44). Hier wird der Raum also nicht als fertig und vorgegeben verstanden, sondern als eine Einheit, für deren Gestaltung sämtliche Nutzer ermächtigt werden. Raumgestaltung und -nutzung werden eine *Interaktionsaufgabe*, über die sich die Beteiligten zu verständigen haben.

Auffallend an dieser Position ist gleichwohl, dass die Bereitstellung spezieller Räume, wie sie ggf. für die Pflege, die Physiotherapie, die logopädische Behandlung oder gar für die Abfuhr von Aggression (Time-out-Raum) benötigt werden könnten, nicht thematisiert wird.

Eine vergleichbare Argumentation findet sich im bereits angesprochenen ausführlichen Band von Kricke, Reich, Schanz und Schneider (2018), wo das Autorenteam, an einem „breiten Inklusionsverständnis" (ebd., 18) ansetzt. Für sie ist es nicht überraschend, „dass die räumlichen Anforderungen an inklusive Schulen in vielen Bereichen schlicht deckungsgleich mit denen guter Schulen sind" (ebd.). Räume, die der Inklusion zugutekommen, sollen jedoch nicht als „Sonderräume Inklusion" (ebd., 18) verstanden werden, weil damit separativen bzw. exklusiven Prozessen Vorschub geleistet würde: „Zusätzliche Flächen und Räume sollen entsprechend der Intentionen der Inklusion keine exklusiven Orte für bestimmte Personen sein, sondern allen zugutekommen." (ebd.) Aber der zugrundeliegende Inklusionsbegriff ist schillernd und führt zu Stimmigkeitsproblemen. Denn spätestens, wenn Inklusion auch die jungen Menschen zu berücksichtigen hat, die in ihren Fähigkeiten bspw. durch eine Mehrfachbehinderung weit zurückgeworfen sind und der Behandlung und pflegerischen Maßnahmen bedürfen, ist das Plädoyer für „Räume für alle" (ebd., 18) nicht mehr stichhaltig. Das zeigt sich dort eklatant, wo im Buch ein sorgfältig erarbeiteter ‚Spiegel' der Regelwerke für Baden-Württemberg, Berlin, Hamburg, Köln und München vorgestellt wird, mit dem der Wechsel vom Musterraumprogramm zum Musterflächenprogramm bzw. zu Schulbau*leitlinien* dokumentiert wird (46-54). Dort ist zu erkennen, dass in Berlin, Köln und München (Lernhauskonzept) spezielle Räume vorgesehen sind, wenn auch jeweils unter besonderen Rahmenbedingungen. Zu nennen sind etwa Therapie- und Bewegungsraum, Therapieraum für Hören und Sprache, Entspannungs- und Ruheraum, Krisenraum, Räume für Krankengymnastik und Individualförderung.

Wie der Raumbedarf in inklusiven Schulen konkret aussehen kann, ist mit Blick auf die Praxis der Förderschulen nachzuvollziehen. Am Beispiel der Förderschule mit dem *Förderschwerpunkt emotionale und soziale Entwicklung* geben Anne Hopmann und Kristina Roth Eindrücke von den die Schulpraxis belastenden Phänomenen (Hopmann & Roth 2016). Dieser Förderschwerpunkt ist auch insofern interessant, als er mit einem Schüler- und Schülerinnenanteil von 16,6 quantitativ an zweiter Stelle nach dem Förderschwerpunkt Lernen mit 36,5 % im Schuljahr 2016/17 rangiert (Förderschule und allgemeine Schule zusammen; Klemm 2018, 14).[121] Zudem finden sich in diesem Förderschwerpunkt solche Schüler und Schülerinnen, die, vor allem wenn sie sich in einer allgemeinen Schule befinden, den Unterricht durch ihr ‚gestörtes' und störendes Verhalten erheblich belasten. Im Vordergrund steht die aggressive Verhaltensproblematik und die Aufmerksamkeits-Hyperaktivitätsstörung (ADHS). Neben diesen „externalisierten Störungen" fallen „internalisierte Störungen" wie bspw. depressive Syndrome und Angststörungen ins Gewicht (Stein 2020). Die Betroffenen sind primär im externalen Sektor in ihrer Fähigkeit stark eingeschränkt, das eigene Verhalten und Erleben zu *kontrollieren* und zu *steuern*, was häufig zu disruptivem, emotional explosivem und aggressiv-ablehnendem Verhalten führt. Konkret: In *einer* Lerngruppe können sich traumatisierte Geflüchtete, Opfer sexuellen Missbrauchs, Lernende mit AD(H)S oder auditiver Verarbeitungs- und Wahrnehmungsstörung, durch das häusliche Milieu Geschädigte usw. befinden. Ontogenetisch gesehen ist für viele von ihnen eine *frühe Bindungsstörung*, die Erfahrung der Vernachlässigung und des Ur-Misstrauens prägend. Sie fühlen sich „wie in Feindesland" (Alfred Adler), stets vor anderen auf der Hut, ebenso verängstigt wie angreifend.

An diesen Heranwachsenden lässt sich ablesen, was Inklusion (lat. Einschluss, Einbezug) bedeutet: zeigen, dass jemand dazugehört, willkommen ist und im sozialen Gefüge eine Heimat finden kann. Aus der Reihe der angesprochenen seelischen Grundbedürfnisse steht das *Bedürfnis nach Zugehörigkeit* im Vordergrund. Den Heranwachsenden muss in der Interaktion das Gefühl der *Sicherheit*, des *Angenommenseins* und der *Geborgenheit* vermittelt werden. Der Schulraum – Lernraum wie Lebensraum – muss deshalb dem jungen Menschen mit freundlichen Gesten entgegengehen, seine positiven inneren Respondenten ansprechen und ihm signalisieren, dass er auch *mit* seinen Schwierigkeiten an diesem Ort willkommen ist. Negativ formuliert sollte alles getan werden, um akute Belastungen, auch durch den Raum, zu vermeiden und die Risiken kontrasozialen, aggressiven oder auch Fluchtverhaltens zu minimieren. Laut Hopmann und Roth (2016) ist dies, raumtheoretisch gesehen,

121 Klemm, Klaus (2018): Unterwegs zur inklusiven Schule. Lagebericht 2018 aus bildungsstatistischer Perspektive. Gütersloh. Bertelsmann Stiftung. https://www.bertelsmann-stiftung.de/de/publikationen/publikation/did/unterwegs-zur-inklusiven-schule [aufgerufen am 20.07.2022].

bereits für den Eingangs- und Garderobenbereich zu bedenken. Der sozialen Enge, die in diesen Zonen in vielen Schulen entsteht, muss bereits bei der Entwurfsplanung eines Schulneubaus begegnet werden. Ein sanfter Übergang von außen nach innen, vom privaten zum schulischen Bereich, muss architektonisch einladend gestaltet sein: Eine Farbgebung, die ‚anziehend' wirkt, eine optische Abtrennung des Raums für den Kleidungswechsel und Markierungen auf dem Boden schaffen Atmosphäre und geben *Orientierungssicherheit*. Scheinbar unbedeutende Details können für reibungslose Abläufe entscheidend sein. So sollte grundsätzlich genügend Platz zum Umziehen vorhanden sein, um territoriale Sicherheit zu schaffen und ‚Revierkämpfe' zu verhindern. Dazu zählt z. B. der eigene Kleiderhaken, der eigene individuell gestaltete und abschließbare Schrank, ein Namensschild und das Abbild des Lieblingstiers – ein Bereich, der „nur mir" gehört. Für Heranwachsende, die Probleme mit der Sprache haben, aber auch Menschen mit Autismus-Spektrum-Störung oder ADHS sind reliefähnliche farbliche Strukturen am Boden, *Leitsysteme* an den Wänden und Piktogramme hilfreich.
Dieses Prinzip muss auch auf die Gestaltung des Klassenraums angewendet werden. Vor allem Schüler und Schülerinnen mit ADHS oder Autismus sind durch Außerreize leicht irritierbar und brauchen auch im Klassenzimmer einen auf sie zugeschnittenen Bereich, deutlich *zoniert* und *abgegrenzt* von benachbarten Aktivitätszonen, ggf. durch Trennwände und Linien auf dem Boden festgelegt. Die *funktionale Differenzierung des Raums* nach bestimmten Arbeitsformen wie etwa Stuhlkreis, individuelles Arbeiten, Gruppenarbeit oder Freie Arbeit sollte ebenfalls durch unterschiedliche Farbbereiche und Bodenmaterialien eine Raumstruktur *haptisch und visuell erkennbar* machen und dadurch Sicherheit spenden. Im Schulbau der Förderschule hat sich das sog. Zwei-Sinne-Prinzip durchgesetzt, demgemäß Leitsysteme zwei der drei Sinne Sehen, Fühlen (Haptik) und Hören ansprechen. Umgekehrt gilt, dass alles in den Giftschrank der Pädagogik gehört, was zu *Reizüberflutung* führt (vgl. Barrett & Davies & Zhang & Barrett 2015), so etwa die mit Plakaten, Arbeitsergebnissen, Fotos, Zeitungsausschnitten usw. vollgehängten Wände, übervolle durchsichtige Materialboxen und unübersichtliche Regale.
Besonders die verängstigten, traumatisierten und autistischen Kinder benötigen zudem Orte des Rückzugs, an denen sie *ganz für sich* sein können. Das kann eine abgegrenzte Zone im Klassenzimmer oder ein angrenzender Nebenraum sein, der durch ein Fenster einsehbar ist, damit eine Sichtachse zwischen beiden Räumen besteht. In jedem Fall sollte gewährleistet sein, dass das Kind den *Sichtkontakt* zu seiner Vertrauensperson, der Lehrkraft, jederzeit herstellen kann, damit das Gefühl alleingelassen zu sein nicht entstehen kann. So gibt der Raum zu verstehen: Wie du dich durch Blickkontakt überzeugen kannst, ist immer jemand für dich da. Es sei nur am Rande erwähnt, dass die angesprochenen Räume *akustisch beruhigt* sein müssen, wie es in Kap. 7.1.1.1 ausführlich vorgetragen worden ist. Auch für die anderen Förderschwerpunkte ließe sich ohne weiteres verdeutlichen, wie Schulräume beschaffen

und ausgestattet sein sollten (für den Förderschwerpunkt körperliche und motorische Entwicklung vgl. Fuchs 2015; für den Förderschwerpunkt geistige Entwicklung vgl. Schmidtlein-Mauderer 2015b).

Mit Hopmann und Roth (2016) sind zu diesen Ausführungen noch zwei kritische Hinweise einzubringen. Zum einen machen die Autorinnen darauf aufmerksam, dass der Raum an sich sein pädagogisches Potenzial nicht entfalten kann. Er ist vielmehr im Sinne des relationalen Raumverständnisses als Konstruktion zu begreifen, die aus dem interaktiven Zusammenspiel von Raummerkmalen, *pädagogischer Führung* und Verhaltensweisen der Schüler und Schülerinnen resultiert. Die Präsenz der Lehrkraft im Raum, ihre permanente Ansprechbarkeit und ihre *Sorge für die Umsetzung der raumgerechten Regeln* sind wichtige Ankerpunkte für eine durch den Raum getragene inklusive Pädagogik. Zum anderen werfen die Hinweise zur Beheimatung der Schüler und Schülerinnen im Kontext ihrer territorialen Verortung ein grelles Licht auf die *pauschale* Forderung nach der Öffnung von Schulräumen im Sinne der Clusterschulen oder der offenen Lernlandschaften. Zwar ist angesichts knapper räumlicher Ressourcen und der zunehmenden Anforderungsvielfalt pädagogischer Settings einleuchtend, „dass monofunktionale Nutzungszuweisungen für einzelne Bereiche nicht zielführend sein können“ (Kricke & Reich & Schanz & Schneider 2018, 19), sondern Schulräume wechselnde Funktionen bedienen können sollten. Dieses Prinzip lässt sich aber nur bis zu einer bestimmten Grenze durchhalten. Wo Schüler und Schülerinnen aufgrund ihrer Einschränkungen und besonderen Bedürfnislage die strukturelle und methodische Öffnung des Raums als bedrohlich, verunsichernd oder ängstigend erleben, ist *die weitgehende Polyfunktionalität des Raums kontraindiziert*. Dann gebietet es die pädagogische Verantwortung, zumindest temporär für Formen der Separierung zu sorgen, solange sie nicht dem übergeordneten Ziel der Inklusion widersprechen.[122] Mit Clemens Hillenbrandt (2014), der einen Einblick in die internationale Inklusionslandschaft gibt, ist darauf hinzuweisen, dass Inklusion in der Praxis in höchst unterschiedlichen Settings stattfindet – von der Einzelbetreuung, über Inklusionsklassen, zeitweilige Kooperationsverhältnisse zwischen Klassen und Schulen bis zum dauerhaften Gemeinsamen Unterricht usw.

Erziehungstheoretisch kann auf der Basis des vorgeschlagenen Erziehungsbegriffs festgehalten werden, dass inklusiv wirksame Schulräume dann einen Beitrag zur

122 Es wäre interessant, in diesem Zusammenhang eine Diskussion über die Bereitstellung von Time-out-Räumen zu führen, wie sie an Förderschulen verschiedentlich zu finden sind. Diese Räume sind aus der Psychiatrie und verhaltenstherapeutischen Behandlung bekannt. Es handelt sich um völlig reizlose Kammern mit gepolsterten Wänden ohne irgendwelche Ausstattung. Sie können der Spannungsabfuhr in Situationen dienen, die für den Betreffenden oder seine Mitmenschen zu einer Gefahr würden. Eminent wichtig ist, dass Kinder und Jugendliche diesen Raum *freiwillig* aufsuchen, um sich zu beruhigen, abzureagieren oder einfach nur für sich zu sein. Sie sind allerdings dort zweifelhaft, wo sie dubioser verhaltenssteuernder Konditionierung dienen und der Betreffende zwangsweise sozial isoliert wird.

Erziehung leisten, wenn ihre Handlungsangebote und atmosphärischen Gesten auf den Entwicklungsstand und die seelischen Grundbedürfnisse des Heranwachsenden antworten. Je nach Individuallage des Einzelnen werden sie, wie an Beispielen aus dem Förderschwerpunkt emotionale und soziale Entwicklung gezeigt, unterschiedlich ausfallen. Im Kern wird es aber immer darum gehen müssen, dass der Raum dazu *einlädt*, dem eigenen Vermögen entsprechend *Selbstvertrauen*, *Zuversicht* und *Interaktionsfähigkeit* aufzubauen. Wenn im Subjekt das Gefühl erzeugt wird, dass seine Verletzlichkeit sowie besondere Lern- und Lebenssituation durch das räumliche Arrangement nicht übergangen, sondern in einer „haltenden Umwelt" (Winnicott) respektiert wird, können *Selbstachtung* und *innere Autonomie* gestärkt werden: Hier werde ich gesehen und ich fühle mich vom/im Raum angenommen.

Ein erziehender Raum verringert das Risiko des Scheiterns und schafft *Beweg*gründe, sich trotz der eigenen Einschränkungen selbst zu aktivieren, wo Hindernisse wie Ängste, Rückzug in die Passivität, Lernhemmung, mangelnde Antriebskraft oder Desmotivation im Wege stehen. Wo es mithilfe des Raums gelingt, Selbstvertrauen und Selbstachtung zu stärken, wo Heranwachsende lernen, sich selbst etwas zuzutrauen, wird es auch wesentlich leichter, *soziale* Lernziele zu erreichen. Dann kann der Raum Brücken bauen, über die vorsichtige Schritte zum Andren gegangen werden können. In einer Raumatmosphäre, die Schutz, Intimität und Sicherheit bietet, ist es leichter, die Fähigkeit zur Kontaktaufnahme zu fördern und die Zusammenarbeit anzubahnen. Freilich ist es beim Bau einer Schule nicht möglich, Raumprogramme vorausschauend auf zukünftig ggf. zu erwartenden Inklusionsbedarf zu planen. Eine Leitlinie für den erziehenden Schulraum könnte deshalb sein, eine *Balance zwischen Variabilität und Stabilität* anzustreben. Das bedeutet: Sie sollten einerseits prinzipiell auf die Erfüllung der seelischen Grundbedürfnisse der Heranwachsenden zielen, andererseits so viel räumliche Veränderung zulassen, dass wechselnde Anforderungssituationen räumlich bewältigt werden können.

In der Zusammenschau ist gegenüber einer full inclusion Skepsis angebracht. Denn wenn mit dem Raum als dem dritten Pädagogen im dargelegten Sinne ernst gemacht würde, müsste den behinderten Kindern und Jugendlichen ein besonderes Raumangebot gemacht werden. Dazu sollte man bei den Förderschulen ein wenig in die Lehre gehen. Denn an deren Raumausstattung ist abzulesen, wie immens das Raum- und Materialplus in den allgemeinen Regelschulen wäre, aber auch, was zu inklusionsgerechter Raumgestaltung gehört. Es liegt auf der Hand, dass eine für die BRD flächendeckend einzuführende full inclusion, die den angeführten pädagogischen Ansprüchen genügen soll, illusionär wäre, weil sie fiskalisch nicht darstellbar ist – zumal sich mit der Corona-Pandemie, der Klimakrise und den Kriegsereignissen in der Ukraine die finanziellen Schwerpunkte der Bundesregierung verschoben haben. Schultheoretisch gesehen würde sich darüber hinaus der Charakter der allgemeinen Regelschule erheblich verändern. Sie wäre nicht mehr nur Ort des Lehrens und Lernens, Lebensort und Ganztagsbetrieb, sondern auch eine *quasi-therapeutische*

Einrichtung, eng angebunden an das Gesundheitswesen, die Jugendhilfe, die Behindertenwerkstätten und ihre Träger usw. In unserem Nachbarland Österreich ist im Jahr 2015 die Entscheidung für eine schrittweise einzuführende full inclusion samt der Neustrukturierung der Lehrerbildung getroffen worden (Beer 2021). Die nächsten Jahre werden zeigen müssen, ob full inclusion und full quality zusammengehen oder ob es bei der von Uwe Becker apostrophierten „Inklusionslüge" bleibt (Becker 2015).

9 Pädagogisch akzentuierte Raumprogramme als Aufgabe der Schulentwicklung

Die bisherigen Ausführungen, insbesondere das Kapitel 4.2, haben offengelegt, dass Veränderungen im Schulgebäude und erst recht die Errichtung einer neuen Schule die Vorstellungen der direkt Betroffenen von einer ‚guten' Schule in pädagogischer, organisatorischer und räumlicher Hinsicht prüfen sollten. Häufig sind solche Vorstellungen jedoch weder kollektiv vorhanden noch transparent ausformuliert, sondern eher diffus. Daher ist es von fundamentaler Bedeutung, dass Betroffene und Architekten bzw. Architektinnen zu einem möglichst frühen Zeitpunkt zusammenrücken, um eine *gemeinsame Sprache* zu finden und die beidseitigen Erwartungen an die künftige Schule zu erarbeiten. In der Fachliteratur ist von einer *„Phase null"* oder einer *„Vorlaufphase"* die Rede. Dies setzt voraus, dass das Lehrerkollegium die zukünftige gewollte Praxis, das Schulprogramm, gemäß der Leitlinie beschreibt: Die Architektur folgt dem pädagogischen Programm der Schule – und nicht etwa umgekehrt. Wie die Betroffenen im Dialog mit der Architektur zu *Akteuren im Planungsprozess* werden können, wird in Kap. 9.1 dargelegt. Solche strukturellen Veränderungen greifen tief in die üblichen Handlungsroutinen eines Kollegiums ein und fordern ein Umdenken für die neue Praxis heraus, das jeden Einzelnen im Kern seiner Berufsauffassung betrifft. Eine jede *Schulentwicklung* trifft somit auf einen kollektiven Hintergrund an Werten, Normen, Regeln und Erfahrungen, der als *Organisationskultur der Schule* bezeichnet werden kann. Für die (bauliche) Erneuerung der Schule ist entscheidend, wie durchlässig die Organisationskultur für die Etablierung neuer kollektiver Praxis ist. Sie kann rigide und abwehrend oder aber aufgeschlossen und veränderungsbereit sein. Das betrifft auch den Umgang mit neuen Raumkonstellationen im Zusammenhang mit den vielfältigen Formen der pädagogischen Öffnung (Kap. 9.2).

9.1 Eine zentrale Aufgabe: Die Betroffenen zu Akteuren im Prozess der pädagogischen Baubegleitung machen

Bei Kurt Tucholsky liest sich folgender Aphorismus: „‚Der Krieg', hat einmal ein sterbender französischer Offizier gesagt, ‚ist eine viel zu ernste Sache, als daß man ihn den Militärs anvertrauen könnte'." (Tucholsky [3]1975, 152) Auf die Schularchitektur übertragen und ein wenig variiert ließe sich auch sagen: Die Schularchitektur ist eine viel zu ernste Sache, als dass man sie *allein* den Architekten und Architektinnen überlassen sollte. Bei dieser Lesart geht es mir nicht darum, die Zunft der Architekten und Architektinnen zu diffamieren, sondern um Wege aus dem Planungsmonopol der Architektur zu suchen, die dem Anlass der komplexen Planung

eines Schulneubaus oder der Sanierung von Bestandsgebäuden gerecht werden können. In Kapitel 4.3 ist das spannungsreiche Verhältnis insbesondere zwischen Architektur und Praxis charakterisiert worden, sodass hier wenige Hinweise genügen müssen. Das Kernproblem liegt darin, dass Architekten und Architektinnen zu oft den festgeschriebenen Leitlinien ihrer Zunft folgen, als dass sie die Interessen der Betroffenen respektieren. Die Erfahrungen zeigen, dass in deren Köpfen immer noch überholte Vorstellungen von Schule und Lernen vorhanden sind und – bildlich gesprochen – der ‚alten Pädagogik' eine neue Gebäudehülle mit hochmodernem Design übergestülpt wird. Allerdings sollten sich die architektonischen Parameter der Arbeitsweisen und -abläufe einer Schule den neuen Vorstellungen von Lernen, Arbeiten und Leben im Schulgebäude anpassen, nicht umgekehrt. Die Entwurfsplanung ‚am grünen Tisch' birgt das Risiko, dass Fehlplanungen entstehen, die *unzufriedene Nutzer* und *kostenträchtige Baukorrekturen* zur Folge haben. Wenn es das Ziel ist, ein Gebäude zu planen, das modernen pädagogischen Ansprüchen genügt, ästhetisch überzeugend und kosteneffizient ist, dann lässt sich das vor allem durch den *Dialog* von Architektur und Schulpraxis realisieren: Die in der Schule tätigen Menschen sollten nicht als Endabnehmer eines Standardprodukts gesehen werden, sondern als Akteure, die, zumindest potenziell, ein erhebliches Interesse daran haben, ihren Lern-, Arbeits- und Lebensort bedürfnisgerecht zu gestalten.
Deshalb haben die schon öfter angesprochenen Montag Stiftungen in ihrem Planungshandbuch (Montag Stiftung Jugend und Gesellschaft & Montag Stiftung Urbane Räume, ²2012) den üblichen Planungs- und Bauphasen die „Phase null" vorangestellt (vgl. Kap. 4.2). Noch bevor der Architektenwettbewerb ausgeschrieben wird und die Entwurfsplanung im Architekturbüro beginnt, sollten alle beteiligten Gruppen – Lehrkräfte und Schulleitung, Schüler und Schülerinnen, Elternvertreter und Bausachverständige, Gemeindevertreter und Bauverwaltung des Schulträgers, Architekten und Architektinnen sowie pädagogische Baubegleitung – an einen Tisch geholt werden, um eine gründliche Bestandsaufnahme der Ausgangssituation, des Pädagogischen Konzepts, des konkreten Raumbedarfs und der Machbarkeit gemeinsam zu erarbeiten. Florence Verspay und Frank Hausmann, Hausmann Architekten GmbH, Aachen stellen fest, „dass Planungsprozesse häufig auf einer Grundlage starten, die lediglich die geforderten Minimalstrukturen abbildet und zeitgemäßes Lernen nicht ermöglicht. Die in den meisten Fällen fehlende Abstimmung mit den Nutzern stellt ein zusätzliches Defizit dar, das den weiteren Planungsprozess und nicht zuletzt das Ergebnis erheblich beeinträchtigen kann" (Verspay & Hausmann 2013, 247). Die Integration aller Beteiligten soll deshalb zu einer nachhaltigen, pädagogisch stimmigen und effizienten Organisationsstruktur führen. Das besagte Handbuch der Montag Stiftungen hält für die Steuerung der Prozesse einen umfassenden und systematisch aufgebauten Katalog aus sechs sorgfältig ausgearbeiteten Modulen und Vorschlägen für die Durchführung von Seminaren bereit (ebd., 175-235). Auch die von der österreichischen „Plattform schulUMbau" entworfene

und weithin anerkannte „Charta für die Gestaltung von Bildungseinrichtungen des 21. Jahrhunderts" (vgl. Kap. 4.2) mit 11 zentralen Aussagen zum (Um)Bau von Bildungseinrichtungen sieht eine Vorlaufphase vor. Den Planungsprozess kennzeichnet die Carta als eine „baukünstlerische Aufgabe" und „geistig-schöpferische Leistung" (vgl. Punkt 7), die von den Beteiligten gemeinsam erbracht werden muss. Aus diesem Grund zielt der Punkt 5 der Charta auf eine *Potenzialanalyse* und gemeinsame Konzeptentwicklung:

> „5. Schulentwicklung, Unterrichtsentwicklung und räumliche Gestaltung müssen Hand in Hand gehen. Daher ist bei jedem Neubau, Umbau und jeder Sanierung von Bildungsbauten eine Vorlaufphase unter Mitwirkung aller maßgeblich Beteiligten durchzuführen. Dabei sind die jeweiligen Potenziale auszuloten und darauf aufbauend ein räumlich-pädagogisches Konzept zu entwickeln."[123]

Auch wenn solche Vorlaufphasen dazu führen sollen, dass Architektur und Schulpraxis zu einer gemeinsamen Sprache finden, so moderieren sich die anspruchsvollen sozialen Prozesse der Schul- und Raumprogrammentwicklung nicht von selbst. Sie bedürfen der Begleitung und professionellen Beratung der vielschichtigen Prozesssteuerung, sodass die Bauentwicklung mit einer *Organisationsentwicklung* zusammengehen kann. Für die „Phase null" sind unterschiedliche Arbeitsweisen und Formate in der Fachliteratur vorgestellt worden, die im Folgenden zur Sprache gebracht werden.

In „Schulen planen und bauen" der Montag Stiftungen ([2]2012) ist die „Phase null" in vier Abschnitte unterteilt, wobei der zweite Abschnitt wiederum in zwei Teile gegliedert ist. Jeder Abschnitt bezieht sich auf die fünf Dimensionen Projektsteuerung, Pädagogik, kommunale Planung, Planung Standort/Gebäude und Dialog/Kommunikation. Sie gemeinsam ergeben ein Gefüge, aus dem lediglich die vier bzw. fünf Prozessabschnitte sinngemäß angesprochen seien (ebd., 156-163):

- *Bestandsaufnahme/-analyse*. Hier geht es um die Festlegung von Zuständigkeiten und Rollen sowie um die Zusammensetzung der Lenkungsgruppe. Die gegenwärtige Situation wird methodisch abgesichert eruiert und ein Abgleich mit dem kommunalen Schulentwicklungsplan durchgeführt. Die räumliche Grundstruktur der Schule und ihr Sanierungsbedarf werden festgestellt. Sämtliche Informationen werden den Beteiligten im Dialog und digital vermittelt angeboten.
- *Szenariobildung*. Die Zeitachse wird festgelegt und die Lenkungsgruppe trifft regelmäßig zusammen. Erste pädagogische Entwicklungsszenarien werden entworfen und Kooperationsmöglichkeiten geprüft. Ein Workshop führt zur ersten Bedarfsplanung und zu Qualitätsmodellen. Ein Ergebnisworkshop schließt sich an.
- *Vertiefung einzelner Bausteine*. Funktionsabläufe und räumliche Zuordnungen werden in regelmäßigen Treffen der Lenkungsgruppe festgelegt, Termine gesi-

123 Die Charta findet sich in gedruckter Form u. a. bei Hammerer, Franz (Hrsg.) (2012): RaumBildung. Wien, hrsg. vom Kompetenzzentrum Grundschulpädagogik und der KPH Wien/Krems, 6.

chert, Szenarien geprüft und ggf. korrigiert und mit den beteiligten Gruppen erörtert.

- *Syntheseplanung.* Bestimmung von Entwicklungszielen und Ausstattungskriterien sowie -standards. Die zu erwartenden Kosten werden abgeschätzt und einzelne Bauabschnitte dargestellt. Schulaufsicht und Kommunalpolitiker werden einbezogen und ein weiterer Workshop wird durchgeführt.
- *Schlussbericht, Handlungsempfehlungen, Baubeschluss und weitere Schritte.* Handlungsempfehlungen werden in Korrespondenz mit dem Bauvolumen formuliert, Förderanträge vorbereitet und Termine überprüft. Der Abschlussbericht wird vorbereitet. Das Organisationsmodell und die Flächenbelegung werden für die Auslobung vorbereitet. Die Ergebnisse werden dem Schulausschuss vorgestellt, die Öffentlichkeit wird informiert und Beschlüsse werden gefasst.

Auf den ersten Blick wirkt ein solches Verfahrensschema ein wenig technokratisch, allerdings bietet es den Vorteil, dass wichtige Verfahrensschritte und die *Prozesslogik* kaum übersehen werden können. Deshalb betonen die Verfasser, dass das Schema an die konkrete Situation der jeweiligen Schule und Situation *angepasst* werden muss. Gleichwohl bleibt es insofern abstrakt, als es die Beteiligungschancen einzelner Gruppen, z. B. die der Schüler und Schülerinnen, nicht reflektiert.
Karin Doberer, Inhaberin der Firma LernLandSchaft, gelegen in Schwaben (Bayern), spricht von einer „pädagogischen Baubegleitung", wenn sie die systematische Abfolge von Workshops, Seminaren und Teambildungsmaßnahmen im Blick hat.[124] Sie geht von der Vorstellung aus, dass zu den verschiedenen Funktionen, die in der Schule erfüllt werden müssen, dazu passende Arbeits-, Lern- und Aufenthaltsorte gehören. Wie dieses Setting beschaffen sein sollte, könne nur ermittelt werden, wenn „alle Parteien an einen Tisch" geholt werden (Doberer & Brückner 2013, 208), damit ausgehend von leeren Papieren der Grundbedarf von verschiedenen Arbeitsgruppen entdeckt und notiert wird. Die Ergebnisse werden in einem „Raumfunktionsbuch" zusammengestellt und in einer Diskussion überdacht und verabschiedet. Das Raumfunktionsbuch gibt die Ideen von der zukünftigen Schule wieder und ist die Grundlage für das VgV-Verfahren bzw. den Architektenwettbewerb.
Zweifellos ist es von besonderem Wert, wenn insbesondere pädagogisch ambitionierte Architekten bzw. Architektinnen leitende Funktionen in der Vorlaufphase übernehmen. Ursula Spannberger, österreichische Architektin und Mediatorin, und Franz Ryznar, Architekt und Geschäftsführer von aa.architekten ZT-GmbH, haben gemeinsam eine Beteiligungsmethode entwickelt, die RAUM.WERTanalyse genannt wird und an mehr als 20 Volks-und Mittelschulen Österreichs erprobt worden ist. Sie zielt auf eine umfassende Erarbeitung der Bedürfnisse an die Schulräume

124 Das Serviceprogramm, die Philosophie und Vorgehensweise sowie einige Referenzprojekte sind gut dokumentiert unter:
https://www.lern-landschaft.de/ [aufgerufen am 07.07.2022].

auf der Basis eines Kriterienrasters und von zwei halbtägigen Großgruppenworkshops mit allen betroffenen Gruppen. Ursula Spannberger stellt die folgenden neun Raumwerte, hier in Kurzform, vor:

- RW 1 – nachvollziehbare Funktionszusammenhänge
- RW 2 – Orientierung/Übersichtlichkeit
- RW 3 – Raumangebot und Raumqualität
- RW 4 – Flexibilität/individuelle Entscheidungsmöglichkeiten
- RW 5 – Wegeführung: Weg-Längen und Weg-Qualitäten
- RW 6 – Nähe und Distanz
- RW 7 – Gefühltes Raumklima/Licht – Luft –Farbe – Akustik – Materialien
- RW 8 – Anziehungspunkte und Verbindungselemente/markante Orte
- RW 9 – Außenwirkung/Selbstbild – Fremdbild
  (Spannberger 2017, 128)

Das mehrteilige Verfahren beginnt mit der Analyse der Raumqualität mithilfe von Bestandsplänen, die als große „Tischtücher" in mehreren Durchgängen geprüft, beschriftet und dem Plenum vorgestellt werden. Eingeschoben sind Exkursionen und Jugendlichen-Workshops zum Erfahren der eigenen Raumsensibilität. Danach werden Blanko-„Tischdecken" mit Visionen beschriftet. Erst danach wird mithilfe des RAUM.WERT-Katalogs nach der Realisierbarkeit der Raumwünsche gefragt (Spannberger 2017).

Franz Ryznar (2017) stellt ein Beteiligungsverfahren vor, bei dem es um Visionen von einer besseren Schule und ihren Räumen geht. Deren emotionale Wirkung wird in Workshops analysiert und für die Bauplanung zur Diskussion gestellt. Ryznar fragt nach den „Lieblingsplätzen" und den „Nicht-so-gerne-Plätzen" in der Schule. So zählen die Turnhalle ebenso wie die Bibliothek zu den Lieblingsorten. Auch die Bushaltestelle wird genannt, weil sie ein Ort des sozialen Kontakts ist. Die Turnhalle findet Anklang, weil man dort frei spielen, sich „ausbreiten" und sich bewegen kann (ebd., 140). Die Bibliothek wird gerne von ruhigeren Schülern und Schülerinnen aufgesucht, weil es dort „leise" ist und man „in Ruhe lesen" und „entspannen" kann. Augenfällig ist, dass hier die Antinomie von Bewegung/Aktivität und Ruhe/Entspannung aufscheint, wie sie in Kap. 7.1 ausführlich besprochen wurde. Neben dem Klassenzimmer zählen die Toiletten eindeutig zu aversiven Räumen (vgl. Kap. 7.2.3), wenngleich sie auch aufgesucht werden, weil man für sich sein oder sich mit anderen austauschen will.

Beim Thema der Körperhaltung zeigen Ryznars Untersuchungen, dass die Befragten angeben, nicht nur auf Stühlen sitzend zu lernen, sondern zu knapp 30 % auf dem Boden liegend oder dort sitzend und zu 16 % stehend (vgl. Ryznar 2016). Dies ist ein deutlicher Fingerzeig für die Planung von Lernräumen. Zwar wird die Suche nach ergonomisch geeignetem Mobiliar dadurch nicht überflüssig, allerdings relativiert sich die Bedeutung des Sitzens angesichts der Variation der Körperhaltung beim Lernen. Insgesamt wird durch Ryznars Methode sichtbar, dass der *Einbezug der Schüler und Schülerinnen* in die Planung richtungweisende Wegemarken für die Berücksichtigung der Wellbeing-Dimension anzugeben vermag.

Schließlich ist noch das partizipative Format der „Ideenwerkstatt" des Wiener Architekten Michael Zinner, Architekturbüro nonconform, anzusprechen. Sie wird an drei Tagen in der jeweiligen Schule mit recht großem personellen Aufwand durchgeführt. Markant an diesem Ansatz ist, dass das Team um Michael Zinner dem oft anzutreffenden Vorbehalt und Widerstand gegen eine partizipative Planung dadurch begegnet, dass die Veranstaltung wie ein Fest organisiert ist. Die drei Tage sollten als eine „inspirierende gemeinsame Zeit" der unterschiedlichen Akteursgruppen erfahrbar werden, nicht aber als belastende Mehrarbeit, die man widerwillig auf sich nimmt (Zinner 2017, 188). Dazu verlegt Zinner das Architekturbüro mit bis zu zehn Personen gewissermaßen temporär in die Schule. Der springende Punkt ist: „Wir arbeiten als Team in Schulen, in denen Teamarbeit noch nicht selbstverständlich ist." (ebd., 189) Für drei Tage wird die Schule zu einem Lebensort verwandelt, an dem gearbeitet, geredet, nachgedacht, entworfen, gekocht und gegessen wird. Was am ersten Tag ergebnisoffen beginnt, wird am dritten Tag zur zielgerichteten Arbeit. Sie wird in einem Werkstattprotokoll dokumentiert, das auch für den Architekturwettbewerb eingereicht wird.

Die vorgestellten Planungsvarianten und Beteiligungsformen lassen etwas von dem Spektrum der Möglichkeiten erahnen. Die Zusammenarbeit mit den betroffenen Gruppen bringt planungsbedeutsame Gesichtspunkte hervor, die einer gewöhnlichen Schulgebäudeplanung entgehen. Allerdings besteht kein Grund zur Euphorie. So weit man heute in die Reformlandschaft schauen kann, sind solche Beispiele doch singulär. Es muss sich in den nächsten Jahren erweisen, ob die partizipative Planung in/von Schulgebäuden ein Trend wird. Derzeit scheint die Abwehr in den Schulen noch stark – und nicht nur aus finanziellen Gründen. Häufig sind es vor allem Ressentiments, Ängste, unbewusste Problemkonstellationen und institutionalisierte Abwehrformationen, die tief in der Organisationskultur der jeweiligen Schule verankert sind und die Schulentwicklung behindern.

9.2 Der Dreh- und Angelpunkt der Schulentwicklung: die Organisationskultur der Schule

Im Text ist verschiedentlich angeklungen, dass der Umbau, Neubau oder die Sanierung einer Schule insofern voraussetzungsreich sind, als diese Veränderungen nur vordergründig technischer Natur sind. Wichtiger ist, dass sie die Entwicklung der einzelnen Schule als Ganzer in dem Sinne herausfordern, als sie das Leben, Arbeiten und Lernen in der Schule berühren und eine systematische, kontinuierliche und langfristige Auseinandersetzung mit den *etablierten Routinen* erforderlich machen. Schulentwicklung verlangt, auf der Basis einer soliden Praxisdiagnose behutsam neue Handlungsroutinen zu aufzubauen. Die bloße Anordnung einer neuen pädagogischen Praxis, sei es durch eine Behörde oder die Schulleitung, ist in der Regel zum Scheitern verurteilt, weil die in der Innovation enthaltenen Werte nicht hinreichend mit den Werten korrespondieren, die in der Kultur der jeweiligen Schule verankert sind. Deshalb muss die Neuerung bottom-up erfolgen, also von der *Veränderungskapazität* und den *„wahren Bedürfnissen"* (Dalin 1986) des Lehrerkollegiums als dem Motor der Schulentwicklung ausgehen. So macht es bspw. keinen Sinn, wenn ein Schulleiter die Lernräume mit flexiblem Mobiliar ausstattet und die Lehrkräfte zu einem offenen Unterricht auffordert. Dann lässt sich beobachten, dass zwar ein Großteil der Lehrkräfte die Tische wunschgemäß zu Gruppentischen zusammenstellt, aber die gewohnte Unterrichtsform, z. B. lehrerzentrierter Unterricht, beibehalten wird – die alte Routine, der Feind der Veränderung, ändert sich nicht.

Dies macht darauf aufmerksam, dass jeder Wandel in der Schule, der zu neuen Handlungsroutinen führt, die Schulkultur (be)trifft. Schulkultur ist der Dollpunkt der Schulentwicklung auch dann, wenn eine andere Form der Raumnutzung angestrebt wird. Um diesen Sachverhalt besser verstehen zu können, ist die Klärung des Schulkulturbegriffs angezeigt.

Im ethnologischen Sprachgebrauch wird „Kultur" als die Gesamtheit der Wertvorstellungen, Verhaltensnormen, Grundannahmen sowie Denk- und Handlungsweisen verstanden, die von einer Gesellschaft oder einem Kollektiv geschaffen wird. Kulturen zeigen sich in Entscheidungen, Aktivitäten, Gewohnheiten und Handlungsformen, aber auch in *symbolischen Äußerungsformen* wie Riten, Ritualen, Mythen, künstlerischen Darstellungen und Glaubenspraxen. Die Kultur, in die wir als gesellschaftliche Subjekte hineingestellt sind, verlangt von uns, dass wir dasjenige lernen, was die jeweilige Gesellschaft zu Sicherung ihres Fortbestandes als wichtig erkannt hat. Nach *innen* erfüllt eine jede Kultur eine orientierende, *identitätsstiftende* und *sozialintegrierende Funktion* und bindet ihre Mitglieder an Moral, Gesetz, Sitte, Glauben und Kunst. In Kap. 7.5.2 lässt sich dies für die Bedeutung der Schulfeier nachvollziehen. Dabei werden kulturelle Praxen so lange als selbstverständlich vorausgesetzt, wie die Kultur eine bewährte Lebenspraxis trägt.

Nach *außen* hat die Kultur eine Unterscheidungsfunktion. Sie macht kenntlich, wodurch sich eine Gesellschaft oder Gruppe von einer entsprechenden anderen sozialen Einheit unterscheidet. Sie lässt sich verstehen als das Ergebnis eines langewährenden kreativen sozialen Prozesses, der nicht etwa willkürlich, sondern organisiert verläuft und damit der Kultur Struktur und Kohärenz verleiht. Im Kern scheint es dem Kulturbegriff also um einen geistigen Orientierungsrahmen zu gehen, der den Menschen hilft, Antworten auf ihre *Sinnfragen* zu finden.

Allerdings wird der Kulturbegriff im Alltagsleben nicht einheitlich, sondern eher inhaltsarm, salopp und vielfältig gebraucht. Er ist ein *vager Verständigungsbegriff*, der

es erlaubt, alle möglichen (und unmöglichen) Phänomene als Kultur zur bezeichnen. Die Schwierigkeiten verlängern sich in die Schulpädagogik hinein, wenn von Schulkultur oder der Kultur der Schule geredet wird. Beides, sowohl der inflationäre Gebrauch des Kulturbegriffs als auch dessen ‚Luftigkeit' und Inhaltsarmut, findet sich in einer ganzen Reihe von schulpädagogischen Publikationen zum Konzept Schulkultur wieder (bspw. Seibert 1997).
Demgegenüber ist es weiterführend, mit einem mikrosoziologischen und organisationstheoretischen Theorierahmen zu arbeiten und entsprechend von der *Organisationskultur der Schule* zu sprechen. Sie lässt sich mit John Deal fassen als „...the concept of a learned pattern of unconscious (or semiconscious) thought, reflected and reinforced by behavior, that silently and powerfully shapes the experience of people" (zitiert nach Owens [4]1991, 171). Danach ist die Organisationskultur ein *gemeinschaftliches und strukturiertes Glaubens- und Sinnsystem*. Es ergibt sich im Laufe der Lebensgeschichte der jeweiligen Organisation durch das Teilen (sharing) von Glaubensvorstellungen (basic assumptions), Werten (values) und Normen (norms). Wie dieses „sharing" vor sich geht, entzieht sich der direkten wissenschaftlichen Beobachtung. Wenn aber die Entwicklung der einzelnen Schule von ihren Tiefenstrukturen abhängt, dann sollte geklärt werden, wie sie im Einzelnen beschaffen und zu beeinflussen ist.
Ein prominentes Modell zur Beschreibung von Organisationskulturen stammt von Edgar Schein ([2]1992). Schein unterscheidet drei übereinander gelagerte Schichten der Organisationskultur. Zur ersten Ebene der „artifacts" zählen die „visible organizational structures and processes": die Gestaltung und Architektur des Gebäudes, die Sprache, deklarierten Ziele, Rituale, Abläufe, Geschichten über die Organisation usw. Auch wenn es sich um Beobachtbares handelt, liefern die Artefakte ihre Bedeutung nicht gleich mit. Schein betont, dass interpretative Zugänge nur über die beiden tieferen Ebenen möglich sind (ebd., 17ff.). Auf der zweiten Ebene liegen die „espoused values" („strategies", „goals", „philosophies"). Schein versteht sie als bewusst gesetzte Orientierungspunkte, die einen normativen Maßstab und eine Quelle der Organisationsidentität bedeuten. Auf dieser Ebene werden gemeinsame Vorstellungen davon erzeugt, wie die jeweilige Organisation zu sein hat. Mit dieser Art Landkarte für das Verhalten werden *stabile Verhaltenserwartungen* sichtbar gemacht, die in Konfliktfällen Unsicherheit und Angst reduzieren helfen. Die zentrale Kraftquelle des Schein'schen Modells ist die dritte Ebene, die Ebene der „basic underlying assumptions" („unconcious, taken-for-granted beliefs, perceptions, thougts, and feelings"). Hier siedelt Schein die ‚Produktionsstätte' der „Grundannahmen" und „Glaubensgewissheiten" an. Anders als Werte, die in einem rationalen Diskurs erhellt werden können, sind die „Grundannahmen", so Schein, den Organisationsmitgliedern kaum zugänglich und deshalb auch nicht verhandelbar. Sie arbeiten „tacid", stillschweigend (ebd., 24). Wenn Organisationen genötigt werden, sie ins Bewusstsein zu heben, werden sie eher geneigt sein, sie zu verteidi-

gen als sie zu untersuchen, weil mit ihnen große Beträge von Emotion verbunden sind (Schönig 2000).
In Scheins Modell sind die Parallelen mit einem relationalen Raumverständnis, wie es im Kapitel 3 referiert worden ist, augenfällig. Der Schulraum, z. B. das Klassenzimmer, ist nicht ein euklidischer Raum, der bloß physikalisch vorhanden ist. Vielmehr ist er mit Bedeutung aufgeladen, die ihm von seinen Nutzern unbewusst beigelegt worden sind. Das Klassenzimmer, das in einer bestimmten Weise organisiert wird – z. B. die Anordnung der Tische und Stühle in Reihen – spiegelt die mehr oder weniger bewussten Vorstellungen der Lehrkraft davon wider, wie ein Raum zu funktionieren hat, der zu den impliziten Theorien von ‚gutem' Unterricht passt. Häufig tun sich Lehrkräfte schwer, die Gründe für die Raumorganisation präzise zu beschreiben, weil die Praxisroutinen rigide geworden sind und kaum mehr hinterfragt werden können. Um die eigene Praxis zu sichern, wird sie womöglich mythologisch überhöht. Die ‚frontale' Sitzanordnung wird dann mit dem *Mythos* verbrämt, dass man mit dieser Formation alle Schülerinnen und Schüler ‚erreicht' und ein jeder unter dem Kontrollblick der Lehrkraft diszipliniert lernt. Welch ein Trugschluss! Wird am Mythos gekratzt, d. h. wird die starr gewordene Praxis hinterfragt, wird das als Bedrohung erlebt. Es entstehen *Ängste*, die sich in Veränderungswiderstand und *Abwehr* äußern. Deshalb ist die in Kap. 9.1 behandelte „Phase null" oft ein ‚Ritt auf der Rasierklinge', insbesondere wenn eine pädagogische Baubegleitung am Werk ist. Das ist Michael Zinner (2017) wohl bewusst, wenn er, wie angesprochen, die „Ideenwerkstatt" als Fest organisiert. Erst wenn Vertrauen aufgebaut und *belastbare Beziehungen* geknüpft sind, sind die Fragen nach dem *Sinn* der Raumnutzung angebracht. Das folgende Beispiel aus der Beratungspraxis des Verfassers mag das Gemeinte illustrieren:

> Der Verfasser wurde vor wenigen Jahren von einem Architekten gebeten, sich in Absprache mit einem Gymnasium an einer pädagogischen Baubegleitung zu beteiligen. Die Schule befindet sich im Zentrum einer Großen Kreisstadt Süddeutschlands mit gut 30tsd. Einwohnern. Das Ziel der ersten Zusammenkünfte mit Schulleitung, Lenkungsgruppe und Architekt war es herauszufinden, ob ein Schulneubau oder die Sanierung des Bestandsgebäudes sinnvoller sei. Pädagogisch gesehen sollte „zeitgemäße Pädagogik des Gymnasiums" im Mittelpunkt stehen und ein pädagogisches Programm entwickelt werden, das dem gymnasialen Bildungsanspruch auf Selbstständigkeit, Kooperationsfähigkeit und Verantwortungsfähigkeit gerecht werden sollte. Der Verfasser wurde um einen einführenden Vortrag gebeten, der die entsprechenden Unterrichts- und Lernformen zu modernen Raumstrukturen in Beziehung setzen sollte. Zu diesem Thema stellte der Verfasser reichhaltiges Bildmaterial zu unterschiedlichen Lernszenarien in variablen räumlichen Settings vor. Die Reaktionen des Plenums waren verhalten. Es gab einige Nachfragen, aber eine Diskussion kam nicht

zustande. Danach wandte sich der Schulleiter an den Referenten und lobte den „anregungsreichen", „inspirierenden" und „interessanten" Vortrag. Abschließend richtete er sich mit einem Schlusssatz an sein Kollegium mit den Worten: „Die Öffnung von Unterricht und Raum, ja, das ist wirklich eine bemerkenswerte Sache. Wir dürfen aber das systematische Lernen an unserem Gymnasium nicht vergessen!"

Offensichtlich sind sich hier zwei unterschiedliche Lernkulturen begegnet, genauer: aufeinandergeprallt. Da hat ein Kollegium über viele Jahre die Kultur des lehrerzentrierten Unterrichts gepflegt und steht nun vor der Aufgabe, angeregt durch eine vorgesehene bauliche Veränderung, Unterricht und Raum neu zu denken und die eigenen Gewissheiten zu prüfen. Die Dimensionen der Öffnung wurden vermutlich als Bedrohung der bewährten Praxis empfunden. Die Sorge vor der Veränderung der etablierten Unterrichtsstile ließ Angst aufkeimen, die sich in zurückhaltenden vorsichtigen Nachfragen und distanzierender Mimik und Gestik der Zuhörer und Zuhörerinnen bemerkbar machte. Schließlich spannt der Schulleiter mit seiner abschließenden Äußerung einen Schutzschirm über die Unterrichtskultur seiner Schule und appelliert in weisungsähnlichem Ton an sein Kollegium, am „systematischen Lernen" festzuhalten. Deutlich zu sehen ist, wie das „systematische Lernen" als *das* wirksame Lehr-Lernkonzept zum Mythos stilisiert wird. Als Gegenmythos avancieren die offenen Lernformen, denen die Möglichkeit des systematischen Lernens von vornherein abgesprochen wird – sie erscheinen als interessant aber unnütz. In dem Beispiel klingt an: Organisationskulturen haben die Aufgabe, Unsicherheit, Zweifel und Angst einzudämmen, indem sie die Organisationsmitglieder am Leitseil der unbewussten Manifestation von Metaphern, Zeichen, Symbolen und Aktionsweisen sicher durch das Leben der Organisation führen. Die symbolische Seite, insbesondere aber die Bildung von Mythen soll sie vor den unangenehmen Wahrheiten des Organisationslebens schützen. Sie entlasten und schützen, weil sie einen Schleier über die dunkle und irrationale Seite der Organisation legen: „Wissenschaftliche Begriffe sollen Ungewissheit durch Klärung vermindern; Mythen andererseits wurden geschaffen, um uns vor der Wahrnehmung dieser Ungewissheit zu *schützen*" (Westerlund & Sjöstrand 1981, 18; Hervorhebung im Original). Gunnar Westerlund und Sven-Eric Sjöstrand vergleichen den Mythos mit einer Mauer. Diese Metapher „soll nachdrücklich unterstreichen, dass diese Mythen von ihren Anhängern *defensiv* eingesetzt werden. Sie haben diese Mauer errichtet, um sich nicht ständig, zu oft und zu gründlich in einem Verteidigungsprozess aktiv zur Wehr setzen zu müssen. Weil das Ausmaß der ‚Lücken in der Mauer' sichtbar macht, würde dieser Verteidigungsprozess Unsicherheit und Ungewissheit schaffen" (ebd., 20, 21; Hervorhebung im Original). Das Konzept der Organisationskultur legt also plausibel dar, warum an Schulen eine experimentelle Grundhaltung so selten zu finden und tiefgreifende Veränderung schwer zu haben ist. Das gilt nicht minder für die bauliche Veränderung oder den Neubau einer Schule. Gewissermaßen auf der Vorderbühne der Schule spielen sich die technischen Prozeduren ab, das eigentliche Stück wird allerdings auf der Hinterbühne der tiefsitzenden Glaubensannahmen, Emotionen, Werte, Normen und Ängste aufgeführt. Wenn pädagogische Baubegleitung ‚Steine' aus der ‚Mauer' nimmt, um mehr zu sehen, besteht die Gefahr, dass die Türen geschlossen bleiben und der Beratung der Eintritt verwehrt wird.

10 Ausblick

Am Ende eines Buches ist eine knappe Übersicht über die Erträge der Abhandlung zum Zusammenhang von Erziehung, Lernen und baulicher Infrastruktur der Schule sinnvoll. Nach diesem Rückblick werden einige Spannungsfelder und Desiderate zu „Raum als dritter Pädagoge" ins Blickfeld gerückt.
Ausgehend von der Reggio-Pädagogik wurde die pädagogische Grundidee vorgestellt und auf die Schulpädagogik bezogen, dass Erziehung nicht nur auf personalem Wege, also durch mehr oder weniger professionelles Personal erfolgt, sondern auch durch die Räume, in denen sich Schüler und Schülerinnen aufhalten. Die raumtheoretischen Befunde in Kap. 3 haben allerdings aufgewiesen, dass von Räumen nicht unbedingt eine positive Wirkkraft ausgehen *muss*, mehr noch, dass sie in der gewöhnlichen Schule viel zu oft *emotional aversiv* besetzt sind und deshalb das Lernklima belasten. Heranwachsende erleben tagein, tagaus, wie schwer es ihnen fällt, in akustisch schlechten, tristen und unwirtlichen Räumen zu lernen, d.h. für die Weltzugänge *frei* zu werden. Aber sowohl im wissenschaftlichen Diskurs als auch in der Schulpraxis selbst scheint sich mehr und mehr die Erkenntnis durchzusetzen, dass der konventionelle lineare Schulbautypus dem komplexen Aufgabenspektrum der Pädagogik nicht mehr gewachsen ist. Die *Turbulenzen gesellschaftlicher Modernisierung* lassen das überwiegend *reproduktive Lernen* nicht mehr zu, sondern fordern ein *proaktives und expansives Lernen* innerhalb eines weiten Kompetenzfeldes heraus. Wie Kap. 4.1 gezeigt hat, ist dabei nicht allein an die durchgreifende *Digitalisierung von Lernumgebungen*, sondern auch an den Erwerb von Fähigkeiten und Haltungen zu denken, die für die Bewältigung gesellschaftlicher Probleme von globaler Tragweite fundamental sind, so etwa an die Fähigkeit zum friedvollen Zusammenleben in einer von Kriegen gezeichneten Welt, an den Umgang mit knapper werdenden natürlichen Ressourcen und das Engagement für eine klimafreundliche Zukunft, an die gerechte Verteilung von Gütern, die Verständigung in einer multinationalen Gesellschaft, an den Widerstand gegen die Ausgrenzung von Minderheiten und gegen rechts-nationale Gesinnung usw. In der Schulpädagogik ist seit Längerem bekannt, dass der benötigte Kompetenzerwerb mit den landläufigen Lehr-Lernverfahren nicht zu haben ist. Stattdessen muss sich der Unterricht *inhaltlich*, *methodisch*, *organisatorisch* und *sozial* öffnen. Die *methodische Öffnung* des Unterrichts ist aber nur dort möglich, wo er sich auch *organisatorisch* öffnet, wo sich sein *raumzeitliches Gefüge* für das sich dynamisierende Lernen bereitmacht. Pointiert formuliert: Die Buch-und-Stoff-Schule, in der Schülerinnen und Schüler ihre Lernzeit sitzend an ihren angestammten Plätzen verbringen, ist obsolet!
Wenn sich die ‚Architektur des Lernens' verändert, so wurde dargelegt, ist aber auch die Architektur als Disziplin gefragt. Sie kann Schulhäuser und -räume konzipieren, die zum neuen Aufgabenprofil ebenso passen wie zum jeweiligen Schulkonzept. Wie

beschwerlich dieser Weg ist, wurde im Text verschiedentlich erläutert. Zum einen ist der *Dialog* zwischen Pädagogik und Architektur durch *Missverständnisse, unterschiedliche sprachliche Codes* beider und nicht zuletzt durch *hoheitliches Planungsgebaren* mancher Architektinnen und Architekten unproduktiv, manchmal sogar kontaminiert. Es kommt dann zu kostspieligen Planungspannen, bedrückendem Gesprächsklima und Konfrontation (Kap. 4.3). Gleichwohl ist es ermutigend zu sehen, dass es inzwischen nennenswerte Initiativen gibt, die Architektur und Pädagogik ‚in ein gemeinsames Boot holen' und dass es eine wachsende Zahl von sanierten Schulen und Schulneubauten gibt (s. hierzu die zahlreichen Bildbeispiele in Montag Stiftung Jugend und Gesellschaft & Montag Stiftung Urbane Räume 2012), die in enger Korrespondenz und Co-Kreation von Pädagogik und Architektur entstanden sind. Zu wünschen ist, dass daraus ein nachhaltiger Trend entsteht.

Zum anderen ist die ‚gebaute Pädagogik' davon abhängig, ob im jeweiligen Lehrerkollegium genügend *Veränderungsbereitschaft*, *Sachverstand* und *Wille* vorhanden sind, um die pädagogische Praxis zu erneuern und das Raumensemble daran anzupassen. In Kap. 9.2 wurde herausgearbeitet, dass der Schlüssel für jedwede Veränderung in der Schule – und eben auch für neue Raumprogramme – in der *Organisationskultur* der jeweiligen Einzelschule liegt. Das dichte Gewebe aus schwer dechiffrierbaren Werten, Normen, Regeln, kollektiven pädagogischen Grundauffassungen und Verhaltenscodizes entscheidet darüber, mit wie viel Energie die Erneuerung der Praxis in Angriff genommen wird – oder aber vereitelt wird. Ein gewisser Schutzwall vor dem Scheitern einer baulichen Veränderung kann dadurch aufgebaut werden, dass die direkt Betroffenen in einer frühen Phase des Reformvorhabens in den Dialog mit den Baufachleuten einbezogen werden und die Klärungsprozesse von einer *professionellen pädagogischen Baubegleitung* moderiert werden (Kap. 9.1). Die „Phase null", so wurde erklärt, wirft ihre Schatten auf das voraus, was ihr folgen wird. Grundsätzlich gilt, dass ein Lehrerkollegium eine Vision von einer besseren pädagogischen Praxis entwickeln und vertreten können muss, um Baufachleuten und Bauabteilungen beim Sachaufwandsträger eine belastbare Ausgangsposition für die Planung zu bieten.

Diese Ergebnisse haben freilich nicht die Frage beantworten können, was denn überhaupt eine ‚gute Raumqualität' ausmacht. Was zeichnet ‚gute Schulräume' aus? Es wurde eine zweifache Antwort gegeben. Erstens wurde mit Blick auf Schulneubauten gezeigt, dass ein flexibles, proaktives und expansives Lernen eine Entsprechung im Schulraum finden sollte, wie sie durch die drei Bautypen *„Klassenraum plus"*, *„Cluster"* und *„Lernlandschaft"* gesichert werden kann (Kap. 4.1). Die bauliche Erweiterung von Flächen für das Lernen auf Kosten der Erschließungsflächen ist dafür maßgebend. Dazu braucht die Schule eine *relative Autonomie* hinsichtlich der (pädagogisch zu verantwortenden) Flächenaufteilung. Eine *rechtliche Voraussetzung* ist die Verabschiedung von ‚scharfen' Nutzungsvorgaben bzw. der Wechsel vom Muster*raum*programm zum Muster*flächen*programm (Deregulierung). Pädagogik und Recht müssen Hand in Hand gehen.

Die zweite Antwort wurde mit unterschiedlichen theoretischen Ansätzen gegeben, u. a. mit *philosophischen*, *ethnografischen*, *leibtheoretischen* und *neurologischen* Analysen. Es wurde herauskristallisiert, dass die sinnliche Wahrnehmung des Raumes *Körperresonanzen* erzeugt, die vom Gehirn als angenehm oder unangenehm registriert werden. Von diesem Befund ausgehend wurde verschiedentlich die Brücke zum *„wellbeing-Ansatz"* geschlagen, der die Bedeutung des Wohlbefindens für die *Gesundheit*, die *Leistungsfähigkeit* und das *Lernen* unterstreicht. Wenn es aber, wie in Kap. 5 besprochen, einen engen, empirisch nachweisbaren Zusammenhang zwischen Wohlbefinden und den anderen beiden Parametern gibt, dann ist es nur folgerichtig, im Doppelsinn des Wortes ein angenehmes Raumklima für Lernen und Aufenthalt in der Schule bereitzustellen. Insbesondere für *Lernende mit Handicaps* ist deshalb sorgfältig zu prüfen, wie Räume zu gestalten sind, die die Bedürfnisse dieser Menschen nach Bewegung, Ruhe oder Rückzug befriedigen (Kap. 8).
An dieser Stelle hat sich im Buch der Kreis zum „Raum als drittem Pädagogen" geschlossen. Mit dem Kap. 6 wurde die begriffliche Arbeit geleistet, um einen tragfähigen Erziehungsbegriff zu gewinnen, mit dem sich die Leerformel vom „Raum als drittem Pädagogen" inhaltlich füllen und für die Schulpädagogik fruchtbar machen ließ. Die erziehungstheoretische Analyse führte zu Ehrenhard Skieras subjekttheoretisch fundierten „seelischen Grundbedürfnissen" des Heranwachsenden (Skiera 2022). Sie sind als Maßgabe für eine Erziehung zu verstehen, die ihren Ansatzpunkt nicht in einem normativen Überbau sucht, sondern im Wohlergehen des Kindes bzw. Jugendlichen (vgl. „wellbeing"). Mit diesem Denkansatz und mit jugendsoziologischen und -psychologischen Studien (Kap. 7.2) hat sich ein *funktionaler Erziehungsbegriff* ausweisen lassen, der das räumliche Arrangement des pädagogischen Feldes erlaubt und damit dem „dritten Pädagogen" eine klar erkennbare Gestalt gibt. Dieses Konzept lässt sich zudem mit einem *weiten Lernbegriff* verknüpfen, der über die gebräuchlichen verhaltens- und lerntheoretischen Ansätze hinaus *das Erleben* und *die Erfahrung* als fundamentale Eckpfeiler des Lernens zu fassen vermag. Diese theoretische Erhellung hat die folgende Definition von „erziehender Raum" möglich gemacht:

> Von einem Raum, der erzieht, ist im Sinne einer funktionalen Erziehung dann zu sprechen, wenn er aufgrund seiner Qualität die seelischen Grundbedürfnisse des jungen Menschen hinreichend zu berücksichtigen vermag und dadurch dessen Lernen im Sinne einer altersgemäßen reflexiven und handelnden Auseinandersetzung mit sich selbst sowie mit seiner sozialen und materialen Umwelt fördert.

Mit dieser Grundvorstellung vom „erziehenden Raum" entstand die Basis für ein antinomisches Modell, das auf die Konkretisierung des Konzepts „erziehender Raum" zielt. Anders als bei einem bipolaren Modell, in dem die Pole das Gegensätzliche und die daraus entstehenden Abstoßungstendenzen ansprechen, erhält das hiesige Modell seinen Charakter durch die *scheinbare Gegensätzlichkeit* jeweils zweier

Bezugspunkte bzw. durch deren *wechselseitige Abhängigkeit*. Es handelt sich um zehn *raumrelevante pädagogische Dimensionen*, die paarweise geordnet wurden:

- Aktivität und Bewegung vs. Ruhe und Entspannung
- Beisammensein vs. sich zurückziehen und für sich sein
- Individuelles Spielen und Lernen vs. kollektives Spielen und Lernen
- Lernen mit digitalen Medien vs. Natur erfahren und sich gesund ernähren
- Arbeiten vs. Feiern

Mit diesen Konstellationen konnten zahlreiche Raumwirkungen hinsichtlich ihrer erzieherischen Kraft vorgestellt und kritisch geprüft werden. Dem Verfasser war es wichtig, auch solche Räume der Schule zu untersuchen, die der Aufmerksamkeit im Diskurs über Schulräume leicht entwischen: Bibliotheken (Kap. 7.2.3.1.), sanitäre Anlagen (Kap. 7.2.3.2), der Außenbereich der Schule (Kap. 7.4.2.1) und schließlich die Schulmensa (Kap. 7.4.2.3). Die Vermessung dieses breiten raumpädagogischen Terrains mag eine Reihe von Angeboten und Lösungsvorschlägen für die Nutzung des erziehenden Raums unterbreitet haben, sie hat aber auch problematische Grauzonen und Desiderate sichtbar gemacht. Von ihnen wird nun im letzten Arbeitsschritt die Rede sein.

Es ist oft nicht möglich, Schulen neu zu bauen (s. u.). Wo dies indessen geschieht, ist die im Text immer wieder angesprochene Empfehlung von Schulbauexperten sinnvoll, beim Neubau auf die strukturelle Differenzierung bzw. Clusterung des Schulraums zu achten (vorwiegend Kap. 4.2). Weitgehend unbestritten ist, dass „unscharfe Nutzungsvorgaben" (Zinner) bzw. eine relative Autonomie bei der Planung der Raumgrößen, -schnitte und -verteilung im Schulhaus sinnvoll ist, damit die Räume flexibel genutzt werden können (s. o.). Damit im Einklang steht die Erkenntnis, dass eine monofunktionale Planung, dergemäß ein Raum dauerhaft mit nur *einer* Funktion belegt sein sollte, überholt ist. Die pädagogisch zeitgemäße Schule sollte in der Lage sein, mit ihrem Raumangebot kurzfristig wie auch in ihrem gesamten Lebenszyklus auf wechselnden Bedarf adäquat zu reagieren. Besonders dort, wo Clusterbauten mit offenen Lern- und Aufenthaltszonen gebaut werden, entsteht mehr Bewegung und Dynamik im Schulhaus. Schüler und Schülerinnen sind dann mehr unterwegs, um eine selbstständige Erschließung der Lerninhalte zu erlernen. Das Lernen wird eigenständiger, eigenverantwortlicher und flexibler. Zu fragen ist aber nach wie vor nach dem Verhältnis zwischen *räumlicher Offenheit und Flexibilität* einerseits und der *‚Ortsgebundenheit' und ‚Sesshaftigkeit'* der Lernenden andererseits. Vermutlich muss die Frage offenbleiben. Sie lässt sich nicht für alle Schulen gleichermaßen pauschal beantworten, denn es ist in Kap. 9 herausgestellt worden, dass die gewünschte Verhältnisbestimmung nur im Einklang mit der jeweiligen Organisationskultur der Schule erfolgen sollte. Es gilt: die Entwurfsplanung *folgt* dem Schulkonzept, nicht umgekehrt! Die Aufgabe fällt also notwendigerweise auf die jeweilige Schule zurück. Sie hat mithilfe pädagogischer Erwägungen zu klären, wie der Wunsch nach der Beheimatung *und* Flexibilisierung in ein Raumprogramm übersetzt werden kann. Zu erinnern ist an die englische Studie von Barrett u. a. (2015), die dem ‚Besitz' eines Klassenzimmers einen hohen Stellenwert für die Identitätsentwicklung insbesondere der Kinder im „Schulalter" (Erikson) zuspricht. Dies spricht nicht für ein Festhalten an der starren Verteilung der Lernenden auf Klassenzimmer, wohl aber dafür, sorgfältig zu bedenken, welche räumlichen Vorkehrungen dafür getroffen werden, damit die seelischen Grundbedürfnisse nach *sozialer Zugehörigkeit* und nach *autonomer Selbstaktualisierung* gleichermaßen berücksichtigt werden können. Die Gewichtsverteilung zwischen beiden kann nur von der einzelnen Schule im Horizont der eigenen Organisationskultur pädagogisch austariert und räumlich widergespiegelt werden.

Der Aufgabenstellung des Buches entsprechend ist der Versuch unternommen worden, einen theoretischen wie praktisch relevanten Beitrag zu einem erziehenden Schulraum zu leisten. Naturgemäß ist durch die Fokussierung auf die Schülerinnen und Schüler ein wesentliches Desiderat ausgeklammert worden: das lehrende Personal. Wie steht es eigentlich um die Mensch-Raum-Bezüge der Lehrpersonen? Sind Schulqualität und die erzieherische Leistungsfähigkeit der Schule nicht auch davon abhängig, dass sich Lehrerinnen und Lehrer *an ihrem Arbeitsplatz Schule wohlfühlen*?

Lehrpersonen haben in der konventionellen Schule primär zwei Aufenthaltsorte, das Klassenzimmer und das *Lehrerzimmer*. Dabei ist das Lehrerzimmer derjenige Ort, an dem Lehrer und Lehrerinnen in Pausen und ggf. in Konferenzen zusammenkommen. Häufig findet man beim Betreten des in den Pausen bevölkerten Lehrerzimmers eine, meist unausgesprochene, Sitzordnung vor, die die Zugehörigkeit der Personen zu einzelnen Fächern repräsentiert. Das ermöglicht zwar die Kommunikation innerhalb der jeweiligen Fachkultur, klammert aber die Verständigung mit fachfremde Kulturen teilweise aus. Diese Struktur eines „loosely coupled system", eines lose geknüpften Systems, ist dann hinderlich, wenn Schwierigkeiten bearbeitet werden müssen, die über die Fächergrenzen hinaus von Bedeutung sind, so etwa pädagogische Konflikte oder Aufgaben der Inklusion. Mehr noch: Der Sitzplatz ist zugleich auch Arbeitsplatz der Lehrperson. Hier werden Arbeiten der Schüler und Schülerinnen korrigiert, Noten vermerkt, Unterrichtsstunden vorbereitet, und es wird ‚Dampf abgelassen'. Zwischen auf den Tischen abgelegten Stapeln von Klassenarbeiten, Schülerarbeitsheften, Unterrichtsmaterialien und Schulbüchern bleibt wenig Platz, um etwas zu verschriftlichen oder ein Laptop oder Tablet zu bedienen – alles andere als eine komfortable Arbeitssituation.

Erstaunlicherweise wird diese Grundstruktur als selbstverständlich hingenommen und deshalb selten thematisiert. In den zurückliegenden Dekaden konnte immer wieder beobachtet werden, dass bestimmte wiederkehrende Themen im Kollegium öffentlich diskutiert wurden: Wie verhilft man Rauchern zu ihrem ‚Recht'; brauchen sie ein eigenes Lehrerzimmer? Wie ‚schützt' man sich vor Schülern oder Schülerinnen, die in den Pausen eine bestimmte Lehrperson sprechen wollen? Soll das Lehrerzimmer nur Personen zugänglich sein, die einen Schlüssel für diesen Raum haben? Soll es für Schü-

ler und Schülerinnen nicht zugänglich sein? Gerade das Thema der störenden Schüler und Schülerinnen signalisiert, dass manche Lehrperson eine Viertelstunde ‚Ruhe vor den Kids' im Lehrerzimmer aber nicht findet. Das Lehrerzimmer ist für manche: ein Ort nicht zum Aushalten. Kurzum: In der gewöhnlichen Schule gibt es weder individuelle, gut abgeschirmte *Arbeitsplätze* noch *Rückzugsräume* für die Regeneration.
Angesichts der heutigen Aufgabenfülle und der länger werdenden Verweildauer im Ganztagsbetrieb auch für Lehrpersonen ist das beschriebene Lehrerzimmer ein Anachronismus und die den sprichwörtlichen Lehrerindividualismus begünstigende Organisationsstruktur des loose coupling schlechthin der größte Konstruktionsfehler der Schule. Die moderne große Schule, die Ganztagsschule zumal, braucht stattdessen eine *teamförmige Arbeitsorganisation*, die auch multiprofessionell zusammengesetzten Gruppen – Lehrkräfte, Sozialarbeiter, psychologisch geschulte Berater, Pflegekräfte für die Inklusion usw. – Raum bietet, damit die Aufgaben zeitnah, mit kurzen Wegen und systematisch aufeinander abgestimmt werden können. Außer Teamräume braucht sie Ruhe- bzw. Rückzugsräume, die den Aufenthalt angenehm und die Regeneration möglich machen. Das schließt die Existenz eines Lehrerzimmers keineswegs aus, erfordert aber einen architektonischen Zuschnitt der Schule, der ein *Ensemble von Räumen für das Personal* und eine sorgfältig aufeinander abgestimmte Funktionszuschreibung erlaubt.
Es ist frappierend, dass sich die Erziehungswissenschaft diesen Raumproblemen rund um den Arbeitsplatz des Lehrers/der Lehrerin nicht angenommen hat – sieht man von der psychologischen Stressforschung einmal ab. Eine *Theorie des Lehrerarbeitsplatzes* gibt es meines Wissens nicht. Das mag u. a. daran liegen, dass ein ethnografischer Forschungszugang zum Leben und Arbeiten im Lehrerkollegium schwierig ist. Umso mehr ist es zu begrüßen, dass in neu errichteten Schulen, insbesondere in Clusterbauten eine Raumstruktur mit Teamräumen berücksichtigt wird, wie sie fachlich geboten erscheint (Montag Stiftung Jugend und Gesellschaft & Montag Stiftung Urbane Räume 2012, 117ff.).
Der Text hat sich verschiedentlich auf die Veränderungen in der Schulbauarchitektur bezogen und Beispiele für Alternativen zum konventionellen Schulbau ausgewiesen. Dabei haben nicht nur pädagogische Argumente eine tragende Rolle gespielt, so etwa die durch das Aufwachsen in der Moderne entstehenden Bedürfnisse von Kindern und Jugendlichen, der Ganztagsbetrieb oder die wachsende Methodenvielfalt und Differenzierung des Unterrichts, sondern auch der Rückgriff auf natürliche nachwachsende Rohstoffe im Schulbau. Das Kap. 7.4.2.1 hat vor allem Auskunft über die Verwendung von Holz als Baustoff gegeben, zum einen wegen der psychologischen Wirkung von Holz auf Lernen und Wohlbefinden, zum anderen aus ökologischen Gründen. Angestoßen durch die prekäre Lage des Weltklimas ist eine Diskussion in Politik, Umweltverbänden und öffentlichem Raum zu verfolgen, die keinen Zweifel mehr daran lässt, dass eine Abkehr von den üblichen Baustoffen wie Stahlbeton, Styropor und Stahl erforderlich ist. Wenn bei der Herstellung von einer

Tonne Zement 600 Kilogramm CO_2 freigesetzt werden und etwa ein Drittel der Treibhausgas-Emissionen in der BRD durch das Bauen von Gebäuden entsteht, dann ist es geboten, auf nachwachsende Rohstoffe umzusatteln – auch im Schulbau. Aber einstweilen ist weder zu erkennen, dass der Schul*neu*bau in großem Stil, d.h. flächendeckend geschieht, noch, dass dafür primär Holz oder andere natürliche Baustoffe wie etwa Stroh und Lehm verwendet würden. Festzustellen ist, dass das 2020 in Kraft getretene Gebäudeenergiegesetz einen möglichst kleinen ökologischen Fußabdruck durch das Bauen verlangt. Gebäude sollen ‚smarter' werden durch ein System aus hochwirksamer Gebäudedämmung, effizienter Energiegewinnung, durch Luft-Wärme-Pumpen und Photovoltaik-Anlagen sowie geringen Energieverbrauch. Zudem ist die sog. *graue Energie* gering zu halten.[125]

In der Baupraxis bildet sich das ‚neue Bauen' durch – salopp formuliert – gut verpackte, also mit einer dicken Schicht Dämmmaterial versehene Fassaden ab. Der mehrmals zitierte Architekt Matteo Thun spricht verächtlich von einer „Dämm-Mafia" im deutschen Gebäudebauwesen.[126] Selbstverständlich hat Thun recht, wenn er dem Baustoff Holz hervorragende Dämm- und CO_2-Speicherkapazität zuspricht. Unabweisbar ist aber auch ein extrem hoher technischer Aufwand bei der Holzbauweise, wenn das Gebäude den Anforderungen an ein Passivhaus genügen soll, im Schulbau allemal, denn Brandschutzbestimmungen, Trittschalldämmung und akustische Maßnahmen bei Trennwänden zwischen den Lernräumen haben ihren Preis – im wörtlichen wie im übertragenen Sinne. So bestehen die Trennwände in der Regel aus einem komplizierten vielschichtigen Holz-Verbundsystem.

Für diesen Schulbau ist das Schmuttertal-Gymnasium im bayerischen Diedorf ein prominentes Beispiel.[127] Das Haus ist, von mittragenden Betondecken abgesehen, vollständig in Holzbauweise errichtet worden und erfüllt durch eine energetisch hocheffiziente Gebäudehülle sowie eine Photovoltaik-Anlage mit einer Leistung von 440 kWp die Standards eines *Energie-Plus-Hauses*. Es wurde mit zahlreichen Preisen bedacht, u.a. 2015 mit dem Deutschen Architekturpreis und 2017 mit dem Deutschen Nachhaltigkeitspreis sowie dem Deutschen Holzbaupreis. Die Innenarchitektur folgt modernen pädagogischen Ansprüchen durch das Prinzip der offenen Lernlandschaften. Florin Nagler, Mitglied des verantwortlichen HK-Architektenteams, distanziert sich heute

125 Unter grauer Energie sind die Energiebeträge gemeint, die im Lebenszyklus eines Gebäudes außerhalb der täglichen Betriebskosten für das Heizen und Kühlen entstehen, also für die Produktion des Baustoffs, den Gebäudebau, die Reparatur und Sanierung, den Abriss des Gebäudes sowie die Entsorgung und das Recycling des Bauschutts.

126 „Deutschland befindet sich der Hand einer Dämm-Mafia". In: Handelsblatt, https://www.handelsblatt.com/inside/energie-und-immobilien/star-architekt-matteo-thun-deutschland-befindet-sich-in-der-hand-einer-daemm-mafia/29283564.html [aufgerufen am 06.06.2023].

127 https://www.hkarchitekten.at/de/projekt/schmuttertal-gymnasium-diedorf/ [aufgerufen am 20.05.2023]. Hier äußerst sich der Architekt Florian Nagler zu den baulichen Besonderheiten des Gebäudes.

gleichwohl von dieser aufwendigen Bauweise. In einem Beitrag in DIE ZEIT zitiert dessen Verfasser Dirk Asendorpf den Architekten Nagler mit den Worten: „Der Erfolg wurde mit einem irren Aufwand an Haustechnik erkauft." Es gelang erst nach Jahren, die Lüftungsanlage richtig abzustimmen. Und: „Der Hausmeister muss vor drei Bildschirmen sitzen, wie im Kontrollraum eines Kraftwerks, wenn er krank war, ist im Sommer auch mal geheizt und im Winter gekühlt worden."[128] Offenbar ist die spezielle Technik einer so großen und komplexen Schule nur durch Personal mit hoher fachlicher Expertise zu beherrschen. Ein neues Tätigkeitsprofil für den Hausmeister der Zukunft? Der Verfasser des Buches hat in vergleichbaren Schulen selbst erfahren dürfen, wovon Nagler spricht. Die Lüftungsanlage in Klassenzimmern hat mitunter einen derart starken Luftstrom erzeugt, dass sich Arbeitspapiere an Pinnwänden munter im Wind bewegten. Lehrpersonen waren ‚sprachlos', weil es lange Zeit nicht gelang, die zu trockne Luft mit dem richtigen Maß an Feuchtigkeit zu versehen. Vertretungspläne mussten her. Die automatisch tätigen Jalousien, die einen starken Eintrag von Sonnenwärme ins Gebäude verhindern sollen, bewegten sich bei einem häufigen Wechsel aus Wolken und Sonne brav aber störend auf und ab. Die in konventionell gebauten Schulen übliche Stoßlüftung gehört in solchen Gebäuden der Vergangenheit an, weil das sensible Heizungs-Lüftungs-System leicht irritiert werden kann usw. Gebäude, die so gebaut werden, scheinen so gesehen auch zu bestimmtem Nutzerverhalten zu erziehen.

Florian Nagler plädiert inzwischen dafür, sich auf die Bautechnologie des Altbaus zu besinnen, freilich ohne die Anforderungen an Energieeffizienz und Komfort aufzugeben. Er führt in Bad Aibling ein Forschungsprojekt mit drei architektonisch baugleichen Häusern durch, die aber aus unterschiedlichen Baustoffen bestehen, jeweils aus Holz, Ziegelstein und unbewehrtem Beton (ohne Stahl). Sie sollen lange halten und energieeffizient ohne technologischen Aufwand sein. Raumklimatisch günstig scheint Nagler ein Wohnraum mit mehr als drei Metern Deckenhöhe zu sein.[129] Wäre das auch ein Muster für Schulen?

Zu erinnern ist daran, dass es längst vor der *Übertechnologisierung* von Gebäuden Empfehlungen für und auch praktische Umsetzungen von Konzepten der natürlich klimatisierten Schulräume gegeben hat. So gibt der renommierte Architekt Peter Hübner Beispiele für Schulgebäude, die die Temperaturunterschiede zwischen Tag und Nacht bzw. zwischen Sommer und Winter konzeptionell nutzen, u. a. durch ins Erdreich verlegte Luftkanäle, die durch einen Kamineffekt für einen Austausch warmer und kalter bzw. frischer und verbrauchter Luftmassen im Gebäude sorgen (Hübner 2007, 291-302). Hübner spricht das Beispiel der Integrierten Gesamtschule Gelsenkirchen an. Dort „wurden vor allem natürliche Wärmequellen wie z. B. die Sonne und natürliche Kältequellen wie z. B. das Erdreich oder die Nachtluft berücksichtigt. Für die optimale Wirksamkeit dieser Quellen wurden frei zugängliche Speichermassen zur Pufferung

128 Dirk Asendorpf: Ein ganz einfaches Haus. In: DIE ZEIT Nr. 28 vom 08.07.2021, 20.
129 Ebd.

aktiviert. Weiterhin wurden durch die Einbindung von Gebäudeteilen für unterschiedliche Funktionen (z.B. Kriechkeller zur Luftführung) die Investitionskosten gesenkt". (Hübner 2007, 298; vgl. hierzu auch die Beschreibung des Sonnenwendelhauses in Tübingen[130]) Auf diese Weise konnte der Verbrauch fossiler Brennstoffe sowie der Energie- und Materialeinsatz beim Bauen gesenkt und der thermische Komfort hergestellt werden – und zwar ohne die heute übliche technologische Hochrüstung.

Ein anderes Beispiel wird vom Schulforscher Daniel Blömer angesprochen. Blömer beschreibt unterschiedliche Etappen des Schulbaus in Deutschland, vor allem hinsichtlich der Gesamtschulentwicklung in den 1970er Jahren und schließt seine Überlegungen an die 1950er Jahre an. Mit dem Anstieg der Schülerzahlen in den 1950er Jahren wurde es erforderlich, sich vom flächigen Schulbau zu distanzieren und vor allem in den städtischen Gebieten mehrgeschossige Schulbauten zu errichten. In diesem Sinne wurden in Braunschweig zwanzig Schulhäuser neu gebaut, die auch über Braunschweig hinaus als „Braunschweiger Volksschulen" bekannt wurden. Typisch für diese Schulen ist die Ausrichtung der Klassenzimmer nach Norden mit gegenüberliegenden verglasten Korridoren auf der Südseite. Für den Lichteintritt sind in die Wände zwischen Korridor und Klassenzimmer ebenfalls Fenster eingebaut, sodass flach einfallendes Sonnenlicht für die Wärmegewinnung im Winter genutzt wird. Steil einfallende Sonnenstrahlen hingegen erreichen die Korridore und Klassenzimmer nicht, sodass keine Überhitzung der Räume droht. Jalousien auf der Südseite sind nicht erforderlich. Unterhalb der Klassenzimmerdecke verläuft ein Luftkanal, der Südseite und Nordseite miteinander verbindet (Querlüftung). Im Sommer bleiben die Klassenzimmer kühl durch Luftaustausch zwischen Nord- und Südseite (Blömer 2013, 51,52).

Grundsätzlich steht aber nicht nur die Frage im Raum, *ob* mit natürlichen Baustoffen und wenig digitaler Steuerungstechnik geplant wird, sondern ob *überhaupt* neue Schulgebäude errichtet werden. Die Frage stellt sich nicht nur durch die desaströse wirtschaftliche Fehlplanung der „Ampel-Regierung" von 60 Mrd. Euro, die ein Engagement des Bundes im Schulbau nicht erwarten lässt, sondern auch, weil die infrastrukturellen Voraussetzungen für den Schulbau in den Bundesländern sehr unterschiedlich sind. So hat bspw. die Hansestadt Hamburg ein ehrgeiziges Ziel formuliert: „Ziel des Senats ist es, dass Hamburgs Schulen zu den besten und modernsten Schulen in Deutschland entwickelt werden sollen."[131] Im Zeitraum 2011 bis 2019 hat Hamburg 3,3 Mrd. Euro in die Sanierung, den Neubau und die Instandsetzung von Schulgebäuden investiert. Bis 2030 sollen 44 staatliche Schulen neu errichtet und 123 Gebäude erweitert werden, um den bis zum Prognosehori-

130 Annette Cardinale: Unter einem Dach im Dschungel. In: Süddeutsche Zeitung Nr.35 vom 11./12. Februar 2023, 63.

131 Schriftliche Kleine Anfrage des Abgeordneten Kazim Abaci (SPD) vom 09.11.20 und die Antwort des Senats; https://www.buergerschaft-hh.de/parldok/dokument/73303/schulbaumassnahmen_seit_2019_und_ausblick_bis_2025.pdf [aufgerufen am 19.12.2022].

zont zu erwartenden 44.000 Schülern und Schülerinnen Platz zu bieten.[132] Auch die Stadt München steht aufgrund des starken Bevölkerungswachstums vor einem riesigen Schulbauprogramm. Knapp 58.000 Schülerplätze in 120 Schulen müssen neu geschaffen werden. Das Investitionsvolumen beträgt 7.84 Mrd. Euro.[133]

Ganz anders ist bspw. die Situation im Freistaat Thüringen. Zwar gibt es hier wie in anderen Bundesländern und großen Städten einen mächtigen Reformstau beim Schulbau, aber die Erneuerung von Schulgebäuden ist durch die aus DDR-Zeiten stammende Gebäudeinfrastruktur eingeschränkt. Rita Nikolai, Marcel Helbig und Heiko Wulschner (2019) verdeutlichen das Problem am Beispiel von Erfurt. Die vorhandenen standardmäßigen DDR-Typenbauten der Serien 66 und 69 wurden beim Bau auf die damaligen Lehrpläne, u. a. auf den Polytechnischen Unterricht, ausgerichtet. Baustrukturell gesehen besteht durch diese Festlegung ein erhebliches Problem:

> „Die notwendigen Baumaßnahmen werden vorgenommen, ohne dass dabei die inhaltlichen und konzeptionellen Anforderungen der einzelnen Schularten noch die besonderen räumlichen Bedürfnisse besonderer Schulkonzepte berücksichtigt werden können. Die finanziellen Mittel sind begrenzt und die Konzentration liegt auf der Erledigung des Notwendigen." (Nicolai & Helbig & Wulschner 2019, 588).

Der kritische Blick auf die derzeitigen Spannungen und Turbulenzen im Schulbau spricht nun nicht dafür, das Sanieren und Bauen mit natürlichen Baustoffen zu verabschieden, noch bevor eine neue Praxis des Schulbaus überhaupt begonnen hat – im Gegenteil. Vor uns liegt ein weites Feld, das frei ist für Experimente, und die Möglichkeiten, Schulen alternativ zu bauen, sind beileibe nicht ausgelotet. Es kommt hinzu, dass die Akkumulation von Wissen über gutes Bauen, die Materialqualität und die bautechnischen Fähigkeiten ein riesiges Ausmaß erreicht haben. Zu den zukunftsfähigen Segmenten des Schulbaus dürfte auch das Bauen mit *Stroh und Lehm* gehören, eine Praxis, die uns nicht (mehr) vertraut, aber vielversprechend ist. Der Blick auf das mittelalterliche Fachwerkhaus mit Ausfachungen aus Stroh, Lehm und Weidenruten lässt erahnen, welche Möglichkeiten sich mithilfe der heutigen Architektur und Bautechnologie erschließen lassen könnten. Vermutlich ist *Lehm* der älteste Baustoff überhaupt. Er ist stark wärmespeichernd, kann große Mengen Feuchtigkeit aufnehmen und ist zunehmend begehrt wegen des ausgezeichneten natürlichen Raumklimas. Der CO_2-Fußabdruck von Lehm ist bis zu 90 % kleiner als der von Beton.

Physikalisch nachgewiesen sind auch die sehr guten Wärmedämmeigenschaften, der hohe Feuerwiderstand, ein gutes Raumklima sowie die Ressourcen- und Energieeffizienz von *Stroh*. Mit Stroh lässt sich beim Bauen das Klima auf dreifache Weise schützen: Es speichert CO_2 beim Wachstum, verursacht nur minimale CO_2-Emmissionen bei der Herstellung von Strohballen und vermeidet CO_2-Emmissionen wäh-

132 Sämtliche Zahlen ebd.

133 Kathrin Aldenhoff: Tetris mit Klassenzimmern und Schülern. In: Süddeutsche Zeitung Nr. 10 vom 13. Januar 2023, 31.

rend des Gebäudebetriebs. Zudem lassen sich Stroh, Holz und Lehm ohne weiteres weiter verwerten, wenn ein Gebäude abgerissen werden muss. Wegen der langen Haltbarkeit von strohgebauten Häusern ist allerdings mit dem Recycling erst spät zu rechnen. Ein weiterer Vorteil ist die Verfügbarkeit von Stroh. Von den 40 Mio. Tonnen Getreidestroh, die jährlich anfallen, ließe sich ein Großteil für *Strohballenbauten* verwenden. 20 % des in der Landwirtschaft anfallenden Strohs würde für die Wärmedämmung von 350.000 Einfamilienhäusern reichen.[134] Zu den schätzungsweise 1.500 strohgedämmten Häusern in der Bundesrepublik zählen bereits bis zu dreigeschossige Wohnhäuser.[135] Sie sind entweder in *Bohlenständerbauweise* oder als *lasttragender Strohballenbau* errichtet worden. Beim ersten Bauprinzip handelt es sich um *Holzständergebäude*, deren Räume zwischen den Ständern, sog. Gefache, mit flachliegenden Strohballen ausgefüllt werden. Die Strohballen werden mit einer Lehmputzschicht, einer Holzverkleidung außen und ggf. sogar mit einer Hinterlüftung versehen.[136] Möglich ist auch, das Gebäude komplett mit einer dämmenden Hülle aus Stroh oder Reet zu versehen, wie das folgende Bildbeispiel zeigt.

Abb. 18: Museumsrohbau Vadehavcenter mit Gebäudehülle und Dach aus Reet, Nähe Ribe, Westjütland, Dänemark (Foto: Schönig 2016)

134 Fachagentur Nachwachsende Rohstoffe e. V. (FNR) (Hrsg.) (2019): Strohgedämmte Gebäude, 4. Aufl., 7; www.fnr.de

135 Joachim Göres: Häuser aus Stroh. In Süddeutsche Zeitung Nr. 131 vom 10./11.Juni 2023, 55.

136 Ein gut illustriertes Beispiel für den Bauprozess findet sich in FNR (2019), 36-40.

Bei der *lasttragenden Bauweise* wird auf die Ständer verzichtet. Stattdessen werden Strohballen so aneinander- und übereinandergelegt, dass sie die Funktion von großen Mauerziegeln erfüllen und alle Lasten (Decken und Dach) tragen. Die Fachagentur für Nachwachsende Rohstoffe e. V. (FNR) stellt einige strohgebaute Häuser vor. Es ist ermutigend, dass auch eine Schule in Frankreich dabei ist.[137] Ob die Strohbauweise verstärkt bis zu unseren Schulen vordringen wird, bleibt abzuwarten. Eine Einschränkung ist vielleicht, dass Strohballen Platz benötigen, der nicht an jedem Schulstandort vorhanden ist. Des Weiteren verlangt diese Bauweise eine hohe Expertise der *spezialisierten Bauunternehmen*, die noch rar sind. Dies trifft ebenso für die Verwendung des Baustoffs Lehm zu.

Generell stellt sich die Frage, wie es angesichts des grassierenden Fachkräftemangels ab den 2020er Jahren gelingen kann, die hohen Ansprüche an eine neue Architektur der Schule zu erfüllen, die am Raum als dem dritten Pädagogen im Sinne dieses Buches Maß nimmt. Die Freie und Hansestadt Hamburg hatte im Jahre 2010 die Hamburger Schulbau ins Leben gerufen, eine Landesbehörde, die sämtliche Tätigkeiten rund um das Bauen und Sanieren von Schulen steuert. Offen ist, welche Partizipationschancen die direkt Betroffenen haben, wenn sämtliche Baudienstleistungen in einer Hand liegen. Besteht vielleicht die Gefahr, dass es zu neuen Schulen im Einheitsgewand kommt? Diese Gefahr dürfte grundsätzlich dann entstehen, wenn Gebäudemodule digital geplant und vielfach automatisiert produziert werden. Noch hat dieses Verfahren die Schulen nicht erreicht, aber angesichts der hohen Baulast, die von mancher Kommune oder manchem Land zu tragen ist (s. o.) ist das vielleicht keine entfernt klingende Zukunftsmusik mehr. Es wäre interessant, nach dem Wechsel der jetzt in den Beruf einsteigenden Lehrergeneration Bilanz zu ziehen. Dann dürfte sich ein Bild vor das Auge des Betrachters stellen, das darüber Auskunft gibt, welchen Stellenwert die nachhaltigen Baustoffe Holz, Stroh, Lehm, Pilze[138] u. a. neben und innerhalb der ‚smarten Schule' haben werden und welche Gebäudetypen sich auf dem umkämpften Schulbaumarkt behaupten werden.

137 Fachagentur Nachwachsende Rohstoffe e. V. (FNR) (Hrsg.) (2019): Strohgedämmte Gebäude, 4. Aufl.

138 Theresa Kaufmann: Bauen mit Pilzen. In: DIE ZEIT Nr. 30 vom 22. Juli 2021, 27f.

Verzeichnisse

Literatur

Active Healthy Kids Germany (2022). Bewegungs-Zeugnis 2022 zur körperlichen Aktivität von Kindern und Jugendlichen in Deutschland. Villingen-Schwenningen, Deutschland: vivida bkk/Stiftung „Die Gesundarbeiter – Zukunftsverantwortung Gesundheit".

Agahd, Karl (1906): Kinderarbeit und Gesetz. In: Rein, Wilhelm (Hrsg.): Encyklopädisches Handbuch der Pädagogik. Bd. 4, Handelsschulen – Klassenoberster. 2. Aufl., Langensalza: Hermann Beyer & Söhne, 821-866.

Ahrbeck, Bernd (2012): Der Umgang mit Behinderung. 2. Aufl., Stuttgart: Kohlhammer.

Ahrbeck, Bernd (2014): Inklusion. Eine Kritik. 2. Aufl., Stuttgart: Kohlhammer.

Apelt-Döpp-Vorwald, Hanna (1934): Feiern und Feste an der Universitätsschule. In: Petersen, Peter, a. a. O., 128-132.

Arens-Azevedo, Ulrike (2020): Die Bedeutung der gesundheitsfördernden Ernährung für Kinder und Jugendliche. In: Stimme der Familie. 67. Jg., H. 4, 7-10.

Autor:innengruppe Bildungsberichterstattung (2022): Bildung in Deutschland 2022. Ein indikatorengestützter Bericht mit einer Analyse zum Bildungspersonal. Bielefeld: wbv Publikation.

Barrett, Peter & Davies, Fay & Zhang, Yufan & Barrett, Lucinda (2015): The impact of classroom design on pupil's learning: Final results of a holistic, multi-level analysis. In: Building and Environment, 89. Jg., 118-133.

Barrett, Peter & Davies, Fay & Zhang, Yufan & Barrett, Lucinda (2019): Intelligente Lernräume. Abschlussbericht zum HEAD-Projekt (Holistic Evidence and Design). Frammersbach: Institut Farbe. Design. Therapie, Roland Aull.

Bartl, Almuth & Bartl, Manfred (1988): Spiele, Feste, Feiern in der Schule. München: Prögel.

Baum, Michael & Hamm, Oliver G. (Hrsg.) (2010): Bildung. Worauf baut die Bildung? Basel: Birkhäuser.

Baumann, Dorothea & Niederstätter, Christina (2015): Akustik. In: Dudek, Mark (Hrsg.) (2015a), a. a. O., 28-33.

Baumert, Jürgen & Artelt, Cordula & Klieme, Eckard. Deutsches PISA-Konsortium (Hrsg.) (2001): PISA 2000. Basiskompetenzen von Schülerinnen und Schülern im internationalen Vergleich. Opladen: Leske + Budrich.

Bausinger, Hermann (1978). Feierabend. In: Schilling, Heinz (Hrsg.): Hessische Blätter für Volks- und Kulturforschung, Bd. 7/8. Aspekte der Freizeit. Bielefeld: Wilhelm Schmitz Verlag, 27-35.

Bayerisches Landesamt für Statistik. Amtliche Schuldaten. Statistische Berichte. Ausländische Schüler und Lehrkräfte in Bayern (Stand: Oktober 2021).
https://www.statistik.bayern.de/mam/produkte/veroeffentlichungen/statistische_berichte/b0200c_202100.pdf.

Beauftragte der Bundesregierung für die Belange behinderter Menschen (Hrsg.) (Oktober 2014): Die UN-Behindertenrechtskonvention. Übereinkommen über die Rechte der Menschen mit Behinderungen. Berlin.

Beck, Ulrich (1986): Risikogesellschaft. Auf dem Weg in eine andere Moderne. Frankfurt/M.: Suhrkamp.

Becker, Gerald & Bilstein, Johannes & Liebau, Eckart (Hrsg.) (1997): Räume bilden. Donauwörth: Kallmeyer.

Becker, Uwe (2015): Die Inklusionslüge. Behinderung im flexiblen Kapitalismus. Bielefeld: transcript Verlag.

Becker, Uwe (2020): Endlich Inklusion oder Inklusion am Ende? Über die nicht eingelösten Versprechen der Inklusionsbefürworter. In: Katholische Universität Eichstätt-Ingolstadt, Zeitschrift KU ZLB, Heft 4 „Inklusion",
https://www.ku.de/fileadmin/1920/Zeitschrift_Inklusion_25.06.2020_final.pdf.

Beek, Angelika von der (2001): Der Raum als 3. Erzieher. In: PÄD Forum, 29./14. Jg., 197-202.

Beer, Rudolf (2021): Inklusive Kompetenz. Einstellungen von Lehramtsstudentinnen und Lehramtsstudenten zur schulischen Inklusion. Eine empirisch-quantitative Untersuchung. Wien: LIT Verlag.

Bergmann, B. (1932): Schulfeste und Schulfeiern. In: Spieler, Josef (Hrsg.): Lexikon der Pädagogik der Gegenwart, Bd. 2 (Kinderfürsorge bis Zwangszustände). Freiburg i. Br.: Herder & Co. Verlagsbuchhandlung, 832-834.

Blankertz, Herwig (1982): Die Geschichte der Pädagogik. Von der Aufklärung bis zur Gegenwart. Wetzlar: Verlag Büchse der Pandora.

Blömer, Daniel (2011): Topographie der Gesamtschule. Zum Zusammenhang von Pädagogik und Raum. Bad Heilbrunn: Verlag Julius Klinkhardt.

Blömer, Daniel (2013): Veränderungen des Schulraums in der Bundesrepublik Deutschland. In: Schönig, Wolfgang & Schmidtlein-Mauderer, Christina (Hrsg.), a. a. O., 43-65.

Blonskij, Pawel Petrowitsch (1921): Die Arbeitsschule. Berlin-Fichtenau: Verlag Gesellschaft und Erziehung, herausgegeben von M. H. Baege.

Böhme, Jeanette (Hrsg.) (2009a): Schularchitektur im interdisziplinären Dialog. Territorialisierungskrise und Gestaltungsperspektiven des schulischen Bildungsraums. Wiesbaden: VS Verlag für Sozialwissenschaften.

Böhme, Jeanette (2009b): Raumwissenschaftliche Schul- und Bildungsforschung. In: Böhme, Jeanette (2009), a. a. O., 13-22.

Böhme, Jeanette & Herrmann, Ina (Hrsg.) (2011): Schule als Machtraum. Typologie schulischer Raumentwürfe. Wiesbaden: VS Verlag für Sozialwissenschaften.

Bohl, Thorsten & Kohler, Britta & Kucharz, Diemut (2013): Offener Unterricht: Theorie, Empirie und praktische Konsequenzen. In: Haag, Ludwig & Rahm, Sybille & Apel, Hans Jürgen & Sacher, Werner (Hrsg.): Studienbuch Schulpädagogik. 5. Aufl., Bad Heilbrunn: Verlag Julius Klinkhardt, 282-303.

Bollnow, Otto Friedrich (2004): Mensch und Raum. Stuttgart: Kohlhammer.

Borscheid, P. (2004): Das Tempo-Virus. Eine Kulturgeschichte der Beschleunigung. Frankfurt a. M.: Campus.

Boubekri, Mohamed (2015): Lichtplanung. In: Dudek, Mark (Hrsg.) (2015a), a. a. O., 34-39.

Brägger, Gerold & Hundeloh, Heinz & Posse, Norbert & Städtler, Hermann (2017): Bewegung und Lernen. Konzept und Praxis Bewegter Schulen. Weinheim, Basel: Beltz.

Breidenstein, Georg (2004): KlassenRäume – eine Analyse räumlicher Bedingungen und Effekte des Schülerhandelns. In: Zeitschrift für qualitative Bildungs-, Beratungs- und Sozialforschung. 4. Jg., H. 1, 87-107.

Bundesministerium für Bildung und Forschung (Hrsg.) (2022): Fortschrittsbericht DigitalPakt Schule 2019-2022. Bonn.

Bundesministerium für Arbeit und Soziales (Hrsg.) (2011): Unser Weg in eine inklusive Gesellschaft. Der Nationale Aktionsplan der Bundesregierung zur Umsetzung der UN-Behindertenrechtskonvention. Berlin.

Care, Leo (2015): Natur, Ökologie und Umwelt. In: Chiles, Prue (Hrsg.), (2015a) a. a. O., 49-68.

Chiles, Prue (Hrsg.) (2015a): Schulen bauen. Leitlinien für Planung und Entwurf. Basel: Birkhäuser.

Chiles, Prue (2015b): Lernen außerhalb des Klassenraums. In: Chiles, Prue (2015a), a. a. O., 131-155.

Dalin, Per (1986): Organisationsentwicklung als Beitrag zur Schulentwicklung. Innovationsstrategien für die Schule. Paderborn, München, Wien, Zürich: Ferdinand Schöningh.

Dalin, Per & Rolff, Hans-Günter (1990): Institutionelles Schulentwicklungs-Programm. Soest: Soester Verlags Kontor.

Dalin, Per & Rust, Val (1997): Schule auf dem Weg in das 21. Jahrhundert. Neuwied, Berlin: Luchterhand-Verlag.

Dauth, Timo J. (2023): Raumbegriffe in der Musikpädagogik. Eine Systematisierung. Weinheim, Basel: Beltz Juventa.

Deiters, Heinrich (1966): Das Wesen der Schule. Nohl, Hermann & Pallat, Ludwig (Hrsg.): Handbuch der Pädagogik, Bd. 4., Langensalza: Verlag Julius Beltz, 3-47 (Original: 1928).

Doberer, Karin & Brückner, Jörg-Michael (2013): Gebäudearchitektur, die pädagogische Architektur unterstützt! Der Planungsprozess, erläutert anhand der beruflichen Schulen Witzenhausen. In: Schönig, Wolfgang & Schmidtlein-Mauderer, Christina (Hrsg.), a. a. O., 199-218.

Dörpinghaus, Andreas & Uphoff, Ina Katharina (2011): Grundbegriffe der Pädagogik. Darmstadt: Wissenschaftliche Buchgesellschaft.

Dörpinghaus, Andreas & Poenitsch, Andreas & Wigger, Lothar (2012): Einführung in die Theorie der Bildung. 4. Aufl., Darmstadt: Wissenschaftliche Buchgesellschaft.

Dörpinghaus, Andreas & Uphoff, Ina Katharina (2012): Die Abschaffung der Zeit. Wie man Bildung erfolgreich verhindert. Darmstadt: Wissenschaftliche Buchgesellschaft.

Dorrance, Carmen & Dannenbeck, Clemens (2016): Systematische Zugänge zu Inklusion, Gemeinsamem Unterricht und inklusiver Schulentwicklung. In: Schönig, Wolfgang & Fuchs, John Andreas (Hrsg.), a. a. O., 33-46.

Dreier, Annette (1993): Was tut der Wind, wenn er nicht weht? Begegnungen mit der Kleinkindpädagogik in Reggio Emilia. Berlin: FiPP Verlag.

Dreier, Annette & Kucharz, Diemut & Ramseger, Jörg & Sörensen, Bernd (1999): Grundschulen planen, bauen, neu gestalten. Empfehlungen für kindgerechte Lernumwelten. Hannover: Grundschulverband – Arbeitskreis Grundschule e. V.

Dudek, Mark (2015a): Entwurfsatlas Schulen und Kindergärten. 3. Aufl., Basel: Birkhäuser.

Dudek, Mark (2015b): Bauen für Bildung. In: Dudek, Mark (Hrsg.) (2015a), a. a. O., 10-21.

Dyment, Janet E. (2005) Gaining ground: The Power and Potential of School Ground Greening in the Toronto District School Board [verwendet nach Open Access: http://www.evergreen.ca/en/resources/school-ground-greening/research-and-policy/; aufgerufen am 07.12.2021].

Earthman, Glen I. (1999): The Quality of School Buildings, Student Achievement, and Student Behavior. In: Bildung und Erziehung. 52. Jg., 353-372.

Earthman, Glen I. (2004): Priorization of 31 Criteria of School Building Adequacy. Amercian Civil Liberties Union Foundation of Maryland, Baltimore, MD 21212. https://www.academia.edu/41410694/PRIORITIZATION_OF_31_CRITERIA_FOR_SCHOOL_BUILDING_ADEQUACY [aufgerufen am 30.03.2022].

Eberhard, D. (1931): Schulfeiern. In Schwartz, Hermann (Hrsg.): Pädagogisches Lexikon, Bd. 4 (Rechtschreibung bis Zwingli). Bielefeld, Leipzig: Verlag Belhagen & Klasig, 422-424.

Eberhard, Daniel Mark (2016): „Musik braucht Freiräume!" – Überlegungen zu einem ideal gestalteten Fachraum für inklusiven Musikunterricht. In: Schönig, Wolfgang & Fuchs, John Andreas (Hrsg.), a. a. O., 121-135.

Eickelmann, Birgit & Bos, Wilfried & Gerick, Julia & Goldhammer, Frank & Schaumburg, Heike & Schwippert, Knut & Senkbeil, Martin & Vahrenhold, Jan (Hrsg.) (2019): ICILS 2018 #Deutschland. Computer- und informationsbezogene Kompetenzen von Schülerinnen und Schülern im zweiten internationalen Vergleich und Kompetenzen im Bereich Computational Thinking. Münster, New York: Waxmann. [verwendet nach: https://www.pedocs.de/volltexte/2019/18166/pdf/Eickelmann_et_al_2019_ICILS_2018_Deutschland.pdf; aufgerufen am 14.12.2021].

Erikson, Eric Homburger (2015): Identität und Lebenszyklus: drei Aufsätze. 27. Aufl., Frankfurt/M.: Suhrkamp (Erstauflage 1966).

Fatke, Reinhard & Flitner, Andreas (1983): Was Kinder sammeln. Beobachtungen und Überlegungen aus pädagogischer Sicht. In: Neue Sammlung. 23. Jg., H. 6, 600-611.

Fauser, Peter (1996): „Ist Erziehung sittlich erlaubt?". In: Neue Sammlung. 36. Jg., H. 4, 517-530.

Fauser, Peter (2000): Was heißt schon Erfahrung? In: Neue Sammlung. 40. Jg., H. 4, 583-599.

Fend, Helmut (1970): Sozialisierung und Erziehung. Weinheim, Basel: Beltz.

Fend, Helmut (1981): Theorie der Schule. München: Urban & Schwarzenberg.
Fend, Helmut (1987): Gute Schulen – schlechte Schulen. In: Ermert, Karl (Hrsg.): „Gute Schule"- Was ist das? Aufgaben und Möglichkeiten der Lehrerfortbildung. Loccumer Protokolle 16/1986. Rehburg-Loccum: Evangelische Akademie, 17-50.
Fend, Helmut (2005): Entwicklungspsychologie des Jugendalters. 3. Aufl., Wiesbaden: VS Verlag für Sozialwissenschaften.
Fend, Helmut (2006): Neue Theorie der Schule. Einführung in das Verstehen von Bildungssystemen. Wiesbaden: Springer VS.
Fladung, Anne-Katharina (2011): Die Achterbahn der Gefühle. Eine Generalüberholung in der Gehirnentwicklung Jugendlicher. In: Niekrenz, Yvonne & Witte, Matthias D. (Hrsg.), a. a. O., 41-62.
Flitner, Andreas (1996): Spielen – Lernen. Praxis und Deutung des Kinderspiels. 11. Aufl., München, Zürich: Piper.
Flitner, Andreas (1999): Reform der Erziehung. Impulse des 20. Jahrhunderts. München: Piper.
Fölling-Albers, Maria (2001): Veränderte Kindheit – revisited. Konzepte und Ergebnisse sozialwissenschaftlicher Kindheitsforschung der vergangenen 20 Jahre. In: Fölling-Albers, Maria u. a. (Hrsg.): Jahrbuch Grundschule III: Fragen der Praxis – Befunde der Forschung. Seelze: Grundschulverband, 10-51.
Franz, Jill (2019a): Designing ‚Space' for Student Wellbeing as Flourishing. In: Hughes, Hilary & Franz, Jill & Willis, Jill (Ed.), a. a. O. 261-278.
Franz, Jill (2019b): Towards a Spatiality of Wellbeing. In: Hughes, Hilary & Franz, Jill & Willis, Jill (Ed.), a. a. O., 3-19.
Freud, Sigmund (2000): Neue Folge der Vorlesungen zur Einführung in die Psychoanalyse. 31. Vorlesung. Die Zerlegung der psychischen Persönlichkeit. Frankfurt/M.: Fischer Taschenbuch Verlag, 496-516 (zuerst erschienen 1932).
Fuchs, John Andreas (2015): „Inklusion heißt auf das Leben vorbereiten" – Das Förderzentrum Wichernhaus im bayerischen Altdorf. In: Schönig, Wolfgang & Schmidtlein-Mauderer, Christina (Hrsg.), a. a. O., 159-180.

Galvin, Kathleen T. & Todres, Les (2011): Kinds of well-being: A conceptual framework that provides direction of caring. In: International Journal of Qualitative Studies on Health and Well-being. 6. Jg., H. 4 [verwendet nach Open Access:
https://doi.org/10.3402/qhw.v6i4.10362; aufgerufen am 19.02.2022].
Geißler, Erich E. (1982): Erziehungsmittel. 6. Aufl., Bad Heilbrunn: Verlag Julius Klinkhardt (1. Aufl. 1967).
Geißler, Gert (2011): Schulgeschichte in Deutschland. Von den Anfängen bis zur Gegenwart. Frankfurt/M. u. a.: Peter Lang.
Gislason, Neil (2009): Mapping School Design: A Qualitative Study of the Relations Among Facilities Design, Curriculum Delivery, and School Climate. In: The Journal of Environmental Education. 40. Jg., H. 4, 17-34 [erhältlich auch unter:
http://dx.doi.org/10.3200/JOEE.40.4.17-34].
Göhlich, Michael (1988): Reggiopädagogik – Innovative Pädagogik heute. Zur Theorie und Praxis der kommunalen Kindertagesstätten von Reggio Emilia. 2. Aufl., Stuttgart: Fischer Verlag.
Göhlich, Michael (1993): Die pädagogische Umgebung. Eine Geschichte des Schulraums seit dem Mittelalter. Weinheim: Deutscher Studien-Verlag.
Göhlich, Michael (2001): „Was ist Reggiopädagogik?" Antwort auf eine problematische Frage. In: PÄD Forum, 29./14. Jg., 177-180.
Göhlich, M. (2009): Raum als pädagogische Kategorie. In: Plöger, Wilfried & Hellekamps, Stephanie & Wittenbruch, Wilhelm (Hrsg.): Handbuch der Erziehungswissenschaft. Bd. II/1. Schule. Paderborn: Schöningh, 489-503.
Göhlich, Michael (2013): Die Entwicklung des Schulraums. Eine historische Skizze. In: Schönig, Wolfgang & Schmidtlein-Mauderer, Christina (Hrsg.), a. a. O., 23-41.

Göppel, Rolf (2011): Erwachsen werden. Der pubertierende Körper aus bio-psycho-sozialer Perspektive. In: Niekrenz, Yvonne & Witte, Matthias D. (Hrsg.), a. a. O., 23-40.

Gruschka, Andreas (2011): Verstehen lehren. Ein Plädoyer für guten Unterricht. Stuttgart: Reclam.

Gudjons, Herbert (1997): Spielbuch Interaktionserziehung. 6. Aufl., Bad Heilbrunn: Verlag Julius Klinkhardt.

Hammon, Andreas (2017): In: Learning in and outside the box. In: Weyland, Beate & Watschinger, Josef (Hrsg.), a. a. O., 39-61.

Han, Ke-Tsung (2009): Influence of limitedly visible leafy indoor plantson the psychology, behavior, and health of students at a junior high school in Taiwan. In: Environment and behavior. 41. Jg., H. 5, 658-692.

Hecker, Ulrich (2020): Kinder(n) zeigen, was sie können. In: Hecker, Ulrich & Lassek, Maresi & Ramseger, Jörg (Hrsg.): Kinder lernen Zukunft. Anforderungen und tragfähige Grundlagen. Frankfurt: Grundschulverband e. V., 282-292.

Helmke, Andreas (2013): Individualisierung: Hintergrund, Missverständnisse, Perspektiven. In: PÄDAGOGIK. 60. Jg., H. 2, 34-37.

Herrmann, Ulrich & Schlüter, Steffen (Hrsg.) (2012): Reformpädagogik – eine kritisch-konstruktive Vergegenwärtigung. Bad Heilbrunn: Verlag Julius Klinkhardt.

Herrmann, Ulrich (2020): Neurodidaktik: Grundlagen für eine Neuropsychologie des Lernens. 3. Aufl., Weinheim, Basel: Beltz.

Herz, Birgit (2016): Risiken, Nebenwirkungen und Chancen inklusiver Beschulung. In: Göppel, Rolf & Rauh, Bernhard (Hrsg.): Inklusion. Stuttgart: Kohlhammer, 91-103.

Hiebl, Petra (2021): Potentiale von Lernwerkstätten für Schulentwicklung. In: Seitz, Stefan (Hrsg.), a. a. O., 39-86.

Hille, Katrin (2017): Embodiment: Lernen braucht Hand und Fuß. In: Brägger, Gerold & Hundeloh, Heinz & Posse, Norbert & Städtler, Hermann, a. a. O., 87-96.

Hille, Katrin & Walk, Laura (2017): Schnelle Beine für kluge Köpfe. In: Brägger, Gerold & Hundeloh, Heinz & Posse, Norbert & Städtler, Hermann, a. a. O., 80-87.

Hillenbrand, Clemens (2014): Inklusive Bildung: Programmatik – Empirie – Umsetzung. In: Zeitschrift für Individualpsychologie. 39. Jg., 281-297.

Hinz, Andreas (2009): Inklusive Pädagogik in der Schule – veränderter Orientierungsrahmen für die schulische Sonderpädagogik!? Oder doch deren Ende? In: Zeitschrift für Heilpädagogik. 60. Jg., 171-175.

Hinz, Andreas (2016): Unterstützung trotz Dekategorisierung? Beispiele für Unterstützung durch Dekategorisierung. In: Vierteljahresschrift für Heilpädagogik und Nachbargebiete, VHN. 85. Jg., 36-47.

Hinz, Renate (2011): Elementarschule zwischen Einheit und Differenz. Bildungspolitische Modernisierungen im 19. Jahrhundert. Baltmannsweiler: Schneider Verlag Hohengehren.

Hnilica, Sonja (2003): Disziplinierte Körper. Die Schulbank als Erziehungsapparat. Wien: edition selene.

Hörner, Wolfgang (1990): Bildung und Wissenschaft in der DDR. Ausgangslage und Reform bis Mitte 1990. Bonn, herausgegeben vom Bundesminister für Bildung und Wissenschaft.

Holder, Anna (2015): Einrichtung und Möblierung. In: Chiles, Prue (Hrsg.) (2015a), a. a. O., 221-234.

Hollenbach-Biele, Nicole & Klemm, Klaus (2020): Inklusive Bildung zwischen Licht und Schatten. Eine Bilanz nach zehn Jahren inklusiven Unterrichts. Gütersloh: Bertelsmann Stiftung.

Holtappels, Heinz Günter (1994): Ganztagsschule und Schulöffnung. Perspektiven für die Schulentwicklung. München: Juventa.

Hopmann, Anne & Roth, Kristina (2016): Sicherheit und Struktur geben – Schulraumgestaltung für Kinder und Jugendliche mit sozial-emotionalem Förderbedarf. In: Schönig, Wolfgang & Fuchs, John Andreas (Hrsg.) (2015a), a. a. O., 225-235.

Hübner, Peter (2007): Energiebewusst und ökologisch bauen. In: Watschinger, Josef & Kühebacher, Josef (Hrsg.), a. a.O, 291-302.

Hughes, Hilary & Franz, Jill & Willis, Jill (Ed.) (2019). School Spaces for Student Wellbeing and Learning. Insights from Research and Practice. Singapore: Springer.

Hughes, Hilary & Franz, Jill & Willis, Jill & Bland, Derek & Rolfe, Annie (2019): High School Space and Student Transitioning: Designing for Student Wellbeing. In: Hughes, Hilary & Franz, Jill & Willis, Jill (Ed.), a. a. O., 97-120.

Hurrelmann, Klaus (1999): Sozialisation. In: Reinhold, Gerd & Pollak, Guido & Heim, Helmut (Hrsg.): Pädagogik-Lexikon. München, Wien: Oldenbourg, 481-486.

Hurrelmann, Klaus & Quenzel, Gudrun (2012): Lebensphase Jugend. Eine Einführung in die sozialwissenschaftliche Jugendforschung. 11. Aufl., Weinheim, Basel, München: Beltz Juventa.

Jäger, Ruth & Stolze, Adolf (1991): Schwarzes Theater. In: Pädagogisches Forum. 4. Jg., H. 3, 148-153.

Jakob, Patrick (2009): Virtuelle Architekturen und Schulorte. In: Böhme, Jeanette (Hrsg.) (2009a), a. a. O., 342-356.

Kajetzke, Laura (2010): Machtbewegungen. Eine raumsoziologische Perspektive auf die Schule. In: Vierteljahrsschrift für wissenschaftliche Pädagogik. 86. Jg., H. 4, 427-439.

Kajetzke, Laura & Wilde, Jessica (2013): Starre Pult-Lehrer, flexible Tisch-Schüler? Über Dinge, Bewegung und Macht in konventionellen und flexiblen Klassenzimmern. In: Schönig, Wolfgang & Schmidtlein-Mauderer, Christina (Hrsg.), a. a. O., 164-182.

Katzenbach, Dieter (2016): Integration, Inklusion, Differenz. In: Göppel, Rolf & Rauh, Bernhard (Hrsg.): Inklusion. Stuttgart: Kohlhammer, 17-39.

Kemp, Claire (2015): Flexible Lernräume. In: Chiles, Prue (Hrsg.) (2015a), a. a. O. 71-89.

Kemper, Herwart (2001): Schulpädagogik. Eine problemgeschichtliche Einführung. Weinheim, München: Juventa.

Kerschensteiner, Georg (1968): Die Schule der Zukunft. Eine Arbeitsschule. In: Kerschensteiner, Georg: Ausgewählte pädagogische Schriften, Bd. 2. Texte zum pädagogischen Begriff der Arbeit und der Arbeitsschule. Besorgt von G. Wehle. Paderborn: Schöningh, 29-36 (Original: 1908).

Kerschensteiner, Georg (1912): Begriff der Arbeitsschule. Berlin: Teubner.

Kirschhock, Eva-Maria (2008): Lernwerkstätten als (Frei)Raum für Lernende und Lehrende. In: PÄD Forum: unterrichten erziehen. 36./27. Jg., 20-22.

Klafki, W. (2007): Neue Studien zu Bildungstheorie und Didaktik. 6. Aufl., Weinheim, Basel: Beltz.

Klatte, Maria & Meis, Markus & Schick, August (2002): Lärm in Schulen –Auswirkungen auf kognitive Leistungen von Kindern. In: Huber, Ludowika & Kahlert, Joachim & Klatte, Maria (Hrsg.): Die akustisch gestaltete Schule. Auf der Suche nach dem guten Ton. Göttingen: Vandenhoeck & Ruprecht, 19-39.

Klatte, Maria & Meis, Markus & Nocke, Christian & Schick, August (2003): Könnt ihr denn nicht zuhören?! Akustische Bedingungen an Schulen und ihre Auswirkungen auf Lernende und Lehrende. In: Schick, August & Klatte, Maria & Meis, Markus & Nocke, Christian: Hören in Schulen. 9. Oldenburger Symposium zur Psychologischen Akustik. Oldenburg: Bibliotheks- und Informationssystem der Universität, ohne Seitenangabe.

Klemm, Klaus (2021): Inklusion in Deutschlands Schulen. Entwicklungen – Erfahrungen – Erwartungen. Weinheim, Basel: Beltz, Juventa.

Klockhaus, Ruth & Habermann-Morbey, Brigitte (1986): Psychologie des Schulvandalismus. Göttingen: Verlag für Psychologie.

Klosinski, Gunther (2003): Zur Bedeutung der Gleichaltigen-Gruppe im Jugendalter – Chancen und Risiken aus jugendpsychiatrischer Sicht. In: Nörber, Martin (Hrsg.), a. a. O., 65-78.

Koch, Lutz (2010): Evaluation und Pädagogik: ein Widerspruch. In: Schönig, Wolfgang & Baltruschat, Astrid & Klenk, Gerald. (Hrsg.), a. a. O., 37-47.

Kolb, David A. (1984): Experiental Learning: Experience as a Source of Learning and Development. Englewood Cliffs, N. J.: Prentice-Hall.

Knab, Doris (1995): Schule als Arbeitsplatz – nicht zum Aushalten? In: PÄDAGOGIK. 47. Jg., H. 9, 6-10.

Knab, Doris (2008): Frauen- und Geschlechterforschung – eine neue Mode? In: Glaser, Edith & Maurer, Susanne & Schönig, Wolfgang (Hrsg.): Immer einen Schritt voraus! Doris Knab als Reformerin – Anliegen, Aufgaben, Wirkungsgeschichte. Baltmannsweiler: Schneider Verlag Hohengehren, 183-

189. (Vortrag am 15. November 1999 an der Pädagogischen Hochschule Ludwigsburg. Ludwigsburg: Pädagogische Hochschule 2000).

Knoll, Michael (2018): „Two Roads to Culture". John Dewey und Georg Kerschensteiner im Streit um die Berufs- und Allgemeinbildung. In: Konrad, Franz-Michael & Knoll, Michael (Hrsg.): John Dewey als Pädagoge. Erziehung – Schule – Unterricht. Bad Heilbrunn: Verlag Julius Klinkhardt, 271-291.

Kraft, Peter (1978): Feste und Geselligkeiten in der Schule. Braunschweig: Westermann.

Krawczyk, Adrian (2016): Umbau, Zubau, Neubau von Schulgebäuden: „Reprogramming". In: Grundschule aktuell. Zeitschrift des Grundschulverbandes, Heft 135 (September 2016), 8-13.

Kricke, Meike & Reich, Kersten & Schanz, Lea & Schneider, Jochem (2018): Raum und Inklusion. Neue Konzepte im Schulbau. Weinheim, Basel: Beltz.

Kroner, Walter (1994): Architektur für Kinder. Architecture for Children. Stuttgart, Zürich: Karl Krämer Verlag.

Künzli, Rudolf (2009): Lernen. In: Benner, Dietrich & Oelkers, Jürgen (Hrsg.): Historisches Wörterbuch der Pädagogik. Weinheim, Basel: Beltz, 620-637.

Künzli, Rudolf (2011): Lehrpläne und Bildungsstandards – Wirksamkeitserwartungen und Innovationskraft. In: Staatsinstitut für Schulqualität und Bildungsforschung. München (Hrsg.): Einblicke – Ausblicke. Jahrbuch 2010. München, 14-32.

Laging, Ralf (2017): Bewegung in Schule und Unterricht: Anregungen für eine bewegungsorientierte Schulentwicklung. Stuttgart: Verlag W. Kohlhammer.

Lange, Jochen (2021): Speisen der Zugehörigkeit. Ethnografische Einblicke zum Essen in Ganztagsschulen. In: Schulz, Marc & Schmidt, Friederike & Rose, Lotte (Hrsg.): Pädagogisierung des Essens. Weinheim, Basel: Beltz, Juventa.

Latour, Bruno (2006): Über technische Vermittlung. Philosophie, Soziologie und Genealogie. In: Belliger, Andréa & Krieger, David J. (Hrsg.): ANThology. Ein einführendes Handbuch zur Akteur-Netzwerk-Theorie. Bielefeld: Transcript, 483-528.

Lempp, Reinhard (2012): Generation 2.0 und die Kinder von morgen aus der Sicht eines Kinder- und Jugendpsychiaters. Stuttgart: Schattauer.

Lenroot, Roshel, K. & Giedd, Jay N. (2006): Brain development in children and adolescents: insights from anatomical magnetic resonance imaging. In: Neuroscience and Behavioral Reviews. 30. Jg., 718-729.

Liebau, Eckart & Zirfas, Jörg (2011): Der Geschmack. In: Liebau, Eckart & Zirfas, Jörg (Hrsg.): Die Bildung des Geschmacks. Über die Kunst der sinnlichen Unterscheidung. Bielefeld: transcript Verlag, 9-14.

Liechthi, Martin (2000): Erfahrung am eigenen Leibe. Taktil-kinästhetische Sinneserfahrung als Prozess des Weltbegreifens. Heidelberg: Edition S.

Lindmeier, Christian & Lütje-Klose, Birgit (2015): Inklusion als Querschnittsaufgabe in der Erziehungswissenschaft. In: Erziehungswissenschaft. Mitteilungen der Deutschen Gesellschaft für Erziehungswissenschaft. 51. Jg., H. 51, 7-16.

Löw, Martina (2001): Raumsoziologie. Frankfurt am Main: Suhrkamp.

Maaz, Kai & Dumont, Hanna (2019): Bildungserwerb nach sozialer Herkunft, Migrationshintergrund und Geschlecht. In: Köller Olaf & Hasselhorn, Marcus & Hesse, Friedrich W. & Maaz, Kai u. a. (Hrsg): Das Bildungswesen in Deutschland. Bestand und Potenziale. Bad Heilbrunn: Verlag Julius Klinkhardt, UTB, 299-332.

Majora, Miriam (2016): Schulraumorganisation nach dem School-in-School-Prinzip am Beispiel der Georg-Christoph-Lichtenberg-Gesamtschule in Göttingen. In: Schönig, Wolfgang & Fuchs, John Andreas (Hrsg.), a. a. O., 107-120.

Malaguzzi, Loris (1990): Convegno internazionale di studio. Eröffnungsvortrag. Reggio Emilia. (ohne genauere Angaben)

Marin, Željko (2016): Raumanpassungen als Prinzip der Schulraumorganisation – Einblicke der Innenarchitektur. In: Schönig, Wolfgang & Fuchs, John Andreas (Hrsg.), a. a. O., 95-106.

Meyer, Hilbert (2004). Was ist guter Unterricht? Berlin: Scriptor.

Miller, Vanessa (2019): Creating the Third Teacher Through Participatory Learning Environment Design: Reggio Emilia Principles Support Student Wellbeing. In: Hughes, Hilary & Franz, Jill & Willis, Jill (Ed.) (2019), a. a. O., 239-259.

Montag Stiftung Jugend und Gesellschaft & Montag Stiftung Urbane Räume (Hrsg.) (2012): Schulen planen und bauen. Grundlagen und Prozesse. 2. Aufl., Berlin: jovis.

Montag Stiftung Jugend und Gesellschaft (Hrsg.) (2017): Schulen planen und bauen 2.0., 3. überarbeitete Auflage. Berlin: Jovis.

Moser, Maximilian (2013): „Holz fördert die Gesundheit." – Ein Interview. In: lignardo, Ausgabe 2, September 2013, 8.

Münzer, Andreas (2020): Schulischer Leistungsbegriff und Leistungsanforderungen im inklusiven Unterricht. Überlegungen zu einem spannungsreichen Verhältnis. In: Katholische Universität Eichstätt-Ingolstadt, Zeitschrift KU ZLB, Heft 4 „Inklusion";
https://www.ku.de/fileadmin/1920/Zeitschrift_Inklusion_25.06.2020_final.pdf.

Naudascher, Brigitte (2003): Jugend und Peer Group – Die pädagogische Bedeutung der Gleichaltrigen im Alter von zwölf bis sechzehn Jahren. In: Nörber, Martin (Hrsg.), a. a. O., 140-164.

Nave-Herz, Rosemarie (2019): Familie heute. Wandel der Familienstrukturen und Folgen für die Erziehung. 7. Aufl., Darmstadt: Wissenschaftliche Buchgesellschaft.

Niekrenz, Yvonne & Witte, Matthias D. (Hrsg.) (2011): Jugend und Körper. Leibliche Erfahrungswelten. Weinheim, München: Juventa.

Nikolai, Rita & Helbig, Marcel & Wulschner, Heiko (2019): Die vernachlässigte Rolle von „Beton" bei der Umsetzung von Schulreformen. In: Berkemeyer, Nils & Bos, Wilfried & Hermstein, Björn (Hrsg.): Schulreform. Weinheim, Basel: Beltz Juventa, 582-593.

Nocke, Christian (2013): Akustische Gestaltung von Schulräumen. Ein Leitfaden für die Planungspraxis. In: Schönig, Wolfgang & Schmidtlein-Mauderer, Christina (Hrsg.), a. a.O, 108-120.

Nörber, Martin (Hrsg.) (2003): Peer Education. Bildung und Erziehung von Gleichaltrigen durch Gleichaltrige. Weinheim, Basel, Berlin: BeltzVotum.

OECD (2013): PISA 2012 Ergebnisse. Was Schülerinnen und Schüler wissen und können: Schülerleistungen in Lesekompetenz, Mathematik und Naturwissenschaften (Band I). Gütersloh: W. Bertelsmann Verlag.

Oelkers, Jürgen (2004): Erziehung. In: Benner, Dietrich & Oelkers, Jürgen: Historisches Wörterbuch der Pädagogik. Darmstadt: Wissenschaftliche Buchgesellschaft, 302-340.

Oerter, Rolf (1993): Psychologie des Spiels. Ein handlungstheoretischer Ansatz. München: Quintessenz Verlag.

Owens, Robert G. (1991): Organizational Behavior in Education. 4. Aufl., Englewood Cliffs: Prentice-Hall.

Parade, Christoph (2012): Wandlung im Schulbau. In: Impulse. Kunstdidaktik. H. 11, Mai 2012, 3-12.

Park, Bum-Jin & Tsunetsugu, Yuko, & Kasetani, Tamami & Hirano, Hyroto. & Kagawa, Tagamo & Sato, Makymo & Miyazaki, Yoshifumi (2007): Physiological Effects of Shinrin-yoku (Taking the Atmosphere of the Forest) – Using Salivary Cortisol and Cerebral Activity as Indicators. In: Journal of Physiological Anthropology. 26. Jg., 135-142.

Park, Bum-Jin & Tsunetsugu, Yuko, & Kasetani, Tamami & Morikawa, Takeshi & Kagawa, Tagamo & Miyazaki, Yoshifumi (2009): Physiological Effects of Forest Recreation in a Young Conifer Forest in Hinokage Town, Japan. In: Silva Fennica. 43. Jg., H. 2, 291-301. [verwendet nach open access: https://www.silvafennica.fi/pdf/article213.pdf; aufgerufen am 12.03.2022]

Parmentier, Michael (2004): Spiel. In: Benner, Dietrich & Oelkers, Jürgen (Hrsg.): Historisches Wörterbuch der Pädagogik. Darmstadt: Wissenschaftliche Buchgesellschaft, 929-945.

Pazzini, Karl-Josef (1989): Eßkultur. In: Lenzen, Dieter (Hrsg.): Pädagogische Grundbegriffe, Band 1. Reinbek b. Hamburg: Rowohlt, 543-550.

Pelluchon, Corinne (2019): Ethik der Wertschätzung. Tugenden für eine ungewisse Welt. Darmstadt: Wissenschaftliche Buchgesellschaft.

Petersen, Peter (1984): Führungslehre des Unterrichts. Weinheim und Basel: Beltz (nach der 10. Aufl. 1971; Original: 1937).

Petersen, Peter (1930): Schulleben und Unterricht einer freien allgemeinen Volksschule nach den Grundsätzen Neuer Erziehung. (Der Jena-Plan, Erster Band) Weimar: Verlag Hermann Böhlaus Nachfolger.

Petersen, Peter (1934): Die Praxis der Schulen nach dem Jena-Plan. (Der Jena-Plan, Dritter Band) Weimar: Verlag: Hermann Böhlaus Nachfolger.

Petersen, Peter (2011): Der Kleine Jena-Plan. 64. Aufl., Weinheim und Basel: Beltz (Original: 1927).

Pfrang, Agnes (2018): Schülerperspektiven auf Klassenräume als Orte des Lernens und Erfahrens. Eine Explorativuntersuchung zur Leibdimension des Lernens in Abhängigkeit von und zu räumlichen Gegebenheiten. Unveröffentlichte Habilitationsschrift an der Katholischen Universität Eichstätt-Ingolstadt. Eichstätt.

Polsfuß, Tobias & Stroh, Michael (2016): Wie können Planspiele inklusiv gestaltet werden? – Qualitätskriterien für inklusive Planspiele nach dem Index für Inklusion. In: Schönig, Wolfgang & Fuchs, John Andreas (Hrsg.), a. a.O, 236-255.

Pongratz, Ludwig A. (2010): Sackgassen der Bildung. Pädagogik anders denken. Paderborn u. a.: Schöningh.

Popp, Ulrike (2006): Argumente für eine zeitgemäße Ganztagsschule aus schulpädagogischer Sicht. In: Otto, Hans-Uwe & Oelkers, Jürgen (Hrsg.): Zeitgemäße Bildung. Herausforderung für Erziehungswissenschaft und Bildungspolitik. München: Juventa, 178-190.

Prengel, Annedore (2006): Pädagogik der Vielfalt. Wiesbaden: VS Verlag.

Prengel, Annedore (2012): Humane entwicklungs- und leistungsförderliche Strukturen im inklusiven Unterricht. In: Moser, Vera (Hrsg.): Die inklusive Schule. Standards für ihre Umsetzung. Stuttgart: Kohlhammer, 175-205.

Prengel, Annedore (2020): Ethische Pädagogik in Kitas und Schulen. Weinheim, Basel: Beltz.

Projektgruppe Praktisches Lernen (Hrsg.) (1998): Bewegte Praxis. Praktisches Lernen und Schulreform. Weinheim, Basel: Beltz.

Raith, Andreas & Lude, Armin (2014): Startkapital Natur. Wie Naturerfahrung die kindliche Entwicklung fördert. München: oekom.

Rauschenberger, Hans (1999): Erzieherisches Denken und Handeln: gesellschaftliche Entwicklungen. Weinheim, München: Juventa.

Regenbrecht, Alois (2005): Sichern Bildungsstandards die Aufgabe der Schule? Leistungen, Mängel, Defizite. In: PÄD Forum: unterrichten erziehen. 33./24. Jg.,16-22.

Rehm, Willy (1971): Die psychoanalytische Erziehungslehre. Anfänge und Entwicklung. 2. Aufl., München: Piper.

Reimann, Bruno W. (2011): Einführung in den psychoanalytischen Diskurs der Gesellschaft. Darmstadt: Wissenschaftliche Buchgesellschaft.

Riegel, Enja & Beber, Armin (2008): Schule kann gelingen! Wie unsere Kinder wirklich fürs Leben lernen; die Helene-Lange-Schule Wiesbaden. 4. Aufl., Frankfurt/M.: Fischer.

Rieger-Ladich, Markus & Ricken, Norbert (2009): Macht und Raum: Eine programmatische Skizze zur Erforschung von Schularchitekturen. In: Böhme, Jeanette. (2009a), a. a. O., 186-203.

Rinaldi, Carla (1984): Per un progetto educativo integrato. In: Il posto dell'inanzia – L'esperienza educativa dentro il nido. (Ohne genauere Angabe) Bergamo, 212-221.

Ritz-Schulte, Gudula (2014): Die Bedeutung der Naturerfahrung für die kindliche Entwicklung aus der Perspektive der Psychologie. In: Raith, Andreas & Lude, Armin, a. a. O., 89-99.

Rittelmeyer, Christian (1994): Schulbauten positiv gestalten. Wiesbaden, Berlin: Bauverlag.

Rittelmeyer, Christian (2009): Schule als gestalteter Raum: Schularchitektur. In: Hellekamps, Stephanie & Plöger, Wilfried & Wittenbruch, Wilhelm (Hrsg.): Handbuch der Erziehungswissenschaft, Band II: Schule/Erwachsenenbildung/Weiterbildung. Paderborn: Schöningh, 505-511.

Rittelmeyer, Christian (2013): Der Lern- und Lebensraum Schule. Ein vernachlässigter Bereich der Schulentwicklung. In: Schönig, Wolfgang & Schmidtlein-Mauderer, Christina (Hrsg.), a. a. O., 68-83.

Rittelmeyer, Christian (2014a): Einführung in die Gestaltung von Schulbauten. Frammersbach: Verlag Farbe und Gesundheit.

Rittelmeyer, Christian (2014b): Aisthesis. Zur Bedeutung der Körper-Resonanzen für die ästhetische Bildung. München: kopaed.

Rolff, Hans-Günter (1991): Schulentwicklung als Entwicklung von Einzelschulen? Theorien und Indikatoren von Entwicklungsprozessen. In: Z. f.Päd., 37. Jg., H. 6, 865-886.

Rose, Lotte & Seehaus, Rhea (2019): Was geschieht beim Schulessen? Ethnografische Einblicke in den profanen Verpflegungsalltag von Bildungsinstitutionen. Wiesbaden: Springer VS.

Rosenberger, Katharina (2016): Schultische als Gegenstand bildungswissenschaftlicher Betrachtungen. In: schulheft163. 41. Jg., 55-65.

Ross, Manfred & Schmidberger, Joachim (2010): Licht für den Lebensraum Schule. In: Opp, Günther & Brosch, Angela (Hrsg.) (2010): Lebensraum Schule. Raumkonzepte planen – gestalten – entwickeln. Stuttgart: Fraunhofer IRB Verlag, 221-234.

Rousseau, Jean-Jacques (1978) Emile oder über die Erziehung. 4. Aufl., Paderborn: Schöningh (1. Aufl. 1762).

Rumpf, Horst (1981): Die übergangene Sinnlichkeit. Drei Kapitel über die Schule. München: Juventa.

Rutter, Michael & Maughan, Barbara & Mortimore, Peter & Ouston, Janet (1980): Fünfzehntausend Stunden. Schule und ihre Auswirkungen auf Kinder. Weinheim, Basel: Beltz.

Ryznar, Franz (2016): WiWoLeWi – Ein Forschungsprojekt mit Kindern zur Raumnutzung im offenen Unterricht. In: Schulheft 163. 41. Jg., Innsbruck: Studien Verlag, 101-112.

Ryznar, Franz (2017): „Jetzt reden wir“ – Ergebnisse von Schülerinnen- und Schülerbeteiligungen. In: Weyland, Beate & Watschinger, Josef (Hrsg.), a. a. O., 127-147.

Schafhausen, Helmut (Hrsg.) (1995): Handbuch Szenisches Lernen. Theater als Unterrichtsform. Weinheim, Basel: Beltz.

Schaumburg, Heike & Prasse, Doreen (2019): Medien und Schule: Theorie – Forschung – Praxis. Bad Heilbrunn: Verlag Julius Klinkhardt.

Schein, Edgar: Organizational Culture and Leadership. 2. Aufl., San Francisco: Jossey Bass.

Scheuerl, Hans (Hrsg.) (1991): Das Spiel. Theorien des Spiels, Bd. 2., 11. Aufl. Weinheim, Basel: Beltz.

Scheufele, Ulrich (Hrsg.) (1997): Weil sie wirklich lernen wollen. Bericht von einer anderen Schule. Das Altinger Konzept. Weinheim, Berlin: Quadriga Verlag.

Schmidt, Werner (1993): Lernen und Lehren im Sport: Vom Gängelband zur Selbsterfahrung. In: Schmidt, Werner (Hrsg.) (1993): Selbst- und Welterfahrung in Spiel und Sport. 2. Aufl., Ahrensburg: Verlag Czwalina, 73-113.

Schmidtlein-Mauderer, Christina (2015a): Grund- und Mittelschule Thalmässing – „Stärken stärken durch eigenaktives Tun“ In: Schönig, Wolfgang & Schmidtlein-Mauderer, Christina (Hrsg.), a. a. O., 123-140.

Schmidtlein-Mauderer, Christina (2015b): Für jedes Kind gibt es einen Weg – Die Comenius-Schule Auhof, ein Förderzentrum mit dem Förderschwerpunkt geistige Entwicklung. In: Schönig, Wolfgang & Schmidtlein-Mauderer, Christina (Hrsg.), a. a. O., 73-91.

Schöler, J. (2002): Nichtaussonderung von „Kindern und Jugendlichen mit besonderen Bedürfnissen“. In: Eberwein, H. (Hrsg.): Handbuch Integrationspädagogik. Kinder mit und ohne Behinderung lernen gemeinsam. Weinheim, Basel: Beltz, 108-115.

Schöll, Gerhard (2009): Die Bodenseeschule St. Martin. Eine Ganztagsschule in gebundener Form. In: Theologie im Fernkurs & Katholische Akademie Domschule (Hrsg.): Lehrbrief 4: Katholische Schulen in freier Trägerschaft. Das Katholische Schulwesen. Beiheft Schulportraits. Würzburg, 1-7.

Schönig, Wolfgang (2000): Schulentwicklung beraten. Das Modell mehrdimensionaler Organisationsberatung der einzelnen Schule. Weinheim und München: Juventa.

Schönig, Wolfgang (Hrsg.) (2007): Spuren der Schulevaluation. Zur Bedeutung und Wirksamkeit von Evaluationskonzepten im Schulalltag. Bad Heilbrunn: Verlag Julius Klinkhardt.

Schönig, Wolfgang (2010): Glaubwürdigkeitstests oder: Schultheoretische und bildungstheoretische Überlegungen zum pädagogischen Reduktionismus der Schulevaluation. In: Schönig, Wolfgang & Baltruschat, Astrid & Klenk, Gerald. (Hrsg.), a. a. O., 61-84.

Schönig, Wolfgang (2014a): Tempolimits – Bemerkungen zur Organisation der Lernzeit in der Schule. In: Mührel, Eric & Birgmeier, Bernd (Hrsg.): Perspektiven sozialpädagogischer Forschung. Wiesbaden: Springer Verlag VS, 257-270.

Schönig, Wolfgang (2014b): Der Marchtaler Plan. Eine Herausforderung der Schulentwicklung. In: Engagement. Zeitschrift für Erziehung und Schule. 32. Jg., H. 3, 209-218.

Schönig, Wolfgang (2015a): Die Erich Kästner Grund- und Stadtteilschule in Hamburg-Farmsen – Traditionsreiche inklusive Pädagogik im Umbruch. In: Schönig, Wolfgang & Schmidtlein-Mauderer, Christina (Hrsg.), a. a. O., 93-108.

Schönig, Wolfgang (2015b): Die Wartburg-Grundschule in Münster-Gievenbeck – Inklusion und Schularchitektur aus einem Guss. In: Schönig, Wolfgang & Schmidtlein-Mauderer, Christina (Hrsg.), a. a. O., 201-214.

Schönig, Wolfgang (2015c): Inklusion beginnt mit Kooperation – Die Offene Schule Waldau in Kassel. In: Schönig, Wolfgang & Schmidtlein-Mauderer, Christina (Hrsg.): a. a. O.,141-157.

Schönig, Wolfgang (2020): Inklusion an bayerischen Schulen. Nachdenken über die Fallstricke inklusiver Pädagogik angesichts begrenzter Rahmenbedingungen. In: Katholische Universität Eichstätt-Ingolstadt, Zeitschrift KU ZLB, Heft 4 „Inklusion"; https://www.ku.de/fileadmin/1920/Zeitschrift_Inklusion_25.06.2020_final.pdf.

Schönig, Wolfgang & Baltruschat, Astrid & Klenk, Gerald (Hrsg.) (2010): Dimensionen pädagogisch akzentuierter Schulevaluation. Baltmannsweiler: Schneider Verlag Hohengehren.

Schönig, Wolfgang & Fuchs, John Andreas (Hrsg.) (2016): Inklusion: Gefordert! Gefördert? Bad Heilbrunn: Verlag Julius Klinkhardt.

Schönig, Wolfgang & Krump, Sandra & Reif, Barbara (2019): Die Erzbischöfliche Pater-Rupert-Mayer-Volksschule Pullach auf dem Weg zum voll gebundenen rhythmisierten Ganztag: Christliches Profil und ganzheitliche Bildung. In: Steinhäuser, Henry & Zierer, Klaus & Zöller, Arnulf (Hrsg.): Portfolio Ganztagsschule. Baltmannsweiler: Schneider Verlag Hohengehren, 265-273.

Schönig, Wolfgang & Schmidtlein-Mauderer, Christina (Hrsg.) (2013): Gestalten des Schulraums. Neue Kulturen des Lernens und Lebens. Bern: hep verlag.

Schönig, Wolfgang & Schmidtlein-Mauderer, Christina (2013a): Das „flexible Klassenzimmer". Dezentrale Raumordnung für die Öffnung des Unterrichts. In: Schönig, Wolfgang & Schmidtlein-Mauderer, Christina (Hrsg.), a. a. O., 124-145.

Schönig, Wolfgang & Schmidtlein-Mauderer, Christina (Hrsg.) (2015): Inklusion sucht Raum. Porträtierte Schulentwicklung. Bern: hep verlag.

Scholz, Lothar (2022): Spiele im Politikunterricht. Frankfurt/M.: Wochenschau Verlag.

Schuyt, Mike & Elffers, Jost (Hrsg.) & Ferger, Peter (Text) (1980): Rudolf Steiner und seine Architektur. Köln: Dumont.

Schwenk, Bernhard (1989): Erziehung. In: Lenzen, Dieter (Hrsg.): Pädagogische Grundbegriffe, Band 1. Reinbek b. Hamburg: Rowohlt (rororo Tb.), 429-439.

Seeber, Bruno (1989): Das Antoculus-Theater. In: Pädagogik. 41. Jg., H. 9, 55-56.

Seibert, Norbert (Hrsg.) (1997): Anspruch Schulkultur. Interdisziplinäre Darstellung eines neuzeitlichen schulpädagogischen Begriffs. Bad Heilbrunn: Verlag Julius Klinkhardt.

Seitz, Stefan (Hrsg.) (2021): Dimensionen schulischer Qualität im Fokus: Was macht „gute Schule" aus? Stuttgart: ibidem Verlag.

Seydel, Otto & Schneider, Jochem (2013): Neue Schulbauförderrichtlinien für Baden-Württemberg. In: Lehren & Lernen. 39. Jahrgang, H. 12, 28-33.

Siljander, Pauli & Kontio, Kimmo & Pikkarainen, Eetu (Eds.) (2017): Schools in Transition. Linking Past, Present, and Future in Educational Practice. Rotterdam, Boston, Taipei: Sense Publishers.

Skiera, Ehrenhard (2022): Das eigenwillige Kind – Bedürfnis und Erziehung in nachmythischer Zeit. Grundzüge einer responsiven Erziehung. Weinheim, Basel: Beltz Juventa.

Spannberger, Ursula (2017): Genügend/Nicht genügend! Schulräume bewerten mit RAUM.WERTanalyse. In: Weyland, Beate & Watschinger, Josef (Hrsg.), a. a. O., 125-135.

Speck, Otto (2016): Was ist ein inklusives Schulsystem? In: Vierteljahresschrift für Heilpädagogik und Nachbargebiete, VHN. 85. Jg., 185-195.

Staatsinstitut für Schulqualität und Bildungsforschung, Qualitätsagentur München (2015): Bildungsbericht Bayern. München.

Stach, Reinhard (1984): Schulformen der Aufklärung. Zur Geschichte des Philanthropismus. Heinsberg/Lech: Dieck Verlag.

Stanat, Petra & Schipolowski, Stefan & Schneider, Rebecca & Sachse, Karoline A. u. a. (Hrsg.) (2022): IQB-Bildungstrend 2021. Kompetenzen in den Fächern Deutsch und Mathematik am Ende der vierten Jahrgangsstufe im dritten Ländervergleich. Münster, New York: Waxmann. file:///C:/Users/PPA124/Downloads/IQB_Bildungstrend2021_Berichtsband.pdf.

Ständige Wissenschaftliche Kommission der Kultusministerkonferenz (SWK) [Hrsg.] (2022a): Basale Kompetenzen vermitteln – Bildungschancen sichern. Perspektiven für die Grundschule. Gutachten der Ständigen Wissenschaftlichen Kommission der Kultusministerkonferenz (Nov. 2022). Bonn. https://www.kmk.org/fileadmin/Dateien/pdf/KMK/SWK/2022/SWK-2022-Gutachten_Grundschule.pdf.

Ständige Wissenschaftliche Kommission der Kultusministerkonferenz (SWK) [Hrsg.] (2022b): Digitalisierung im Bildungssystem: Handlungsempfehlungen von der Kita bis zur Hochschule. Gutachten der Ständigen Wissenschaftlichen Kommission der Kultusministerkonferenz (SWK). Bonn.

Stein, Roland (2020): Förderschwerpunkt emotionale und soziale Entwicklung. In: Heimlich, Ulrich & Kiel, Ewald (Hrsg): Studienbuch Inklusion. Bad Heilbrunn: Verlag Julius Klinkhardt, 20-29.

Stenger, Ursula (2001): Grundlagen der Reggiopädagogik: Das Bild vom Kind. In: PÄD Forum. 29./14. Jg., 181-186.

Stöger, Birgit (2021): Pocket Dänemark. Bonn: Bundeszentrale für politische Bildung.

Stojanov, Krassimir (2011): Bildungsgerechtigkeit. Rekonstruktionen eines umkämpften Begriffs. Wiesbaden: VS Verlag.

Tanner, C. Kenneth (2008): Explaining Relationships Among Student Outcomes and the School's Physical Environment. In: Journal of Advanced Academics. 19. Jg., H. 3, 444-471.

Tiesler, Gerhard (2013): Viel Lärm um nichts? Akustische Bedingungen in Klassenräumen und ihre Wirkungen auf das Lernen und Lehren. In: Schönig, Wolfgang & Schmidtlein-Mauderer, Christina (Hrsg.), a. a.O, 87-105.

Thomé, Stefan (2006): Untersuchungen zur Sorption von Innenraumschadstoffen durch Wolle. Dissertation an der Rheinisch-Westfälischen Technischen Universität Aachen, Fakultät für Mathematik, Informatik und Naturwissenschaften.

Tucholsky, Kurt (1975): Zwischen Gestern und Morgen. 3. Aufl., Reinbek bei Hamburg: Rowohlt.

Tulodziecki, Gerhard & Herzig, Bardo & Grafe, Silke (2021): Medienbildung in Schule und Unterricht: Grundlagen und Beispiele. 3. Aufl., Bad Heilbrunn: Verlag Julius Klinkhardt.

Vereinigung der Bayerischen Wirtschaft e. V. (vbw) (Hrsg.) (2013): Zwischenbilanz Ganztagsgrundschulen: Betreuung oder Rhythmisierung? Gutachten des Aktionsrats Bildung. Münster: Waxmann.

Verspay, Florence & Hausmann, Frank (2013): Wie sich Schulen verändern müssen. Eine Bestandsaufnahme aus Sicht der Architektur. In: Schönig, Wolfgang & Schmidtlein-Mauderer, Christina (Hrsg.), a. a.O, 233-254.

Vortisch, Stefanie (1988): 150 Kinder spielen die Geschichte ihrer Stadt. In: Pädagogik, 40. Jg., H. 9, 56-57.

Walden, Rotraut (2016): Lärm und Ruhe in ihrer Bedeutung für Schule und Unterricht. In: Stadtler-Altmann, Ulrike (Hrsg.): Lernumgebungen. Erziehungswissenschaftliche Perspektiven auf Schulgebäude und Klassenzimmer. Opladen, Berlin, Toronto: Verlag Barbara Budrich, 139-151.

Walker, Jamie (2001): Mediation in der Schule. Konflikte lösen in der Sekundarstufe I. Berlin: Cornelsen.

Watschinger, Josef (2013): Südtirol auf dem Weg zu pädagogisch gestalteten Lehr- und Lernräumen. In: Schönig, Wolfgang & Schmidtlein-Mauderer, Christina (Hrsg.), a. a. O., 255-268.

Watschinger, Josef & Kühebacher, Josef (Hrsg.) (2007): Schularchitektur und neue Lernkultur. Neues Lernen – neue Räume. Bern: hep verlag.

Weinert, Franz E. (2001): Perspektiven der Schulleistungsmessung – mehrperspektivisch betrachtet. In: Weinert, Franz E. (Hrsg.) (2001): Leistungsmessungen in Schulen. Weinheim, Basel: Beltz Juventa, 354-365.

Westerlund, Gunnar & Sjöstrand, Sven-Eric (1981): Organisationsmythen. Stuttgart: Klett-Cotta.

Weyland, Beate & Watschinger, Josef (Hrsg.) (2017): Lernen und Raum entwickeln. Gemeinsam Schule gestalten. Bad Heilbrunn: Verlag Julius Klinkhardt.

Wiater, W. (1997): Schulkultur – ein Integrationsbegriff für die Schulpädagogik? In: Seibert, N. (Hrsg.): Anspruch Schulkultur. Interdisziplinäre Darstellung eines neuzeitlichen schulpädagogischen Begriffs. Bad Heilbrunn: Verlag Julius Klinkhardt, 21-41.

Wiater, Werner (2009): Bildung und Erziehung als Aufgabe der Schule. In: Apel, Hans Jürgen & Sacher, Werner (Hrsg.): Studienbuch Schulpädagogik. 4. Aufl., Bad Heilbrunn: Verlag Julius Klinkhardt, 311-336.

Winkel, Rainer (2006): Der gestörte Unterricht: diagnostische und therapeutische Möglichkeiten. 8. Aufl., Baltmannsweiler: Schneider Verlag Hohengehren.

Winnicott, Donald W. (1953): Transitional objects and transitional phenomena; a study of the first not-me possession. In: Int. Journal of Psychoanalysis. 34. Jg., H. 2, 89-97.

Winnicott, Donald W. (1984): Reifungsprozesse und fördernde Umwelt. Frankfurt/Main: Fischer.

Winnicott, Donald W. (1985): Vom Spiel zur Kreativität. 3. Aufl. Stuttgart: Klett-Cotta.

Wocken, Hans (2006): Integration. In: Antor, Georg & Bleidick, Ullrich (Hrsg.): Handlexikon der Behindertenpädagogik. Schlüsselbegriffe in Theorie und Praxis. Stuttgart: Kohlhammer, 99-105.

Wocken, H. (2011): Das Haus der inklusiven Schule. Baustellen – Baupläne – Bausteine (Lebenswelten und Behinderung, Bd. 14). Hamburg: Feldhaus, Ed. Hamburger Buchwerkstatt.

Wolff, Hans (1925): Einführende Mitteilungen und Betrachtungen. In: Petersen, Peter & Wolff, Hans: Eine Grundschule nach den Grundsätzen der Arbeits- und Lebensgemeinschaftsschule. Weimar: Böhlau, 1-54.

Ziehe, Thomas (1983): „Ich bin heute wohl wieder unmotiviert." Von der Gratisproduktion der Kultur und der unsichtbaren Arbeit des heutigen Lehrers. In: Westermanns Pädagogische Beiträge. 35. Jg., H. 7, 316-323.

Zinnecker, Jürgen (1975): Der heimliche Lehrplan. Weinheim, Basel: Beltz.

Zinner, Michael (2017): Vor Ort denken und fühlen. In: Weyland, Beate & Watschinger, Josef (Hrsg.), a. a. O., 183-196.

Zirfas, Jörg (2011): Die Tischgemeinschaft als ästhetisch-moralische Anstalt. In: Liebau, Eckart & Zirfas, Jörg (Hrsg.): Die Bildung des Geschmacks. Über die Kunst der sinnlichen Unterscheidung. Bielefeld: transcript Verlag, 17-44.

Zschiesche, Barbara (2019): Schulraum als Heimat. Eine empirische Studie zum Raumerleben von Grundschulkindern: Bad Heilbrunn: Verlag Julius Klinkhardt.

Abbildungen

Tabellen